燕都双塔述旧

——北京天宁寺及塔　慈寿寺永安万寿塔

汪建民　汪艺朋◎编著

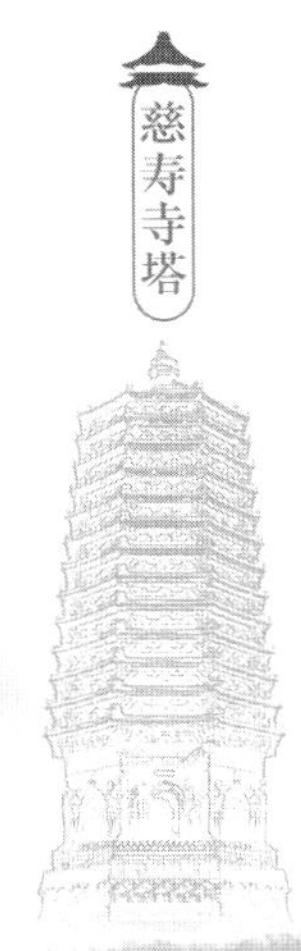

宗教文化出版社

图书在版编目（CIP）数据

燕都双塔述旧：北京天宁寺及塔 慈寿寺永安万寿塔 / 汪建民，汪艺朋编著．-- 北京：宗教文化出版社，2023.12

ISBN 978-7-5188-1567-8

Ⅰ．①燕… Ⅱ．①汪… ②汪… Ⅲ．①佛塔—古塔—介绍—北京 Ⅳ．① K928.75

中国国家版本馆 CIP 数据核字 (2024) 第 024331 号

燕都双塔述旧

——北京天宁寺及塔　慈寿寺永安万寿塔

汪建民　汪艺朋　编著

出版发行：宗教文化出版社

地　　址：北京市西城区后海北沿 44 号　（100009）

电　　话：64095215（发行部）　64095358（编辑部）

责任编辑：袁　珂

版式设计：武俊东

印　　刷：中国电影出版社印刷厂

版本记录：880 毫米 ×1230 毫米　32 开　14.75 印张　350 千字

2024 年 9 月第 1 版　2024 年 9 月第 1 次印刷

书　　号：ISBN　978-7-5188-1567-8

定　　价：168.00 元

目　录

下 篇 慈寿寺及永安万寿塔

概　述

北京，是一座拥有众多名胜古迹的历史文化名城，尤其是在佛教寺院及古塔建筑的式样及数量上，更为突出。当人们在北京游览观光时，那些兴建于不同朝代，造型多姿、风格各异的古代佛塔，会不时地映入游客的眼帘。它们有的高大挺拔，耸入云霄；有的纤小秀丽，精巧别致，它们或矗立在皇家园囿之中，或孤立于街巷胡同旁。有的如彪形大汉，昂然挺立在山峦之巅；也有的似青春少女，与美丽的园林为伴；还有的更似年迈的老衲，静立于那幽谷禅院之中。

可以这样比喻，北京的每一座塔，都像是一首诗，又似一支无声的乐曲，它有着诗一般的韵律和乐曲的节奏。这些古塔还似一幅幅彩画或一尊尊雕像，将北京的山川、河流、城市、乡村装饰得更加典雅、壮观、美丽，并成为北京风景名胜中的重要组成部分。

在北京市现存众多的各式古塔中，天宁寺塔及慈寿寺永安万寿塔，又是其中的两朵奇葩。

据史料记载，最初的天宁寺塔，始建于隋代，而现存的这座塔，则建于辽代，为一座八角十三层密檐式砖塔。它坐落在辽南京及金中都的旧城中，成为这两代都城现存的唯一标志。天宁寺塔自建成至今，历经辽、金、元、明、清、民国几代的朝代变迁，已有九百多年，它是北京作为中国著名的历史文化名城的重要见证。

永安万寿塔则建于明代万历年间，据说，是仿照天宁寺塔而建，也是一座八角十三层密檐式砖塔，它坐落在北京城的西郊，是北京市现存最高大壮观的一座明代佛塔。

由于历史的变迁及至今尚不为人知的原因，天宁寺及慈寿寺永安万寿塔，均未留下志书或较为详细的史料。

尤其是天宁寺及天宁寺塔，在至今一千多年的历史变迁中，其中肯定会发生一些重大的佛教事件，肯定会涌现出一批高僧大德，也会留下一些佛教典故及奇闻轶事。但令人遗憾的是，这座经历了一千多年历史的著名寺院，却未给我们留下一部志书，也未曾留下一些系统的史料。至今，在研究天宁寺及天宁寺塔的创建年代及历史沿革时，只能从现存的其他史料中，将其中记载的与它有关的只言片语，进行收集整理，来进行对比研究。由于缺乏直接的史料，所以，在天宁寺的创建年代上，至今各说不一。其中，有的根据史籍中的记载，认为天宁寺创建于北魏；也有的认为它始建于唐代。而在天宁寺塔的建筑年代上，更多的史料中认为它始建于隋代。由于天宁寺未留有一部详细记载其史料的寺志，所以，则使得对于天宁寺的研究显得尤为费力，也使这座历史悠久的寺院，存在着许多未解之谜。

确实，在天宁寺中，存在着许多未解之谜，如：

天宁寺的创建时间，具体是北魏，还是唐朝，或是其他朝代？

天宁寺的建筑规模有多大，寺中的建筑布局是怎样的？

天宁寺经历了许多朝代的更替、变迁，其中肯定会出现一些高僧、名师。

天宁寺既然是北京的一所名寺，历朝历代，会有哪些历史名人及文人墨客前来游览、瞻仰？

在一些史料中，记载着天宁寺中具有三大奇观，对于这三大奇观该如何解释？

……

由于现存有关天宁寺的史料比较简略和分散，所以，要想解开这些不解之谜，还需要很长的时间和深入的研究和探讨。

与天宁寺相比，关于慈寿寺及永安万寿塔所遗留下来的史料，则相对地多一些，加之近年来，许多专家学者对此进行了比较深入的研究，并撰写出一些考证文章。

由于天宁寺塔及永安万寿塔，均为八角十三层密檐式砖塔，在造型上比较相似，两座塔的塔身均高大、挺拔，并且，据传，永安万寿塔，还是仿照天宁寺塔的式样而建造的，所以，民间便将这两座塔，俗称为“姊妹塔”。

其实，在两座塔的造型风格上，天宁寺塔与永安万寿塔虽然比较接近，但也具有各自的时代特征。

在塔的整体造型上，天宁寺塔采用的是辽代密檐式砖塔的标准造型，塔身高大、挺拔，各部位比例匀称。在部分密檐的长度上富于变化，使塔身线条略有收分，呈现出一种乐曲般的节奏感和曲线美；而永安万寿塔在造型风格上，虽然是仿照天宁寺塔来建造，但又具有一些明代的风格，尤其是塔檐的长度逐层递减，塔身形似一柄锋利的宝剑，呈现出一种雄伟的阳刚之气。

天宁寺塔与永安万寿塔，在塔身上的雕塑内容及风格上，均具有各自的时代特征及艺术特点。

天宁寺塔上的佛教雕塑，具有典型的唐代及辽代的风格，其佛像及神像的造型，比较大气，形象生动、细致；而永安万寿塔上的佛教雕塑，富有明代风格，内容比较丰富、手法细腻，可以说是无处不雕、无处不塑。

本书对天宁寺和塔及慈寿寺永安万寿塔，分别进行介绍，并对寺院的创建年代及原因、历史沿革，佛塔的建筑风格，及其中蕴涵的佛教文化及艺术特色等方面，进行了分析，力图对读者在观赏这两座古代寺院及佛塔时，有所帮助。

上篇　北京天宁寺及塔

悠久的天宁寺史

在北京市西城区（原宣武区），广安门外滨河路护城河西岸的不远处，建有一座历史悠久的佛教寺院——天宁寺。由于天宁寺坐落在原唐幽州城、辽南京及金中都城内，因此，它是研究北京城发展史的重要实物，并且成为证明北京为中国著名的历史文化名城的重要见证。

天宁寺塔结构图

在天宁寺中，矗立着一座北京市城区最高的密檐式砖塔。它建于九百年前的辽代天庆九年（1119），建成于天庆十年（1120），是北京作为五朝古都，最古老的，也是辽代唯一现存的地面见证物，它是北京城区建筑年代最早，造型最优美的古塔。

天宁寺及塔的创建年代

关于天宁寺及塔的创建年代，史籍中的记载，大多认为：寺院始建于北魏孝文帝，而塔则建于隋代。

在《续高僧传》中记载：“仁寿下敕召送舍利于本州弘业寺，即元魏孝文帝所造也。”

但是，在一些史籍中，对于天宁寺的创建年代，也有着不同的记载。

在明代《顺天府志》中则记载：“天王寺在旧城延庆坊内，始建于唐，殿宇碑刻皆毁于火，元朝至元七年建三门，而梵宇未能完集。”

明代的刘侗，在其所著的《帝京景物略》中认为：“幽今无弘业，天宁之先，又不为弘业，意者志轶之。”

而在清代人周篔撰写的《析津日记》中，则认为：“盖此寺本名弘业，而王元美谓幽州无弘业，刘同人谓天宁之先不为弘业，皆考之不审也。”对刘侗的说法进行了指正。

在史籍的记载中，关于天宁寺创建时所处的地理位置及地形，其中，也存在着一些疑问。

在《续高僧传》中记载：“依峰带涧，面势高敞。自开皇末，舍利到前，山恒倾摇未曾休止。及安塔竟，山动自息。”

根据这一段记载来看，天宁寺是建在依山傍水的崇山峻岭之中，是一处山林寺院。但从现在天宁寺所处的地势来看，其地势平坦，寺后及两旁均没有高山相伴，现存的地形与文中的记载相差很大，不像是同一个地方。这是否证明，这座天宁寺，不是文中记载的弘业寺，或者是天宁寺所处的地势，在经过一千五百多年的地貌变化后，由高山逐渐成了平地。

在《析津志》中，有这样一条记载：“在黄土坡上，有塔。”说明天宁寺，原先确实建在一片山坡之上。

造成这种疑问有三种可能：

1900年左右山本赞七郎拍摄的天宁寺塔照片

一是天宁寺在创建时，确实是建在依山傍水的高坡上，但这个土山的规模，被古代文人艺术性地进行了夸张，使后人误以为，它是建在崇山峻岭之中，是一座山林寺院。

二是天宁寺所处的山坡，在经过一千多年地貌的变化后，四周的地势逐渐增高，使原来的土坡变成为平地。

三是天宁寺、弘业寺，确实是处于不同位置的两座寺院，弘业寺确实是建在“依峰带涧，面势高敞”的山区。

这些疑问，还有待于今后继续进行考证研究。

古建筑专家王世仁先生在《北京天宁寺塔三题》一文中，结合林徽因和梁思成先生撰写的《由天宁寺谈到建筑年代之鉴别问题》及大量的史料，进行了严谨地考证。他认为：天宁寺始建于唐代天宝年间。

天宁寺，如果确实是创建于北魏孝文帝时期(471–477)，历经北魏、隋、唐、辽、金、元、明、清及民国时期，那它就已经有1500多岁了，即使天宁寺是创建于唐代，那它也有1300年左右的历史，的确可以称得上是北京一座历史悠久的著名寺院。

法国摄影师拉里贝拍摄

关于天宁寺塔的创建时间，以及建塔的原因，在史籍中也多有记载。

《帝京景物略》中记载：“释迦舍利珠，八斛四斗，其三之一，住人间也。阿育王置塔八万四千，东震旦得塔十九，其粒不可得计也。康僧会恳佛，七日得七。昙荣恳之，自三粒至三百粒。隋文帝遇阿罗汉，授舍利一裹，与法师昙迁数之，数多数少莫能定。乃七宝函，致雍、岐等三十州，州各一塔。天宁寺塔，其一也。”

隋文帝杨坚，在未做皇帝之前，有一位来自古印度的僧人，来到他的家中，送给他一小袋佛舍利，并请他将这些佛舍利供奉起来，将来会有善报的。杨坚就与僧人昙迁一起将舍利计数，但是，数来数去，每次数出的数目均不相同。昙迁就对杨坚说：“曾听印度僧人说过，法身舍利是不可计数的，数也数不清。”

杨坚在登上皇位后，于隋仁寿元年（601），命海内诸州选择三十处清净高爽之地，各建立一座舍利塔。并将舍利分出三十份，各装入一个金瓶中，再将金瓶装入琉璃瓶，外面套以铜函和石函，称为七宝函，并命各州在同一时间内，将七宝函放入舍利塔内。北京天宁寺塔是这三十座舍利塔的其中之一，但在《帝京景物略》中，并未记载隋塔的规模与模式。

天宁寺塔老照片

在《广弘明集》中，记载了当时的情形。“幽州表云：三月二十六日于弘业寺安置舍利石函，始磨两面，以水洗之，明如水镜，内外相通，紫光焰起。其石斑驳，又类玛瑙，润泽炫耀，光似琉璃。至四月一日起斋行道，至三日亥时，舍利前焚香供养，灯光照庭，众星夜朗，有素光舒卷在佛舆之上。至八日，舍利入函，自旦及辰，函石现文，仿佛像有菩萨，光采纷藻，又似众仙，其间鸟兽林木诸状，不惑者众，实难详审。”文中的记载具有浓重的传奇色彩。

明万历年间的《长安客话》中记载：“隋仁寿间幽州弘业寺建塔藏舍利即此，唐开元间改额天王寺。”

在清代乾隆皇帝《御制重修天宁寺碑文》中也有记述：“京

师广宁门外，有招提曰：天宁寺。中矗浮图，高十余丈。考图志，隋时建，寺曰弘业，有僧藏舍利塔中。”

在现有的史籍资料中，几乎一致地认为：天宁寺塔，始建于隋代，而现存的天宁寺塔，就是那座隋塔。

但是，著名建筑学家梁思成先生及夫人林徽因女士，在他们合著的《由天宁寺谈到建筑年代之鉴别问题》文章中，却对天宁寺塔的建筑年代提出了质疑。文中对天宁寺塔的建筑形式、结构及风格进行了分析，并与其他相类似的古塔，进行了比较，认为：天宁寺塔应该建于辽代，是辽代建筑，具有典型的辽代末期的建筑特征及风格。

1992年4月，文物部门在对天宁寺塔的修缮工程中，在塔顶上，发现了一方石碑，碑的正面镌刻有：

大辽燕京天王寺建舍利塔记

皇叔、判留守诸路兵马都元帅府事、秦晋国王，天庆九年五月二十三日，奉旨起建天王寺砖塔一坐，举高二百三尺，相计共一十个月了毕。

查对《我国历代纪元表》，辽代天庆九年，为公元1119年。这段碑文的内容，证实了这座天宁寺塔，正是辽代建筑的，至今，它已经有九百多岁的高龄。

史籍中所记载的，建于隋代的那座舍利塔，可能早已无存。现存的这座辽塔，有可能是建在隋代塔址之上的，也可能是在辽代建塔时，将隋塔包在了现存的塔身里面。其实，天宁寺塔建于何代这个谜底，在明代维修天宁寺塔时，就可以揭开。

据明代人徐善在《泠然志》中记载：“……最上一层，其南有碑，不知何年所立。修塔时寺僧有拓本，索之不可得也。”

天宁寺塔老照片

天宁寺塔老照片

从这段记载中可以看到，在明代维修天宁寺塔时，就已经发现了记载有此塔建筑年代的这方石碑，但是，不知寺中的僧人，当时是出于什么目的，并没有将这方碑上所记载的内容公开出来。

天宁寺塔顶上发现的这方碑文，印证了梁思成先生及夫人林徽因女士的分析与判断，是十分准确的，实在是令人钦佩。

天宁寺的历史沿革

在现存的文献史料的基础上，可以将天宁寺的历史沿革，排列出来。

根据史籍资料记载：天宁寺始建于北魏孝文帝时，原名为“光林”。在许多史料中，也记载了它的历史沿革。

《续高僧传》：“仁寿下敕召送舍利于木州弘业寺，既元魏孝文之所造也。旧号光林，依峰带涧，面势高敞。”

《神州塔传》：“隋仁寿间，幽州弘业寺建塔藏舍利。”

《析津日记》：“寺在元魏为光林，在隋为弘业，在唐为天王，在金为大万安，宣德中修之曰天宁，正统中修之曰万寿戒坛，名凡数易。”

《长安客话》：“隋弘业寺，唐开元中改额天王寺。”

《湛然居士集》：“金大定二十一年，改宏业寺为大万安禅寺。”

《长安客话》：“寺当元末兵火荡尽，文皇在潜邸，命所司重修。姚广孝曾居焉。宣德间敕改今名。”

《隩志》：“天王寺之更名天宁寺也，宣德十年是也。”

从这些史籍中可以了解到，天宁寺始建于北魏孝文帝时（471–477），最初的寺名为光林寺；隋代改称为弘业寺；唐代开元年间改为天王寺；金代大定时改称为大万安禅寺；明代宣德年间又改称为天宁寺；明代正统年间改额为广善戒坛，到了清代又改称为天宁寺，并一直沿用至今。

根据史料记载，光林寺与河南的少林寺一样，都是兴建于北魏孝文帝拓跋宏时期。那时的朝代，修建佛教寺院成风，耗费了大量的国家财力。并且，建造大批寺院，广占良田，侵夺民财，使人民负担极为沉重。随着矛盾的积累，光林寺所在的幽州，先后两次爆发起义。朝廷为了缓解矛盾，不得不削减大批佛寺。在削减中，光林寺被幸运地保留下来。

隋代仁寿年间，隋文帝下诏书，敕命在光林寺中建塔，用以供奉佛舍利，并将寺名改称为弘业寺。

唐代开元年间（713–741），又将弘业寺改名为天王寺。

唐代的天王寺中，主要供奉佛教的北方多闻天王，即毗沙门天王。

多闻天王，音译为吠室摩拿、毗舍罗门、毗沙门等。又作普闻天、种种闻天。他为佛教的四天王之一，十二天之一。他在印度神话中，是北方的守护神，住在须弥山第四层的北面。率领夜叉、罗刹等二神众兼守其余三洲。他由于时常守护道场，听闻佛法，故称多闻。多闻天王，为印度及西域地方所信仰，有时也被视为战胜之神而受到尊崇。又因能赐予福德，亦被奉为财富之神。

据《大唐西域记》卷二十中所载，于阗等地对多闻天王的信仰极盛。据《宋高僧传》中所载：在佛教的四大天王中，单独尊崇北方多闻天王，以至于列为主尊单独建寺院来供奉，是在唐代的天宝年间。

据传说，唐代的天宝元年（742），安西城（今新疆库车县）被蕃兵围困，请求救援。但因路途遥远，在短时间内救兵难到，唐明皇李隆基即让不空和尚，请北方毗沙门天王领神兵前来救援。就在危急的时刻，果然，北方毗沙门天王，在城北面的城楼上出现，率领的五百神兵身着黄金盔甲，击鼓声震三百里，地动山崩，同时，多闻天王的金鼠，咬断了敌人的弓弦，蕃兵大惧，望风而逃。唐玄宗闻奏后大悦。

北方多闻天王，在唐代轰动一时，是得益于不空和尚的大力宣传，不空和尚在所译的《毗沙门仪轨》上记载了这个传说。此事虽属无稽之谈，但唐玄宗宁可信其有，并以此标榜自己得到北方多闻天王相助，遂敕令各州县城北门上供奉北方多闻天王像。佛寺中，也有专供北方多闻天王像的，或在寺院中专设天王堂。北方多闻天王又被军旅视为保护神，在城楼、军营皆建有天王堂、天王庙，甚至在军旗上，也画上天王像，以致当时的世俗：文身，也常刺天王像，认为可得到神力。

北方多闻天王的崇拜在宋代极显，至元、明时渐衰，取而代之的是中国化的托塔李天王了。

辽代时，仍沿用天王寺名。辽代天庆九年至十年（1119–1120），由天祚帝的皇叔耶律淳，奉圣旨在寺中建舍利塔一座，这在从天宁寺塔顶上发现的碑文中，可以看到。

天王寺，在辽南京城的西北隅，并且，参与建塔的人员中又有不少是军队中的统领，所以，选择在天王寺中建塔，目的是利用北方多闻天王这位保护神，来保佑南京城的安全。

在《大辽燕京天王寺建舍利塔记》中，记载着两位负责建塔的垒塔作头：寇世英、寇世兴。这种将建塔人的姓名镌刻在碑记中的事情，比较少见。

天宁寺塔老照片

天宁寺塔老照片

据传说，在辽、宋时期，萧太后一身戎装，骁勇善战，而她的女儿却是一位心地善良的姑娘，她反对母亲进攻中原，但萧太后不听女儿的劝告，继续征战。女儿无奈，便来到天王寺中出家，以避开战乱的尘世。萧太后得知后，便命人在天王寺中大兴土木，进行大规模的扩建，并敕命其女儿为天王寺住持。

天宁寺，坐落在金中都的城里，金代属于燕京延庆坊。巍峨的天宁寺塔，矗立在碧瓦红墙和千门万户之上，凸显出燕京城景色中的立体美。

金代大定二十一年（1181），将天王寺改名为大万安禅寺。

由于天宁寺在京城之西，是出京西行的第一站，所以，去京西和从卢沟桥回京的过往旅客，经常居住在天宁寺中。有些贪图清静的人，索性长期寓居寺内，省去不少应酬的烦恼。

金末元初的文学家元好问，与老朋友敬鼎臣三十多年不得相会，每当思念之时，只能隔着关塞相望。没有想到，在一次来京时，他们偶然同时住进了天宁寺内。惊喜之余，老兄弟俩尽情诉说离别之情，并高兴得一连几天举杯互祝，喝得酩酊大醉。元好问在事后回忆起相逢时，萧萧风雨敲打着僧舍的窗户，耿耿青灯相对客床的情景，使他终生不能忘怀。

萧萧风雨打僧窗，耿耿青灯对客床。
每恨相望隔关塞，岂知连日醉壶觞。
湃斋味薄堪长久，茅屋寒多且闭藏。
三十余年老兄弟，此回情话独难忘。

元代初年，舍弃燕京旧城，另建新城。天宁寺被划在南城外，成了一座野寺。但是，寺院中的香火依然很盛，前来瞻拜的香客络绎不绝。

元代初时，并未对寺院名称进行更改。但在元代初年，寺院建筑毁于战火之中，遭受到灭顶之灾。寺中只余下天王寺塔，孤零零地矗立在一片废墟之中。即使如此，瓦砾成堆的这座废寺，在佛教信徒心目中，依然是一片净土。

至元七年，寺中只复建了一座山门，其他的建筑均未恢复。

明代初，皇帝朱元璋的儿子燕王朱棣，下令将寺院建筑进行重建。重建后的天宁寺，其规模比以前扩大了许多。

天宁寺塔老照片

天宁寺塔老照片

辅佐永乐皇帝朱棣的僧人姚广孝，在从双塔庆寿寺退出后，就居住在寺中。在天宁寺的西北角，建有一座院落，名为“宗师府”。据说，姚广孝曾在此居住。

明代宣德十年（1435），将寺院建筑进行维修后，将寺名改为天宁寺。这次改名，是由宣德皇帝朱瞻基亲自敕命的。并将宣德皇帝的敕命镌刻在石碑上，树立在天宁寺塔下。

明代正统十年（1445），对天宁寺建筑进行维修后，将寺院改名为：万寿戒坛（广善戒坛），并在宣德皇帝敕命碑的后面，镌刻上由英宗皇帝朱祁镇敕命刊行大藏经的诏令。在明代，盛行刻印大藏经，并由皇帝颁赐给各大寺院。

明代正统年间，由于在天宁寺中设立了戒坛，使寺中香火极为旺盛，成为朝廷在外做佛事的道场。在天宁寺中设有十位佛教宗师，并于每年的夏历四月下旬，召集众多信徒听度，举行圆戒仪式。这种圆戒仪式，吸引了众多僧人和信徒前来观看。当时，在城里居住的公、侯，纷纷乘坐着车马倾巢而出，来到天宁寺中参加圆戒仪式。到了嘉靖年间，已形成相当的规模。

明代正德十年（1515）及明代嘉靖三年（1524），对寺院建筑进行了修缮。

明代文人南大吉在《天宁寺行》中描写道：

城西野寺名天宁，遥遥大道临郊垧。
多士骊驹停玉策，诸天鱼钥启金扃。
金扃窈窕通华殿，桂拱璇题皆可见。
雕衔紫盖覆珍轮，兽吐青莲承宝荐。
宝荐明珠照四隅，修廊广室纷盘纡。
参差铁凤翔高阁，琅珰金铎涌浮图。
浮图万丈凌遥碧，嘉树阴森连广陌。
丹青不道千黄金，土木宁论双白璧？
此都此寺真无比，谁之建者中常侍。
可怜海内苍生心，只得上方经行地。
君不见年年四月天，倾城车马纷联翩。
兰若上人登宝座，沙门弟子坐青毡。
此时公侯亦罗拜，神钟大磬鸣天外。
蓁首家人解诵经，朱袍公子能受戒。
受戒诵经敞绣筵，左廊右室曲相连。

如陵之肉万铜钱，如渑之酒金杯传。
金杯象箸何狼藉？蔓草丛兰同一泽。
蓟门艳舞留飞锡，燕市名讴调上客。
吁嗟呼！中黄门。
食禄千钟近至尊，胡为崇此盂兰盆。

明代嘉靖二十五年（1546），给事中李文向嘉靖皇帝上奏：“迩年宣武门外天宁寺中，广聚僧徒，辄建坛场，受戒说法，拥以盖舆，动以鼓吹。四方缁衣，集至万人，瞻拜伏听，昼聚夜散，男女混淆。甚有逋罪黥徒，髡发隐匿，因缘为奸。故四月以来，京师内外盗贼窃发。辇毂之下，岂应有此？乞捕为首者按治其罪。诏下锦衣卫捕击系鞫问。”（《日下旧闻考》）这说明，当时，参加佛事者，已达万人之多，以至于鱼龙混杂，连逃犯都混在了里面，影响了社会治安，也引起了上层官员的注意，并上奏皇帝，请求必须加以治理。

天宁寺塔老照片

天宁寺塔老照片

明代万历年间，对天宁寺中的建筑进行了修缮，万历皇帝的生母慈圣宣文李太后，曾经来到天宁寺中礼佛。

在老北京城里，曾经流传着这样一句俗语：“天宁寺里拜一拜，平安是福传三代。”是说天宁寺里的香火特别旺盛，到天宁寺里烧香拜佛，能够使全家都得到福气，并且能够三代同福。据说，凡是由外省来到京城做官的人，或者是做生意的人，刚一进京，就来到天宁寺中烧香拜佛，以求平安。

天宁寺中僧人在天宁寺塔的围栏四周，安置了三百六十盏铁灯龛。每月初八的晚上，寺里的僧人，便将塔身各层上的铁灯龛内注油并点燃，此时，灯光将塔身照得通明，并与天上的星月相映生辉，京城远近的善男信女，纷纷前来观灯，非常热闹。

清代初年，文人朱彝尊、朱茂晭、高佑釲、魏坤、查慎行、徐善几位好友，在九月初八这天晚上，来到天宁寺中，观赏塔上的灯火，并即兴联句成诗一首。

绠缶牵膏油，豆火发星焰。（徐善）
初如萤尾炫，忽若兽目睒。（朱茂晭）
或如炉杴炭，或如灶炊栝。（高佑釲）
须臾环扶拦，散作四百点。（朱彝尊）
虚堂鉴纤毫，老树失奄冉。（魏坤）
氛烟看直上，楼阁时一闪。（查慎行）
置身圆镜中，交光不可掩。（徐善）

清代顺治十七年（1660）春季，住持弘经等“广募信善，重加修理，幸完弘愿，顿复旧观”。（《天宁寺礼塔碑记》）对天宁寺中的建筑，进行了大规模地修缮，使寺院中的建筑恢复旧观。寺名仍称为天宁寺。

清代康熙十一年（1672），燃灯礼塔佛会，在塔前东侧，树立一通石碑，碑文是由尚书龚鼎孳撰文，并集明代著名文人董其昌的书法字体，而组成《天宁寺礼塔碑记》。

清代康熙二十一年（1682），重新修建天宁寺。

清代乾隆二十一年（1756），乾隆皇帝敕命，对寺院建筑进行了大规模地重建和修缮，并扩大了天宁寺的建筑规模。寺中建有山门、接引佛殿、东西配殿。塔后为三大士殿、戒坛、东西配殿。

清代乾隆四十七年（1782），再次修缮天宁寺，使天宁寺院、殿宇规制一新。

据说：每年春节，皇帝则率领文武百官，来到天宁寺燃灯礼佛，祈求一年风调雨顺，国泰民安。

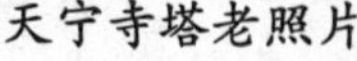

天宁寺塔老照片

天宁寺塔老照片

明、清两代，天宁寺也成为北京城外的游览胜地，众多达官、文士经常来到寺中，他们被寺中幽雅的环境所吸引，或来欣赏寺中的景致及高大雄伟的天宁寺塔，或为离京的朋友饯行。

明代文人周复元，在瞻仰天宁寺塔后，感慨万分，吟诗感叹道：

畿甸茫茫万顷平，疏林高出一枝撑。
晓看红日来沧海，暮指银河上太清。
窗扃流云随变幻，楼台倒影射虚明。
苔封隐隐隋唐字，愁杀风尘傍帝城。

诗中着意刻画了塔的雄姿：在京郊茫茫万顷的平原上，从稀疏的林木中，它高撑出那秀美的身影。它的身躯是那么的高大雄伟，拂晓，仿佛能看到沧海的日出；晚上，又以广阔的银河为邻。

明代文人李梦阳，在游览天宁寺及塔后，感慨地吟诵道：

旧瞻天宁塔，今览天宁寺。
兹塔多鬼怪，光芒夜夜至。
不知何时殿，结构今颓弃。
剔藓读其碑，识是隋文季。
蝌蚪半剥落，蛟龙犹赑屃。
我来值时暮，揽逝发潜喟。
修陆控赵代，长山卫燕冀。
苍然野眺合，一洒杨珠泪。

文人何景明，在瞻仰天宁寺塔后，诗兴大发，即兴赋诗一首：

七级芙蓉起，千年舍利藏。
地形标海岳，人代阅隋唐。
境现三天象，珠含四日光。
白毫空万里。处处有迷方。

明代文人王世贞，在路过天宁寺时，顿时被天宁寺塔的雄伟壮观和无比精美所吸引，吟诗感叹道：

浮图隋宝额，舍利汉金人。
龟捧云趺篆，龙蟠海藏鳞。
蹑空依日月，飞界隔风尘。
入夜铃时雨，摩空雁欲驯。
缥缈遥疑幻，崚嶒近复真。
云标象外矗，玉树望中新。
万劫留真相，诸天护法轮。
空怜证圣眼，犹是滞凡身。
倘有摩尼在，春风一问津。

诗中抒发了诗人的情怀，其中蕴涵着禅悟的成分和渴望超脱的心情。

明代文人区大相，在天宁寺中同旧友相聚时，当他仰望着高塔，忽然，一行南飞的大雁映入他的眼帘，使他心中顿时涌起了一股思乡之情：

帝京重九日，朋旧共开尊。
地远城西寺，台高蓟北门。
云高移塔影，山势断河源。
忽睹南飞雁，令予思故园。

天宁寺中，曾建有一座高阁，阁中的摆设非常豪华，陈设着小巧的黄金佛龛，玲珑的白玉几。凭栏向四面眺望，清晨刚下过一场小雨，雨后的天空清亮如洗，窗外横列着远山，树梢上露出了城市，皇家宫阙似浮在云端，古战场笼罩在落日余晖中，百姓茅屋上的炊烟已经消散，田野中流淌着涓涓溪水，美丽的秋色尽收眼底。

明代文人魏允中，在登上天宁寺中高阁后，即兴吟诵道：

命驾偶有适，结庐无兹美。
窈窕黄金龛，玲珑白玉几。
窗中列山川，树杪分城市。
法雨晓来空，梵天清若洗。
散发倚层轩，横目尽千里。
汉阙浮云端，辽峰落日里。
茅屋断苍烟，桑田滔流水。
慈渡在何方，世界莽如此。
旷望消人愁，引杯殊未已。

清代文人王世祯，曾于某日清晨来到寺中，头天夜里，刚下过一场小雨，寺院中还没有游人，独有满院响着悦耳的被风吹动的塔铃声，似乎是在迎接着客人的到来，同客人亲热地谈心。

凌晨出西廓，招提过微雨。
日出不逢人，满院风铃语。

清代文人沈渊，在游览天宁寺时，被寺内及寺外苍郁的森木及寂静的景色所感染，情不自禁地抒发出此时的情感。

千秋祇院凤城西，烟树苍苍路转迷。
缥缈龙宫分色相，岧峣雁塔逼云霓。
斋空尽日闻钟梵，坐久深林自鸟啼。
信是诸天超物外，好从此处学幽栖。

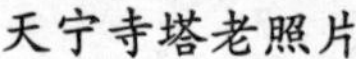

天宁寺塔老照片

由于天宁寺距离京城不远，并且寺院占地面积相当大，寺中环境清幽，所以，许多文人墨客经常来此游览，并居住在寺中。如文化名人王世祯、朱彝尊等，都在天宁寺中居住过，在此著书立说，并写下了许多赞美天宁寺的诗文。

参加过修撰《明史》的朱彝尊，在天宁寺中居住时，为了省去应酬的烦扰，往往将房门随意一关，躲在屋里埋头著述，长时间不出门。夜晚，他独宿寒屋，头枕书函，伴着铃声塔影，听着阵阵松涛声，进入梦乡。庆幸自己在京师的茫茫人海中，能找到这处躲避朝野来客的好地方。只有在需要借书时，才让书童进城一趟。他在诗中记述到：

青豆房容借，经旬且闭关。
日边连右辅，树杪豁西山。

六井泉相似，千花塔易攀。
不应朝市客，翻羡旅人闲。

万古光林寺，相传拓拔营。
著书非柱下，留客即淹中。
味折园蔬甲，香携市酒筒。
波涛入海阔，安坐作鱼翁。

到此栖迟惯，都无应接劳。
借书童入市，莝荐马腾槽。
塔射层层火，松鸣夜夜涛。
惟嫌重九会，风雨罢登高。

槛外开皇塔，三千六百铃。
天风吹不定，一夜枕函听。
砌咽寒虫语，窗摇独树形。
故人眠未稳，吟傍佛前灯。

天宁寺中，种植的芍药花也特别有名，其特点是花大、色艳、品种多。当时，人们将崇效寺的牡丹、法源寺的丁香、极乐寺的海棠和天宁寺的芍药，并称为“南城四景”。

天宁寺中，紫藤花曾经繁盛一时，“每岁花时，叠彩聚珠，香艳歕溢，五云华盖，实无此富丽也”。并可与法源寺里的丁香花和崇效寺里的牡丹花相媲美。

天宁寺里，曾种有一株名贵的绿牡丹。据《北京花事特刊》中记载，宣南天宁寺，其来最古，所谓元魏之光林寺也，地在金代南城内，古名白纸坊。李莼客谓其繁植芍药，尚为同治年间事耳。四十年前，藤花实盛，正与法源丁香，崇效牡丹，抗衡宣南。每岁花时，叠彩聚珠，香艳歕溢，五云华盖，实无此富丽也。又有绿牡丹一株，间岁作花，最为名贵，崇效“佛青”，堪与媲美。是时名流，多于此宴赏盘桓，而此花竟为一朱邸移去。李莼客曾有调寄露华词云：琳宫最忆，有鹿女衔来，分外娇艳。借与露华，轻把黛螺微拂。似曾萼绿初胎，换了玉环标格。留心住，回头唔看，唾痕凝碧。春风几度相识，只倚遍阑干，谁忍攀摘。赋就睡妆，偏漏宓妃消息。带辇转入朱门，可比坠楼颜色。灯影下，何时翠蛾重出。词人慨叹，不觉其言之深也。又李莼客尝宴集于此，会者八人，以良辰美景，赏心乐事为韵，莼客得良字，其诗云：

余春选萧侣，胜地依崇冈。
林深窈以辟，面塔开僧房。
心闲得物旷，吉日兼辰良。
玉醴既斟酌，兰俎罗甘芳。
结契略言赏，微醉资方羊。
凭栏俯后圃，众卉敷天香。
嘉木渐以长，绿荫晞微阳。
濛濛杂雨气，晻晻含云光。
西山一何媚？扫黛窥东墙。
静听禽鸟乐，远度钟声长。
烟景亦云足，何必思故乡？

花光山影，曲曲写来，读其诗如入其境，可见昔年天宁景物之美，诚有过于法源、崇效也。

清代时，在天宁寺中设有花市，其中“尤以桂花、秋菊最为有名”。（《道咸以来朝野杂记》）天宁寺逐渐成为京城赏菊、拜佛的最佳去处。每到秋季，京城中的百姓，纷纷来到天宁寺中赏花，并将喜爱的花卉买回家中欣赏。

清代同治年间竹枝词中描写道：

天宁寺里好楼台，每到深秋菊又开。
赢得倾城车马动，看花齐带玉人来。

每年重阳节到来时，天宁寺里更加热闹。从达官贵人，到才子佳丽；从善男信女，到市井百姓，都到天宁寺里来赏菊。据《燕京岁时记》中载：“京师谓重阳为九月九日。每届九月九日，则都人士提壶携榼，出郭登高。南则在天宁寺、陶然亭、龙爪槐等处，北则蓟门烟树、清静化城等处，远则西山八刹等处。赋诗饮酒，烤肉分糕，洵一时之快事也。”

天宁寺中，还种有许多的茉莉花，“寺僧取茉莉熏鼻烟，并储佳种菊花，以资生计”。（《话梦集》）当时，寺中僧人为了增加寺内收入，用茉莉花来熏制鼻烟，并且备有多种精美的鼻烟壶，许多喜好收藏此物之士，总要选购几件带回家去欣赏。

当时，在老北京流传着一句俗语：“天宁寺里——闻鼻烟儿”。是说天宁寺中熏制的鼻烟，在老北京城里，确实很有些名气。天宁寺也成为北京主要的鼻烟经销地。

清代的同治、光绪年间，天宁寺中风气逐渐没落，寺院被曹洞宗所把持，成为一座子孙庙。发展到后来，竟成为文人士大夫招伶人饮宴欢歌之处。

在《天咫偶闻》中记载：“天宁寺，其来最古，所谓元魏之光林寺也。地在金代南城内，古名白纸坊。树木列植，道路纵横，昔日之街衢径术也；禅房花影，廊庑山光，昔日之朱门华屋也。

不见毂击肩摩，如雨如云之胜。徒留此数弓琳宇，为士大夫折柳之所。试问陌上行人，曾有动华屋邱山之感者呼。”

在《道咸以来朝野杂记》中也有记载：“同、光间，为士大夫招伶宴饮之所。”

“……盖此寺不仅为看花之地，饯行者亦多于此话别，震钧之言，已有感于今昔之盛衰。孰知厥后，殿宇益荒，游宴告绝，惟重九日登高者尚盛，降及近时，并登高者亦鲜矣。使钧有知，其感伤又将如何耶？噫！”（《北京花事特刊》）

民国时期，天宁寺中，越来越显冷清，寺中僧人很少，最多不过十人，最少才五六个人。寺院也改为十方丛林，寺中住持由法源寺、广济寺、圣安寺等法派相同的寺院全体僧众公开投票，选举产生。

天宁寺塔老照片

新中国成立后，天宁寺被工厂占用，部分成了居民区，并禁止参观，彻底地断了天宁寺的香火。

天宁寺，历经北魏、隋、唐、辽、金、元、明、清代及民国时期，饱经1500多年的风雨沧桑，寺中的辽代密檐式砖塔，也已有九百多岁的高龄。

九百余年来，塔身经过日晒雨淋，时光洗磨，已经砖零瓦断，残迹斑斑，但是，它气势雄浑深厚，造型稳重挺拔，细部精巧华美，仍然保持着动人心魄的魅力。

可以说，天宁寺，是北京市城区历史最为悠久的一座著名佛教寺院，天宁寺塔，也是北京最为高大而美丽的密檐式佛舍利塔之一。

天宁寺及塔的历代修缮

天宁寺，自北魏时创建，至金、元时期，由于朝代更替及战乱的破坏等原因，所以，关于寺院的建筑规模及布局情况，并没有系统并直接的史料流传下来。

明代初年，明成祖朱棣在未继承皇位时，曾命所司对寺院建筑进行了重修，但重修后，并未留下关于寺院建筑规模的记载。后来，明代宣德、正统、正德及嘉靖年间，均对寺院建筑进行了修缮。但也未记载重修后的情况。

清代初，顺治十七年（1660）春，对寺院建筑进行了修缮，使寺院建筑恢复了以前的规模。“智亭同住持弘经，嗟灯火之凄凉，痛丹青之剥落，于顺治十七年春，广募信善，重加修理，幸完弘愿，顿复旧观。又于塔前周围，铸造焚香炉鼎八座，塔之上铁灯四十二盏，每当熏塔之期，缁素云集，梵呗潮涌，鱼声动地，佛号弥天。”（《天宁寺礼塔碑记》）

清代乾隆二十一年（1756），乾隆皇帝敕命重修。在重修前，天宁寺中，只有接引佛殿、三大士配殿、塔、三大士殿和广善戒坛这几座建筑了。在寺院的西北方还有一座别院，据说，明代著名僧人姚广孝曾在此居住，名为宗师府。

乾隆皇帝敕命的重修，其实是对寺院中的建筑进行了一次大规模的重建。“坚者瑕，新者敝，弗治者圮，爰命增葺之。凡门、

庑、殿、宇、斋堂、丈室规制一新。”（《重修天宁寺碑》）

乾隆四十七年（1782），又对寺院建筑进行了一次重修。“爰发内帑，敕所司复加葺缮。凡门、殿、楼、庑、陶范、斤凿、金碧、髹垩之缺者完之，敝者新之。……材致工紧，严净如制。”（《御制重修天宁寺碑文》）

据说，乾隆皇帝敕命的这两次重修，扩大了寺院的建筑规模。并将寺院的建筑布局，分为三路：中路、东路和西路，中路，有七进院落，东路和西路，各有五进院落。

乾隆皇帝还为大殿御书匾额：“常清净法”，并书写楹联：

金界庄严，铃语钟声流净梵；
连台馣霭，香云宝相现慈因。

又御书接引佛殿额曰“觉路慈缘”，并书楹联：

发欢喜心，慧光通宝筏；
施方便力，法界转金轮。

在天宁寺内，至今，残存着几方巨大的石柱础，柱础边长 110 厘米，上圆直径 80 多厘米。由此，可以推算，这些柱础要承托立柱的直径至少也要在 60 厘米左右，可以想见，重修后的寺院建筑，其规模是相当大的。

但令人不解的是，清代乾隆年间维修过的佛教寺院，如潭柘寺、大觉寺、卧佛寺、碧云寺等，虽都距离北京城较远，却均保留得比较完好。却不知什么原因，与外城一水之隔的天宁寺中的建筑，却毁坏得只剩下几座残破的殿堂和一座辽塔，这确实是个不解之谜。

从现存的史料中可以看出，清代在乾隆年间维修以后，直至清末之前，就再未看到其他时期的修缮记载了。

1928年国民政府南迁后，北平于当年6月，成立了特别市政府。于1928年11月至1929年5月，对北京的寺院情况进行了登记，对天宁寺也进行了登记，其情况如下：

> 天宁寺坐落西便门外西郊二分署所辖天宁寺街六号，建于元魏年代，属募建。本庙面积一百零八亩八分零八毫，瓦房五十三间，附属土地面积一百八十七亩，附属房间四十四间。管理及使用状况为本住持自行管理。庙内法物有铜接引佛一尊，铜菩萨一尊，木菩萨一尊，十家木佛三尊，木观世音一尊，木弥陀一尊，泥像三十三尊，铜香炉一个，铜蜡扦一对，锡五供一堂，铁蜡扦一对，铜钟一口，铁磬三口，铜典一个，铁香炉两个，磁香炉一个，铜磬一口，木鱼一个，大铜钟一口，另有圆石影壁一座，佛舍利塔一座。

在天宁寺的前院中，保存着一块中空的圆形石壁，不知是否就是登记中圆石影壁的一部分。但根据笔者的分析，这块圆形石壁，是一座香炉的底盘。根据圆形石壁的直径来判断，上面矗立的香炉体积，是相当高大的。

1936年1月，北平市政府对寺院进行了一次总登记，天宁寺的情况为：

> ……不动产土地一百八十七亩（寺庙财产登记为房基地一百零八亩；附属耕地一百八十七亩，系在通县三间房村），房屋一百六十五间。管理及使用状况为由本寺住持管理或派执事管理，供佛焚修。庙内法物有佛像

三十尊，神像十尊，礼器十件，法器十件，经典（残缺）一部，雕刻六座，另有柏树六十二株。

根据这两次寺院调查的情况来看，天宁寺内，确实是一派衰落景象。到如今，不但寺内佛像、法器、经典全部无存，就连寺内种植的六十二棵古柏树，也一棵都没有留下来。

刘凌沧先生在《天宁寺写生记》中，记述了当时寺院中的景象。“大寺前院那间断石残瓦，一片荒凉的景色，建筑物似已随着荒烟蔓草，早归倾圮。惟有正中的接引殿，倒还完整，大约是乾隆年间改建的吧？殿里中央，矗立着一尊接引佛像，高约三丈，法身用檀木雕成，遍身贴金，庄严伟岸，富有犍陀罗的作风。大殿后为第二层伽蓝，院里古柏参天。和交抱的大槐，老干槎枒，到夏天，浓荫蔽天，更必幽静。北殿之外东西配殿都还完好，北殿东边，有清初大儒龚鼎孳撰，董其昌书的大碑，为考据学上很好的史料，所惜几百年来历经风雨剥蚀，字迹已很模糊了。天宁寺里日常有四位住持。”

刘凌沧先生向寺僧询问，天宁寺塔上装饰的佛头为何均丢失时，寺僧答道：“都被军人凿掉了。”这位僧人的回答，似乎证实了天宁寺中曾经有一段时间，驻扎过军队，并对寺院建筑进行了破坏。

笔者在查阅国家图书馆及首都图书馆收藏的碑文拓片时，发现北京大小寺院的碑文，几乎均被捶拓并保存，却唯独没有发现天宁寺中的碑文拓片。是否在这一时期，天宁寺中确实驻扎了军队，不许外人入内捶拓。

在天宁寺塔基的南面，镶嵌着一方民国二十六年（1937）修缮天宁寺的碑石，上面镌刻着：

天宁寺天王宝塔、三大士配殿、接引殿及四面墙垣修缮工程，暨三大士正殿移建山门工程，于中华民国二十六年七月十三日开工，二十七年十一月四日完工。惟塔座护角佛、狮头及塔身佛像、蟠龙等残缺部分，为保持原有艺术起见，一仍旧状。

根据此方刻石的内容可以了解到：1937年，曾经对寺院建筑进行了维修，对残存的接引佛殿、三大士配殿以及天宁寺塔，进行了修缮。当时，天宁寺的山门已毁，便将塔前残破的三大士正殿的旧料，移建到了现在的山门殿处，作为山门。对天宁寺塔身上的古代雕塑部分，本着修旧如旧的原则，保留原状。但塔后建筑，因年久失修而逐渐荒废。

据天宁寺周围的老住户介绍，旧时的山门位置，在现存山门前两株老槐树的南面，民国时的这次修缮，将山门的位置向北缩移了许多。但是，在一幅拍摄于清代末年的照片中，天宁寺的山门确实是建在两株老槐树的北面，并没有向北缩移。

北京现存的古代寺院，在唐代兴建的法源寺和金代建的广济寺中，寺院面积占地均比较宽大，山门与天王殿的距离均比较远，之间为一个近似为正方形的大空场。而天宁寺的寺院，兴建于辽代之前，它的建筑占地布局，也应和法源寺或广济寺相近似。但是，由于辽代契丹人尊崇的崇日习俗，他们的建筑习惯是将寺院房屋建成坐西朝东的方向。所以，辽代的天宁寺建筑，有可能是呈坐西朝东的方向而建筑的。在元代初年，寺院建筑毁于战火之后，明代重建时，将建筑的朝向改为了坐北朝南。并且，有可能是在清代中期的重修中，将寺院的山门位置向北缩移了一段距离。

按照清代乾隆时期修缮的情况记载，在山门后应建有钟、鼓楼，在接引佛殿前，应建有一座大雄宝殿。接引佛殿前矗立的两通石碑，原来是矗立在大雄宝殿的前面。但从现在的山门至接引佛殿之间的距离来看，中间如果原来再建有天王殿及大雄宝殿，那么，山门到天王殿、大雄宝殿之间的距离，就显得有些拥挤了。这幅拍摄于清代末年的照片，似乎可以证明，天宁寺的山门在民国二十六年（1937）修缮前就已经向北缩移了，而民国时所建的山门，其位置确实是建在清代原山门的基础之上。

在《北京天宁寺钟鼓楼遗址试掘简报》中，介绍了2007年10月19日至11月5日，北京市文物研究所对位于天宁寺的钟、鼓楼遗址进行了考古试掘，在山门的北面，发掘到清代钟、鼓楼的建筑地基及东配殿的基址，建筑时代初步定为清代。

最近，中国文物研究所文物资料信息中心，从库存的历史资料中，找到了九张天宁寺实测图。在这些图纸上，绘制有天宁寺平面图、山门、韦驮殿、东西配殿平面图以及西配房、西楼、绿野山房的平面、立面和剖面图等。其中，天宁寺山门平面图绘制于1998年，其他的八幅图分别绘制于1941年至1943年间。在1942年绘制的天宁寺平面图上，天宁寺建筑前后共有七进院落，其中包括山门、接引殿、舍利塔、韦驮殿、大宝庄严殿、大悲坛等主要建筑，此幅图比例为1:500。在这幅平面图上，这些建筑并不在一条南、北中轴线上，舍利塔后面的几座建筑，全部是在西侧，形成了两条平行线。这种奇怪的建筑布局，令人费解，是天宁寺原来就是这样的建筑格局，还是在绘制此图时，天宁寺塔后面的大片殿堂，早就已经不复存在了？只余下中路及西路的部分建筑。这个疑问，还有待于文物研究部门进一步地考证。

根据这些图纸上的标注，在1941至1943年间，对天宁寺进行过全面的勘测和一定的修缮。这些宝贵的图纸，为天宁寺日后的修复工作，提供了重要的资料。

中华人民共和国成立后，文物部门在对天宁寺的保护上，做了许多重要的工作。但随着形势的变化，天宁寺被一些单位所占用，接引佛殿被用作工厂的库房，并在寺院里建满了居民住房。

据有关资料介绍，到后来，由于种种需要，陆续拆除了天宁寺中的大部分建筑，用于建筑唱片厂、热电厂及民居。其中，为了建筑唱片厂，拆除了大士殿、藏经楼、东西阁、方丈室、广善戒坛、后花园等寺中建筑。为了建筑第二热电厂，拆除了鼓楼、十方堂、祖师殿、禅堂、库房、司房、祖堂。后来，为了解决职工的住房困难，又拆除了钟楼、客堂、伽蓝殿、斋堂、法堂和功德堂。

1958 年，北京市进行文物普查时，市文化局在天宁寺塔基的东南角，一座经幢的须弥座上，树立了一方石碑，在碑文中对塔的历史年代及艺术价值进行了简要的说明。碑文内容为：

天宁寺塔

（文物保护单位）

辽代后期（约公元十一世纪末）创建。砖结构，八角形，多层密檐，塔身雕像健朴生动，是北京现存的精美古塔。

北京市文化局立

一九五八年五月

20 世纪 70 年代初，著名的杨振宁博士来到北京，曾经专程前来参观游览，但因种种原因，未能允许进入。后来，他给中央领导写信，信中阐述了天宁寺塔的重大历史文物价值，并提出了保护此塔的建议。

1976 年，唐山大地震波及北京，天宁寺塔刹被震毁。

1988 年 1 月 13 日，经国务院批准，天宁寺被公布为全国重点文物保护单位。

1991 年，文物部门对塔刹部分，依照清代乾隆时期的式样，进行了修复。

1991 年至 1992 年，由国家文物局拨款，对天宁寺塔进行了重点维修，这次维修工程，只对塔基、角梁、椽及檐瓦进行了维修。对塔的建筑结构部分进行了修缮，而对塔座、塔身及塔檐下的雕塑，只做了简单的清理，未作任何恢复，从而使这些古代雕塑作品，得到了保护。在维修中，对塔的高度进行了实测，为 55.38 米。

20 世纪 90 年代初，北京市政府结合西厢工程和天宁寺小区改造，提出要把天宁寺塔亮出来。并拆除了天宁寺东面的一些建筑物，使天宁寺塔重新显露出它挺拔高大的身影。

2000 年前后，北京市西城区政府决定，恢复天宁寺为宗教活动场所。北京市佛教协会委派法恩法师晋寺，全面负责收回天宁寺被占寺址及旧有建筑，并恢复宗教活动。

2002 年 5 月 10 日，由北京市文物部门出资二百四十万元，对天宁寺内的建筑开始进行大修。这次大修，拆除了寺院内的居民住房，并修缮了山门、接引佛殿、东西配殿、塔基及围墙，使寺中建筑面貌一新。

在天宁寺的北面，建起了一座四合院式的佛堂和僧舍。修缮后的天宁寺，已经恢复了佛事活动。据说，还要在寺内建立北京古塔博物馆，使这座千年古刹焕发出新的光彩。

2007 年，接引殿中，在毁于“文革”中的阿弥陀佛铜像的位置上，重新立起一尊用金丝楠木雕刻的阿弥陀佛立像。

2007 年 7 月 7 日上午九时，佛教界在天宁寺隆重举行接引佛像开光大典，并颁发北京市天宁寺宗教活动场所证书。

2010年，法恩法师筹集善款，在寺中原址重建钟楼、鼓楼、伽蓝殿、祖师殿、客堂、斋堂、僧寮等建筑。

2012年岁末，法恩法师荣升为天宁寺方丈。中国佛教协会会长传印法师，亲往送座。

天宁寺的建筑布局

历史上，天宁寺的建筑规模比现存的规模要大很多，它的主体院落在现存天宁寺的西边，现在的天宁寺只是原寺院的塔院部分。

现存天宁寺的建筑布局方位，是坐北朝南，自南至北依次为山门、钟鼓楼、接引佛殿、伽蓝殿、祖师殿、三大士配殿（药师殿、弥陀殿）、密檐式砖塔及僧人居住院落。

在山门殿前的右侧，矗立着一通石碑。在石碑正面的正中，镌刻着“唐天王寺故址”六个隶书大字，两旁镌刻“公元二〇〇四年北京市宣武区人民政府立”。

在石碑的背面，镌刻有古建专家王世仁先生撰写的《唐天王寺记》。

唐天王寺记

北京旧城广安门外天宁寺，始建于唐天宝年间（公元八世纪中），名天王寺。辽天庆九年至十年（1119-1120），于寺内建舍利塔，八角十三檐，其造型取《华严经》义。元末寺毁而塔存。明初，燕王朱棣命有司重修，寺西北有别院，名宗师府，相传为明成祖重要谋士僧人姚广孝所居。宣德十年（1435）更名天宁寺，正统十年（1445）更名广善戒坛，嗣后又复今名。正德十年（1515）、嘉靖三年(1524)重修,明末寺再毁。清乾隆二十一年(1756)重建。寺中心为辽天王寺舍利塔，塔前为山门、接引佛殿、东西配殿，塔后为三大士殿、戒坛、东西配殿，清末殿宇佛像大多残损。一九三七年，拆三大士殿移建山门，修复塔前殿宇，塔后全部荒废。舍利塔在明初依辽代原状更换塔基砖雕,清乾隆时改辽代铁刹为砖砌宝顶。一九七六年地震,宝顶坍落,塔檐受损,一九九二年修复。二〇〇三年至二〇〇四年，修整塔前殿宇，恢复原状。天王寺位于唐幽州。辽南京、金中都内延庆坊，舍利塔为北京城区现存最古之建筑。北京市宣武区人民政府于寺塔修复之际，立此贞石，标其故址，述其演变，用为彰显宣南文化，以飨公众。是为记。

二〇〇四年十二月　王世仁撰文

山门殿

山门殿为灰筒瓦硬山顶式，正门为石券门，门之上悬有“敕建天宁寺”金字木制匾额。现存的山门殿是在1937年维修天宁寺时，将塔前面的三大士正殿移建到此处的。在山门之上原来嵌有一块石额，正书“敕建天宁寺”五个字，石额现已断为两截。在门的两侧，各开有一个拱券式窗。山门殿的前面，是一片宽阔的平台。平台的前面及两旁，围有汉白玉护栏。在山门殿的两侧，各开有一座侧门。

天宁寺山门

弥勒佛像

在山门殿内的正中央，供奉着一尊铜铸的弥勒佛像。弥勒佛身宽体胖，笑逐颜开，袒胸露腹，游戏而坐。左手托一元宝，右手持一串念珠。人们根据他的形象，俗称他为“大肚弥勒佛”。

按照中国佛教寺院弥勒佛像的传统造型，其左手应该攥一布袋，右手持一串念珠。但随着现代人们的喜好，逐渐地将弥勒佛当成民间招财进宝的财神来供奉。

其实，按正规的佛教说法，他到现在为止还只是一位菩萨。但他未来必定成佛，并且是释迦牟尼的既定接班人。

弥勒佛（梵名 Maitreya），是继释迦牟尼之后成佛的菩萨，故又称一生补处菩萨、补处萨埵或弥勒如来。

据《弥勒上生经》《弥勒下生经》和《贤愚经》记载，弥勒出生于古印度南部的一个婆罗门（教士阶层）家庭，父亲名为修梵摩，母称梵摩提跋。因为菩萨的母亲怀孕之后，性情变得慈和悲悯，所以，菩萨出生后，即取名为“慈氏”。

弥勒菩萨自幼立志修道，他原来信奉婆罗门教，后因闻释迦牟尼佛教法而皈依释尊。他常于释迦牟尼身边听闻佛法，根机锐利，最终成为释迦牟尼佛的大弟子。

当时，释迦牟尼佛便以无漏大智，授记他继承释尊之位而成佛，是未来佛。

弥勒是释迦牟尼佛指定的佛位继承人。据说，他先于释尊入灭，上升到兜率天宫。他在兜率天宫里将住八万四千岁（相当于人间五十六亿七十万年），然后降生人间。弥勒下凡后，将在华林园（龙华树成林的花园）的龙华树（枝如宝龙吐百宝华的树）下坐，成道为弥勒佛。然后，在园中开三番法会，受不同根机众生之请，三转法轮，度尽不同根机的众生。弥勒佛的这三次说法度众生，佛经称为“龙华三会”或“弥勒三会”。

弥勒菩萨的特德是希望在拔除众生痛苦之后，更进一步给予其安乐，给予众生法乐。

弥勒菩萨的形象主要有三种：

1. 佛身形象

在寺院的大雄宝殿中，与燃灯佛（过去佛）、释迦牟尼佛（现在佛）组成一组竖三世佛。

2. 菩萨身份的弥勒形象

3. 布袋和尚形象

据说，布袋和尚的形象，是依照五代僧人契此的形象塑造的。

天宁寺山门内弥勒菩萨的形象，也是依照布袋和尚形象塑造的。

据《宋高僧传》记载，他是五代后梁年间（907–923）明州奉化（今浙江宁波）人，自称“契此”，又号长汀子。他身体肥胖，袒胸露腹，经常手持竹杖，上边挑着一个大布袋，出入于乡村巷尾，游化行乞，并将所乞、所拾之物装在大布袋中，人称“布袋和尚”。他不拘小节，笑口常开，为人预测凶吉和晴雨，十分灵验。他还常在稠人广众中，将大布袋中的东西，倾泻于地，并叫道：“看！看！”他的这种怪异行为引起了人们的普遍关注和极大兴趣，并由此名噪一方。后梁贞明二年（916），他在浙江奉化岳林寺（建于849年）内东廊下的一块磐石上，端坐并口念一偈：“弥勒真弥勒，分身千百亿。时时示时人，时人自不识。”其意为：“弥勒呀，是真弥勒，能化成千百亿个弥勒，我就是其中之一。我时时刻刻显现在人们面前，但人们却不识我就是弥勒的化身。”说毕，安然而逝。于是，人们方知布袋和尚原来是弥勒菩萨转世，遂将他的遗体安葬在岳林寺附近，并建起一座庙来供奉他，取名“弥勒庵”。

宋代崇宁三年（1104），岳林寺住持昙振为布袋和尚建阁塑像。从此，布袋和尚的形象开始在全国流传，并作为弥勒菩萨的形象之一供奉在寺院里的天王殿中。

韦驮像

在弥勒佛像的背后，供奉着一尊韦驮铜像。

韦驮是寺院中的主要护法神，他与大雄宝殿相对而立，身着甲胄，左手按着立于身前的金刚宝杵的杵柄，杵尖触地，右手叉腰，双目注视着前方，形象威严，威风凛凛。佛经中尊称他为“护法韦驮尊天弥勒”。

韦驮形象大致上有三种：

1. 双手合十，在两手臂弯处，横置着一把金刚宝杵。

2. 一手握金刚宝杵，杵尖拄地，另一只手叉腰。

3. 端坐在高椅之上。

这三种姿势，在佛经中没有依据，而是佛教徒的创造发明，并赋予了各自的特殊含义。据说，寺院中，若供奉合掌捧金刚宝杵的韦驮像，便表示这里是接待游方僧旅的十方寺院；如供奉按杵拄地的韦驮像，就表明为不接待游方僧旅。

韦驮是 Skanda 的音译，又译作“塞犍陀”或“犍陀”，或称韦将军、韦天将军，本为婆罗门教之神。据佛经记载，韦驮的真实身份是帝释天，为忉力天的统帅，四天王天是他的部将。他原为战神，有六头十二臂，手持弓箭，骑孔雀。对韦驮的崇拜，最初流行于南印度，公元 5 世纪传入北印度，被大乘佛教吸收为伽蓝守护神，封他为韦驮菩萨。释迦牟尼佛对他格外看重，经常为他单独说法。释迦牟尼佛入灭后，他不顾大众的阻拦，迳取佛牙拿到天上去供奉，并自称是释迦牟尼佛生前答应给他的。世传释迦牟尼佛涅槃时，捷疾鬼盗取佛牙一双，韦驮急忙追上，将佛牙抢了回来。从此，他就站在大雄宝殿的对面，保护着佛祖释迦牟尼。

在我国，自从唐代道宣律师得到韦驮的戎装像后，各处寺院中，都供奉此神像。现在天宁寺中供奉的韦驮像，身着的甲胄为宋代武士式，看上去就是一位宋朝的将军。

在山门殿内的东西两壁上，各绘有两尊天王画像。他们分别为东方持国天王、南方增长天王、西方广目天王和北方多闻天王。这四幅天王壁画，为纪薇、咏霍等画家绘制。

四大天王，为帝释之外将，相传，须弥山腰有一山，名犍陀罗山，山有四个山头，四天王各居一山，护一天下（四天下即四大部洲，即东胜神洲、南瞻部洲（地球）、西牛贺洲、北俱卢洲），故又称护世四天王，居六欲天之第一天。（佛教把世界分成依次上升的欲界、色界、无色界“三界”，世间一切“有情众生”皆在三界中“轮回”不已，只有达到涅槃境界成佛，才能跳出三界外，不受轮回之苦。欲界又有六天，称“六欲天”，为天神所居。六欲天的第一重天为四天王及其随从之住所）

东方持国天王：持国意为慈悲为怀，保佑众生，护持国土，故名持国天王。居须弥山黄金埵，身为白色，穿甲胄，手持琵琶，是主乐神，表明他要用音乐来使众生皈依佛教，他负责守护东胜神洲，是“二十诸天”中的第四天王。

南方增长天王：增长意为能令众生增长善根，护持佛法，故名增长天王。居须弥山琉璃埵，身为青色，穿甲胄，手握宝剑，以保护佛法不受侵犯，他负责守护南瞻部洲，是“二十诸天”中的第五天王。

西方广目天王：广目意为能以净天眼随时观察世界，护持人民，故名广目天王。居须弥山白银埵，身为红色，穿甲胄，为群龙领袖，故手缠一赤龙（也有的作赤索），看到有人不信奉佛法，即用索捉来，使其皈依佛教。他负责守护西牛贺洲，是“二十诸天”中的第六天王。

北方多闻天王：又名毗沙门。多闻意为多闻、多识，以福德名闻于四方。居须弥山水晶埵。身为绿色，穿甲胄，右手持宝伞（又称宝幡），左手握神鼠——银鼠。用以制服魔众，护持人民财富。又名施财天。他负责守护北俱卢洲，是“二十诸天”中的第三天王。

在佛教寺院里，弥勒佛像、护法神韦驮像及四大天王像，均被供奉在天王殿中。但天宁寺中的天王殿还未重建，所以，便将他们暂时供奉在山门殿中。

山门殿的后面，在券门的上面挂有一块匾额，上面刻有“三空门”三个大字。在门的两侧，挂有木制楹联：玉杵降魔普通一气；

金身护法光映群生。

钟楼、鼓楼

2007年10月9日至11月5日，北京市文物研究所对天宁寺内钟、鼓楼遗址进行了考古试掘，并清理出钟楼、鼓楼的基址，其建筑年代初步判定为清代。

在清代钟、鼓楼的基址上，重新建起了钟楼、鼓楼各一座。在钟楼券门的两侧，挂有木制楹联。左边是：钟声警万里；右边为：鼓韵惠十方。

在钟楼的一层正中，供奉着一尊彩塑地藏菩萨像。地藏菩萨为比丘装，左手掌托一宝珠，右手持禅杖。在前面的供桌上摆有精美的景泰蓝制作的佛教五供。

地藏菩萨：音译“乞叉底蘖婆”。

地藏菩萨的“地”，是大地、住处之义，也是地大（“四”大之一）。地能担当一切，一切崇山峻岭、万事万物都在地上。比喻菩萨的功德，能为众生而荷担一切难行苦行；地也有依止义，一切生命皆依地而成，依地而生。喻世间一切自利利他的功德善法，依此菩萨而存在。“藏”是含藏、伏藏义。即受释迦牟尼的嘱咐，于佛陀入灭后至弥勒菩萨成道间之无佛时代，发誓度尽六道众生，始愿成佛之菩萨。地藏菩萨以悲愿力救度众生，尤其对地狱中之罪苦众生特别悲悯，为罪苦众生说法，以教化度之。地藏菩萨像大地一样，能含藏种种功德，能引生一切功德，难行苦行，救度众生，故名地藏。

世俗也有称之为地藏王，但经中只名地藏，可能是因为被认为是地藏菩萨化身的九华山地藏比丘出身新罗王族，所以加“王”字以示尊称。其为中国四大菩萨之一。

地藏菩萨(630–739)，生于新罗国王族，俗姓“金”，号“乔觉”。生而相貌奇特，顶骨耸出特高，臂力甚大，可敌十人。为人心地慈善，颖悟异常，尝自诲曰：“六籍寰中，三清术内，唯第一义，与方寸合。”

唐高宗永徽四年（653），乔觉时年二十四岁，出家剃发为僧。唐代的中国佛教，如日丽中天，吸引了一些日本、新罗、高丽、百济等国的僧人来华求法。地藏出家后，即携白犬“谛听”，航海来华。至安徽省池州府青阳县九华山，见山峰状如莲花、峰峦耸秀，山川幽奇，便登高览胜，叹为稀有。遂于此山，深无人处，择一盆地，栖居岩洞，渴饮涧水，饥食白土(此土白而腻细，俗称“观音土”）。他常被毒虫伤螫，亦端坐无念，置之泰然。地藏素愿写四大部经，遂下山，至南陵，俞荡等人写献，得以归山。

至德年初，地方绅士诸葛节，率村人登山，见深无人迹处，有一和尚，坐禅于洞穴内。洞旁有一破锅，内盛残粒和着白土，生活异常清苦，大为惊异。询知，此乃新罗王子，远来求法。诸葛节等人，深愧未尽地主之谊，遂发心倡议为地藏比丘建造禅宇。

时九华山地为闵让和所有，建寺须请其施舍山地。闵公素信佛教，素怀慈念，乐善好施。每斋僧百名，必虚一位，请洞僧地藏比丘，以足其数。闻知诸葛节等人要在此建造寺院，自然十分欢喜，乐意捐助山地。闵公对地藏说：“九子山头的土地，尽为我有，任意所须。”地藏答曰：“一袈裟地足矣。”闵公许之。地藏遂将袈裟一展，遍覆九子山峰。闵公见状甚喜，尽将所荫之地施予地藏建大道场，并遣其子出家，法名“道明”。后来闵公亦舍俗离尘，礼其子道明为师。现今所见地藏菩萨像，左道明，右闵公。

地藏于开元十六年（728）七月三十日夜成道，时年九十九岁。旋即召众告别罔知攸往。但问山鸣石陨，扣钟嘶哑，跏趺而灭。其尸坐于函中三年，开将入塔，颜貌如生，举畀之动骨节，若撼金锁。乃立小浮图于南台，此即地藏生前宴坐之地。此即九华山达寺之因缘。

九华山与普陀山、五台山、峨眉山齐名，并称为中国佛教四大名山，是全国佛教人士朝拜的圣地。地藏比丘，被人们认为是地藏菩萨的化身。每年七月三十日，九华山香火鼎盛，深为民众所信仰。

在鼓楼券门的两侧，各挂有一幅木制楹联。左边是：鼓声清法界；右边为：幡影静经坛。

在鼓楼的一层正中，供奉着一尊坐于雄狮背上的彩塑文殊菩萨（事迹见文中“华严三圣”一节）像。文殊菩萨一身菩萨装，左手握一画卷，右手持一柄如意。前面的供桌上，摆有精美的景泰蓝制作的佛教五供。

接引殿

接引殿，是天宁寺中现存最大的佛殿建筑，殿顶为绿琉璃筒瓦黄剪边大式硬山顶式建筑，面阔五间，进深三间，梁柁上绘有旋子彩画，明间为六抹菱花隔扇门。殿宇高大气派，气宇轩昂。殿外彩绘金龙和玺图案，表明这里曾经是一座皇家寺院。在殿门之上，悬挂有一方“接引殿”木制金色匾额，殿门两侧各挂有木制楹联：发欢喜心慧光通宝筏，施方便力法界转金轮。

弥陀殿

殿中，原供奉有一尊高大的铜接引佛——阿弥陀佛像。在阿弥陀佛像的屏板后面，曾悬挂有一幅用《华严经》文组成的宝塔图，塔高五米，由六十万四十三个字组成，非常珍贵。经过百年的历史沧桑，接引佛像与华严经字宝塔图均已无存。

原有的铜铸捧花阿弥陀佛像

周肇祥在其所著的《琉璃厂杂记》中，对天宁寺中的铜接引佛像进行了考证。“京师寺院大铜造像，天宁、延寿、海会称鼎足。年代莫古于天宁，文字莫详于海会，以云俊伟奇丽，则延寿最胜矣。”

现在，在殿中原接引佛像的位置上，重新雕刻了一尊木质的阿弥陀佛像。佛像为立式，通高约为 13 米，阿弥陀佛像高 5.8 米，站在高约 1.1 米，由汉白玉雕刻而成的三层彩绘莲花座上。

阿弥陀佛，双目微合，神态安详，注视着下方。左手横在胸前，手心托有一盏黄金莲台；右臂自然下垂，手掌呈施与愿印。寓意接引四方信众，普度众生。

最下面是一层1.1米高的须弥宝座。在须弥宝座上雕刻有莲花瓣及缠枝花叶造型。在束腰的转角处，各雕刻一尊金刚力士像。金刚力士身着罗汉装，袒胸露腹，赤着足，用肩背奋力地承托着须弥座上枋。

金丝楠木阿弥陀佛像

佛像背后，是高达11米的彩绘背光，背光上绘有大鹏金翅鸟、龙子、雄狮、白象、神兽等，还绘有莲花、海水江崖及朵朵祥云图案。

在佛像前的供案上，摆有精美的景泰蓝制作的佛堂五供。

阿弥陀佛

阿弥陀佛是梵语Amitabha的音译，其汉译有无量寿佛、无量光佛、无碍光佛等十三个名号。

据梵本《阿弥陀经》载，此佛寿命无数，妙光无边，故称无量光佛、无量寿佛。

据《观无量寿佛经》记载：阿弥陀佛成佛前是一位王子。当时，他的国家出了一位佛，称世自在王佛。他听了这位佛的说法后，感到人生无常、痛苦不堪，只有佛法才是解除痛苦的良方，于是，他舍弃王位，出家修道，并取法名为法藏。他勤修戒定慧，不但为自己寻求解脱，还立志要改变受苦受难众生的境遇。为此，他曾在世自在王佛面前发下四十八大愿望。

基于这些宏伟的誓愿，因此，在阿弥陀佛成佛之后，任何人只要具足信愿行，如法念佛，一定能够得到阿弥陀佛的接引，而往生真、善、美、圣的极乐莲邦。

阿弥陀佛悲愿广大，慈心深切，而其念佛法门，又简单易行，因此，在信仰大乘佛教的国家中，信仰之人极为众多，中国古代民间有“家家阿弥陀，户户观世音”的说法，这正是信仰阿弥陀佛流传普遍的典型写照。

阿弥陀佛的形象主要有立、坐两种姿势。

立像：通称为“接引佛”，其姿势：左手当胸，掌中托一座莲台，呈接引众生的姿势，右手下垂，结施与愿印。

其坐像姿势：结跏趺坐，两手在脐下结禅定印，掌心或托有一个莲台。

这尊阿弥陀佛像，是用金丝楠木雕刻而成，佛像的宽度足有一米多。但是，目前很难找到这么粗的金丝楠木，所以只能用多根金丝楠木进行拼接。其中一根长七米的金丝楠木，还是从雍和宫中找到的，据说，仅寻找这些金丝楠木，就用了两年多的时间。雕刻这尊阿弥陀佛像，共用金丝楠木二十八立方。

据介绍，负责雕刻这尊佛像的马云峰先生，信仰佛教，并酷爱雕刻及绘画，尤其擅长佛教题材的绘画，对佛教宗源也了如指掌。所以，天宁寺进行的这次大型修缮活动，由北京市佛教协会专门委派他来设计，并负责雕刻金丝楠木大佛。现在的这尊佛像，是在对原佛像基座进行了勘测后复原的，佛像的雕刻过程，历时两年半的时间。

楠木为中亚热带常绿乔木，属国家二级保护植物，也是我国的特产树种。据《博古要览》中记载：楠木有三种。一是香楠，木微紫而带清香，纹理也很美观；二是金丝楠，木纹里有金丝，是楠木中最好的一种。更为难得的是，有的楠木材料上结成天然山水人物花纹；三是水楠，木质较软，多用其制作家具。

金丝楠木，是一种特别珍贵的建筑木料，这种木料抗腐、抗虫蛀，它的特别之处是，木料表面的纹理就像金丝一样，富有金属光泽，而且散发出一种特别的芳香气。

古代封建帝王，将金丝楠木作为修建皇家宫殿、陵寝、园林等建筑的特有材料，就连御用的棺椁和龙椅，也要用金丝楠木制作。

现在，金丝楠木已属于珍稀濒危植物，在全国都已罕见，被列入国家重点保护树种。

这尊阿弥陀佛立像，从2005年开始雕刻，于2006年年底雕刻完成。为了展现金丝楠木美丽的天然纹理，在佛像上未施任何彩绘，只将佛像表面打磨光洁后，再涂上保护蜡。

据说，这样高大的金丝楠木佛像，在全世界宗教界仅此一尊，有关部门将为其申请吉尼斯世界纪录。

2007年7月7日上午9时，佛教界在天宁寺隆重举行接引佛像开光大典。

在接引殿内的左、右两壁，新绘有精美的佛教壁画。东面墙壁的正中，绘有一幅巨大的《佛祖释迦牟尼说法图》。

《佛祖释迦牟尼说法图》

释迦牟尼佛在菩提树下悟道之后，形成了自己独特的观察和分析事物的观念。为了使他的思想学说，被他人所理解和接受，他便开始了长达45年的传教活动。佛祖的传教的方式，是随机的施设，不拘一格。他用偈颂、散文、故事、譬喻、直叙、问答等各种形式，在不同的场合，针对不同的对象，宣说不同的内容。对僧众谈论出离生死、证得无上正觉，对俗人谈论道德的行善。他准许弟子可不用规范化的梵语，而用地区方言进行说教。这就使得他的思想学说，在社会上得到广泛的传播。

佛祖释迦牟尼说法图

《佛祖释迦牟尼说法图》，就是根据释迦牟尼在世时，给众弟子说法的情景而创作的。在两棵高大茂密的菩提树下，释迦牟尼佛身披袈裟，结跏趺坐于由须弥座承托的莲台上。在释迦牟尼头顶的正上方，悬有一顶二重宝盖。在宝盖的两侧，各有一位手捧贡品从天而降的飞天。

佛祖眼光向下凝视，身后饰以头光和背光。右手微微抬至胸前，拇指与食指做说法印，左手仰掌在膝上自然垂放，表示正在说法传教。

佛祖宝座的两侧，侍立着迦叶和阿难，在宝座的前面，还站有两位侍女，左边的侍女手捧盛有香蕉、寿桃等水果的托盘；右侧的侍女则托着盛有麦穗和馒头的托盘。释迦牟尼的两旁，还侍立着佛祖的十大弟子、四大声闻弟子、八大菩萨、达摩、十八罗汉，还有天龙八部、二十诸天中的大梵天、帝释天、哼哈二将、四大天王及供养人、信众等。画面中的众多人物，均侧身朝向佛祖释迦牟尼，双手合十而拜，并有一位弟子跪于佛祖面前，问法求教。

释迦牟尼佛的十位大弟子：

1. 舍利弗，是释迦牟尼佛的首座弟子。其母为摩揭陀国王舍城婆罗门论师之女，因其出生时眼似舍利鸟，乃命名舍利。舍利弗皈依佛后，常随从佛陀，辅翼圣化。又以聪明胜众，被誉为佛弟子中“智慧第一”。

2. 目犍连，自幼与舍利弗交情甚笃，他们皈依佛陀后，共同精进修道，遂成众弟子之上首。并辅翼佛陀之教化，被誉为“神通第一”。据《盂兰盆经》载：目犍连曾为救母出离饿鬼道，而于七月十五僧自恣之日，供养十方大德僧众，遂为后世盂兰盆会之由来。

3. 大迦叶，意为“饮光”。为佛陀弟子中最无执着之念者，深受佛陀信赖。佛陀入灭后，成为教团之统领者，于王舍城召集第一次经典结集。禅宗以其为佛弟子中修无执着行之第一人，特尊为“头陀第一”。又以拈花微笑之故事，至今传诵不绝。

4. 阿难，全称阿难陀，意译为欢喜、庆喜、无染。他是佛陀之堂弟，出家后二十余年间，为佛陀之长随弟子。善记忆，对于佛陀之说法，多能朗朗记诵，故誉为“多闻第一”。

5. 富楼那，迦毗罗卫国人，净饭王国师之子，容貌端正，自幼聪明。以其长于辩才，善于分别义理，后专事演法教化，故被誉为“法说第一”。

6. 须菩提，意译为：善业、善现。他智慧过人，随佛陀出家为比丘。在佛陀的众多弟子中，他最善解空理者，被誉为“解空第一”。

7. 摩诃迦旃延，他在佛陀的比丘弟子中，是善于议论的。他能用很巧妙的方法，很简短的言辞，把问难的人说得心悦诚服，被誉为“论议第一”。

8. 优婆离，意译为：近执、近取。他精于戒律，修持严谨。于第一次经典结集时，诵出律部，被誉为“持律第一”。

9. 阿那律，迦毗罗卫国之释种，佛陀之从弟。随佛陀出家为比丘，出家后修行精进，堪称模范。他曾于佛陀说法时酣睡，为佛陀所呵斥，遂立誓不眠，后患眼疾，导致失明，后修行日进，心眼渐开。终成佛陀弟子中“天眼第一”。

10. 罗睺罗，是佛陀出家前唯一的儿子，又作“罗怙罗”。以其生于罗睺罗阿修罗王障月时，意译作“障月”。佛陀成道后六年，始达迦毗罗卫城，令罗睺罗出家。他严守制戒，精进修道，得阿罗汉果，被誉为“密行第一”。

四大声闻

指受佛敕，不入涅槃，永住世间护持教法，饶益有情，令彼等得胜果报之四大阿罗汉。又作四大弟子。指法华会座中，受佛授记之四声闻，即迦叶、须菩提、目犍连、迦旃延四大弟子。

八大菩萨

八大菩萨，是佛经中记载的辅助佛祖释迦牟尼教化众生的八位大菩萨。八大菩萨的名号及排列顺序，在诸经中记载不一，一般以《八大菩萨曼陀罗经》中所排列的顺序为准。

在《八大菩萨曼陀罗经》中依次为：观世音菩萨、弥勒菩萨、虚空藏菩萨、普贤菩萨、金刚手菩萨、妙吉祥菩萨、除盖障菩萨、地藏菩萨。

菩萨，是地位仅次于佛的第二类尊神。梵语音译为“菩提萨埵”，简称菩萨，意为“觉有情”“道众生”等。

菩萨的形象与佛一样，也有相好、衣饰、手印和量度的规定。菩萨的形象要求端庄慈祥，以体现菩萨济世度人的情怀。菩萨的衣饰要求华美庄严，一般为头戴天冠，身披璎珞，手贯环钏，衣曳飘带。菩萨的手印通常与手中执有的法器相配合，如观音菩萨手持莲花，天冠中有一化佛（阿弥陀佛）；而大势至菩萨也手持莲花，天冠中有一宝瓶；文殊菩萨手持经箧；普贤菩萨手持如意钩；地藏菩萨手持摩尼宝珠和锡杖等。

但佛教传入中国后，由于受到传统文化的影响，菩萨的形象，有了极大的变化。菩萨的面相、胖瘦以及衣饰，都融进了中国人的审美情趣和文化特征，不同时代的菩萨呈现出不同的形貌特征。菩萨的形象逐渐的女性化，大多数菩萨的相貌、形体、衣饰等方面，都根据中国女性的特点来构思和塑造。菩萨形象的这种变化，是佛教汉化的具体表现。菩萨可分为胁侍菩萨和供养菩萨。胁侍菩萨主要有四大菩萨、八大菩萨、十二圆觉菩萨、善财和龙女等。供养菩萨为立于佛陀两旁并供奉佛陀的菩萨，主要有妙音菩萨、献花菩萨、献食品菩萨等。

达摩

禅宗初祖达摩，全称初祖菩提达摩，南天竺人，婆罗门种姓，自称佛传禅宗第二十八祖。南朝梁武帝时航海到广州。梁武帝信佛。达摩至南朝都城建业会梁武帝，面谈不契，遂一苇渡江，北上北魏都城洛阳，后卓锡嵩山少林寺，面壁九年，传衣钵于慧可。

后出禹门游化终身。东魏天平三年（536）卒于洛滨，葬熊耳山。

达摩，在中国始传禅宗，“直指人心，见性成佛，不立文字，教外别传”，经二祖慧可，三祖僧璨、四祖道信、五祖弘忍、六祖惠能等大力弘扬，终于一花五叶，盛开秘苑，成为中国佛教最大宗门，后人便尊达摩为中国禅宗初祖，尊少林寺为中国禅宗祖庭。

历史上，还流传下来不少关于达摩的故事，其中家喻户晓、为人乐道的有：一苇渡江、面壁九年，断臂立雪，只履西归等，这些美丽动人的故事，都表达了后人对达摩的敬仰和怀念之情。

十八罗汉

在中国的佛教寺院大雄宝殿中，大都供奉有十八罗汉像。实际上，十八罗汉像，是由十六罗汉演变而来的。据《大阿罗汉难提蜜多罗所说法住记》中说，十六罗汉是释迦牟尼佛的弟子，他们受佛陀的嘱咐，不入涅槃，常住世间，受世人的供养而为众生作福田，并且一一列出他们的名字及住处。自《法住记》被唐代玄奘法师译成汉语后，从此，佛道中人才开始认识十六罗汉的名字，十六罗汉即受到中国佛教徒的普遍尊敬和赞颂。这十六位罗汉依次是：

第一尊者宾度卢跋罗堕阇，为佛弟子，十六大罗汉之第一。永住于世，现白头长眉之相，又称长眉罗汉。与其眷属一千阿罗汉住于西瞿耶尼洲。

第二尊者迦诺迦伐蹉，十六大罗汉之第二。与其眷属五百阿罗汉共住于北方迦湿弥罗国。

第三尊者迦诺迦跋厘堕阇，十六大罗汉之第三。与其眷属六百阿罗汉共住于东胜神洲。

第四尊者苏频陀，十六大罗汉之第四位。与其眷属七百阿罗汉共住于北俱卢洲。

第五尊者诺矩罗，十六大罗汉之第五位。与其眷属八百阿罗汉共住在南瞻部洲。

第六尊者跋陀罗，十六大罗汉之第六位。与其眷属九百阿罗汉共住在耽没罗洲。

第七尊者迦理迦，十六大罗汉之第七位。与其眷属一千阿罗汉共住于僧伽荼洲。

第八尊者伐阇罗弗多罗，十六大罗汉之第八位。与其眷属一千一百阿罗汉共住于钵刺拏洲。

第九尊者戍博迦，十六大罗汉之第九位。与其眷属九百阿罗汉共住在香醉山中。

第十尊者半托迦，十六大罗汉之第十位。与其眷属千三百阿罗汉共住于三十三天。

第十一尊者罗怙罗，十六大罗汉之第十一位。与其眷属一千一百阿罗汉共住在毕利飏瞿洲。

第十二尊者那伽犀那，十六大罗汉之第十二位。与其眷属一千二百阿罗汉共住于半度波山。

第十三尊者因揭陀，十六大罗汉之第十三位。与其眷属一千三百阿罗汉共住于广胁山。

第十四尊者伐那婆斯，十六大罗汉之第十四位。与其眷属一千四百阿罗汉共住于可住山。

第十五尊者阿氏多，十六大罗汉之第十五位。与其眷属一千五百阿罗汉共住于鹫峰山。

第十六尊者注荼半托迦，十六大罗汉之第十六位。与其眷属一千六百阿罗汉共住于持轴山。

十六罗汉主要流行于唐代，至唐末，开始出现十八罗汉。到宋代时，则盛行十八罗汉。

十八罗汉的出现，可能与中国文化中对“十八”这个数字的传统偏好有关。“十八”的个数是一个吉数，中国文化中的许多数量表达都喜用“十八”。“十六罗汉”变为“十八罗汉 ”显然是与这种“十八”情结有关。十八罗汉，是在十六罗汉的基础上，加上另两位而形成的。

最早记录十八罗汉的是宋代的苏轼，他在《自南海归过清远峡宝林寺敬赞禅月所画十八大罗汉》一文中，一一列举出十八罗汉的姓名。前十六位罗汉即《法住记》中列的十六罗汉名，后新增补的两位罗汉，第十七位是“庆友尊者”，即《法住记》的作者。第十八位是“宾头卢尊者”，这与第一位其实是同一位，只不过一个用全称，一个用尊称而已。后来，宋代志磐在《佛祖统纪》卷三十三中提出新见解，认为第十七位应是迦叶尊者，第十八位应是君徒钵叹尊者，也就是四大罗汉中，不在十六罗汉中的那两位。

还有的寺院将《法住记》的作者称为“庆友尊者”，排在前八位罗汉的前面，又将翻译《法住记》的玄奘法师，排在了后八位罗汉的前面，凑成了十八罗汉。

但是，到清代乾隆年间，乾隆皇帝和章嘉呼图克图认为：第十七位罗汉应是降龙罗汉，即迦叶尊者，第十八位应是伏虎罗汉，即弥勒尊者。皇帝钦定，自此，十八罗汉就以皇帝御封的为准了。

天龙八部

又称“八部众”，即：天、龙、夜叉、阿修罗、迦楼罗、乾达婆、紧那罗、摩睺罗迦。

天

天龙八部中的天指的是有别于凡人的神名。既然为神，当然要住在天上，故称天神为天。他们被佛教吸收后，成为佛陀的弟子和侍卫。

龙

八部众之一，群龙之首称龙王或龙神。一般谓龙为住于水中之蛇形鬼类，具有呼风唤雨之神力，亦为守护佛法之异类。在印度神话中，乃人面蛇尾之半神。在译成龙以后，中国人便将它与中国式的龙的概念融为一体。中国式的龙是帝王的象征，而佛教中的龙却是佛法的护卫者。佛教在中国普及以后，民间故事中关于龙和龙宫的描述，明显受到佛经的影响。

夜叉

也译为“药叉”，意译为“捷疾鬼”，八部众之一，通常与罗刹并称。指住于地上或空中，以威势害恼人或守卫正法之鬼类。原为南亚次大陆早期神话中的一种小神灵。在佛教传说中常宣传他恶的一面，据说他面目狰狞，行动轻疾，能腾飞，有吃人的恶习。

阿修罗

为八部众之一。原为南亚次大陆古代恶神，据说有四个大王。阿修罗这一族中，男人长得都很凶恶，而女人都十分漂亮。他持有一张琴，特称为阿修罗琴。他欲听闻何种曲调，则曲调由琴中自然弹出。

迦楼罗

意译为金翅鸟，为八部众之一。在古印度的神话中，是一种类似鹫的鸟，是性格猛烈的神格化之巨鸟。在苯教中，它被称为“琼”。据说他的身长八千由旬，两翅各长四千由旬，我们这个世界只能容下他的一个鸟爪。他每天要吃一条大龙和五百条小龙。

乾达婆

为八部众之一。与紧那罗同为侍奉帝释天而司奏雅乐之神，在帝释天的宴席上，专事歌唱奏乐。传说它不食酒肉，唯以香气为食。后来，佛教收容了他们。在南亚次大陆早期的佛教雕塑中，他们常作飞行的姿态，在佛的上方出现。传到西域，有的则长上了翅膀，这就是原始的飞天，是佛教的伎乐供养之神。汉化佛教将其双翅舍去，纯靠云气烘托及衣角、衣带飘舞，在云端上、下飞翔。这是中国人独特的艺术创造。

紧那罗

原为印度神话之神，后被佛教收为天龙八部众之一。与乾达婆同为侍候帝释天的音乐之神，一个奏乐、一个唱歌。

摩睺罗迦

天龙八部众之一，意译为大蟒神，是用胸部和腹部行走的神。据说他是蛇首人身，可能是对南亚次大陆古代神话中某种蛇神的一种改造。

大梵天及帝释天

大梵天，位于色界初禅天之第三天，又称梵天王、梵天。意译为清静、离欲。他本是婆罗门教、印度教的创造之神。与湿婆、毗湿奴并称为婆罗门教和印度教的三大神。大梵天以自主独存，谓已为众生之父，而自然而有，无人能造之，后世一切众生皆其化生，并谓已尽知诸典义理，统领大千世界。大梵天为《梵书》时代以来之神格，尔后婆罗门即以大梵天为最尊崇之主神。大梵天的形象汉化后，多以中国式中年帝王形象出现，手中常持荷花。

帝释天，本为印度教之神。于古印度时，称因揭陀；被佛教收入后，称帝释天。他本来是南亚次大陆神话中的最高神。据说他统治一切，四大天王等都是他的部下。在佛教中，与大梵天同为佛教之护法主神。在汉化寺院中，帝释天常作中年女后像，身后随从三位天女。

哼哈二将

也称为密迹金刚和那延罗天。在佛教寺院中，分别列于山门殿内的两旁。为金刚力士像，金刚力士胸脯宽阔，肌肉突起，怒目圆睁，挥拳舞臂，威风凛凛。左边的密迹金刚忿颜闭唇，怒目圆瞪，身着武士装，右手高举着降魔兵器；而右边的密迹金刚则怒颜口张，身着武士装，左手也高举着降魔兵器。而有的人认为：右边的密迹金刚为散脂大将。

中国民间根据这两尊金刚力士的面目表情特征，俗称他们为“哼哈二将”。

四大天王（见文中山门殿章节）

供养人

供养，是一个佛教名词。简单地说就是以香花、明灯、饮食等资养三宝为“供养”。还可以分作财供养和法供养两种，香花、饮食等物叫财供养；修行积德，利益众生叫法供养。在佛教中，具备上述供养行为的人，称为供养人。

供养人像，就是信仰宗教出资绘制或建造圣像、开凿石窟的人，为了表示虔诚、留记功德和名垂后世，在宗教绘画或雕像的边角或者侧面画上或雕刻自己和家族、亲眷和奴婢等人的肖像，这些肖像，称之为供养人像。

由于供养人画像和雕像根据现实人物所作，且多数有文字题记，图文并茂，是研究文物年代、制作者及绘画、雕刻艺术等的重要资料，长期以来，其历史和艺术价值，为研究者所重视。

随着佛教在中国的普及，《佛祖释迦牟尼说法图》中的人物形象及服饰逐渐中国化。画面也逐渐程式化，成为佛教供养画的固定模式。这种构图的方法，在民间被俗称为家族菩萨。

《佛祖释迦牟尼说法图》在人物体态结构上，都达到了精准。不管是坐的或立的和各种形态手相的描写，无不细致准确，自然真切，并符合比例和透视。画面上每个人物的眼睛，都反映出深沉恬静的内心世界。有的曲眉丰颊，庄严肃穆；有的淡眉而清秀，优雅温柔，均达到了形神兼备的境地。在笔法上，作者既使用了活泼的线条 ，生动地描画出人物的轮廓和衣褶；另一方面也吸取了界画的表现方法，准确平直地绘画出各种物品道具。在作者的画笔下，这些粗细浓淡的关系都不是孤立地，而是巧妙和谐地统一在画面上，所画人物线条在细劲圆转粗细一律中，顺着衣褶的起伏而略有变化，流动自然，高度地发挥了线条的艺术性能。令人惊奇的是对人物神情的刻画。按照佛家的说法，喜、怒、忧、惧、爱、憎、欲七情为是非之主，利害之根，主张以静得禅。

《佛祖释迦牟尼说法图》以宗教内容为出发点，对人物所呈现出来的庄严宁静的神情，表现得栩栩如生，饱含了现实生活中的人情气息，是当代此类佛教壁画中的上乘之作。

在《佛祖释迦牟尼说法图》的左侧，绘有一幅文殊菩萨像；右侧则画有一幅普贤菩萨像。

文殊菩萨一身罗汉装，侧身坐在一只气势凶猛的雄狮背上，左手持一柄如意。在她的头及身后画有圆光，周围布满祥云；而普贤菩萨也是一身罗汉装，侧身坐在一头温顺的六牙白象背上，左手持一柄莲台，上托火焰宝珠。头及身后画有圆光，周围布满了祥云。

《佛祖释迦牟尼说法图》及文殊菩萨、普贤菩萨壁画，由纪薇、咏霍等画家绘制。

弥陀殿内西面的墙壁上，正中则绘有一幅巨大的《西方极乐世界教主阿弥陀佛接引图》。

《西方极乐世界教主阿弥陀佛接引图》

这幅壁画是依据佛教经典《阿弥陀经》中“西方极乐世界”的情景而绘制的，画面的主要人物为“西方三圣”。

画面正中，是西方极乐世界教主阿弥陀佛，端坐于顶上缀满珠宝瓔珞的四柱亭之中。他宝髻高耸，目光低垂，注视着前方。身披袈裟，结跏趺坐在由须弥座承托的莲花宝座上，双手在腹前结禅定印。

在阿弥陀佛的左、右两侧，为他的两位胁侍，均分别端坐于

西方极乐世界教主阿弥陀佛接引图
（选自《北京天宁寺》画册）

顶上缀满珠宝瓔珞的四柱亭之中。左侧为观音菩萨，一身菩萨装，左手捧着一盏莲台，结跏趺坐在莲花宝座上；右侧为大势至菩萨，也是一身菩萨装，双手持着一柄盛开的荷花，结跏趺坐在莲花宝座上。观音菩萨与大势至菩萨都微侧着身体，倾向正中的阿弥陀佛。

在阿弥陀佛宝座的前面，左、右两侧，各立有一位呈侧姿，双手合十的菩萨。

佛坛前方，是菱形格的“琉璃宝地”，有多位圣众菩萨分列在阿弥陀佛的两旁。在三圣像的左右两侧：是声闻弟子，左右各为八尊，其中人物大多身着菩萨装，但也有造形特殊者，如有的长着长眉、手持钵；有的头披斗篷、面现梵形；还有的体态丰腴，手持贝叶经等等，根据这些特殊的人物造型来分析，应该确定为十八罗汉当中的几位罗汉。在琉璃宝地之上，还有二十诸天及身着僧服的比丘等。

二十诸天

二十诸天是一个佛教用语。“天”，作为简称，在佛教中有三层意思：

1. 指天界， 梵语 Devaloka，如六道、十界中的天道、天界。

又如四天王天、兜率天、他化自在天。

2. 指天王，梵语 Devarāja，如大梵天、帝释天、大功德天，亦即所指的二十余位天神。

3. 指天人，梵语 Deva，如三善道的天、人、阿修罗。佛教以为天人是有情众生最妙、最善，也是最快乐的去处。只有修习十善业道者才能投生天界，成为天人。但“天”虽然处于诸有情界中最高最优越的地位，能获种种享受，但仍未跳出轮回，一旦前业享尽，便会重新堕入轮回之中。

随着佛教在中国的传播，这二十位来自印度的天神，逐渐地被汉化。这二十位诸天分别是：

1. 大梵天、2. 帝释天、3. 北方多闻天王、4. 东方持国天王、5. 南方增长天王、6. 西方广目天王、7. 密迹金刚、8. 大自在天、9. 散脂大将、10. 辩才天、11. 功德天、12. 韦驮天、13 坚牢地神、14. 菩提树神、15. 鬼子母、16. 摩利支天、17. 日天、18. 月天、19 水天、20. 阎摩罗王。

画面中的所有人物，均足踏五彩祥云，侧身朝向阿弥陀佛，双手合十而拜。

西方三圣像的后面，画面的上方部分，为妙华宫殿及楼阁，在宫殿的上方，布满了五彩祥云。

在琉璃宝地的正前方，画幅的下方部分，画的是西方极乐世界中的莲池海会场景。莲池的四周，有七重栏楯、七重罗网、光现花幢、光现宝幢。莲池中有一小池，池中的海浪形座上，承托着一枚巨大的摩尼宝珠。大莲池所表现的主题是九品往生。莲池中池水碧蓝，开满了五色荷花。荷花丛中跪有八位信徒，他们面向西方三圣像，合手而拜。在莲池的阶梯上，面向西方三圣，跪拜着一位菩萨，在他的头部罩有圆光。

在莲池的周围，画有一只共命鸟、一对丹顶鹤、一对蓝孔雀及一对白色的鹦鹉。

为什么在《西方极乐世界教主阿弥陀佛接引图》中，画有这些禽鸟呢？在《佛说阿弥陀经》中，佛祖释迦牟尼解释说：舍利弗！那西方极乐世界，常常有各色各样奇妙的鸟，像白鹤、孔雀、鹦鹉、百舌鸟、妙音鸟、共命鸟等等。这许多的鸟，昼夜六个时段，不停歇地发出又和平又雅致的声音来。这些声音，都是演说宣讲五根、五力、七菩提分、八圣道分等种种的修道方法。西方极乐世界的众生，听到这许多的鸟所发出的声音后，都发心念佛宝、念佛所说的法宝、念依佛法修行的僧宝了。舍利弗！你不要认为这些鸟是因为受罪报而生为畜生的。为什么呢？因为西方极乐世界没有畜生、饿鬼、地狱三种恶道。舍利弗！那西方极乐世界，连恶道的名目尚且没有，何况实在的恶道呢？这许多的鸟，都是阿弥陀佛要使佛法的声音宣说流通开来而变化出来的。

在中国的佛教壁画中所出现的鸟类，均分别具有各自的佛教含义。

共命鸟

又称为命命鸟、生生鸟，属于雉中的一种，产于北印度，因鸣叫声而得名。在佛教中，此鸟为人面禽身，一身二首。它们生死相依，飞翔的速度非常迅疾，其鸣叫的声音也特别优美。

在《佛本行集经》卷第五十九中。记载有这样的一个故事：

往昔久远之时，在一座雪山下，生活有一只长有两个头的鸟，名字叫共命鸟。它们为了安全，便轮流睡觉。它们共有一个身体，但却有着完全不同的性格。一头叫迦楼嗏，长作善想；另一头叫优波迦楼嗏，长作恶想。一天，在树林里，轮到优波迦楼嗏睡觉。

忽然，从树上落下来一朵香花。醒着的迦楼嗏就想：还是不要吵醒它，虽然我独自吃了，但我们都可以享受到美味。于是，迦楼嗏就默默地，把花吃了。过了一会儿，优波迦楼嗏醒来，觉得腹中饱满，吐出的气息充满着香味。很奇怪，就问迦楼嗏："我在睡觉时，你是否吃了什么香美微妙的食物，我觉得身体很舒服。"优波嗏回答说："你睡觉时，有一朵香花，落在我的头旁边，我看你睡得很熟，又想道：我吃与你吃，没有什么区别，就独自把它吃了。"优波迦楼嗏听了，心里很不高兴，从内心深处，生出嗔怨嫌恨。心想：你有好东西吃，竟然不叫醒我。下次我吃东西，也不叫醒你。过了几天，轮到优波迦楼嗏醒着。它看到地上有一朵毒花。就起了恶念：我要吃了毒花报复你。它把毒花吃下后，迦楼嗏醒来，觉得身体很不舒服，就问优波迦楼嗏吃了什么东西。优波迦楼嗏就告诉它：吃了一朵毒花。由于优波迦楼嗏的嗔恨，最后，这只共命鸟，就一齐被毒死了。这个悲惨的故事，流传有多个版本，但故事的情节，大同小异。

这个故事告诉人们一个道理：嫉妒的心理，是十分可怕的。它会让人失去理智，甚至以牺牲自己的利益，来达到报复对方的目的。嫉妒本身，就是一种有毒的果子。

佛陀告诉大众：迦楼嗏，就是他的前身，而优波迦楼嗏，则是他的表兄提婆达多的前身。他在跟随佛陀修行时，却心生嫉妒，做了许多加害佛陀的事。

丹顶鹤

鹤，在东方被视为一种吉祥的鸟类，为中国民间的仙禽之一。在禅宗用语中，以"伴鹤随风得自由"来比喻如云、鹤之悠游于空中。别无他念，自由自在，随风翱翔。在禅林中，寓禅者之境界，犹如云、鹤之悠然自在，无所障碍。

孔雀

据说孔雀能啖尽一切毒虫，故常用来象征本尊能啖尽众生一切五毒烦恼。在佛教中，阿弥陀佛断除众生所造恶毒之罪，令其成证常住不坏之寿命，故以孔雀为座。

鹦鹉

鹦鹉，善于模仿人类说话，并且飞行迅速。在佛经中，有许多与鹦鹉有关的记载。在南海紫竹林中，有一只鹦鹉，口中衔有吉祥菩提果，为众生中的病痛患者解除痛苦。

这幅《西方极乐世界教主阿弥陀佛接引图》中，人物众多，景物繁复，但通过设计者巧妙、细致的安排，形成一幅结构严谨，左右对称，造型准确，敷色鲜艳的画面。画面中，树木、宫殿与圣众菩萨之间，虚实互补，列序有秩，将《阿弥陀经》等净土诸经所阐述的极乐世界胜妙景观，巨细靡遗地呈现出来。

这幅《西方极乐世界教主阿弥陀佛接引图》是借鉴清代宫廷画师丁观鹏的同类画作所画。原作中画有众多的佛教人物，画家在绘制此图时，对原作的画面内容进行了一些修改，使得画面中的人物更加简洁，结构更加紧凑，是当代此类壁画中的上乘之作。

丁观鹏（1736–1795），清代画家，艺术活动于康熙末期至乾隆中期，北京人。胡敬《国朝院画录》谓："观鹏克传家学。"工道释、人物、山水，亦能作肖像，尤擅仙佛、神像，以宋人为法，不尚奇诡，画风工整细致，受到欧洲绘画的影响，学明代的丁云鹏笔法，有出蓝之誉。雍正四年（1726）进入宫廷为画院处行走，是雍正、乾隆朝画院高手，与唐岱、郎世宁、张宗苍、金廷标齐名。

造诣深湛，得乾隆帝赏识，曾为《圣制诗》初集、二集、三集之多幅画卷题诗。在宫廷画院五十年左右，作品近二百件。传世作品有完成于乾隆三十二年（1767）《法界源流图》卷，纵 33 厘米，横 1635 厘米，该卷场面宏大，人物众多，描金设色，精细绚丽，为中国佛教艺术瑰宝、世界佛教艺术明珠，现藏吉林省博物馆；乾隆十三年（1748）作《乞巧图》卷藏上海博物馆；二十六年（1761）作《无量寿佛图》轴、《宝相观音图》轴藏故宫博物院；三十五年（1770）八月作《说法图》轴藏西柏林民俗博物馆。弟丁观鹤，亦供奉内廷，工人物。

丁观鹏擅长画道释人物，也善画山水。曾与弟弟观鹤同供奉于南熏殿。他的画作清宫收藏很多。与陈枚等六家合作《庆丰图》卷，《太平春市图》卷，与陈枚、孙硝合作《丹台春晓图》卷等，均辑入《石渠宝笈》。传世作品有《摹宋人雪渔图》和《仿韩 七子过关图》，均辑入《中国历代名画集》。

在《西方极乐世界教主阿弥陀佛接引图》的左侧，绘有一幅观世音菩萨像，而右侧，则绘有一幅大势至菩萨像。

观世音菩萨像，一身白色的带风帽斗篷，目光慈祥，注视着前方。头顶发髻前面的头饰中间，立有一尊阿弥陀佛像。她坐在一只由龙王驮着的莲花瓣正中，下面是层层海浪。在龙的左爪掌中，托着一只宝珠。在观世音菩萨头的后面有一圈圆光，身后朵朵祥云。

大势至菩萨，也是一身白色的带风帽斗篷，目光慈祥，注视着前方。头顶发髻前面的头饰中间，立有一个净瓶。她坐在一朵莲花的正中，下面有祥云承托，祥云的下面是层层海浪。在大势至菩萨的手中，持有一柄荷叶，上面托着一朵荷花。在头的后面有一圈圆光，身后有朵朵祥云。

观世音菩萨头顶发髻前面头饰中的阿弥陀佛像，与大势至菩萨发髻前面头饰中的净瓶，是区分这两位菩萨身份的重要标志。

《西方极乐世界教主阿弥陀佛接引图》及观世音菩萨、大势至菩萨画像，均是由曹传熠、周慧君两位画家绘制。

在阿弥陀佛木雕立像的后面，立有一面屏壁。在屏壁的后面，画有一幅由曹传熠、周慧君两位画家，精心绘制的巨大的壁画，名为《舍利宝塔图》。

舍利宝塔图

画面的正中，是一座昂然矗立的天宁寺塔，塔前长有两棵古柏。在塔顶的两侧，各画有两位身着锦衣飘带的飞天。她们的手中，或弹奏着乐器，或捧着贡品，乘着祥云，从天而降。此外，在塔的两侧，各画有两只围绕着塔身展翅翻飞的长尾绶带鸟及各种飞鸟。在天宁寺塔的四周，布满了五彩祥云。

负责绘制天宁寺壁画的艺术总监纪薇居士，毕业于天津美术学院，擅长于绘制寺院中的佛教壁画。她精心研摩古印度美术、西藏唐卡，还研究以法海寺壁画为代表的汉传佛教壁画，体会其中的神韵与境界。她汇集了一大批善于绘制佛教壁画的艺术家。这些画家志同道合，潜心研究佛教壁画，并绘制出许多精美的艺术作品。与纪薇共同绘制天宁寺壁画的，有大学美术教师曹传熠、周慧君这两位画家，还有杨柳青年画非物质文化遗产传人，著名画师咏霍等画家。

在接引殿的梁栋上，悬有匾额，上题“觉路慈缘”，左、右的柱子上，挂有楹联，为乾隆皇帝手书：金界庄延，铃语钟声流静梵；莲台馥霭，香云宝相现慈因。

在接引殿前的月台东侧，悬挂着一口铜钟；月台的西侧，立有一座石质的经幢。

在接引殿的前面，左、右各立有一通螭首方座石碑，左侧为乾隆二十一年（1756）《重修天宁寺碑记》；右侧为乾隆四十七年（1782）《御制重修天宁寺碑文》。

在接引殿的东南侧，曾矗立着一通石碑，碑下面是一只赑屃。碑的正面镌刻“敕赐关帝庙碑”。这通石碑究竟是天宁寺中的原物，还是由别处移来的？还有待于今后考证。

接引殿的后面，门的上方，悬有木质匾额，上面刻有“庄严净土”四个大字，在门的两侧，各挂有一幅木制楹联。左边是：灯明三百六十点，风撼三千四百铃；右边为：最好天宁云外塔，恨无阶梯上青冥。这副楹联引用的是清代人查浦《观天宁寺塔灯诗》中的诗句。

伽蓝殿与祖师殿

在接引殿前的两侧，新建有两座配殿。东配殿为伽蓝殿，西配殿为祖师殿。

在伽蓝殿的门上方，挂有匾额，门两侧，各挂有一幅木制楹联。左侧是：性玄妙理圆融识清静；右侧为：愿洪深成正果佛为尊。殿内正中，挂有一幅伽蓝神关羽的画像。伽蓝神，是护卫寺院的护法神，民间称之伽蓝尊王、伽蓝千岁。中国自唐、宋时，禅宗道场已有供奉伽蓝神的风俗。在中国的佛教寺院中，常以关公作为伽蓝神。

关羽，字云长，本字长生，河东解州（今山西运城市）人，三国时期蜀汉的历史人物，为刘备手下的大将，以刚正不阿的个性出名，后代民间信仰奉之为神，尊称其为“关公”，用来驱逐危险，至北宋时，被纳入人们膜拜的道教神祇，而佛教因为普及后，逐渐地民间化，并融合各种信仰，也把关帝当作崇拜的神祇，尊称为“伽蓝菩萨”。

西配殿为祖师殿。在这座配殿的门上方，挂有匾额，门的两侧挂有木制楹联。左边是：觉永兴悟真常明本宗；右边为：广智慧福善德普道行。殿内正中为禅宗初祖达摩像，左侧为禅宗六祖慧能像，右侧为百丈怀海禅师像。

接引殿的东侧，建有一座“五观堂”。门的上方悬有匾额，两旁挂有楹联。左侧是：五观若存金易化；右侧为：三心未尽水难消。

在五观堂的门前左侧木架上，悬有铜质如意云头式云版。云版，是禅林中为众僧报粥饭时间，所击打之器具。以其铸为云形，或于平版上镂刻云形花纹，故称为云版，又称作云板或大版。

在门前右侧的木架上，置有一件彩绘鱼化龙形木鱼，也称为“梆”。敲梆，为僧人进堂用斋的讯号。据说，梆还有表示寺院规模的作用。鱼头向外，说明这里是丛林大寺，可以接待云游僧人挂单；鱼头向内，说明这里是子孙小庙，无力接待云游僧人挂单；头尾横向，说明这里是一半子孙庙、一半丛林，可以部分接待云游僧人挂单。

在门的两侧置有云版及木鱼，以表示这里是寺中僧人用膳的斋堂。有的斋堂中，供奉着一尊佛教众香国的佛主——香积佛像，因而，也被称为“香积厨”。

香积佛，是上方众香世界的佛陀，又称香台佛。《维摩诘所说经》卷下《香积佛品》记载，香积佛，居住在上方四十二恒河沙佛土之外的众香国，国中无有声闻辟支佛名，唯有清净大菩萨众。

众香国的香气，在十方世界的香气之中，是第一微妙殊胜的。在此佛土中，以香作楼阁。及步道、庭园等一切建筑，甚至连食物也是以香所成，他们所食的香气，同流十方无量世界。而香积佛更是以众香来说法，国中的菩萨坐在香树下闻诸妙香，即具足一切功德。

在许多的寺院中，并没有专门供奉香积佛的殿堂，索性就将香积佛供奉在饭堂中，用饭菜的香气来供养他。

三大士殿及东西配殿

在天宁寺塔前面的平台上，曾建有一座三大士殿。此殿在1937年维修天宁寺时，被移建到现在的山门殿处，作为山门。在殿前面的两侧，各建有一座配殿。配殿为灰筒瓦箍头脊硬山式，阔为三间。

东面现为药师殿，在门的上方挂有匾额，门两侧挂有楹联。左边是：法周寰宇普天乐；右边为：思被苍生永宁安。

药师殿中供奉着一组东方三圣塑像，中间是东方净琉璃世界教主药师佛。药师佛目光低视，神态安详，结跏趺坐在莲花宝座上。左手托着一座五层宝塔，右手捏一粒药丸。他的左侧是日光菩萨，右侧为月光菩萨。两位菩萨均身着菩萨装，结跏趺坐在莲花宝座上，双手各持一柄含苞待放的荷花。

西面现为弥陀殿，在门的上方挂有匾额，门两侧挂有楹联。左边是：万古是非浑短梦；右边为：一句弥陀作大舟。

弥陀殿中供奉着一组西方三圣金漆塑像，中间是西方极乐世界教主阿弥陀佛。阿弥陀佛目光低垂，神态安详，结跏趺坐在须弥座上的莲花宝座上，两手掌向上平放在腿上。左侧是观世音菩萨，头戴宝冠，宝冠中央，有一尊阿弥陀佛立像。身着菩萨装，右手托一宝瓶，结跏趺坐在须弥座上的莲花宝座上。右侧为大势至菩萨，头戴宝冠，中央是一个宝瓶。一身菩萨装，左手托一柄如意，结跏趺坐在须弥座上的莲花宝座上。据说，这三尊塑像为明代旧物。

在寺院的两侧，从接引殿左、右的配殿到三大士配殿之间，各以一排廊庑相连接。

密檐式砖塔

天宁寺塔，为八角形密檐式砖塔，十三层，通高为55.38米，建于辽代天庆九年（1119）。

在塔基的东南侧，原立有一座石经幢，“塔前一幢，隋开皇中立。书体遒美，杨升菴云：最似欧、褚笔法”（《帝京景物略》）。但《泠然志》中则认为：“塔前一石幢，上刻尊胜陀罗尼咒，辽重熙十七年立。《帝京景物略》谓是隋开皇年物，误矣。”此座石经幢，在清乾隆前，即已散失。

在密檐式砖塔前，左侧立有一通石碑，螭首方座。碑额刻有“燃灯礼塔佛会立碑”。碑文为康熙十一年（1672）尚书龚鼎孳撰文，并集明董其昌的书法字体而成的《天宁寺礼塔碑记》，可惜的是，由于年久风化，碑文中的字迹，多数已漫漶不清。

龚鼎孳（1616–1673），字孝生，号芝麓，安徽合肥人。生于明神宗万历四十三年，卒于清康熙十二年，年五十九岁。他为人放旷，洽闻博学，诗、古文俱工。在清初，与钱谦益、吴伟业齐名，称为“江左三大家”。著有《定山堂集》。但遗憾的是，他的这篇《天宁寺礼塔碑记》却没有收入到文集中。

董其昌（1555–1636），字玄宰，号思白、香光居士，上海松江人。董其昌出身贫寒之家，但在仕途上却春风得意，青云直上。明代万历十七年（1589），三十四岁的董其昌举进士，开始了他此后几十年的仕途生涯。他当过编修、讲官，后来官至南京礼部尚书，太子太保等职。

董其昌才溢文敏，通禅理、精鉴藏、工诗文、擅长书画及理论。他是晚明最杰出的、影响最大的书画家。他的绘画长于山水，注重师法传统技法，追求平淡天真的格调，讲究笔致墨韵，墨色层次分明，拙中带秀，清隽雅逸。他的绘画对明末清初的画坛影响很大，并波及近代画坛。

董其昌的书法成就也很高，他的书法，以行草书造诣最高，他的楷书，特别是小楷，也相当出色。他的书法综合了晋、唐、宋、元各家的书风，并自成一体。其书风飘逸空灵，风华自足。笔画圆劲秀逸，平淡古朴。“六体”和“八法”在他的手下无所不精，可以说是集古法之大成，在当时已“名闻外国，尺素短札，流布人间，争相宝之”。（《明史·文苑传》）

清代中期，康熙、乾隆皇帝均以董其昌的书法为宗法，倍加推崇和偏爱，甚而亲手临摹董书，常列于座右，晨夕观赏。康熙皇帝对董其昌的书法特别赞赏，致使董书风靡一时，出现了满朝皆学董书的热潮。一时，追逐功名的士子们，几乎都以董书为求仕捷径。

在康熙、雍正时期，董其昌的书法影响之深，是其他书法家所无法比拟的。

在天宁寺塔前右侧，新树立起一通石碑，上面镌刻“重修天宁寺碑记”。

重修天宁寺碑记

菩萨戒弟子凌海成撰

天宁寺始建于唐初，名天王寺。明宣德十年易今名。正统十年再易广善戒坛，嗣后乃复名天宁至今。《日下旧闻考》《顺天府志》诸书，以魏孝文帝造光林寺，隋改名弘业寺者混谈。天王、天宁，遗谬数百年。二寺非一，今予正名。

辽天祚帝天庆九年，皇叔耶律淳奉旨起建密檐十三级八面舍利宝塔。塔刹“露盘相轮、鎏金火珠”，美轮美奂。乾隆重修，塔刹无存，遂改砖砌塔顶。塔之八面，主尊：南面大日如来，五智冠，智拳印；西面阿弥陀佛，禅定印。左、右侍观世音、大势至；东面药师佛，右手触地印，左手施愿印，日光、月光侍左右。东南、西南普贤、文殊；东北、西北，像毁难辨。此圆觉道场也。背面主尊乃准提观音。像多损毁，重塑无日，惜哉！

塔檐挂铃，乃取《华严经》“摩尼铃网演法音。今其闻者趋佛智”义。天宁塔铃约二千九百二十余枚，号三千四百，有“风撼三千四百铃，恨无梯级上青冥”句。今仅余百。

寺经千载，屡有兴废。元末，寺毁塔存。明永乐重建。清顺治十七年，乾隆二十一年、四十七年，中华民国二十六年重修。辽塔名列全国重点文物。一九九一年政府专款修葺塔基、角梁、椽飞、檐瓦、宝顶。数十年来，僧众星散，寺为工厂、民居占用。二十世纪末，天宁寺仅残存山门殿、东西配殿、接引佛殿、舍利塔。

世纪之交，比丘尼法恩，受政府及北京市佛教协会委托，重修天宁寺。法恩法师俗姓刘，北京人。依止澍培上人出家，后为传印大德法子。法师誓发宏愿，重光道场；殚精竭虑，众废俱兴。二千零四年，荒败诸殿及塔基圆满修葺。接引殿原阿弥陀佛古铜立像毁于“文革”，今以金丝楠木仿雕，宝相庄严，万人瞻拜。二〇〇七年七月七日，殊胜开光，徒侣云萃，旦夕修奉。二〇一〇年，法恩筹十方净资八千余万，抱病重修钟鼓楼、伽蓝殿、祖师殿、客堂、斋堂、僧寮等。经一年了毕。塔北建万佛阁，中立十五米准提观音铜像。并再挂三千风铃，皆指日可待。斯文即成，乃为颂曰：

千年道场，巍巍浮屠。盛世中兴，三宝永驻。
法乳承恩，千慧万福。承平世界，十方正肃。

二千一一年秋，住持法恩携全体僧众立石　胡轶坤敬书

碑文中提到的法恩法师，俗姓刘，为北京市人。20世纪初在北京市佛教协会工作，负责古籍整理与文物保管。后法恩法师受北京市佛教协会委派，担任“重修天宁寺塔院筹备办公室”副主任，并掌管寺内事物。十余年来，殚精竭虑，广结善缘，将天宁寺从一片废墟中拯救重兴。如今的天宁寺中，已是殿宇辉煌，香火鼎盛，为北京市重要的佛教场所。

近年来，由北京市政府出资，在天宁寺塔的周围，安装了景观照明灯。每遇佛教节日，夜幕临近时，彩灯齐放，灯火辉煌，将塔身照射得一片通明。

天宁寺塔的建筑结构及佛教文化艺术特色

天宁寺塔，是一座八角十三层的密檐式砖塔，原称塔的高度为57.8米，后在1992年维修时，人工在脚手架上，实测的高度为55.38米。它始建于辽天庆九年（1119），建成于天庆十年（1120），至今，已有九百余年的历史。

天宁寺塔

塔，梵文称窣堵坡（stupa），原意为坟冢、圆丘。原是埋葬佛祖释迦牟尼火化后留下的舍利的一种佛教建筑，它源于古印度。

从现存的资料来看，第一个把佛塔从印度传播出去的人，是古印度孔雀王朝的国王——阿育王。

佛教创始人释迦牟尼涅槃后，留下了许多的舍利，这些舍利，由参与祭事的八个国家的使节，均分为八份，分别带回本国建塔安葬。后来，孔雀王朝的国王——阿育王出现了。

据传说，阿育王生相丑陋，自幼性情顽劣狂暴，他的父亲很不喜欢他。在他21岁时，父亲派他去北印度平叛乱，他智勇善战，一举平息了叛乱。在他父亲死后，他残酷地杀死了异母兄弟，夺得了王位。他依靠大屠杀来征服别国，曾杀人无数，血流成河。后来，在僧人的规劝下，心有所悔，觉得自己罪孽深重，随即皈依了佛门，并立佛教为国教，成为对弘扬佛法有着巨大贡献的国王。据说，他将释迦牟尼的舍利分到统领的八万四千个小国中，分别建塔，总共建了八万四千座佛舍利塔，以此来宣扬佛法，扩大佛教的影响。

“塔”这种建筑，是在东汉时随佛教正式传入中国的。据史书记载：东汉永平七年（64）正月十五的元宵佳节，汉明帝夜寝南宫，梦见一个高大的金人，身长丈六，自西方来，在殿庭里飞绕。第二天早晨，汉明帝便将大臣招集起来，将梦中的事告诉他们，博士傅毅听后奏道：“臣闻西方有神，名曰佛，形如陛下所梦者。”汉明帝听了以后，非常高兴，认为这是吉祥之兆，便派遣大臣郎中蔡愔与博士弟子秦景等十八个人，出使天竺（今印度）拜求佛法。永平八年（65）蔡愔、秦景等人告别了帝都，踏上了求佛的万里征途。

他们越过旷无人烟、寸草不生的八百里流沙，攀上寒风驱雁、飞雪千里的茫茫葱岭，当行至大月氏国（今阿富汗到中亚一带），遇到了正在当地游化宣教的印度高僧和佛学大师：摄摩腾和竺法兰，并得到佛像和佛经，他们又邀请摄摩腾、竺法兰二位高僧，东赴中国弘扬佛教。

东汉永平十年（67），汉使同梵僧，以白马驮佛像和佛经返回了国都洛阳。汉明帝对这两位高僧极为礼重，亲予接待，并将他们安置在专门负责接待贵宾的官署鸿胪寺中暂住，并于第二年敕令在洛阳城西雍门外建筑僧院，这就是中国最初诞生的佛寺——白马寺。

白马寺的建筑形式与格局，是以一座高大的佛塔为中心，并在周围建有殿堂。据《魏书·释老志》中记载："自洛中构白马寺，盛饰佛图，画迹甚妙，为四方式。凡宫塔制度，犹依天竺旧状而重构之，从一级至三、五、七、九，世人相承，谓之浮图，或云佛图。"

矗立在白马寺中的这座大方塔，是中国建筑年代最早的佛塔。随后，塔这种外来的建筑形式，便随着佛教的传播，在中国大地上如雨后春笋般地建立起来。

当古印度的窣堵坡传入中国后，曾被译为窣都婆、佛图、浮图等名称。但是，这么多的译名，给佛教的活动带来了诸多不便。为此，一些翻译佛经的人也认为，应该让它具有一个统一的名称。随着佛教在中国广泛的传播，"塔"字即应运而生。

"塔"字，最早出现在东晋的一部名为《字苑》的书中，著者为葛洪，《字苑》中说："塔，佛堂也，音他合反。"汉代的许慎在《说文解字》中是这样解释"塔"字："塔，西域浮图也，从土荅声，土盍切。"由此可以推测出，"塔"字最早大约出现在中国的晋代。

"塔"字造得很讲究，它完全涵盖了"窣堵坡"的音和义，它采用了梵文"布达"的音韵，比浮图，佛图更接近于原义。用"土"作偏旁，以表示土冢之义，含有封土下面埋葬尸骨或舍利的意思。

"塔"字，比其他的称谓更符合实际的内容，从而使"窣堵坡"这种舶来的佛教建筑，有了一个统一的汉字名称。

密檐式塔是从楼阁式塔发展而来的，木质结构的楼阁式塔，在向砖、石结构的转化过程中，出现了密檐式塔。

仿木质结构的密檐式塔，是古塔中比较高大的一种，它的高度与楼阁式塔相似，但塔檐层数，比楼阁式的塔檐要多。

密檐式塔的第一层塔身特别高，一般为楼阁式，比例要占全部塔高的四分之一至三分之一左右。塔檐部分的密度特别大，每层之间紧密相连，层层重叠，各层之间的高度很小。

密檐式塔，只有第一层塔身上设有门及窗，二层以上均不设门、窗，只设有佛龛。有的塔内中空，并开有通气孔。这种形式的塔，多数为实心塔，也有一部分塔是中空的，但塔内均不设阶梯，不能从塔中登临眺望。

密檐式塔的第一层，除了设有门窗之外，其他的部分显得比较平板，为了弥补这些不足，建造者就在第一层塔身上，雕刻佛龛及佛像，还雕饰一些佛教内容的神像及花草图案等，将佛教文化及建筑艺术，集中表现于第一层塔身之上。最早出现的密檐式塔的塔身装饰，比较简单，随着密檐式塔的发展，到了辽、金时期，密檐式塔上的装饰，逐渐地由简到繁，越来越华丽了。

早期出现的密檐式塔，比较简单，塔檐部分，由于用砖石材料不如木料的抗弯能力大，所以，初期的塔檐都比较短，大多是用砖石砌成叠涩结构的檐，并且在每层塔檐下不设斗拱及檩、椽支撑，所以，塔檐不能伸出太长。

北京市房山区云居寺及石经山上的唐代密檐式石塔，就属于这种早期的结构形式。塔身全部是用汉白玉建造，塔身为四角形，并在第一层塔身内设佛龛。从第二层塔身开始，每层用叠涩法砌出塔檐，在塔顶处安置葫芦形塔刹。

密檐式塔，始于东汉或南北朝时期，盛于隋、唐，成熟于辽、金，在千百年的发展中，形成了自己独特的风格，成为唐代、辽代、金代塔的主要类型，并且多为四角形、六角形和八角形。

密檐式塔的出现，与显密合一的华严宗和净土宗有着密切的关系。

首先，密檐式塔的具体造型象征着佛教华严宗的宗教意义。

在《华严经》中，所描绘的华藏世界，是由若干层的佛刹微尘数世界所构成，其中的第十三层名为“娑婆世界”，是人类居住的现实世界，在这个世界中，主佛为毗卢遮那佛。

在《华严经》中，普贤菩萨对参加法会的大众，详细地描绘了华藏世界：在深广如海的华严世界上，分布着佛国中微尘一样多的香水海，每一香水海，都有十种妙不可言的美盛景象。各种奇珍异宝装饰着海底，华美的摩尼珠装饰着海岸，毗卢遮那佛的摩尼宝王，做成珠网，那宝珠网与香水辉光交织，彩色斑斓，映彻水天。各种宝花纷纷盛开在水面，旃檀细末静静潜在水底。演说佛法的音声美妙无比。众宝闪光，一派光明。无数的菩萨，手持各种宝盖，施展变化莫测的神通大力。一切世界所拥有的庄严，都在这里一一显现。金、银、琉璃、贝壳、玛瑙、珊瑚、琥珀、珍珠、玫瑰、瑟瑟等十宝所成的台阶，一行又一行地分布排列在这里。十宝合成的栏杆，在行行台阶周围环绕。四大部洲微尘一样多的白莲花，具足一切珍宝的庄严，在水中绽开花蕾。这里还有，十宝合成的数百亿那由他尸罗幢，有恒河沙数一样多的各种宝衣、宝铃、宝网、宝幢，有无穷无尽形态万千的宝石雕花楼阁，有数百千亿那由他的十宝莲花城，有四大部洲微尘一样多的宝树林及宝焰摩尼珠制成的宝网，有恒河沙数一样多的，既能发出佛陀说法音声，又能放出夺目光焰的旃檀香摩尼，有数百亿那由他的众宝合成的墙垣，它们相互围绕，遍布大地，把华藏世界装饰得非常华美。

在《妙法莲华经·见宝塔品》中，对佛塔的由来，也有着详细的记述：释迦牟尼佛说完《法师品》，座前忽然有一座高五百由旬，长宽各二百五十由旬的七宝宝塔，慢慢地从地下涌出升起。宝塔四周有五千栏杆，层层环绕，又有万千龛室，布满其中。无数的幢幡，把塔映衬得十分雄伟，幡旗上垂吊着串串珠宝璎络。又有数万亿的宝铃，悬挂其上，随风作响。塔身四周飘逸着旃檀的芳香，香气遍布十方世界。各种宝幡和宝盖，都是用金、银、琉璃、海螺、玛瑙、珍珠、玫瑰这七种宝物合成，高达四天王居住的天宫。一时间，三十三天纷纷扬扬下起了曼陀罗花雨，这是梵天王对宝塔的至诚供养。此外，天龙八部中的天神、龙神、夜叉、香神、饿神、金翅鸟神、乐神、大蟒神等，都拿出一切鲜花、香料、幡盖、伎乐来供养宝塔。他们无不至诚恭敬，尊重赞叹。

在众鬼神供养完毕后，忽然，从半空中的宝塔里，发出了大声的赞叹："好啊！好啊！释迦牟尼佛，能以最平等的大智慧来教化众生，这部《妙法莲华经》现在由释迦牟尼佛为大众宣说，释迦牟尼佛所说的一切，都是真实不虚的智慧妙法。"

这时，四众弟子见到宝塔从地下涌出并升起到空中，又听到从半空中的宝塔里发出大的赞叹声，都非常的奇怪。

释迦牟尼佛告诉他们说："在这座宝塔里，供养着如来的全身灵骨，在无量千万亿阿僧祇劫时的过去世中，住在遥远的东方世界。这个东方之国的国号是宝净，佛号是多宝。多宝佛在修行菩萨道时，曾发下大誓愿：'我若成佛灭度之后，在这十方国土之中，只要有佛宣讲《法华经》，我都会在说法处涌现塔庙，替佛作证明，同时发出赞叹。'多宝如来佛将要灭度时，向一切比丘说：'在我涅槃后，要修建一座大宝塔，并将我的全身舍利安放在塔中。'以后的十方世界，只要有佛宣讲《法华经》，多宝佛都会在说法处，将宝塔从地下涌出，显示于佛座之前。他的全身也会从塔中发出赞叹。”

众菩萨听后，又请求释迦牟尼佛将宝塔的门打开，让大家瞻仰一下多宝如来的佛身。释迦牟尼佛同意后，就从座上起身，并腾起在虚空中。他伸出右指打开七宝塔的门，宝塔中的多宝如来的佛身，端坐在狮子座上，并对释迦牟尼佛发出洪亮的赞叹声：“好啊！好啊！释迦牟尼佛请你尽快宣讲《法华经》，我为听这无上经典的缘故，特意来到此处。”

多宝如来在塔中，将狮子座让出一半给释迦牟尼佛，并说：“释迦牟尼佛，你可以与我一起同坐此座。”于是，释迦牟尼佛就步入塔中，与多宝如来并排结跏趺坐在狮子座上。

所以，许多寺院，便将佛塔建在大雄宝殿的前面，以证明此寺院的身份是正宗的。

其次，是塔身建筑形式的宗教意义。八角形塔身是在唐代天宝年间以后出现的，唐代的玄宗皇帝特别推崇佛教的密宗，尤其在唐代天宝以后，直至唐肃宗、代宗，佛教密宗大受推崇，并广建曼荼罗（坛城）。

曼荼罗的构成，据《大日经》所述，坛城中的佛、菩萨、金刚、供养人、天女等，都是按四正、四斜这八方布置。

曼荼罗是佛教密宗的修法场所，也是显示密宗法力的形象和对于宇宙构成的图解。这相当于佛教密宗的立体经变。

在曼荼罗中有五方佛，以毗卢遮那佛（大日如来）为中心，并成九宫式对称分隔，间隔为五方，周边即为八方。在此格局内配置八大菩萨、八大明王、八大供养人等等。

在《佛说阿弥陀经》中说：在我们这世界的东方，复有无穷尤尽的世界，有阿閦鞞佛、须弥相佛、大须弥佛、须弥光佛、妙音佛等等，像恒河中的沙粒一样，数也数不清。

在我们这世界的南方，复有无穷无尽的世界，有日月灯佛、名闻光佛、大焰肩佛、须弥灯佛、无量精进佛等等，像恒河中的沙粒一样，数也数不清。

在我们这世界的西方，又有无穷无尽的世界，有无量寿佛、无量相佛、无量幢佛、大光佛、大明佛、宝相佛、净光佛等等，像恒河中的沙粒一样，数也数不清。

在我们这世界的北方，还有着无穷无尽的世界，有焰肩佛、最胜音佛、难沮佛、日生佛、网明佛等等，像恒河中的沙粒一样，数也数不清。

在我们这世界的下方，又还有着无穷无尽的世界，有狮子佛、名闻佛、名光佛、达摩佛、法幢佛、持法佛等等，像恒河中的沙粒一样，数也数不清。

在我们这世界的上方，又还有无穷无尽的世界，有梵音佛、宿王佛、香上佛、香光佛、大焰肩佛等等，像恒河中的沙粒一样，数也数不清。

《金刚顶经》将八角形塔身发展成为十方，并称曼荼罗为：十方世界。

天宁寺塔，在塔身的八面上，装饰了五方佛和八大菩萨，即可以印证这种八角形塔身来源于曼荼罗。

密檐式塔发展到了辽代有了很大变化。有的塔把早期的空心式填成了实心式，这样可以使塔身更坚固，更利于建筑高大的塔身。

在塔身的下面部分，增加了一层或两层高大的印度风格的须弥座，并且在须弥座上雕饰精美的佛像、菩萨像、伎乐以及龙、狮、象等图案，还雕饰有佛教内容的吉祥花草图案，并在须弥座与塔身之间，增加了三层莲花瓣，使塔身矗立于莲花之中，美观而别致。

在最高大的第一层塔身上，增加了许多雕饰，如佛龛、佛像、菩萨、金刚力士、飞天人物等等。

在每层塔檐下增设了斗拱、椽子、飞头及瓦垄等部分，使塔檐向外延伸得更长。这样，使整个塔的外形更加华丽，内容更加丰富，达到了密檐式塔建筑艺术的高峰。

密檐式塔，主要分布在华北、东北地区，南方地区还是以楼阁式塔为主。主要原因是：北方山高风大，建造楼阁式塔，一是不坚固，二是塔高风大，不利于登临远眺。根据北方的特点，就形成了密檐式塔的特殊造型艺术风格。这种建筑样式的塔，一直延续到清代。

北京地区的密檐式塔，保留有很多，从唐、辽、金、元、明一直到清代，都建造了许多座密檐式塔。

其中，最有代表性的是建于辽代的天宁寺塔，它的整体造型十分富有节奏感，是辽代密檐式塔建筑中的代表作。

建于金代的铁壁银山塔林，以它特有的风格代表了金代密檐式塔的建筑成就。

密檐式塔，在中国古塔建筑中是个大家庭，它的数量大、类型多，是中国古塔造型中的重要代表。

在史籍中，对天宁寺及塔记述得最详细的，是明代的徐善，他在《泠然志》中记述道：

天宁寺塔建于隋开皇末，规制特异，实其中，无阶级可上。盖专以安佛舍利，非登览之地也。其址为方台，广袤各十二丈，高可六尺，缭以周垣。南北有门，鐍之。台上为八觚坛，高可四尺，象如黄琮，塔建其上，觚如坛之数。塔之址略如佛座，雕以锦文华葩鬼物之形，上为扶阑，阑四周架铁灯三层，凡三百六十盏。每月八日注油燃之，阑之内起八柱，缠以交龙，墙连于柱，四正琢为门，夹立天王像，四隅琢为牖，夹立菩萨像，皆陶为甓之。仰望者疑为燕山夺玉石也。自塔址至柱楣为第一层，其高为全塔三分之一。自是以上，飞檐叠拱，又十二层。每椽之首辍一铃，八觚交角之处又缀一大铃，通计大小铃三千四百有奇。风作时，铃齐鸣，若编钟编磬之相和焉。最上一层，其南有碑，不知何年所立。修塔时寺僧有拓本，索之不可得也。又上露盘相轮鎏金火珠以镇其顶。塔下坛八面各安一铁鼎，高丈余，腹按八方画八卦。明万历年所铸……

天宁寺塔，由塔基座、塔身、塔刹三部分所组成。

按照中国佛塔的主体结构来分析，天宁寺塔底下，应该建有地宫。

在佛塔下建筑地宫，是中国古代建筑中极为特殊的一种形式。这种建筑结构，在古印度佛塔中还未见到，是中国佛塔的专有结构。

佛塔在古印度虽然为埋藏佛舍利之用，但舍利只是藏于塔身内，并不埋藏于地下，但是，这种埋藏方式与中国传统的讲究入土为安的埋葬方式产生了矛盾。

当塔这种佛教的建筑形式传入中国后，为了顺应中国的埋葬习惯，原来供奉于塔内的佛舍利，便被埋藏于地下，由此产生了符合中国传统丧葬方式的地宫。这是我国古代建筑师们，将印度的舍利塔与中国传统的丧葬形式巧妙结合的产物。

地宫的建筑形式往往与塔身的形式相一致，其平面有方形、六边形、八边形、圆形等多种。地宫，一般是用砖石砌成，并在一侧开有门洞，并在门洞之外筑一条通道，以供出入之用。由于地宫深入地下，所以又称为龙宫、龙窟。

地宫中主要安放盛有舍利的大石函或小型石塔，石函内层层套有用金、银、玉石及木制的小函，并在中间置有装有舍利的小瓶。在舍利函的周围，还有各种陪葬物，主要是佛经、佛像及各种供品等。

据史籍记载，隋文帝杨坚，将印度僧人送给他的佛舍利分出了三十份，每份各装入一个金瓶中，再将金瓶装入琉璃瓶中，外面套以铜函和石函，称为七宝函。并于隋仁寿元年，命海内诸州，选择三十处清净高爽之地各建一座舍利塔，并命各州在同一时间，将七宝函放入舍利塔内。

据史料记载，北京的天宁寺塔，就是这三十座舍利塔的其中之一。在这座舍利塔下，应该建有地宫。辽代天庆九年所建的天王寺塔，很有可能就建在隋代舍利塔的地宫之上，也有可能是将隋塔包在了辽塔的里面。但是，这只是根据这种传统建塔形式的一种推测。

但是，天宁寺塔下是否真的建有地宫，现在还不得而知。

塔基座

天宁寺塔，建筑在一个呈“凸”字形的大平台上，在前面突出的部分，原建有一座三大士殿。后来，在维修寺院时将这座三大士殿整体移到了山门的位置上。

平台上面是两层八角形平台。在大平台上，原安置有八个铸于明代万历年间的铁鼎，现在这些铁鼎均已无存。

在两层八角形平台的上面，是塔的须弥座部分，分为上、下两层，呈八角形。

须弥座这种建筑形式，源于古印度，据说是为了象征佛教世界的中心——须弥山，含有独尊与稳固之意。

在《大日经疏》中说：“因陀罗释天之主坐须弥山，天众围绕。”《大智度论》中也说：“是梵天王坐莲花上，是故诸佛随世俗故，于宝华上结跏趺坐。”这说明，须弥山原为梵天的宝座，后来也作为佛的宝座。

天宁寺塔基座

在第一层须弥座束腰中，每面设有六个壶门形龛，在每个龛内，雕有一只自内向外露出前肢的狮首，这些狮首雕刻得十分精细、威猛，真可以称得上是形神兼备。但因年久，有些狮首已经残毁了。

狮，为猫科大型动物，被称为百兽之王，俗言：狮子吼，百兽脑裂。它肌肉发达，体力强健，威猛无比。特点是：头大，身长，腿短。据说，狮子是汉武帝通西域时传入中国的。东汉顺帝时，疏勒国王派使者向东汉赠送的礼品中就有狮子。

狮首

第一层须弥座中的狮首像

在中国，狮子被看作是避灾、镇邪的神兽。历代的工匠艺术家，将狮子的形象进行夸张和神化，突出地表现出狮子的威武、强健和凶猛的气质。

狮子与佛教的关系也非常密切，狮子被作为护法神来表现，用以表示佛法的神圣。释迦牟尼就被喻为雄狮的化身，还有四大菩萨之一的文殊菩萨，将狮子作为自己的坐骑。

在龛与龛之间，镶嵌着雕有莲花图案的砖雕，在砖雕的上、下方，各雕有仰、俯莲花瓣。图案中以莲花为主，并配有茨菇、蒲草等水生植物，其中，莲花与莲叶的造型完美，姿态丰富，确为砖雕艺术中的精品。

远在上古时代，中国的《诗经》中，就有关于莲花的记载。莲花又称为荷花、芙蕖，是一种水生植物。莲花在中国民间作为吉祥的象征，并受到文人的喜爱，而以莲花“出淤泥而不染，濯清涟而不妖”来象征君子。莲花也被引入佛教中，是清净、圣洁、吉祥的象征。

在印度神话中，宇宙的创造者梵天神，安坐在莲花上，象征高贵圣洁。

佛教的宇宙观，与莲花也有着密切的关系。在《华严经》中记载：毗卢遮那如来的华藏庄严世界海，有层层无尽的世界。“华藏”中的“华”，指的就是莲花；而“藏”则是指莲花含藏种子之处。因为华藏世界中的所有世界、世界种，都含藏于大莲花之中，都住在大莲花之上，所以才称为华藏世界。

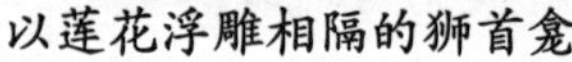

以莲花浮雕相隔的狮首龛

莲花浮雕

在佛教艺术中，莲花更是扮演着极为重要的角色，从佛、菩萨的台座、背光，到佛塔、栏楯、望柱上的装饰，几乎处处都可见到莲花的图案造型。

在须弥座的转角处，各雕刻有一尊金刚力士像，这些金刚力士，身着罗汉装，袒胸露腹，跣足赤臂，全身肌肉紧绷，有的高举双手，用力地承托着须弥座上枋；有的单手叉腰，另一只手托着上枋；还有的双手叉腰，用双肩扛着上枋，其形象十分生动。但这些力士的头部均已遗失，非常可惜。

第一层须弥座转角处的金刚力士1

第一层须弥座转角处的金刚力士像2

第二层须弥座的尺寸，比第一层须弥座稍微小了一些。在束腰中，每面开有五个壶门形佛龛，在每个龛中，各雕刻一尊趺坐式佛像，每尊佛像的头后均有光环。在每个佛龛之间及转角处，各雕刻一尊，披甲戴胄或身着罗汉装的金刚力士像，他们各自用双手或肩、背承托着须弥座上枋。每位金刚力士，各具有不同的

第二层须弥座中的佛龛1

第二层须弥座中的佛龛2

第二层须弥座束腰中的金刚力士像1　第二层须弥座束腰中的金刚力士像2

金刚力士护卫着佛龛

第二层须弥座转角处的金刚力士及金刚宝杵

姿势，这些金刚力士像均足踏祥云。其造型生动，气势威猛，确实是辽代古塔上金刚力士造像中的精品，具有很高的欣赏价值。

但十分可惜的是，龛中的佛像及金刚力士像，其头部均损坏无存，无一幸免，使人们无法观赏到他们完整的形象，十分遗憾。

在转角处金刚力士像的两侧，还雕刻有一件金刚宝杵，在金刚宝杵的上、下方，各雕有一朵仰、俯莲花。

金刚宝杵原是古代印度的一种兵器，由于质地坚固，能击破各种物质，所以称为金刚杵。后被佛教所利用，成为佛教降魔避邪的一种法器。

在密教中，金刚杵象征摧灭烦恼之菩提心，为诸尊之持物或修法之道具。金刚杵还象征如来金刚之智慧大用，能破除愚痴妄想之内魔与外道诸魔障。

拱眼壁中的西番莲花图案浮雕1

拱眼壁中的西番莲花图案浮雕2

在第二层须弥座的上边为平座，平座斗拱为砖雕仿木重拱偷心造，补间铺作三朵，承托着塔台。在斗拱的拱眼壁中，各雕刻一组姿态各异，造型优美的西番莲图案（后演变为牡丹花）。

塔台，为八角形，上面四周设置有砖雕的护栏，在栏板上雕刻着十字、万字、方胜等锦纹图案。在独柱上及护栏板与寻仗之间，雕刻有不同形状的团花、西番莲及宝相花图案。在转角处的望柱上，雕刻有仰、俯莲花，中间围有串珠。

在护栏内的台上，设置有三层大型的仰、俯式莲花瓣，塔身就坐落在这朵巨大莲花的正中央。

这三层大型的莲花瓣，上面的两层比较高大，呈瓮状，并且里面是空心的，而下面的一层相对要小一些。据说在佛教节日的晚上，寺中僧人将莲花瓣中注入灯油，并放入灯芯点燃，将整座塔照得通明透亮。

塔　身

天宁寺塔的塔身，为八角形，正面朝南。第一层塔身，建筑得特别高大，在塔身的南、西、北、东四个正面，各雕有一座拱券式假门，门框上部安有一对门簪。假门为双扇仿木式，在门扇的上部，分别雕刻有菱花式装饰图案，裙部为直棂式条状装饰。

在北面的拱券门中，门扇被涂成红色，并在上面装饰着门钉。门钉为花朵形，每扇门上为六排，每排 10 枚，均为双数，加上铺首旁的四枚，合计共 124 枚。在每面门扇上，各雕刻有一个兽头式衔环铺首。

天宁寺塔第一层塔身正面

天宁寺塔第一层塔身侧面

在塔身南面，双扇仿木式门扇的前面，置有一个小型的砖砌须弥座，原先座上空无一物，现在在须弥座上，供奉着一尊镀金佛像。

塔身的正南面、东南、西南及东北、西北面的佛教人物像，是按照《圆觉经》的经义而布置的圆觉道场。按照“圆觉道场”的排列方式，此处应该塑有一尊“问法菩萨”。这尊问法菩萨的姿态应该是面向塔门，低首合掌，跪于须弥座上，以此来表示十二位圆觉菩萨中的其中一位正在这里，向佛禀明修行经过，乞请佛祖说法。

但是，为什么不直接把十二位圆觉菩萨中的其中一位塑在须弥座上呢？应该说，这正是建塔大师们的高明之处。如果把十二位圆觉菩萨中的其中任何一位塑在这里，那么，塔身后面两壁上的两组圆觉菩萨中，总有一组要少塑一尊，即一组是五尊，而另一组是四尊。这样无疑会影响圆觉菩萨雕像的整体对称，同时也不能突出“轮流问法”的主题。为此，建塔大师们，便在此处只设一个小型的须弥座，以表示十二圆觉菩萨在佛祖面前轮流问法。

在每座塔门上方的拱券内壁上，均雕刻有一尊结跏趺坐式佛像和两尊站立式胁侍像。在每位佛像的身后均有背光；而两旁的菩萨像头后均有一圈光环。

华严三圣

在塔身南面，拱券内壁里的一组塑像中，中间的佛像，头戴一顶五佛冠，目光低垂，双手在胸前结智拳印，结跏趺坐在莲花座上，为佛教密宗崇奉的毗卢遮那佛，又称为大日如来。

塔身南面拱券内的毗卢遮那佛与文殊、普贤菩萨像

在毗卢遮那佛的左侧，站立的是文殊菩萨，右侧为普贤菩萨，他们是大日如来的两大胁侍。文殊菩萨及普贤菩萨，均身着菩萨装，双手合十。在他们的身旁，塑有祥云图案。

毗卢遮那佛

毗卢遮那佛(梵名Vairocana)，汉译有：毗卢舍那、卢舍那等名。毗卢遮那在华严宗中被尊为莲花藏世界的教主，密教则译为大日如来，奉为真言密教的教主。

“毗卢遮那”一语，最早出现于《杂阿含经》中的“破坏诸暗冥，光明照虚空，今毗卢遮那，清静光明显”。这里的“毗卢遮那”一词，为“太阳”之意。

毗卢遮那佛的意义为：光明普照。就是像太阳一样，以种种光明，照耀着众生，象征着佛智之广大无边。

“毗卢遮那”的语义，据《华严经》中所述，其意为“光明普照”。在《大日经》中，以毗卢遮那为“日”的别名。在大乘佛教中，“毗卢遮那”原是释迦牟尼的另一种称号。

在《华严经·如来名号品》中说：“诸佛子！如来于此四天下中，或名：一切义成，或名：圆满月，或名：狮子吼，或名：释迦牟尼，或名：第七仙，或名：毗卢遮那，或名：瞿昙氏。”将释迦牟尼比喻为像太阳般的光明普照。

大日如来的名号，源自摩诃毗卢遮那的意译。而最早创用“大日”二字的，则是唐代的善无畏及一行禅师。

据《大日经疏》记载，大日如来的名称有三种意义：

1. 除暗遍明义

世间中的太阳有方位分所，唯有在白昼放光。而如来的智慧日光则能遍一切处作广大照明，没有昼夜内外之别。

2. 众务成办义

太阳行于人间，一切的花卉草木各得增长，而世间的众务也因此而得成。如来的日光遍照法界，也能开发众生的善根，乃至世间、出世间的事业都能由此而成办。

3. 光无生灭义

如果有重阴昏蔽，而使日轮隐没，这并非太阳坏灭。等到猛风吹走阴云，使日光显照，也并非太阳才开始生出。佛心之日也是如此，虽然为无明重云所覆障，但是却无所减，在究竟实相的圆明无际时，也无所增。

这三种意义说明，世间的太阳还是无法为喻，只是取其相似，所以名为大日如来。

华严宗，以毗卢遮那为莲花藏世界教主，密教则奉为真言密教的教主。而译之为大日如来，或称摩诃毗卢遮那，作为金刚界与胎藏界曼荼罗的中心本尊。在不同宗派的诠释下，此词的译名及意义会有不同程度的差异。

由于密宗奉大日如来为教主，因此，该宗又名为大日宗，或毗卢遮那宗。

该宗在金刚界与胎藏界中，都各有五方五佛。在金刚界为大日如来（毗卢遮那佛），其他四佛为东方阿閦佛、南方宝生佛、西方阿弥陀佛、北方不空成就佛。此五佛以大日如来为中心，分别象征法界体性智、大圆镜智、平等性智、妙观察智及成所作智。所以，这五佛又称为五智如来。

而在胎藏界的五方佛中，仍以大日如来为中心，其他四方佛各名为开敷华王如来、无量寿如来、天鼓雷音如来及宝幢如来。

密教认为大日如来不只是本尊，也是密教教理的核心。由于如来智慧光明遍照一切处，能使无边法界普放光明，而开启众生原本具有的佛性、善根，成办世间之事业，因此以大日作为名号。

大日如来是密教将宇宙实相佛格化而成的根本佛，也是一切诸佛菩萨的本地及普门示现的根本总德。

在金刚界、胎藏界的两部曼荼罗中，都以大日如来作为主尊。金刚界表智，以中尊的大日如来表示智法身；而胎藏界表理，是以中台的大日如来表示理法身。

金刚界的精神意义就是摧坏烦恼，把降服烦恼的智慧喻为“金刚”，表示其坚固不坏，代表着如来智的世界，是为果位。而胎藏界意指如来大悲之理世界，为成佛之根源，宛如成佛之母胎，乃为因位。

关于毗卢遮那佛的道场，在《华严经》《梵网经》《观普贤菩萨行法经》等经中，记载的不尽相同。

《华严经·如来现相品》中说，毗卢遮那佛于无量劫海，修证功德圆满而成正觉，安住于莲花藏庄严世界海，放大光明遍照十方世界，由身上的一切毛孔出生化身云，演出无边契经之海。

《梵网经》中记载，卢舍那佛（毗卢遮那佛别称）于百千阿僧祇劫，修行心地，圆成正觉安住于莲花台藏世界，化现千百亿大小释迦，宣说菩萨的心地法门。

而《观普贤菩萨行法经》中则说：毗卢遮那佛身遍一切处，住于常乐我净四波罗蜜所摄成的常寂光净土之中。

文殊菩萨

文殊菩萨是“文殊师利”的简称，梵语 Majusri 的音译，其意译为妙德、妙吉祥。相传他出生时，家中现出十大祥瑞，因而得名。

他在佛教诸菩萨中，以智慧见长，并以此特长辅佐释迦牟尼佛的教化，位居各大菩萨之首。在密教当中则有般若金刚、吉祥金刚、大慧金刚、辩法金刚等密号。在其他经典中，又有妙德、妙首、普首、妙吉祥等名号。

文殊菩萨是大乘佛教智慧的化身，他神通广大，济世无穷，活动于过去、现在和未来不同的时空。关于他的身世和来历，据《文殊师利涅槃经》中记载，大约于公元前六世纪时，文殊为救度婆娑世界众生，应化人间，出生于舍卫国多罗村梵德婆罗门家，他是从其母右胁下出生，生时屋宅化如莲华。他原信奉婆罗门教，后随释迦牟尼出家学佛，并成就菩萨圣果。这样曾为三世佛、三世诸佛之师的文殊，又成了释尊门下的一位大菩萨，这就是现在菩萨身份的文殊。

文殊菩萨在释尊门下根基深厚，智慧超群，赢得大智文殊的美誉。他倡导的“不二法门”是其根本思想与精神的体现。所谓“不二法门”就是不著空，也不着有，远离空、有二边，他的这一思想，集中体现在大乘经典《维摩诘经》和《思益梵天所问经》里。

在《维摩诘经·入不二法门品》中，维摩诘问他：“如何入不二法门”，他答道：“如我意者，于一切法，无言无语，无示无识，离诸问答，是为入不二法门。”可见，不二法门便是“离四句，绝百非”“言语道断，心行处灭”的诸法实相，是佛教的最高真谛。文殊菩萨正是以此法门，积极辅助释迦牟尼的教化事业。

在释迦牟尼说法的四十五年中，凡是召开大乘法会，都有他参加，并且担任重要角色。他在宣传大乘佛教思想方面，作出了巨大贡献。根据《文殊师利佛土严净经》及《大宝积经·文殊师利受记会》中所述，文殊菩萨曾发下十八种大愿。

在其所发的愿中，以第一愿为最，其愿为：“我从往昔百千亿那由他阿僧祇劫以来起如是愿，我以无碍天眼所见十方无量无边诸佛刹中一切如来，若非是我劝发决定菩提之心，教授教诫令修布施、持戒、忍辱、精进、禅定、智慧，乃至令得阿耨多罗三藐三菩提，我于菩提终不应证，而我要当满此所愿，然后乃证无上菩提。”

所以，依照佛经所载，文殊菩萨是过去世无量诸佛的老师，曾经引导无数的修行者证得佛果。

在《放钵经》中，佛陀说：今我得以成佛，都是文殊师利的恩德！过去无数诸佛，也都是文殊师利的弟子。未来当成佛者，也都是其威神力所致。就好像世间的小孩有父母一样，文殊菩萨是一切众生在佛道中的父母。

文殊菩萨是印度佛教中的上首菩萨，位于一切菩萨之首，但传入中国后，其原来至尊的地位逐渐被观音菩萨所取代。他为佛教四大菩萨之一。

文殊菩萨是大乘佛教的杰出代表，随着两晋南北朝时期大乘佛教的不断传入，文殊菩萨受到我国人民广泛的接受和供奉，文人士大夫阶层对他尤其青睐。由于文殊信仰的普遍盛行，终于导致了文殊道场的形成。

关于文殊菩萨的道场，《华严经·菩萨住处品》中说："东北方有菩萨住处，名清凉山，过去诸菩萨常于中住，彼现有菩萨名文殊师利，有一万菩萨眷属常为说法。"但是，这段经文并未指明，清凉山就是我国山西境内的五台山。

具体指明是我国五台山的是《佛说文殊菩萨法宝藏陀罗尼经》，经文中载，佛告金刚密迹主菩萨言："我灭度后，于南瞻部洲东北有国名大震那，其国中有山号曰五顶，文殊师利童子游行居住，为诸众生于中说法。"于是，由此经确定了我国的五台山就是文殊菩萨的道场清凉山。

文殊菩萨常与普贤菩萨同侍释迦牟尼佛，是释迦牟尼佛所有菩萨弟子中的上首，所以又称为文殊师利法王子。其形象为执剑骑狮之像，他以右手执金刚宝剑，断一切众生的烦恼，以无畏的雄狮怒吼震醒沉迷的众生，这是文殊菩萨的基本形象。文殊菩萨相应于娑婆世界有情众生的因缘，并示现出多种形象。

在《清凉山志·文殊菩萨显应录》中就记载有僧形文殊、儿文殊、一髻文殊、五髻文殊、六字文殊等形象。此外，还有一种千臂千钵文殊，这一形象出自《千臂千钵大教王经》，经中记载文殊菩萨"于佛前大众中，显丈六紫磨金色身，坐法界金刚性海，百宝莲台座，身现大手印二百一十，有千臂千手，手中各持吠琉璃钵，钵中各有一化佛，共于释迦同时出现”。寺院中所供奉的千臂千钵文殊，就是依照此经的记载而塑造的。

这种文殊菩萨像头顶结五髻，身体长有一千只手臂，手中各持有一只钵。这种形象与千手观音像比较相似，但千手观音的每只手中，各持有一件不同的法器，而千臂千钵文殊的每只手中均持有一钵。这是千臂千钵文殊与千手观音的根本区别。

普贤菩萨

普贤菩萨，又称为“普贤大士”，是梵语 Samantabhadra 的意译。又译作遍吉，意为具足无量行愿，普示现于一切佛刹的菩萨，故佛教徒常尊称其为大行普贤菩萨，以彰显其特德。

关于普贤菩萨名号的意义，据《大日经疏》中说，普贤菩萨，普是遍一切处义，贤是最妙善义。是说普贤菩萨依菩提心所起愿行，及身、口、意悉皆平等，遍一切处，纯一妙善，具备众德，所以名为普贤。

密教普贤，是以其表示菩提心，认为他与金刚手、金刚萨埵、一切义成菩萨同体。

普贤代表一切诸佛的理德与定德，与文殊菩萨的智德、证德相对应，两者并为释迦牟尼佛的两大胁侍。文殊驾狮、普贤乘象，表示理智相即，行证相应。

普贤菩萨是大乘菩萨的代表，象征着究极的大乘精神。普贤菩萨代表一切菩萨行德本体。

据《华严经·普贤行愿品》中说，普贤菩萨有十种广大之行愿:

1. 礼敬诸佛，常礼敬一切佛。

2. 称赞如来，常称赞如来之德。

3. 广修供养，常侍奉一切佛，并予最上之供养。

4. 忏悔业障，常忏悔无始以来之恶业，并遵守净戒。

5. 随喜功德，常随喜一切佛、菩萨乃至六趣、四生所有之功德。

6. 请转法轮，常理请一切佛宣说教。

7. 请佛住世，请求佛、菩萨不入涅槃，而能住于世间说法。

8. 常随佛学，常随毗卢遮那佛，而学佛之教法。

9. 恒顺众生，应种生种别，而作种种供养。

10. 普皆回向，将以上功德，回向一切众生，以完成佛果之愿。

若能将此十种行愿不断实践力行，则可完成普贤菩萨之诸行愿海。人命终时，得此愿王引导，往生阿弥陀佛极乐世界。然此十大愿为一切菩萨行愿之标帜，故亦称菩萨之愿海。以此菩萨之广大行愿，一般称为大行普贤菩萨。

十大愿又称为普贤愿海，代表一切菩萨的行愿，所以菩萨发心修行，又称为入普贤愿海。

他在《华严经》中占有很重要的地位，因为一切菩萨行都是普贤行，成就具相普贤菩萨，既是一切菩萨行所汇归而成的总相。

“普贤”代表广大的菩萨行，其不仅是普贤行的表征，也是菩萨行的表征。任何一个众生，实践菩萨行圆满之时，就是普贤菩萨，而圆满普贤的果位，就是毗卢遮那如来，众生具足着普贤之因，也就是毗卢遮那佛性。

众生的佛性之身就是普贤因，也就是成佛之因，普贤行者就是一切菩萨行者，其总汇点就是普贤菩萨。所以，修行一切普贤行到最后，即是圆满普贤菩萨果位。

普贤菩萨的形象，一般着菩萨装，骑一头六牙白象。据《普贤观经》称：“六牙表六度，四足表四如意（欲如意、念如意、精进如意、慧如意）”。

《摩诃止观》称：“言六牙白象者，是菩萨无漏六神通。牙有利用如通之捷疾，象有大力，表法身荷负，无漏无染，故称为白。”六牙白象，是菩萨的化身，是菩萨形象的重要标志，是他理德的重要体现。

关于普贤菩萨的道场，在佛教经典中较少被提及，因为他代表一切菩萨行，所以其净土遍及一切诸佛菩萨的净土。位于中国四川省的峨眉山，自古被指为普贤菩萨的道场，与五台山、普陀山、九华山并列为佛教的四大名山。

毗卢遮那佛（大日如来），文殊菩萨、普贤菩萨，共同成为一组“华严三圣”。

东方三圣

在塔身东面，拱券内壁上的一组塑像中，中间的佛像目光低垂，左手仰掌放在膝盖上，作施与愿印；右手则俯掌放在膝盖上。按照佛像位置的排列，这尊佛像应为东方净琉璃世界教主药师佛。

药师佛的左侧站立的是日光菩萨，右侧为月光菩萨，他们是药师佛的两大胁侍。日光菩萨及月光菩萨均身着菩萨装，双手合十。在他们的身旁，塑有祥云图案。

药师佛

药师佛，梵名Bhaisajyaguru，全称为药师琉璃光如来，简称“药师佛”“药师如来”。

据《药师如来本愿经》中说，东方过娑婆世界十恒河沙佛土之外，有佛土名为净琉璃，其佛号为药师琉璃光如来。

药师琉璃光如来的名号，是以能拔除生死之病而得名为药师。现在，药师佛为东方净琉璃世界教主，领导着日光、月光两大菩萨，教化众生。

塔身东面拱券内的药师佛及日光、月光菩萨像

医治一切众生的身、心之病，是药师佛的本愿，而琉璃光是他本愿所展现的特殊造型，因为他要拔除一切众生的生死、苦恼、重病，所以名为“药师佛”。因为药师佛有如此清静的本愿，所以他在身相上所显现出来的是完全透明无碍的琉璃光，他的净土世界也是如此，故名药师琉璃光。

药师佛不仅可以医治众生身体上的病痛，也医治众生智慧、悲心俱不圆满的心灵。因为众生在一开始，还无法感受到他深刻的愿力，所以，他先医治好众生的病痛，然后再医治众生的心。

在《佛说药帅如来本愿功得经》中，对药师净土进行了美好的描述：药师佛国土极为清净，远离各种欲念恶事，也没有一切恶道苦迫之声。地上铺满了琉璃，城阙、垣墙、门窗、堂阁、柱梁、斗拱都是用金、银、琉璃、珊瑚、琥珀、砗磲、玛瑙这七种宝物所建成。就像西方极乐世界一般庄严，这是与阿弥陀佛的西方极乐世界交相辉映的又一佛国净土。

在《药师琉璃光七佛本愿功得经》中，对药师净土进行了更为详细的描述：药师净土的大地为绀琉璃色，有微尘数无量宝花树，树华叶形或佛形，放出无量光明，名佛波罗蜜；或菩萨形，发生无量伎乐，名为二昧总持；或作金堂形，放出无量百宝云，名菩提妙严；或作宝塔形，生无量天众，名觉智树、漠日雨、轮树、云。

功德智慧无量百千幢幡行列、无量宝网宝鬘铃铎等庄严。

药师佛是以持名念佛为众生求生之方便法门，众生只要念他的名号，就可以不入畜生、地狱恶道，可以解除生、老、病、死等苦难，还可以免除九种非正常死亡（九横死）。

由于药师佛的十二大愿中有除去一切众生病痛，令身心安乐。所以，千百年来，人们将他称为“大医王”并受到广泛的信奉。

日光菩萨

日光菩萨，为梵语 Suryaprabha 的意译。又作日光普照、日曜，是药师佛的左胁侍，与右胁侍月光菩萨，在东方琉璃世界中，为药师佛的两大辅佐，也是药师佛国中，无量菩萨众的上首菩萨。

日光菩萨的名号，是取自“日放千光，遍照天下，普破冥暗”的意思。他依其慈悲本愿，普施三昧，照耀法界俗尘，摧破生死暗冥，犹如日光之遍照世界，所以取名为日光菩萨。

日光菩萨与观世音菩萨的大悲咒，也有密切关系，凡是持诵大悲咒者，日光菩萨当与无量神人来为作证，并增益其效验。凡是持诵大悲咒者，如能再持日光菩萨陀罗尼，就能得到日光菩萨的护持。

月光菩萨

月光菩萨，是梵语 Candraprbha 的意译，又译为“月净”“月光遍照”等名，他常以慈悲力量普济众生，犹如柔和的月光普照大地，所以，取名为月光菩萨。

如同日光菩萨一样，月光菩萨与观世音菩萨的大悲咒，也有密切关系，凡是真心持诵大悲咒的修行者，月光菩萨也会与无量护法来为护持，并增益其效验。凡是持诵大悲咒者，如能再诵月光菩萨陀罗尼，则月光菩萨就会加以庇护，使持咒者除去一切苦难与病痛，并成就一切善法，远离各种怖畏。

日光菩萨和月光菩萨与药师佛的关系非常深远。据传说，在久远的过去世中，电光如来行化于世间，当时，古印度有一位梵士，养育两个儿子，父子三人有感于世间的浊乱，于是出家修道，并发菩提心，决心一定要修成正果，誓愿拯救病苦众生。电光如来对他们的作为非常赞叹，并为梵士改名为医王，二子改名为日照、月照。最后，父子三人果然功德圆满，得到大成就，这位蒙受电光如来嘱咐的梵士，后来成为药师佛，两个儿子改名为日光菩萨和月光菩萨，成为药师如来的左、右胁侍。

日光菩萨和月光菩萨在名号上并没有特别明显的医药上的名称，而是以日光、月光代表了一切清净的光明，一切法性的光明，一切救度的光明，显示了药师佛要使众生达到成佛境界所给予的方便。

日光菩萨与月光菩萨在装束上皆为头戴天冠，上身披天衣，下身着长裙，全身缀有许多饰物，他们分别以手掌中或手中莲花上托有日轮和月轮为各自的标志。

药师佛与日光菩萨、月光菩萨合称为“东方三圣”。

按照标准的药师佛像的姿式，他左手应该托着一个药钵，右手捏一药丸。但这位药师佛的手印，却与标准的姿式不一样。

根据塔上这尊药师佛的手印，依据密宗五方佛的排列，这尊雕像的手印，与东方阿閦佛的手印极为相似，是否这尊佛像不是药师佛，而是阿閦佛呢?

阿閦佛（梵名 Aksobhya），汉译有阿閦，阿閦鞞，或译为无嗔恚、不动、无动等名号。密号为不动金刚，是他方世界的佛陀。在大乘佛法中，占有极重要的地位，他是主持东方净土的佛陀。

在《阿閦佛国经》中记载，阿閦佛于因地时，在东方有阿比罗提（为妙喜、甚为可爱之意）国土，有一位广目如来出世，演说六波罗密，这时有一位比丘愿意修学菩萨行，广目如来对他说：“学诸菩萨道者甚亦难，所以者何？菩萨于一切人民，及蜎飞蠕动之类，不得有嗔恚。”这位比丘受到广目如来的启发，便发对众生不起嗔恚的誓愿，所以，众人便称他为“阿閦”。引申为对一切众生恒起慈悲心，永不为嗔恚所动。

阿閦佛，在东方阿比罗提世界的七宝树下成佛，佛刹名为“善快”（妙喜）。基于他的愿力，这一佛刹没有三恶道，大地平整，一切人都行善事，没有邪说外道，房屋为七宝所建成，树上结有自然香美的饮食。人人平等，没有国王，而以阿閦佛为法王。其境界极为殊胜。此佛于极早时期就受到崇拜，在密教中他是金刚界五佛之一，表示大圆镜智。

西方三圣

在塔身西面，拱券内壁中的一组塑像中，中间的一尊佛像，目光低垂，双手在脐下结禅定印，结跏趺坐在莲花座上。根据其手印判断，为西方极乐世界教主——阿弥陀佛。

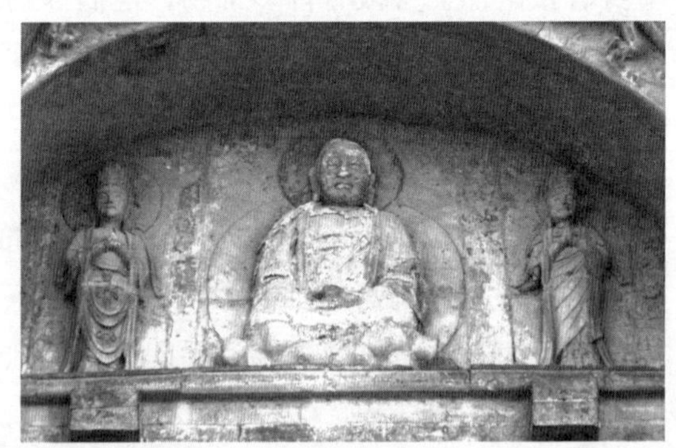

塔身西面拱券内的阿弥陀佛及观音、大势至菩萨像

在阿弥陀佛的左侧，站立的是观音菩萨，右侧为大势至菩萨，

他们是阿弥陀佛的两大胁侍。观音菩萨与大势至菩萨均身着菩萨装，双手合十。在他们的身旁，塑有祥云图案。

阿弥陀佛

阿弥陀佛是梵语 Amitabha 的音译，其汉译有十三个名号：无量寿佛、无量光佛、无碍光佛、无对光佛、焰王光佛、清净光佛、欢喜光佛、智慧光佛、不断光佛、难思光佛、无称光佛、超日光佛。

据梵本《阿弥陀佛经》载，此佛寿命无数，妙光无边，故称无量光佛、无量寿佛。

据《观无量寿佛经》记载：阿弥陀佛成佛前是一位王子。当时，他的国家出了一位佛，称世自在王佛。他听了这位佛的说法后，感到人生无常、痛苦不堪，只有佛法才是解除痛苦的良方，于是，他舍弃王位，出家修道，并取法名为法藏。他勤修戒定慧，不但为自己寻求解脱，还立志要改变受苦受难众生的境遇。为此，他曾在世自在王佛面前发下四十八大愿望，其中有三大愿是：

“设我得佛，十万众生，至心信乐，欲生我国，乃至十念，若不生者，不取正觉。惟除五逆，毁谤正法。”

“设我得佛，十万众生，发菩提心，修诸功德，至心发愿欲生我国。临寿终时，假令不与大众围绕现其人前者，不取正觉。”

“设我得佛，十万众生，闻我名号，系念我国，植众德本，至心回向，欲生我国，不果遂者，不取正觉。”

为了实现这些愿望，他不知经历了多长时间的累世修炼，最后，终于如愿以偿，成为西方极乐世界的教主——阿弥陀佛。

佛经中说他成佛至今，已有十劫之长，现在仍在西方极乐世界中说法，以光明无量和寿命无量为觉体，普度众生。

基于这些宏伟的誓愿，因此在阿弥陀佛成佛之后，任何人只要具足信愿行，如法念佛，一定能够得到阿弥陀佛的接引，而往生真、善、美、圣的极乐莲邦。

在《阿弥陀经》和《观无量寿经》中，对极乐世界作了生动的描述。在这个世界里，一切生活设施都是由金、银、琉璃、珊瑚、琥珀、砗磲、玛瑙这七种宝物所构成，法堂、精舍富丽堂皇，土地平坦，鲜花绿水点缀其间。这里生活的众生智慧超凡、相貌出众，饮食随意，没有人间的苦恼与艰辛，众生之间没有等级之分，一律平等。众生身体健康，没有任何病痛，寿命随意而定。

阿弥陀佛悲愿广大，慈心深切，而其念佛法门，又简单易行，因此，在信仰大乘佛教的国家中，信仰之人极为众多，中国古代民间有“家家阿弥陀，户户观世音”的说法，这正是阿弥陀佛信仰流传普遍的典型写照。

众生往生西天极乐世界，是阿弥陀佛的根本愿望，在净宗诸经中，对众生如何往生西天极乐世界，作了详细的介绍。

众生往生西天极乐世界，必须具备三个条件：一信，二愿，三持名。所谓信，就是指信仰，不仅要信阿弥陀佛，还要信佛、法、僧三宝。信是往生的第一要素。所谓愿，就是愿望、理想。这个理想就是要往生西天极乐世界。所谓持名，就是持阿弥陀佛之名，也就是念佛，这里的佛专指阿弥陀佛。

观音菩萨

观音菩萨的全称为“观世音”，梵名 Avalokitesvara，又有观自在、观世自在、光世音、观音等名。又被称为救世菩萨、救世净圣、施无畏者、莲花手、普门、大悲圣者，在大乘佛教中，他是最为人所熟知的菩萨。

他以大悲显现，拔除一切有情苦难为其本愿，循声救苦，不稍停息。

在《法华经·观音菩萨普门品》中说："若有无量百千万亿众生收受诸烦恼，闻是观世音菩萨，一心称名，观世音菩萨即时观其音声，皆得解脱。"其名称意为：观照世间众生痛苦中称念观音名号的悲苦之声。

"观"为关照之意，但他不同于一般的观察，而是以佛教的无"漏"（烦恼）圆通大智来关照。"世音"是菩萨关照的对象、境界。

这里的"世"并不单指人世，包括六道，即天人、人、畜生、阿修罗、饿鬼、地狱。"音"是六道众生遇难时，念诵观音名号悲切声音。

"观世音"三字名号，就是菩萨以无漏圆通大智，来关照六道众生因痛苦而念诵其名号声音。如果观音菩萨听到有人念其名号，就会立即寻声前去解救。

"观世音"三字名号的含义，在佛经里有很多介绍。在《法华经·观音菩萨普门品》中："观世音以何因缘名'观世音'？佛告无尽意菩萨，善男子，若有无量百千亿众生受诸苦恼，闻是观世音菩萨，一心称名，观世音即时观其音声，皆得解脱。"可见，观世音这个名号，实际蕴涵了菩萨大悲济世的思想的功德。

观音菩萨以大悲救度为主要的德行，但是，蕴藏于大悲之后的，乃是无边的大智。所以，在中国的佛教界，最为流行的《般若心经》即由观音菩萨所宣讲，所谓"观自在菩萨，行深般若波罗蜜多时，照见五蕴皆空，度一切苦厄"，即是最好的表现。

在佛教的诸位大菩萨中，观音菩萨更是以慈悲著称，他的慈悲心愿最伟大、最突出。他以观照众生音声为方便，号召众生危难之时称念他的名号，他听到后，即时寻声解救。这一快速、方便的救苦方法，完全体现了他慈悲济世的迫切心愿。

正因为如此，观音菩萨成了佛教大慈大悲的象征，被佛教徒誉以“大慈大悲救苦救难观世音菩萨”“大悲观音”“救世观音”等美称。

在中国历史上，观音菩萨秉持着寻声救苦的悲愿，不断地示现救度有情众生。在任何众苦煎逼的时代，人们都祈望观世音菩萨，倾下清凉的甘露。

观音菩萨的另一特色，为普门示现，即众生有任何需求，应以哪一种身份得度，观音菩萨即示现出何种身份来救度。观音菩萨由普现色身三昧现起的不可思议变化身，常在十方世界中作无边的救济，使苦难众生得到无限的安慰与清凉。

在中国佛教信仰者的心目中，观音菩萨有三大特点：

1. 能救度现实生活中的一切苦难，而不是教导人们把希望寄托于来生。所以，观音菩萨是最具有现实性的佛家代表。

2. 苦难中的众生要求得到观音菩萨的帮助，只需念观音菩萨的名号就可灵验，这种简便的方法深入广大信仰者之心。

3. 观音菩萨不分贵、贱、贤、愚，只要坚定信仰，一律给予拯救解脱。为了针对各种对象，观音菩萨可以应化出种种化身。

据《法华经·观音菩萨普门品》中所言，观音菩萨有三十三种应化身：

1. 圣者三尊

佛身、辟支佛身、声闻身。

2. 天界六尊

大梵王身、帝释身、自在天身、大自在天身、天大将军身、毗沙门身。

3. 道外五尊

小王身、长者身、居士身、宰官身、婆罗门身。

4. 道内四尊

比丘身、比丘尼身、优婆塞身、优婆夷身。

5. 妇童六尊

长者妇女身、居士妇女身、宰官妇女身、婆罗门妇女身、童男身、童女身。

6. 天龙八部

天身、龙身、夜叉身、乾闼婆身、阿修罗身、迦楼罗身、紧那罗身、摩睺罗迦身。

7. 金刚一尊

执金刚身。

另外，还有三十三观音。三十三观音，是民间流传的三十三种各具一定内涵和固定名称及形象的观音，他是唐宋以来，观音菩萨深入民间，广为流传，并与中国传统文化信仰相融合的产物。这三十三观音，具有丰富的中国文化内涵，深受世人崇奉。

三十三观音的形象与特点分列如下：

1. 杨枝观音：左手持净瓶，右手执杨枝，为立像。是寺院中最常见的观音形象。

2. 龙头观音：站立或坐在云中乘着龙头的形象。

3. 持经观音：坐在岩石上，右手持经卷，左手置于膝上。

4. 圆光观音：合掌坐于岩石上，背后有炽盛火焰圆光。

5. 游戏观音：左手置放于偏脐处，乘坐五彩祥云，呈游戏法界自在无碍之像。

6. 白衣观音：身着白色衣衫，结跏趺坐于铺有软草的岩石上，手指结定印。

7. 卧莲观音：双手合掌，坐于水池中的莲花座上。

8. 泷见观音：又名飞瀑观音，倚山崖眺望瀑布流泉的姿势形象。

9. 施药观音：右手撑颊，倚于膝上，左手叉腰或于膝上捻莲花。

10. 鱼篮观音：手提盛鱼竹篮，脚踏鳌鱼背上。

11. 德王观音：结跏趺坐于岩石上，左手置于膝上，右手持一枝绿叶。

12. 水月观音：在月光下乘一叶莲花舟，漂荡于海上，寂静地观赏水中之月。

13. 一叶观音：乘一片莲花，悠然漂荡于水面上。

14. 青颈观音：据古代神话传说，降魔大神湿婆吞下从乳海中搅出的毒药，药力在颈部化开，将颈部烧青。形象为坐于断崖之上，左手扶着崖壁，右手放在立起的右膝上。

15. 威德观音：左手持莲花，右手着地，在水边岩石上观水的姿态。

16. 延命观音：头上戴有宝冠，倚于水边岩石上，神态悠然地欣赏水面上的景物。

17. 众宝观音：坐在地上，左手置于立的左腿膝上，右手着地，右足伸展。

18. 岩户观音：端坐于岩石洞窟内，神情自在地欣赏水面。

19. 能静观音：伫立于海边的岩石上，面对海水沉思。

20. 阿耨观音：阿耨是梵语 Anu 的音译，意为“极微”，又称阿耨达池、阿耨大泉。菩萨左膝倚靠在岩石上，两手相交，远眺着海面。

21. 阿摩提观音：即无畏观音，其形象为白肉色，三目四臂，着天衣璎络，面目慈祥，专注着左前方，骑着白色狮子，周身放出火焰光，以代表庄严。有的姿态是左膝倚于岩石上，两手置于膝上。

22. 叶衣观音：坐在垫有草叶的岩石上。

23. 琉璃观音：又名“香王菩萨”“香王观音”，乘一叶莲花瓣，漂浮于水面，双手捧一个琉璃壶或琉璃香炉。

24. 多罗尊观音：意为“眼、瞳子”。此尊为密宗形象，又称为“救度母观音”。为中年妇女像，合掌持青莲花，身体直立，乘于云上。

25. 蛤蜊观音：相传，唐文宗食蛤蜊，剖而不开，于是焚香祈求，忽然蛤蜊壳里现出菩萨形象。其形象为乘于蛤蜊上或居于两扇蛤蜊壳中。

26. 六时观音：常作居士装束，右手持一梵箧，为立像。

27. 普悲观音：立于山岳之上，双手持法衣垂于前方。

28. 马郎妇观音：传说，唐代元和年间，陕西有一位美女，许多人要娶她，她说：“一夜之间能背会《观音菩萨普门品》的，我就嫁给他。”到天亮时，有二十人会背，她又提出背《金刚经》，又有十几个人会背，她再提出背《法华经》，三天后，只有一位姓马的年轻人能背出来，于是，同意与他成婚。但在婚礼前，突然死去并迅即腐烂。大家把她埋葬后，来了一位僧人，用锡杖挑开坟墓，里面仅有一副化为黄金的锁子骨。老僧用锡杖挑起锁子骨，说这是圣人在点化愚蒙，说完即飞入空中不见了。为民间妇女形象。

29. 合掌观音：双手作合掌手势，立于莲花台上。

30. 一如观音：坐于云之莲花座上，树立左膝，乘云飞行。

31. 不二观音：乘一片浮于水面的莲叶上，两手低垂。

32. 持莲观音：为少女形象，两手持一茎莲花，乘坐在莲叶上。

33. 洒水观音：又名“滴水观音”，左手持净瓶，瓶口朝下，右手执洒杖，作洒甘露状。

除了三十三观音外，民间还流行“送子观音”。其形象为观音菩萨怀抱着一个小孩儿，神态端庄、慈祥。此形象，很受妇女的欢迎，是中国汉化佛教创造出来的一尊观音。

观音菩萨之信仰始自印度，后传入中国。在中国的佛教寺院殿堂里，观音菩萨大都是以女性形象出现，他面目清秀，头戴花冠，衣着华丽，宛如我国古代的贵妇人。

但是在印度的佛经里，他却被称为“善男子”，在印度和中国早期的造像艺术中，他是长有胡须的男子像。因此，常常有人会产生疑问，观音菩萨到底是男还是女呢？

实际上，在佛经中称观音菩萨具备圆通大智，能显示出三十三种化身。在《法华经·观世音菩萨普门品》中有：“应以比丘、比丘尼、优婆塞、优婆夷身得度者，即现比丘、比丘尼、优婆塞、优婆夷身而为说法。应以长者、居士、宰官、婆罗门妇女身得度者，即现妇女身为说法。应以童男童女身得度者，即现童男童女身而为说法。”

他的这一特色，称为普门示现，即众生有任何的需求，应以哪一种身份得度，观音菩萨即示现出何种身相来救度。在观音菩萨所显现的无边相貌中，女性形象只不过是其中的几种。

在中国的佛教寺院中，经常展现的观音菩萨形象主要有杨枝观音、白衣观音、水月观音和龙头观音等。这几种观音形象，具有柔和爱语的母性特质，久而久之，许多人就认为观音菩萨为女性了。

观音菩萨的这些形象，是中国佛教为了获得广大人民的信仰，为本国创造出来的一位代表性崇拜对象，并成为汉化佛教的重要代表。

千百年来，观音菩萨深受我国社会各阶层人士的信奉，“家家阿弥陀，户户观世音”，她的名号几乎无人不知，无人不晓。她与中国传统文化水乳交融，影响十分深远。

大势至菩萨

大势至菩萨是梵语Mahasthamaprapta的意译。又译作摩诃那钵、得大势、大势志、大精进或简称势至、势志，是净土信仰中的重要菩萨，与观世音菩萨同为阿弥陀佛的胁侍。观世音菩萨代表慈悲，大势至菩萨象征智慧。

《观无量寿经》中说，此菩萨以智慧光普照一切，令众生远离三恶道，得无上力，离苦得乐，所以得名为大势至菩萨。

据佛经记载，他与观音菩萨、阿弥陀佛二位圣尊有极深的渊源。在阿弥陀佛成佛之前，他就与观音菩萨同为他的侍者。在未来世，他也将在观音菩萨成佛之后成佛，名为善住功德宝王佛。

《观无量寿经》中说，此菩萨身量大小如同观音，顶上天冠有五百宝莲花，一一宝华有五百宝台，一一台中，十方诸佛净妙国土广长之相，皆于其中显现，顶上肉髻如钵头摩华，于肉髻上有一宝瓶，盛诸光明，普现佛事，其余身相皆如观音等同无异。

观音菩萨与大势至菩萨的形象，比较相似，均身着菩萨装，头戴宝冠，慈祥端庄。但其中不同的是：观音菩萨宝冠正中，有一尊现化佛——阿弥陀佛，而大势至菩萨的宝冠正中是一个宝瓶，这一区别是识别他们的重要标识。

从供奉的情况看，观音菩萨既可作为阿弥陀佛的左胁侍，同时又可单独供奉，而大势至菩萨，则一般只作为阿弥陀佛的右胁侍，单独供奉的极为少见。

阿弥陀佛与观音菩萨、大势至菩萨，合称为“西方三圣”。

准胝观音及龙王

在塔身北面，拱券内壁中的一组塑像中，中间是一尊头戴宝冠，目光低垂，两眼的眉间长有一只立着的眼睛，并长有十八只手臂，结跏趺坐在莲花座上的准胝观音。

在准胝观音的左侧，站立着难陀龙王，右侧为优波难陀龙王，他们均为准胝观音的胁侍。难陀龙王与优波难陀龙王均身着菩萨装。在他们的身旁，塑有祥云图案。

准胝观音

准胝观音，梵名 cundi，又作准提、准提佛母、尊那佛母等，为密宗六观音之一。

塔身北面拱券内的准胝观音及难陀、跋难陀龙王像

准胝意为“清净”，特指此位观音心性清净的意思，是护持佛法，并能为众生延寿护命的菩萨。

密宗供奉此观音，认为他能摧毁一切众生之惑业，能使众生消灾延寿，并使众生消罪灭障。

在禅宗以准胝为观音部的一尊，备受尊崇。在中国佛教徒的心目中，准胝菩萨是一位感应极大，对崇拜者无限关怀的伟大菩萨。

准胝观音的形象，按各经典记载不同，有二臂、四臂、十二臂、十八臂、三十二臂等多种，最多的还有四十八臂，但以十八臂三目最为常见。

据《七俱胝佛母所说准提陀罗尼经》记载，准提佛母身呈黄白色，结跏趺坐于莲花上，身配圆光，着轻縠衣，上下皆为白色，有天衣、角络、璎络、头冠等，十八臂皆着螺钏，面有三目。上二手作说法相，右第二手作施无畏，第三手执剑，第四手持宝鬘，第五手掌上置俱缘果，第六手持钺斧，第七手执钩，第八手执金刚杵，第九手持念珠。右第二手执如意宝幢，第三手持开敷红莲花，第四手执军持，第五手执羂索，第六手持轮，第七手执商佉，第八手执贤瓶，第九手掌上置般若梵箧。

但此塔上雕刻的准胝观音，手中未持有任何法器，也可能是原来手中确实持有法器，但由于年久，手中的法器全部脱落了。

难陀龙王

难陀龙王，梵名 Nanda，又作难途龙王、难头龙王。意译为喜龙王、欢喜龙王，是八大龙王之一。与优波难陀（跋难陀）龙王为兄弟，故一般将二龙王连称为难陀跋难陀龙王、难途跋难陀龙王。

难陀善于顺应人心，以调御风雨，深得世人欢喜，故有喜龙王之称。据《大宝积经》载，此龙王有七个头，性颇凶恶，后为佛陀弟子目犍连所收伏。

《法华经·序品》中说，难陀龙王为护法龙神之上首。在密教中，此龙王住于胎藏界曼陀罗金刚院南、西、北三门内之右侧，与各门左侧之跋难陀龙王相对。

优波难陀龙王

优波难陀龙王，梵名 Vpanndn，又作婆难陀龙王、跋难陀龙王。意译为重喜龙王、延喜龙王、大喜龙王、贤喜龙王，为八大龙王之一。

他与难陀龙王为兄弟，亦因善调御风雨，深得百姓喜爱，故有大喜龙王等名称。

据《过去现在因果经》载，佛陀释迦牟尼诞生时，此二龙王于虚空吐清净水，一温一凉，以灌太子之身。

在拱券式塔门的券沿面上，各雕刻着两条头部相对的腾龙，腾龙有的张牙舞爪，有的则嘴部紧闭，中间是一颗托有莲台或围有祥云的宝珠。在腾龙的周围布满了朵朵祥云。

在拱券式塔门的顶上，各塑有一顶宝盖，宝盖顶上，有一排如意云头，宝盖下垂有结花锦带。

塔门之上的宝盖及天女像

盖（梵名 Chattra），为遮日防雨的一种伞，又称：伞盖、笠盖、宝盖、圆盖、花盖、天盖。

古印度部族在重要会议时，为了避暑，常利用大树的树荫遮阳。在这种场合，部族的长老背对着树干而坐。佛陀释迦牟尼在说法时，也继承了这种习俗。后来，将树荫变化为伞盖，并作为王者的象征或法王释尊的象征。

宝盖的形状大致上可分为两种：一种是伞柄附于盖内部的中央，另一种是柄附于盖的外面上部。古印度多用前者，后者称为悬盖或天盖，后来成为佛堂的庄严用具，高悬于佛座之上。

在古印度的艺术中，常以菩提树或伞盖作为佛的象征，此外，象征佛的塔顶上亦悬有伞盖。自从佛像出现后，这种形式依然流传下来，将莲花天盖悬挂于佛及菩萨像的头上，以示庄严。

在宝盖的两侧，各塑有一位手托供品或莲花，足踏祥云从天而降的天女。天女在佛教中也称作飞天，飞天从起源和职能上来说，她不是一位神，而是佛教天龙八部中的乾闼婆与紧那罗的结合体。

乾闼婆

乾闼婆，梵名 Gandharva，又作健达缚、犍闼婆、彦闼婆、乾沓婆，其译为香神、食香、香阴、寻香主。传说她不食任何食品，唯以香气为食，并且她的身体还能散发出香气。

她与紧那罗共同侍奉着帝释天，是司奏雅乐之神。帝释天想听音乐时，她的身体便能感知到，便立即上天演奏。又作寻香神、乐神、执乐天。

据《大智度论》中载，乾闼婆至佛所弹琴赞佛，大千世界皆为震动，乃至摩诃迦叶不安其坐。

在佛教艺术中，乾闼婆常作飞天姿势，出现在佛的上方。

紧那罗

紧那罗是梵语 Kimnara 的音译，意为：人非人、音乐天、歌神。这类神分为男女，男性为马首人身，女性则端庄美丽。男性神长

塔门两侧的密迹金刚与散脂大将

于演奏，女性神则长于歌唱。

女性紧那罗天生一副绝妙的好嗓子，演唱起来不仅优美动听，令人心旷神怡，而且还会产生魔力。

据《大智度论》中载，曾有五百仙人空中飞行，忽闻紧那罗女靡靡之音，顿时骨软筋酥，皆失神足，纷纷落地。

乾闼婆与紧那罗原是印度古神话中的娱乐神和歌舞神，神话中传说他们形影不离，融洽和谐，是恩爱的夫妻。后来，被佛教吸收，化为天龙八部众神中的两位神。

乾闼婆与紧那罗被佛教列入天龙八部神后，随着佛教艺术的审美需要，逐渐演化为眉清目秀，体态俏丽，翩翩起舞，翱翔天空的天上飞仙了。

乾闼婆与紧那罗，最初在佛教天龙八部众神中的职能，是有区别的：

乾闼婆——乐神的任务：是在佛国世界里散发香气，为佛献花、供宝、作礼赞，她栖身于花丛，飞翔于天宫。而紧那罗——歌神的任务：是在佛国世界里，为佛陀、菩萨、众神奏乐、歌颂，她居住在天空，但能飞翔于云霄。后来，乾闼婆与紧那罗的职能混为一体。乾闼婆持乐歌舞，而紧那罗则冲出天宫阁楼，飞翔于空中。乾闼婆与紧那罗男女不分，合为一体，化为后来的飞天。

飞天的故乡虽然在印度，但却是印度文化与中国文化共同创造的，她是印度佛教天人与中国道教羽人，西域飞天和中原飞仙艺术性地融合为一，是具有中国特色的飞天。

这种飞天形象，既不长翅膀，又不生羽毛，她主要凭借飘逸的衣裙，飞舞的彩带，美丽的姿态，在天空中翱翔。

飞天形象，是中国古代艺术家的天才创作，具有鲜明的中国特色。

在塔门的两旁，各立有一尊胸脯宽阔、肌肉突起、怒目圆睁、挥拳舞臂、威风凛凛的陶砖高浮雕金刚力士像，这两尊金刚力士像中，左边的一尊，忿颜闭唇，怒目圆瞪；而右边的那位则怒颜张口，好似在怒斥着前来扰乱的鬼怪。

根据佛教建筑的布局格式，一般都是将这二位金刚力士塑像，立在山门殿内的两旁，以保护佛门的肃穆庄严。现在，却将他们塑在塔门的两侧。据说，这种布置形式，与塑在山门内两边的寓意是相同的，都是为了保护佛及寺院的安全。

中国民间，根据这两尊金刚力士像面目表情的特征，俗称他们为哼、哈二将。其实，在佛教诸神中，他们是二十四诸天中的密迹金刚和散脂大将，也有的说是那罗延天。

密迹金刚

密迹金刚是梵文 Vairapani 的意译，他是以能通晓如来一切秘密事迹而得名。他原来是印度教毗纽天的侍卫，后来被佛教吸收进来，成为佛教守护山门的护法神。

据《金光明经》中所载，密迹金刚是大鬼神王，他与五百夜叉原都是大菩萨，为了护持众生，保护佛法，才屈尊作了佛教的护法神。他行动敏捷，在佛教的护法神中以“捷疾”著称。

在《宝积经》中记载，他常侍卫于佛陀释迦牟尼身边，对佛陀忠心耿耿，佛陀对他也非常信任，常把一切秘密要事委托于他。在佛陀入灭时，他悲痛欲绝，昏了过去，醒来悲痛地说：“云何世尊舍弃于我，独立涅槃，咄哉大苦，此金刚杵当用护谁。”表现出他对佛陀的一片忠心。

他原来是一位神，但被引进中国后，为了达到左右对称的效果，就把他与散脂大将放在一起，因他手中使用的兵器为金刚宝杵，又被称为金刚手、执金刚、金刚力士等。

在《秘藏记》中说：“诸寺门之所以要造立金刚之形象，是因为金刚即智也。此智能摧破烦恼，恰似金刚力能摧破万物一样，故寺门须先立金刚，然后内置佛身。”

密迹金刚的形象表现得很威猛，一般为宽大脸庞，横眉怒目，面部表情狰狞可怕，全身呈紧张状，肌肉突起，手中常持金刚宝杵。

散脂大将

散脂大将是梵文 Pancika 的意译，全称为“散脂修摩”，亦为密神。他原是一位夜叉神，是北方多闻天王的八大将领之一，统帅着二十八部众。二十四诸天中的鬼子母神是他的妻子。

他在寺院中的形象为金刚武将，左、右手各执一根金刚宝杵。

那罗延天

那罗延天，梵名 Narayana，是具有大力的印度古神，又作那罗延那天、那罗野拏天。意译为坚固力士、金刚力士、钩销力士、人中力士、人生本天。

据《慧琳音义》中载：那罗延是欲界中之天名，又称毗纽天，欲求多力者，如精诚祈祷，供养此天，则多获神力。因那罗延天具有大力之故，所以，就将其与密迹金刚一起，安置于寺院山门内。

在塔身的东南、西南、西北和东北四个侧面的中央，各雕刻一个长方形的直棂式假窗。这种样式的窗棂，具有典型的唐代和辽代的建筑特征。

塔窗两侧的菩萨塑像

威严的金刚与慈善的菩萨

塔身东南面的普贤菩萨组图

塔身西南面的文殊菩萨组图

假窗的两旁，各塑有一尊菩萨像，他们眉清目秀，目光低垂，神态安详，双手相合，垂袖而立，与假门两旁的金刚力士像，形成强烈的刚柔和动静对比。

由于年代久远，塔门两侧的金刚力士塑像及塔窗两侧的菩萨塑像，除了南面及西南面的相对比较完整之外，其他各面的塑像均已经残破，有的已全部脱落无存。

其中的一尊菩萨的下颌已经残破脱落，并露出了里面原先塑像的下颌部分，具有典型的唐代雕塑风格。这似乎表明，这些塑像，曾经在古代的维修中，在原有的残破塑像上又覆盖上了一层塑像。从整体上看，这些力士金刚和菩萨塑像，确实是显得有些臃肿。

在塔身的东南面和西南面的直棂假窗之上，各塑有一组普贤菩萨、文殊菩萨及胁侍像。它们被称为“文殊菩萨、普贤菩萨赴法会图”。

文殊菩萨头戴宝冠，内着僧祇支，下围锦裙，肩披下垂，手中执一柄如意，他目光低垂，面和目慈，蕴含笑意，结跏趺坐在狮子背上的莲花座上。其意态休闲，给人一种超凡脱俗之感。

文殊菩萨骑狮

普贤菩萨，也是头戴宝冠，一身菩萨装。他目光低垂，手托莲花，结跏趺坐在六牙白象背上的莲花座上，他慈眉善目，面含笑意，神态安详，双目注视着前方。在他们的背后均有头光和背光。

普贤菩萨骑象

善财童子像

昆仑奴（于阗王）

在文殊菩萨的坐骑狮子和普贤菩萨的坐骑大象前面，均塑有一位双手合十，面带微笑的童子，他就是观音菩萨的胁侍——善财童子。

在文殊菩萨与普贤菩萨的后边，均塑有一位头戴冠帽，长髯飘拂，身着长袍，足穿高筒长靴的老人，被称为“昆仑奴”，实际上，给文殊菩萨牵狮的，是一位于阗国王。

于阗王形象，是在“獠蛮”和“拂菻”的基础上演变成的。獠蛮和拂菻，都是我国古代对外族和外国的称呼，獠蛮是指我国西南地区及国家名为“獠”的少数民族，也有的认为是来自东南亚的“昆仑奴”。拂菻在隋唐时指东罗马帝国及其所属西亚地中海沿岸一带。在那里分别产大象和狮子，并有驯兽人，拂菻，就是对驯兽人的一种称呼。在历史文献中，有许多他们向中国进献大象和狮子的记载，最早可以追溯到汉代。

在《营造法式》中记载："走兽之类有四品：一曰师子，二曰天马，三曰羚羊，四曰白象。"又注云："其骑跨牵拽走兽人物有三品：一曰拂菻，二曰獠蛮，三曰化生。"并在卷中，画有拂菻牵狮和獠蛮牵象的形象。

在中国的传统习惯中，官员骑马出行，都配有侍者。佛教文化传入中国后，在表现文殊菩萨骑狮和普贤菩萨骑象时，自然也应该配上牵引坐骑的侍者形象。于是，獠蛮与拂菻的形象，也就顺理成章地被吸收进佛教艺术之中。后来，吸收了于阗和中原的许多神话传说，又演变为于阗国王。

狮子和大象四足分作前后，呈急速行走状。而于阗王则单臂伸出，手握缰绳，缰绳绕过肩背，紧拽缰绳以遏制它们前进。

狮子怒目圆瞪,炯炯有神,张口吼啸,如闻其声,头鬃呈螺旋形,披于脖子的两侧。它四足用力蹬地，张着大口，似乎不满地回过头来，对着于阗王大声吼叫，其形象既显其健勇威猛，又尽其壮美雄姿；而大象的神态却与狮子相反，安稳而温顺。

这两尊动物塑像，根据现实世界中狮、象的脾气秉性，集中地概括了狮子所具有的健捷、性烈、威猛的特点和大象所具有的体壮、性和、温顺的性格。

在这两组塑像中，狮子、大象、善财童子及昆仑奴、于阗王，均足踏莲台。

按照一般佛像与菩萨像的排列方式，文殊菩萨应在佛的左侧，而普贤菩萨则在佛的右侧。但在天宁寺塔身上的这两组塑像中，却是普贤塑像在左，而文殊菩萨在右。

据分析，这两组塑像是按照智慧法门来排列的，这是依据文殊菩萨所主的职司，即其主佛之智德而定的，也是由普贤菩萨所主佛之定慧而定的。在这种排列方法中，普贤菩萨的地位要高于文殊菩萨。

在这两组塑像中，为什么会出现善财童子的形象呢？在《华严经·入法界品》中可以找到答案。

善财

善财是梵语 Sudbana 的意译。在《华严经·入法界品》中记载，善财童子生于古印度，是福城长者之子，由于前世广修供养，所以出生时家中自然现出种种宝物，故称为“善财”。虽然拥有许多珍宝，但他并不爱财。

有一年，文殊菩萨到善财的家乡去弘扬佛法，善财也跑去听讲，由于他善根深厚，当听文殊菩萨讲道：“求善知识，勿生费解；见善知识，勿生厌足，于善知识所有教诲，皆应随顺；于善知识善巧方便，勿见过失。”善财顿时萌发四方参学的志愿。他受文殊菩萨的教诲，遍游南方诸国。

文殊菩萨首先让他参访德云比丘，受念佛三昧门，后来又历访菩萨、比丘、比丘尼、优婆塞、优婆夷、童子、童女、夜叉、天女、婆罗门、长者、医生、船师、国王、仙人、佛母、王妃、地神、树神等，他依次参访了五十三处的五十五位善知识（良师益友），听受种种法门，最终他以坚强的毅力至普贤菩萨道场，在普贤菩萨的开示下证入无生法界，成就菩萨行愿。

善财童子在参访第二十七位善知识时，遇到了观音菩萨。后与龙女一起，成为观音菩萨的左右胁侍。

在许多佛教寺院中，大雄宝殿里三世佛像的背后，均塑有一组海岛观音组像，这组海岛观音像，就是依据《华严经·入法界品》中善财童子参访观音菩萨时的情形而塑造的。

善财童子是佛门修学的典范，他的参学故事告诉人们，学佛不仅要有吃苦的精神和锲而不舍的毅力，而且，还要树立正确的观念，那就是不分教内教外，凡是有益于修行的知识都要学习，千万不可自立门户，将真理拒之门外。修学还要遵循一条正确的途径，这个途径就是由浅入深，由低到高，循序渐进，绝对不可以投机取巧。

善财童子的参修精神，为后世佛教信徒留下了宝贵的财富，对今天参修的人具有非常重要的指导意义。

在文殊菩萨和普贤菩萨赴法会的组图中出现善财童子，也隐喻着《华严经·入法界品》中，善财童子历尽艰辛，先后拜访五十五位善知识，成就菩萨行愿的故事内容。

塔身东北面的圆觉组像

在塔身的东北面和西北面的假窗之上，各塑有五尊身着菩萨装的立式人物塑像。根据分析，这十尊塑像应为圆觉菩萨，再加上塔身东南面和西南面的普贤菩萨和文殊菩萨像，正好是“十二位圆觉菩萨”。

塔身西北面的圆觉组像

“圆觉”，其意为圆满的觉性，“圆”谓一切功德圆满；“觉”谓智光烁照，能破一切黑暗，也就是佛教至尊佛所证得的真如法性，也可以说是一切众生的根本体性。《圆觉经》意思是圆满觉悟的经书。佛教的智慧就在于圆满的觉性、圆满的修行和圆满的智慧。其宗旨是在自觉、觉他之外，更要觉行圆满。

十二圆觉菩萨的名号来源于《大方广圆觉修多罗了义经》，简称为“圆觉经”。《圆觉经》是华严宗的重要经典，是解决人生痛苦的经典，是指引众生如何修行成佛的经典。释迦牟尼一时入于神通大光明藏三昧，现他受用报身（卢舍那）于殊胜不二境，变诸净土，与大菩萨十万人聚会，以十二菩萨为上首，从文殊菩萨开始，到贤善首菩萨止，都先后提出圆觉修证法门的有关问题，请佛解答，佛一一作了解释。该经的主要内容是佛为文殊、普贤等十二位大菩萨说如来圆觉妙理和观行的方法。《圆觉经》是在第一义的立场上所说，讲一乘圆教，没有大乘、小乘之分，只有见性成佛，是无所偏的圆教，深刻地影响了禅宗思想，禅悟思维。

这十二位圆觉菩萨像依次为：文殊菩萨、普贤菩萨、普眼菩萨、金刚藏菩萨、弥勒菩萨、清净慧菩萨、威德自在菩萨、辨音菩萨、净诸业障菩萨、普觉菩萨、圆觉菩萨、贤善首菩萨。

这十二位圆觉菩萨具有各自的功德能力。

文殊菩萨，意译为“妙吉祥”“妙德”，其智慧深妙，难言难思。他以前是七佛之师，又协助释迦牟尼弘扬佛法。在《圆觉经》中，他是说法的发起人。

普贤菩萨，行弥法界，德无不遍称为“普”；位居等觉，随心益物称“贤”。他曾说：我誓于秽恶世界，行菩萨道，使得严净。我行要当胜诸菩萨。宝藏佛言：以是因缘，今改汝字，名曰普贤。

普眼菩萨，法眼既明，普照法界，照事法界，事无不尽；照理法界，理无不彻。理事遍照，周遍圆融，所以称为普眼。

金刚藏菩萨，金刚具有坚固不坏、锋利无比的意思。此菩萨证法身不坏，又以般若慧剑断无明烦恼，他可以顿断群疑，而生无量智德。

弥勒菩萨，即慈氏，以往修习慈心三昧，故以慈为姓，本名阿逸多，意为无能胜者。因修唯心识定，识心圆明，照彻生死因缘，以爱为本，慈济众生，断诸疑惑。

清静慧菩萨，慧觉清静，无往无著，照了诸法，犹如虚空，能随顺一切而入圆觉。

威德自在菩萨，有大威势，可以摧伏魔军；有大慈德，能摄济群生。

辨音菩萨，具足四种无碍智，能以音声作佛事，而饶益众生。

净诸业障菩萨，能为众生除三种障，即除烦恼惑障，除善恶等业障，除苦果受报身的报障。菩萨能净诸业障，断惑功成，除有为四相，业根自净。

普觉菩萨，能普遍地启发觉醒诸众生，知道生死涅槃都如昨日梦幻。

圆觉菩萨，能圆满显照清静觉相，证入圆觉，故得此名。

贤善首菩萨，为上首而既贤又善，连同十一位菩萨，为十万菩萨眷属之首。

这十二位圆觉菩萨像，除了文殊菩萨骑狮和普贤菩萨骑象之外，其他的十位菩萨，均左手握拳，右手抱左拳呈作揖状，足踏祥云，神态虔诚地昂首斜望着前方。

转角柱上的腾龙雕塑

在这十尊圆觉菩萨塑像中，塔身东北面的五尊塑像，保存得比较完好，而西北面的五尊塑像中，除了第一尊上半身比较完整外，其余的四尊大多已损毁。

在每个塔窗的下面，均塑有一个牡丹团花图案，但因年久，这些团花图案，绝大多数均已脱落无存。

在塔身的各转角处，均雕有一根半圆形立柱，在立柱上面塑有两条呈上、下奔腾的升、降蛟龙，它们一上一下，龙首相对，张牙舞爪，很有气势。充分地显示出古代的建筑工匠们高超的雕塑艺术水平，具有很高的艺术欣赏价值。在升降龙的周围，塑有朵朵祥云。但是，这些雕塑大部分已经残缺不全。

塔身密檐部分

塔身之上有隐作出的栏额和普柏坊，折角部位交叉出头处斫截平齐，一如辽式木结构的做法。

在第一层塔身之上，是十三层密檐，檐下均施仿木结构的砖制双抄斗拱。初层补间铺作一朵，转角及补间铺作均出 45 度斜拱，柱头栌斗之旁并有附角斗。其上各层均无斜拱，补间铺作均为二朵。塔顶及每层塔檐上的瓦和脊兽，均是用黄色及绿色琉璃制作的。

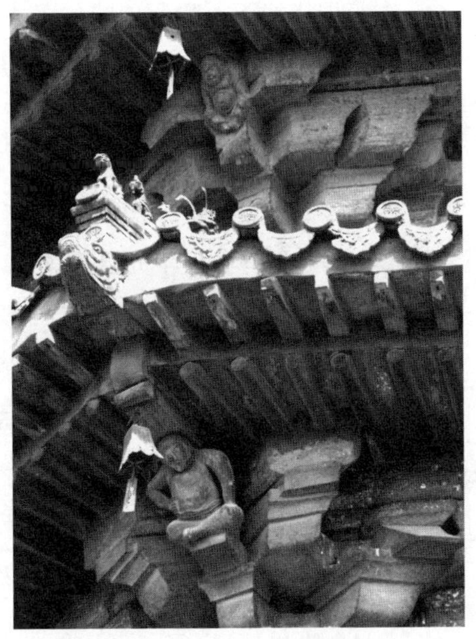

老角梁下的金刚力士像

塔檐下的角梁及椽子，均为木料制成。

在勾头滴水上，浮雕有龙、虎、寿带、花草等图案，而龙、虎的形状与姿态也各有不同。如龙有立式的龙，有团形的龙，有的龙精雕细琢且鳞、爪俱全；而有的龙却质朴古拙。而虎有的口衔圆环，有的龇牙咧嘴，形象各异。

在檐角老角梁根部的下边，均置有一尊蹲坐姿势的金刚力士雕塑作为承托。这些金刚力士像，均着罗汉装，他们姿态各异，有的双手撑膝，有的背部顶住角梁；有的双臂上举，用力托住角梁；还有的一手撑腰，一手抚膝，用颈背顶住角梁。

塔檐之间的佛龛中各有一尊铜像

在每层塔檐下，均用砖雕仿木式斗拱进行承托。

在密檐每层的拱眼壁中间，有的开有佛龛，龛中供奉佛像一尊，而大多数的佛像，则直接安置在拱眼壁中。第一层塔檐下面的拱眼壁上，装饰有花叶卷草图案浮雕。从第二层至第十三层，每面各开有佛龛三个。这样，密檐间共开有龛门 288 个，在每个佛龛中，各供奉有一尊铜像，但早先已丢失 12 尊，现在，只保存有 276 尊。其中有佛像、弥勒像、观音菩萨像和侍女像。佛像中既有汉传佛教的，又有藏传佛教的。铜像有呈站立的，也有呈坐姿的。其中有戴冠的，也有不戴冠的。铜像的高度在 20~50 厘米不等。这些铜像的造型为明代所具有的造像风格。

在塔檐下的每根椽头下，原来各悬挂着一枚铜铃，根据每层椽子的根数来计算：

第一层：每面 30 根 ×8 面

第二层：每面 28 根 ×8 面
第三层：每面 28 根 ×8 面
第四层：每面 27 根 ×8 面
第五层：每面 27 根 ×8 面
第六层：每面 27 根 ×8 面
第七层：每面 26 根 ×8 面
第八层：每面 26 根 ×8 面
第九层：每面 26 根 ×8 面
第十层：每面 25 根 ×8 面
第十一层：每面 24 根 ×8 面
第十二层：每面 23 根 ×8 面
第十三层：每面 22 根 ×8 面

这样计算的结果，十三层塔檐的椽头共计为 2712 根，塔铃的数目也应为 2712 枚。在每个檐角下，各悬挂大铃两枚，共为 208 枚。总的计算一下，檐角和椽头下，共悬挂塔铃 2920 枚。但是，由于年代久远，悬挂在椽头下的塔铃均已脱落，一枚也没有留下，只余下老角梁首下悬挂的大方铃 104 枚。

在大铜方铃的上面，均铸有铭文，其中有明代嘉靖十二年（1533）、万历三年（1575）、清代顺治十七年（1660），还有佛历二千九百六十四年（1937）。这些铜铃上所铸的年代与各朝代维修天宁寺塔的时间是一致的。

在每根角梁的前首，各安有一个用绿色琉璃制作的“嘲风”。嘲风是古代汉族神话传说中龙生九子之第三子，是一种瑞兽。它形似兽，平生好险又好望。嘲风不仅象征着吉祥、美观和威严，而且还具有威慑妖魔、清除灾祸的含义。

每个檐角脊上的筒瓦上，各置有三尊脊兽。在脊兽的后边，安有一个巨大的琉璃龙首。

塔　刹

塔刹，位于塔的最高处，是“冠表全塔”和塔上最为显著的标记。任何形式的塔，在塔顶上都要设置塔刹，真可谓是“无塔不刹”。

“刹”是梵文音译，意为“土田”和“国”。佛教借用这个词引申为“佛国”，所以佛寺也被称为佛刹、梵刹、僧刹。西域早期的佛寺前不立幡杆，而是把幡杆立于塔顶上，作为瞻仰的标志，并称为刹。

砖砌的塔刹

塔刹一般用金属或砖石制成，由刹座、刹身、刹顶三部分组成，形状有多种样式。

印度的窣堵坡传入中国后，演化为中国式的塔，塔顶上的刹占有突出和主要的位置，它除了表相高出的作用外，也是塔顶结构攒尖收尾的重要构成部分。

从建筑结构上看，无论是四角形、六角形、八角形或圆锥形的塔，它的最高一层的中间，顶上所有的瓦垄、椽子，都要顺着坡度向中间聚拢，并集结在中心点上，为了防止雨水渗漏和加强构件的固定作用，就必须加盖一个顶盖，这是刹在建筑中的实际作用。

从佛教的观念来说，不论塔身有多高，最后都得用塔刹来作为收束部分，这表示佛法到了极界，塔身所聚集的种种功德，最后也都归总到最高的刹顶上，塔刹的这种升腾向上的动势，充分表现出佛教僧人对佛国的向往。

从塔的建筑艺术上看，塔刹冠盖全塔，是整座塔中最为显眼的部分。所以，古代建塔者对塔刹的加工非常注意，使塔刹玲珑挺拔，直指云天。

各个时期塔的造型均有不同的变化，所以塔刹的样式也各不相同，有的构件繁多，精美而挺拔；也有的塔刹为一小型覆钵式塔，可以称得上是塔上有塔；还有的塔刹，似一个宝葫芦，庄严而朴素。

北京地区现存的辽、金两代古塔，在塔刹的结构造型上，比起隋唐时期有了重大的发展，使塔刹部分显得更加醒目，更加精美。其中，具有代表性的有天宁寺塔、通州燃灯佛舍利塔、云居寺北塔和银山塔林中的金代塔。

天宁寺塔现存的塔刹，为清代乾隆时期所建，为砖砌成。刹座为一层须弥座式，上面是由两层用砖雕成的仰莲花瓣，在仰莲中，托有一个巨大的宝瓶形刹顶。原有的塔刹，在 1976 年的大地震中被震毁，现在的塔刹是在维修中按照清乾隆时建造的形状重新补砌上的。

从天宁寺塔各部分的结构来看，塔刹与塔身的建筑风格似有不同。根据北京现存的辽代密檐式塔的建筑风格，塔刹部分应为金属制成。

辽代的塔刹，一般由刹座、覆钵、相轮、圆光、仰月、宝盖和宝珠所组成，这些构件被一根刹杆贯穿在一起，将刹杆与塔中心伸出的塔心柱连接在一起。有的塔刹很高，为了起加固作用，特用了八条铁链，一头固定在塔刹上，另一头则固定在檐角上，这样，就大大地加强了塔刹的稳固性。

在《泠然志》中记载：“又上露盘、相轮、鎏金火珠以镇其顶。”这段记载说明，在天宁寺塔的顶上，原来建有高大的金属塔刹。那么，原来建有的塔刹，应该是什么样子呢？

通州塔老照片（选自网络）

在北京市通州区的西海子公园中，也矗立着一座辽代密檐式塔，其名为“燃灯佛舍利塔”。此塔的建筑风格及结构，与天宁寺塔比较相似，但在塔刹部分，其造型与天宁寺塔的塔刹，有着明显的不同。燃灯佛舍利塔的刹座部分，与天宁寺塔的建筑形式很相似，但在仰莲的中间安置着铜铸的镂空球形刹身，上面置有七层铜制的相轮。在相轮中间用一根铁杆贯穿，在铁杆的上部分，安装着镂空的圆光及仰月，在塔刹的顶部，穿着四颗铜制宝珠。整个塔刹用八条铁链连接在塔顶的八条垂脊上，起到了很好的固定作用。

由此可以推断，辽代天宁寺塔初建时，在塔顶上也应建有一座高大的金属塔刹，并且，塔刹的结构和风格，应与通州燃灯佛舍利塔相似，为辽代密檐式塔塔刹的标准形式。

可惜的是，天宁寺塔的金属塔刹，在清代乾隆以前就已经损毁无存了，只保留下砖砌的刹座。

天宁寺塔，是北京城区最高大、建筑年代最早的密檐式古塔，它以悠久的历史，精美的雕塑，雄伟壮观的塔身，反映出古代的建筑家们高超的建筑技术和雕塑艺术。

在天宁寺周边流传着一句俗语，叫“不看天宁寺塔，分不出古迹真假”。就是称赞天宁寺塔上的雕塑精美、逼真，要想仿造确实很难。

天宁寺塔的造型极为优美，塔的须弥座、第一层塔身、十三层塔檐和巨大的刹顶宝珠，它们相互之间组成了轻重、长短、疏密相间而又相连的艺术形象。各层塔檐自下而上逐层递减，塔身的轮廓线形成了丰满柔和的收分，使得整座塔的造型显得格外雄伟壮丽，稳重挺拔。在建筑艺术上体现出很好的效果。

中国已故的建筑学家梁思成先生，曾经盛赞天宁寺塔的建筑设计，并称它的结构富有音乐的韵律，是中国古代密檐式塔建筑设计中的杰作。

现将有关天宁寺的史料中，记载的历史沿革及大事记（386–2007）列表如下：

北魏（386–534）延兴年间（476）孝文帝创建寺庙。初名：光林寺。

隋（581–618）仁寿年间（712），隋文帝下诏书，敕命在光林寺中建塔，用以供奉佛舍利，并将寺名改称为弘业寺。

唐（618–907）唐玄宗开元年间（713–741），又将弘业寺改名为天王寺。

辽（907–1125）辽代仍沿用天王寺名。天祚帝天庆九至十年（1119–1120）在寺庙后院添建天王寺舍利塔，建塔历时十个月。由天祚帝的皇叔耶律淳奉圣旨在寺中建舍利塔一座。此人于保大年间（1122）称帝，号天赐皇帝。但仅三个月而死，这座塔也就成了这个短命王朝的唯一纪念。此塔的建筑师是寇世英、寇世兴。

金（1115–1234）金代大定二十一年（1181），将天王寺改名为大万安禅寺。

元（1368–1644）元代时，未对寺院名称进行更改。但在元代初年，寺院建筑毁于战火之中，遭受到灭顶之灾。寺中只余下天王寺塔孤零零地矗立在一片废墟之中。至元七年，寺中只复建了一座山门，其他的建筑均未恢复。

明（1368–1644）明代初，皇帝朱元璋的儿子燕王朱棣，下令将寺院建筑进行重建。重建后的天宁寺，其规模比以前扩大了许多。

明代宣德十年（1435），将寺院建筑进行维修后，将寺名改为天宁寺。这次改名是由宣德皇帝朱瞻基亲自敕命的。并将宣德皇帝的敕命镌刻在石碑上，树立在天宁寺塔下。

明代正统十年（1445），对天宁寺建筑进行维修后，将寺院改名为万寿戒坛（广善戒坛）。

明代正德十年（1515），对寺院建筑进行了修缮。

明代嘉靖三年（1524），对寺院建筑进行了修缮。

明代万历年间对天宁寺进行了修缮，万历皇帝的生母慈圣宣文李太后，曾经来到天宁寺中礼佛。

清代顺治十七年（1660）春季，住持弘经等对天宁寺中的建筑进行了大规模的修缮，使寺院中的建筑恢复旧观。寺名仍称为天宁寺。并在天宁寺塔的围栏四周，安置三百六十盏铁灯。

清代康熙十一年（1672），燃灯礼塔佛会在塔前东侧树立《天宁寺礼塔碑记》一通。

清代乾隆二十一年（1756）和乾隆四十七年（1782），乾隆皇帝敕命对寺院建筑进行了大规模地重建和修缮，并扩大了天宁寺的建筑规模。

1937 年（中华民国二十六年）重修。塔台上有石碑记载。

1941–1943 年间，对天宁寺进行过全面的勘测和一定的修缮。

1958 年北京进行文物普查，市文化局在天宁寺塔基的东南角，平台的须弥座上，树立了一方石碑，在碑文中对塔的历史年代及艺术价值进行了说明。

1976 年唐山大地震波及北京，天宁寺塔刹被震毁。

1988 年 1 月 13 日，经国务院批准，天宁寺被公布为全国重点文物保护单位。

1991 年文物部门对塔刹部分，依照清代乾隆时期的式样，进行了修复。

1991 年至 1992 年，由国家文物局拨款，对天宁寺塔进行了重点维修，维修时在塔顶发现建塔时的碑文。在维修中对塔的高度进行了实测，为 55.38 米。

2002 年 5 月 10 日，由北京市文物部门出资二百四十万元，对天宁寺内的建筑开始进行大修。

2007 年 7 月 7 日上午九时，佛教界在天宁寺隆重举行接引佛像开光大典，并颁发北京市天宁寺宗教活动场所证书。

天宁寺中的三大奇观

塔刹放光

据《帝京景物略》中记载："嘉靖庚戌，三月廿八夕，娄东王司寇世贞宿寺中，微雨簌簌，塔铎忽敛，他声作于下，秄秄然，类蛩鼓翼者。视相轮表，青白光晶荧，大于五斗瓮，上下闪欻，间一射人衣，亦青白色，可炊黍时，乃定。则铎声发，他秄秄声息也"。

明代文人王世贞，来到京城时，曾住宿在天宁寺中。在一天夜里，天降小雨，他忽然听见塔檐上悬挂的铃铎一下子都不响了，同时，又从塔下传出了一阵阵类似蟋蟀的叫声，与此同时，他看到从塔刹的相轮周围发出了耀眼的青白色光，边闪边发出欻欻的响声，发出的光束有时照在塔下的人身上。过了一段时间，相轮周围的闪光才消失，紧接着塔檐上悬挂的铃铎又发出了响声，塔下发出的类似蟋蟀的叫声也同时停止了。

对于这种从未见过的奇怪景象，王世贞感到异常新奇，随即赋诗《夜宿见塔光》，来记下此事：

飞光耸岧峣，回风万铎嚣。
神光发宝树，定力转金标。
熠耀浑难拟，熹微迥不消。

晦惊春月上，昏忆曙星摇。
法雁珠频吐，神龙烛乍飘。
一灯披幻劫，万界出沈寥。
自失迷津晚，俄然觉路遥。
不须求指示，净域本非遥。

刘凌沧先生在《天宁寺写生记》中，记述了天宁寺住持关于塔顶放光的一次亲眼所见。寺中住持告诉他："塔中藏有舍利二十一颗。去年（民国二十三年）十一月十一日夜里，约三四点钟的时候，他正在大殿念经，忽然大殿后面嗡嗡有声，出门一看，由塔顶上发射出很大的白光，塔砖上下全变为琉璃色，这时正当黑夜，一时左右，白光才不见了。"

如今，塔顶上的镏金宝刹早已损失无存，塔檐下悬挂的铃铎也已所剩无几，所以塔顶是否发光这一奇景，也就无法印证了。

塔呈倒影

据《帝京景物略》中记载："塔倒影，在大士殿。日方中，合殿中门，日入门罅，塔全影倒现石上。昔人云：影从罅入，空中物则旁碍，碍则影束，影束则倒。段成式云：海水倒翻故尔。然是舍利珠影也，珠光上聚，摄入塔影，影入隙光，光则倒受。倒者，光中塔影，非此塔影也。今悬镜中像，过傍镜，其物正倒也。阳燧倒影者，日光倒入也。又光从上来，层十三具，光一再传，物体则小也。"

在寺中，天宁寺塔在观音大士殿的前面，每当晴天正午的时候，将殿门关上，日光就将塔影从门缝投射进大士殿中，但是，投在殿中地上的影子都是倒着的，塔尖在下，而塔基在上面。

在古代，由于科学技术知识不普及，人们对于这奇怪的现象是难以做出科学的解释的，再加上寺僧的宣传，则吸引了很多善男信女前来顶礼膜拜。

《太岳集》中引用了北宋著名学者沈括在《梦溪笔谈》中对物体倒影的分析。分析中认为：影子射入窗中间的缝隙中，其影像都是倒着的，这是一种普通的光学现象。就像用“阳燧”照物体一样，所形成的影像都是倒的。这是因为中间有物体挡着的缘故。

比如，有一只纸糊的鹰形的风筝在天上飞，风筝投在地上的影子随着风筝飞的方向移动，如果风筝与影子之间的光线被窗户的孔隙所约束，那么，影子的移动方向就与风筝的移动方向相反。例如，风筝向东飞，而影子则向西移，风筝向西飞，其影子就向东移。天宁寺塔在大士殿的前面，塔的影子由殿窗所约束，所以，塔投进殿中的影像均为倒影，这与阳燧照物体的投影是一样的道理。

其实，这是一种光学现象，被称为小孔成像，早期的照相机就是利用这一原理制造出来的。现在，天宁寺的观音大士殿早已无存，所以，这一倒影奇观也就随之消失了。这一奇观曾被列入宛平八景之一——梵宫塔影。

汉磬自鸣

据《日下旧闻考》中记载，天宁寺中原有一件汉明帝时制造的铜磬。这件铜磬具有一种灵性，在寺院诵经时，每颂一经之前，将经文书写在纸上并贴在铜磬上，在诵经的过程中，铜磬也随着诵经声鸣响，直到诵经结束，磬声也随之停止。

由于这件铜磬早已遗失无存，所以，它所具有的特异功能也就无法进行考证了。

碑　文

大辽燕京天王寺建舍利塔记

皇叔、判留守诸路兵马都元帅府事、秦晋国王，天庆九年五月二十三日，奉旨起建天王寺砖塔一座，举高二百三尺，相计共一十个月了毕。

前侍卫、步军都虞侯、管内都商税点检刘彦桢，提点。

大昊天寺检校司空、前左录通悟大师、赐紫沙门即圆，提点。

永泰寺左街僧录、通慧圆照大师、赐紫沙门善定，提点。

前控鹤都指挥使、安州团练使韩谨，勾当。

前知析津县事、尚书左司郎中张行中，勾当。

塔下勾当僧人等：

宝集寺全行大师祥祚，都管勾。

大延寿寺英慧大师性月，勾当。

天王寺僧即融，天王寺僧志渊，大悯忠寺僧慧印，宝塔寺僧悟揩，崇仁寺僧幽臻，香山寺僧智选，天王寺僧法兴，奉福寺僧德净，通法寺僧即兴，归义寺僧圆受，崇国寺僧遵著，延洪寺僧善全，崇孝寺僧甫相，澄寂寺僧行常，开泰寺僧遵源，天王寺僧慧广，开元寺僧知微，大昊天寺僧圆裕。

塔下勾当俗官等：

留衙盖造案司吏周宗奭，骁猛指挥使刘彦祖，雄捷指挥使迟谨，右日军指挥使李兴遵，右日军指挥使张益，羽林左二军使张儒，控鹤副兵马使寇辛，控鹤副兵马使祁卿彦。

节级本典四人：齐彦、刘亮、赵企、赵璘。

垒塔作头二人：寇世英、寇世兴，勾当。戴孝诠、黄永寿、宫亨刻。

天宁寺礼塔碑记

（此通碑上的字迹大多已漫漶不清，只留下少数字迹）

……都城彰义门外天宁寺佛塔，建自隋文帝，内有七宝函藏佛舍利……。

……子智亭同住持弘经，嗟灯火之凄凉，痛丹青之剥落，于顺治十七年春，广募信善，重加修理，幸完弘愿，顿复旧观。又于塔前周围，铸造焚香炉鼎八座，塔之上铁灯四十二盏，每当熏塔之期，缁素云集，梵呗潮涌，鱼声动地，佛号弥天。香雾浓中似有亮光之现，金灯闪处如承瑞相之临……。

……塔前旧有石碑一座，似久磨以有……。

……施功不殊于舍宅……。

重修天宁寺碑记

京师广宁门外有招提，曰：天宁寺，中矗浮图，高十余丈。考图志，隋时建，寺曰弘业，有异僧藏舍利塔中。入唐，改名天王。明成祖分藩，特扩崇构。宣德中改名天宁。正统乙丑更名广善戒坛，设宗师十人，岁以四月下旬，集缁流听度，谓之圆戒。嗣后乃复今名。一修于正德乙亥，再修于嘉靖甲申，皆内官监为之。越今又二百余年矣。坚者瑕，新者敝，弗治且圮，爰命增葺之。凡门、庑、殿、宇、斋堂、丈室规制一新。南苑廻跸之便，常一过焉。役竣，有司以刻文请。自象教流传，都会之地多建琳宫梵宇，为远近壮观。盖当时承平，物力殷阜，恒出其余以广福田利益。故洛阳伽蓝记以觇时盛衰，而其历世久远，则又因古迹所在，护持之俾勿替。此亦世谛因缘之不容已者也。兹寺自隋至今，垂千余年，其间兵燹所摧荡，名园、别墅、高台倾而曲池平者不知凡几。寺独以古刹巍然至今，一灯迢遥，法轮无恙。释典言四禅地为三灾所不能及，是非佛力广大，默相摄于钟鱼、梵呗间，虚空中常有吉云拥护，其何以熄龙汉之火，回金藏之水，障毗岚之风，劫尘莫之能坏，公德不可思议一至是耶？夫名胜遗留愈久，愈动人流连慨慕。鲁灵光殿之独存也，好古者犹赋以传之。而况近在都邑，集善因而修净业者呼？顾前代修葺，如正统以后大都出于阉寺者流，以城社蠹余为庄严，以苞苴长物为布施。虽号称极盛，厄莫甚于彼时者。今为涤除其迹，易腐摧朽，宏此伟观。香台宝界，皆从善缘中涌出。是则自有兹寺千百年来遭逢之最，又不仅留胜迹于无穷已也。

大清乾隆二十一年岁次丙子春正月御制并书

御制重修天宁寺碑文

天宁寺者，隋之弘业寺也。越唐讫明千百余年，屡经修葺。莲台香界资福人天，舍利宝塔岿然矗峙。盖世谛因缘佛力护持，非一日也。丙子春，以南苑跸途所经，新命鼎新，凡修建始末详著前文，无以复缀。自丙子至今又二十余年，垣墉丹雘，间有摧剥，辇毂近地观瞻系焉。夫以其废而修之，工难而费巨，曷若随时补苴，及其未废而修之也。爰发内帑，敕所司复加葺缮。凡门、殿、楼、庑，陶范、斤凿、金碧、髹垩之缺者完之、敝者新之。以壬寅春三月始事，秋九月落成。材致工坚，严净如制。夫事之当修于未废者，不独天宁寺也。古帝王功巍文焕至于光天之下，海隅苍生罔不率碑而其言曰，率作兴事屡省，乃成诗曰。遹求厥宁，遹观厥成，夫成者所以宁也。我国家荷天下宠蒙，列圣之□演乘。丕绪鳌饬庶事，岂为不敢宁而后可以求宁，惟民宁而后可言天宁。此四十七年以来，兢兢业业，无一事不谋之于未然。修之于未废，皆可作天宁寺观也。夫佛以平等心，普度一切众生同登极乐净土，使一切众生随分圆满，个个具足，亦应作如是观已，因绎其旨为说偈曰：

佛说四部洲，普度一切众。
三万亿日月，五百旃檀海。
以是善因缘，成就大功德。
个个行圆满，同登极乐土。
天宁古名刹，广福资人天。
空塔凌空起，相如妙庄严。
如彼甘露垂，如彼慈云荫。
以是无量心，普谛无量缘。
以是无量缘，广造无量福。
历百千万劫，常修不坏故。
佛说四天下，安隐常清净。
成此大胜因，以是名天宁。
普愿功德施，授以恙饶益。
有如日月轮，照见种种色。
心香及意叶，一一大光明。
一花现一佛，千百佛化身。

乃至千万亿，一一皆示现。
遍满阎浮提，万亿一化身。
成就大功德，普度一切众。
各生欢喜心，极乐寿无量。

乾隆四十有七年岁次壬寅秋九月中浣御笔

敕赐关帝庙碑

赐进士出身正议大夫资治尹户部右侍郎□部职爵勒

奉训大夫陕西平凉府静宁州知州东□王肇生熏沐书丹并撰额

国家定鼎燕京南向而受共球撰文奋哉□之伦人以万数血气斯通萦卫斯合丕显王孚环中归极者姓以万数疆迈同索舆□禹而及以乎天地之所覆载重译梯航者里以万数弘□□景运昌炽明德之祚罔有□极关兹□□奄□九有年又以万数而要以如毂持辐奔走瞻仰者此都门咫尺地乃关帝之祠寔敕建于右呜呼有以窥作庙之□矣夫炎汉迄今十有余季而帝之精忠□如一日往往疆场之事于□厥灵盖前代未数数也即怀柔诸典掌在秩宗春秋以臭不恪独是爵位名号有加无已若以崇隆□示昭格者系何居无亦精忠之在世宙神著之精忠之在人心圣明之朝倍著之觉有异焉者耳且夫神之于世犹泉之甘地也固矣掘尺可逢然而龙门正柱间其挟灵异而走澎湃者人爽然于洪流也矧都门咫尺地如毂持辐万年之奔是瞻仰万里之悌航万姓之归向万人之□奋者顾瞻如在榱桶有严翘首而觌国之光我师斯存□又亲切者矣如其来不秉精忠而来往不抱精忠而往举趾未当何俟谴责不几蒙面崇祠履错国之光乎呜乎有以窥作庙之意矣吾闻义昼以神演教而委土可以定模我图孔棘钟簴式灵勠力而笃君臣之谊安在庙貌之匪亲炙也哉是后也庆成于神皇之辛亥勒碑丁今上之壬戌始其事

者计工局掌印司礼监随堂太监常云旨其事者宣武门管事御马监左少监李□晨□插香火而世世祝国釐者住持僧慈堂兴□□众得并以纪。

天启二年四月二十一日立　燕山李□□

题咏天宁寺及塔诗

与同年敬鼎臣宿顺天天宁僧舍

金・元好问

萧萧风雨打僧窗，耿耿青灯对客床。
每恨相望隔关塞，岂知连日醉壶觞。
萍齑味薄堪长久，茅屋寒多且闭藏。
三十余年老兄弟，此回情话独难忘。

天宁寺观塔碑

明・李梦阳

旧瞻天宁塔，今览天宁寺。
兹塔多鬼怪，光芒夜夜至。
不知何时殿，结构今颓弃。
剔藓读其碑，识是隋文季。
蝌蚪半剥落，蛟龙犹赑屃。
我来值时暮，揽逝发潜喟。
修陆控赵代，长山卫燕冀。
苍然野眺合，一洒杨珠泪。

天宁寺塔

明・何景明

七级芙蓉起，千年舍利藏。

地形标海岳，人代阅隋唐。
境现三天象，珠含四日光。
白毫空万里。处处有迷方。

春日过天宁寺

明 · 范惟一

出城殊未远，入寺已萧然。
听览诸根净，慈严一塔悬。
林花飞绕客，幽鸟语应禅。
不敢求光现，心知与俗缘。

天宁寺塔

明 · 林 燫

寺古传因塔，庄严礼上方。
高标出云汉，浩劫记隋唐。
缥缈闻清梵，虚空散妙香。
直疑多宝涌，时现佛珠光。

过天宁寺望塔

明 · 王世贞

浮图隋宝额，舍利汉金人。
龟捧云趺篆，龙蟠海藏鳞。
蹑空依日月，飞界隔风尘。
入夜铃时雨，摩空雁欲驯。
缥缈遥疑幻，碐嶒近复真。
云标象外矗，玉树望中新。

万劫留真相，诸天护法轮。
空怜证圣眼，犹是滞凡身。
倘有摩尼在，春风一问津。

夜宿见塔光

明・王世贞

飞光耸岧峣，廻风万铎嚣。
神光发宝树，定力转金标。
熠耀混难拟，熹微迥不消。
晦惊春月上，昏忆曙星摇。
法雁珠频吐，神龙烛乍飘。
一灯披幻劫，万界出沈廖。
自失迷津晚，俄然觉路遥。
不须求指示，净域本非遥。

天宁寺时遇大风旋霁

明・王世贞

雁塔衡飙劲，珠林密雨回。
昙花空外散，天乐定中来。
龙出阿罗钵，猊翻般若台。
何因占慧力，孤月乱云开。

寒日游天宁寺

明・王世贞

冲寒此日城西寺，酌茗看山兴未涯。
塔外风传群帝乐，林间雪是讲坛花。

闻钟客散催疲马，施食僧归起倦鸦。
襆被只应忘说去，夜深还听演三车。

天宁寺对雨，同殷正夫、李于鳞赋

明·谢榛

诸天忽飞雨，萧飒动僧扉。
殿冷鸽逾静，钵空龙未归。
晓留轩冕客，秋到薜箩衣。
后夜怀支遁，遥听钟磬微。

午时同李于鳞游天宁寺

明·宗臣

得尔逃名者，今辰又梵林。
山遥杨柳细，路险薜萝深。
古塔已堆砾，荒林曾布金。
谭经群鸟下，听法一龙吟。
舍利光难灭，菩提迹岂沉。
空虚能悟性，清净不依心。
云竹窥禅相，风篁度呗音。
蝶来看果结，酒至对蒲斟。
世事行骸苦，浮生日月侵。
慈航如可渡，同为解朝簪。

天宁寺同于鳞、子与、元美饯别公实

明·宗臣

孤臣辞上国，匹马自祇园。

树影僧窥日，钟声客到门。
江湖难寓目，天地亦销魂。
行念中心约，相思且勿论。
分襟即此地，握手更何年。
词赋吾甘后，烟霞尔最先。
世情频按剑，生事欲逃禅。
今夜南楼月，凄凉空自圆。

再游天宁

明·王家屏

野寺青山近，何嫌出郭频。
塔高云不碍，树老雾相亲。
茗啜松花细，经翻贝叶新。
尽能偕吏隐，犹自喜僧贫。

同方侍御游天宁寺

明·陈文烛

为惜招提近，扶醒信短筇。
回风争万铎，落日过孤松。
禅语时时得，秋山处处供。
尚怜方侍御，犹有皂囊封。

登天宁寺阁

明·魏允中

命驾偶有适，结庐无兹美。
窈窕黄金龛，玲珑白玉几。

窗中列山川，树杪分城市。
法雨晓来空，梵天清若洗。
散发倚层轩，横目尽千里。
汉阙浮云端，辽峰落日里。
茅屋断苍烟，桑田滔流水。
慈渡在何方，世界莽如此。
旷望消人愁，引杯殊未已。

天宁寺塔

明·周复元

畿甸茫茫万顷平，疏林高出一枝撑。
晓看红日来沧海，暮指银河上太清。
窗扃流云随变幻，楼台倒影射虚明。
苔封隐隐隋唐字，愁杀风尘傍帝城。

春日过天宁寺

明·仲嘉

就近踏春色，天宁塔院森。
振风千万铎，穿日十三寻。
舍利声光异，隋唐岁月深。
午中看倒影，疑信满人心。

游天王寺次王时彦韵

明·王绂

古寺幽寻竟夕晖，败垣荒草路依微。
鸟啼空院僧何在，树老闲庭鹤自归。

静对方池移石坐，高临孤塔看云飞。
平生自信心无碍，不是衰年始息机。

五日同子相游天宁

明·李攀龙

四海携名士，弥天得上方。
彩丝还令节，白马自开皇。
挥拂灵花里，摊经只树傍。
灯轮侵日出，塔影入云藏。
净土殊幽事，清齐复妙香。
幻知看绂冕，静欲压词章。
薜荔来风雨，杉松接渺茫。
人间空竞渡，未解问慈航。

天宁寺行

明·南大吉

城西野寺名天宁，遥遥大道临郊坰。
多士骊驹停玉策，诸天鱼钥启金扃。
金扃窈窕通华殿，桂拱璇题皆可见。
雕衔紫盖覆珍轮，兽吐青莲承宝荐。
宝荐明珠照四隅，修廊广室纷盘纡。
参差铁凤翔高阁，琅珰金铎涌浮图。
浮图万丈凌遥碧，嘉树阴森连广陌。
丹青不道千黄金，土木宁论双白璧？
此都此寺真无比，谁之建者中常侍。
可怜海内苍生心，只得上方经行地。

君不见年年四月天，倾城车马纷联翩。
兰若上人登宝座，沙门弟子坐青毡。
此时公侯亦罗拜，神钟大磬鸣天外。
蓁首家人解诵经，朱袍公子能受戒。
受戒诵经敞绣筵，左廊右室曲相连。
如陵之肉万铜钱，如渑之酒金杯传。
金杯象箸何狼藉？蔓草丛兰同一泽。
蓟门艳舞留飞锡，燕市名讴调上客。
吁嗟呼！中黄门。
食禄千钟近至尊，胡为崇此盂兰盆。

天宁寺饯别李伯承诗

明·张适

帝城西畔涌浮图，词客相将兴不孤。
法界彩烟飞五凤，梵天珠树下双凫。
论交几驻青丝骑，惜别还倾白玉壶。
江汉才名多秀士，一时文采似君无。

九日集天宁寺诗

明·区大相

帝京重九日，朋旧共开尊。
地远城西寺，台高蓟北门。
云高移塔影，山势断河源。
忽睹南飞雁，令予思故园。

晚过天宁寺诗

明·朱国祚

郭外秋山百里晴，日斜深院晚凉生。
十三层塔半扉影，一鸟不来风铎鸣。

送客过天宁寺

明·邱禾实

塔势崚嶒欲倚云，微微仙梵半空闻。
临歧送客来何暮，把酒凭高喜共君。
见说讲堂分倒影，坐看松荫织斜文。
老僧莫话前朝事，自有隋唐碣里文。

天宁寺登塔

明·邱禾实

浮图七宝装，九级凌无阂。
不到最高头，不名观自在。

早至天宁寺

清·王世祯

凌晨出西廓，招提过微雨。
日出不逢人，满院风铃语。

集天宁寺诗

清·沈渊

千秋祗院凤城西，烟树苍苍路转迷。

缥缈龙宫分色相，岧峣雁塔逼云霓。
斋空尽日闻钟梵，坐久深林自鸟啼。
信是诸天超物外，好从此处学幽栖。

寓居天宁寺僧舍同魏坤作四首

清·朱彝尊

青豆房容借，经旬且闭关。
日边连右辅，树杪豁西山。
六井泉相似，千花塔易攀。
不应朝市客，翻羡旅人闲。

万古光林寺，相传拓拔营。
著书非柱下，留客即淹中。
味折园蔬甲，香携市酒筒。
波涛入海阔，安坐作鱼翁。

到此栖迟惯，都无应接劳。
借书童入市，莝荐马腾槽。
塔射层层火，松鸣夜夜涛。
惟嫌重九会，风雨罢登高。

故人分月米，言自玉田来。
黄雀兼乡味，金澜劝客杯。
醉便寻茗碗，行即绕香台。
要踏西峰雪，狂歌未拟回。

九月八日天宁寺观塔灯联句

清·朱彝尊 朱茂晭

高佑釲 魏坤 查慎行

秋风鸣枯槐，斜日薄西崦。（徐善）
并马入寺门，客衣罥桸蔹。（朱茂晭）
于焉展嘉觌，一笑辍铅椠。（高佑釲）
巡廊礼绀塔，卓立大且俨。（朱彝尊）
陈丹和暗粉，古色剩渲染。（魏坤）
迹仍开皇旧，函并舍利掩。（查慎行）
一十三重檐，檐檐风铎飐。（徐善）
蟠楹蛟躨跜，负础鬼脊贬。（朱茂晭）
飞梯截阶级，白石夺琬琰。（高佑釲）
熔金范为灯，设砌架成厂。（朱彝尊）
累累仄蜂房，历历覆蟹厣。（魏坤）
怖鸽栖未安，一夫突走险。（查慎行）
绠缶牵膏油，豆火发星焰。（徐善）
初如萤尾炫，忽若兽目睒。（朱茂晭）
或如炉锹炭，或如灶炊桰。（高佑釲）
须臾环扶拦，散作四百点。（朱彝尊）
虚堂鉴纤毫，老树失奄冉。（魏坤）
氛烟看直上，楼阁时一闪。（查慎行）
置身圆镜中，交光不可掩。（徐善）
鼓钟声远闻，来者纷襛□。（朱茂晭）
提携及童婴，罗拜杂寺阉。（高佑釲）
营营各有挟，邀福毋乃谄。（朱彝尊）

礼义苟不愆，寸心又何慊。（魏坤）
玩物随所遭，谁能束崖检。（查慎行）
宵分梵放歇，漏转人散渐。（徐善）
茗碗坐屡迁，松关启还店。（朱茂晭）
衰年疲倚徙，禅榻拥衾簟。（高佑釲）
弦月随侧轮，湿云俄淰淰。（朱彝尊）
骤惊山雨来，昏梦豁呓魇。（魏坤）
晨兴瞩林端，余爝尚未敛。（查慎行）

九日雨阻天宁寺联句

仁王塔，祇树林，客九日，期登临。（朱彝尊）
木萧萧，鱼湉湉，泥滑滑，愁人心。（查慎行）
马毛缩，鱼潦深，行踯躅，坐沉吟。（魏坤）
日月逝，衰迟侵，去者昔，来者今。（徐善）
别苦易，思难任，尊有酒，且酌斟。（高佑釲）
脱我帽，披我襟，折黄花，试共簪。（朱茂晭）

观天宁寺塔

清·朱彝尊

槛外开皇塔，三千六百铃。
天风吹不定，一夜枕函听。
砌咽寒虫语，窗摇独树形。
故人眠未稳，吟傍佛前灯。

观天宁寺塔灯诗

清·查浦

灯明三百六十点，风撼三千四百铃。
最好天宁云外塔，恨无梯级上青冥。

天宁寺观浮图

清·王世祯

千载隋皇塔，嵯峨俯旧京。
旧轮云外见，珠网日边明。
净土还朝暮，沧田几变更。
何当寻法侣，林下话无声。

再游天宁寺

清·尤侗

古刹先朝此道场，三千精舍赞公房。
绣幢翡翠遗宫线，宝鼎芙蓉隐御香。
虚殿苍茫摇落日，老松寂寞倚寒霜。
关山百战多荆棘，处处伽蓝似洛阳。

夜投天宁寺宿

清·尤侗

昏黑应须到，花宫接雉壕。
钟鸣寒月静，铃语夜风高。
千里独为客，一官何太劳！

担当依净土，破衲补征袍。

过天宁寺

清·严存庵

芙蓉千仞倚长空，古殿残碑一径通。
代闻隋唐秋落木，地连幽蓟晚多风。
寒花庭院飞驯鸽，斜日郊原度塞鸿。
回首几人吟眺处，至今犹说李崆峒。

天宁寺

清·何刚德

塔势摩空涌上层，西征由此理行縢。
寻常雅客游踪集，选菊评花访寺僧。

游天宁寺至白云观

清·徐乾学

篮舆携拌惬幽怀，古寺寒钟景色佳。
开阁青山方满坐，入门红药已翻阶。
清谈未厌王蒙茗，拈坐真同苏晋斋。
会向射堂看秉烛，知君不惜酒如淮。

登天宁寺楼

清·张之洞

过阙当行复暂留，数将新绿到深秋。
贪看野色时停骑，坐尽斜阳尚倚楼。
霜菊如人支岁晚，西山似梦隔前游。

廊僧亦有苍茫感，何况当筵尽胜流。

天宁寺紫藤花，独游玩之

清·张之洞

春事如驹不留影，藤花烂漫只俄顷。
芳妍可赏才五日，常畏阳骄与风猛。
此游正值谷雨过，丈室吹香昼漏永。
缨络菩萨低垂鬘，绻甲蛟螭曲宛颈，
密叶张幄已交蔓，细蕊编珠犹附梗。
恰无车马来喧阒，黄蜂薨薨白日静。
玫瑰作甘稍尘浊，酴醾似酒或酩酊。
此花虽甜幸不俗，荡魂摄魄听自领。
功德能破定僧禅，蒲团观鼻须警醒。
狼藉一斗无人惜，持归调酥煎作饼。

天宁寺石台望雪

清·梁鼎芬

尖风一夜击重阴，雪晓平原匹马临。
卷内词人半千古，亭前寒意逼孤襟。
飘空远近凭何力，见晛消浮岂有心。
独倚石阑中酒后，暮鸦沈恋未归林。

同沈观苍虬游天宁寺

清·左绍佐

天宁我屡来，兹游特萧爽。
开轩望西山，白云如鹤氅。

万籁已笙竽，松风振奇响。
时闻妙香至，前廊丹桂两。
浮图矗其南，不知几十丈。
下有孤鸟翔，极视入苍莽。
昔传有光怪，倒影散窗幌。
常思伺灵境，异事征惚恍。
槐柏六七株，翠叶参天上。
知非百年物，老态成崛强。
郁郁虬龙姿，自带风烟长。
经阅几游人，视我独褓襁。
金山见如来，植立示一掌。
山河满大地，世界何修广。
誓度万劫人，岂曰非非想。
我方读楞严，自笑落尘网。
炊沙谅难成，苦搔不著痒。
那能通寂照，一旦祛疑罔。
日脚白晶晶，秋晖下平壤。
昏鸦亦投林，嘶骑动归鞅。
夕磬何泠泠，悟悦足心赏。

天宁寺塔

清·夏仁虎

天宁扫塔江亭醉，九日登高会已阑。
踏过煤山来万岁，琼楼玉宇试高寒。

八月朔日，偕袁爽秋、潘孺初、邓铁香诸君，饯邓献之还黄冈

清·李慈铭

祖饯西郊集，馀炎翳寺林。
忧时须纵酒，伤老重分襟。
室净香能定，山秋翠渐深。
阅人隋塔在，千载几登临。

后一日，再偕云门及汝翼、弢夫集寺之塔射山房饯敦夫

清·李慈铭

隔日期兹寺，长缘饯客来。
秋阴殊昔望，山色向人开。
远树收高榭，疏花出讲台。
当筵眉黛落，相映手中杯。

夏小雨后，偕霞芬出城入天宁寺

清·李慈铭

油碧同时出，花随载酒行。
蝉多知近寺，塔迥不依城。
远岫犹云势，低塍起水声。
客来林鹊喜，与佛报新晴。

与霞芬坐天宁寺看山院

清·李慈铭

经坛松外午烟扉，一院苍苔客到稀。
近户花香通箬簟，钩帘山色趁罗衣。
高粱夹陇茅茨隐，远磬穿林野鹊飞。
惆怅鬓丝禅榻侧，夕阳何事苦催归。

天宁寺殿庑西边一室极净，窗开山满，甚爱之。用韦左司行宽禅师院诗韵题壁

清·李慈铭

花阴转深廊，西窗俯丛竹。
几席皆山光，清辉媚幽独。
静闻林外香，安得经时宿。

游天宁寺集句

清·李慈铭

余春选萧侣，胜地依崇冈。
林深窈以辟，面塔开僧房。
心闲得物旷，吉日兼辰良。
玉醴既斟酌，兰俎罗甘芳。
结契略言赏，微醉资方羊。
凭栏俯后圃，众卉敷天香。
嘉木渐以长，绿荫晞微阳。
濛濛杂雨气，晻晻含云光。
西山一何媚？扫黛窥东墙。

静听禽鸟乐，远度钟声长。
烟景亦云足，何必思故乡？

梵宫塔影

清·曹广端

天宁寺塔至今传，一缕晴光影倒悬。
入室小参支手版，逢僧相问乞诗篇。
毒龙莫攫浮图去，野鸽无令佛顶旋。
定里风播休错会，如如不动即安禅。

梵宫塔影

清·郝尚礼

城西高塔势崚嶒，拔地撑天无所凭。
万劫风雷摧不折，一丸舍利镇常凝。
神光倒影堂前石，慧炬垂明夜午灯。
拱卫京师如一柱，醒人朝气铎声鍧。

梵宫塔影

清·田庶

大业遗禅寺，浮图几百寻。
高悬刹外影，独照界中心。
灯夜群方见，花天众草深。
尘烟缭绕出，铃铎有清音。

梵宫塔影

清·杨允长

雄矗幽燕第八径，千年舍利耀图经。
界中摄影知多宝，象外飞光阐法灵。
剔藓数寻蝌蚪碣，回风肃听海潮铃。
等闲欲揭隋珠照，遍览神州九点青。

游天宁寺

王老农

素不耽游览，瘦躯寒足胫。
偶然出西直，且过阜城瓮。
月坛走东墙，便门循西径。
未敢礼白云，举心非诚敬。
活泼猿鹤形，且履天宁胜。
八角十三层，琉璃日辉永。
铃铎鸣天风，榱题丹霞控。
懒入寺寻碑，何劳僧问姓。
小憩山门前，化城参清静。
往溯元魏年，舍利香花供。
孝文建宝刹，光林集僧众。
宏业绀宇新，信及隋开佞。
唐李奉天王，万安金敕命。
兵燹毁元朝，有明崇妙应。
宣德锡天宁，万寿赐正统。
皇家宠法轮，佛门修功行。

况居姚广孝，缁流名位重。
云从庆寿移，卓锡临斯境。
旧事青史垂，一代华胥梦。
王绂明士子，徒留凭吊咏。
尤徐朱王题，清皇御制赠。
我欲走前贤，自惭才不称。
箕踞老松根，冥索涅槃证。
近不见古人，远不闻钟磬。
绿荫古槐浓，破壁残石磴。
路寻缓缓归，浮屠目遥送。
安步载担行，当作菩提颂。

附　录

由天宁寺谈到建筑年代之鉴别问题

林徽因　梁思成

北平广安门外天宁寺塔的研究，已在我们《平郊建筑杂录》的初稿中静睡了年余，一年来，我们在各处跑了些路，反倒和北平生疏了许多，近郊虽近，在我们心里却像远了一些，许多地方竟未再去图影实测。于是一年半前所关怀的平郊胜迹，那许多美丽的塔影、城角、小楼、残碣全都淡淡的，委曲地在角落里初稿中尽睡着下去。

前几天大公报上（本市副刊版）有篇《天宁寺写生记》，白纸上印着黑的大字“隋朝古塔至今巍然矗立，浮雕精妙纯为唐人作风”这样赫然惊人的标题一连登了三日，我们不会描写我们当日的感觉是如何的，反正在天宁寺底下有那么大字的隋唐的标题，那么武断大意的鉴定（显然误于康熙乾隆浪漫的碑文），在我们神经上的影响颇像根针刺，煞是不好受。

具体点讲，我们想到国内爱好美术古迹的人日渐增加，爱慕北平名胜者更不知凡几，读到此种登载，或从此刻入印象中——巍然燕郊隋塔，访古寻胜，传说远近势必影响及国人美术常识，殊觉可憾。不客气点，或者可说心里起了类似良心上责任问题，感到要写篇我们关于如何鉴定天宁寺塔的文字，供研究者之参考。

不过这不是说，我们关于天宁寺塔建造的年代有一个单独的、秘密的铁证在手里。却正是说我们关于这塔的传说，及其近代碑记，有极大疑问，所以向着塔的本身要证据。塔既不会动，他的年代证据如同其他所有古建一样，又都明显地放在他的全身上下，只要有人做过实物比较工作的，肯将这一切逐件指点出来，多面地引证反证，谁都可以明白这塔绝不能为隋代物。

国内隋唐遗建，纯木者尚未得见，砖石者亦大罕贵，但因其为佛教全盛时代，常大规模的遗留图画雕刻散迹于各处，如敦煌云冈龙门等等，其艺术作风，建筑规模，或花纹手法，则又为研究美术者所熟审。宋辽以后遗物虽有不载朝代年月的，可考者终是较多，且同时代，同式样，同一作风的遗物亦较繁伙，互相印证比较容易，故前人泥于可疑的文献，相传某物为某代原物的，今日均不难以实物比较方法，用科学考据态度，重新探讨，辩证其确实时代。这本为今日治史及考古者最重要亦最有趣的工作。

本来我们的《平郊建筑杂录》的定例，不录无自己图影或测绘的古迹，且均附游记，但是这次不得不例外。原因是我（徽因）见了艺术周刊已预告的文章一篇，一时因图片关系交不了卷，近日这天宁寺又尽在我们心里欠伸活动，再也不肯在稿件中间继续睡眠状态，所以我们决意不待细测全塔，先将对天宁寺简略的考证及鉴定，提早写出，聊作我们对于鉴别建筑年代方法程序的意见，以供同好者的参考。希望各处专家读者给以指正。

广安门外天宁寺塔，是属于那种特殊形式，研究塔者常直称其为“天宁式”的，因为此类塔散见于北方各地，自成一派，天宁则又是其中规模最大者。此塔不仅是北平近郊古建遗迹之一，且是历来传说中颇多认为隋朝建造的实物。但其塔型显然为辽金最普通的式样，细部手法亦均未出宋辽规制范围，关于塔之文献方面材料又全属于可疑一类，直至清代碑记，及《泠然志》《顺天府志》等，始以坚确口气直称其为隋建。传说塔最上一层南面有碑，关于其建造年代，将来或可找到确证，今姑分文献材料及实物作风两方面而讨论之。讨论之前，先略述今塔的形状如下。

简略地说，塔的平面为八角形，立面显著地分三部：一、繁复之塔座，二、较塔座略细之第一层塔身，三、以上十三层支出的密檐。全塔砖造高 57.8 米，合国尺十七丈有奇。

塔建于一方形大平台之上，平台之上始立八角形塔座。座甚高，最下一部为须弥座，其“束腰”有“壸门”花饰，转角有浮雕像。此上又有镂刻着壸门浮雕之束腰一道。最上一部为勾栏斗拱俱全之“平座”一围，阑上承三层仰翻莲瓣。

微细的第一层塔身立于仰莲之上，其高度几等于整个塔座，四面有拱门及浮雕像，其他四面又各有直棂窗及浮雕像。此段塔身与其上十三层密檐是划然成塔座以上的两个不同部分。十三层密檐中，最下一层是属于这第一层塔身的，出檐稍远，檐下斗拱亦与上层稍稍不同。

上部十二层，每层仅有出檐及斗拱，各层重叠不露塔身。宽度则每层向上递减，递减率且向上增加，使塔外廓作缓和之“卷杀”。

塔各层出檐不远，檐下均施“双抄斗拱”。塔的转角为立柱，故其主要的“柱头铺作”，亦即为其“转角铺作”。在上十二层两转角间均用“补间铺作”两朵。唯有第一层只用补间铺作一朵。第一层斗拱与上各层做法不同之处在转角及补间均加用“斜拱”一道。

塔顶无刹，用两层八角仰莲，上托小须弥座，座承宝珠。塔纯为砖造，内心并无梯级可登。

历来关于天宁寺的文献，《日下旧闻考》中，殆已搜集无遗，共计集有《神州塔传》《续高僧传》《广宏明集》《帝京景物略》《长安客话》《析津日记》《隩志》《艮斋笔记》《明典汇》《泠然志》，及其他关于这塔的记载，以及乾隆重修天宁寺碑文及各处许多的诗（惟康熙天宁寺《礼塔碑记》并未在内）。所收材料虽多，但关于现存砖塔建造的年代，则除却年代最后一个乾隆碑之外，综前代的文献中，无一句有确实性的明文记载。

不过《顺天府志》将《日下旧闻考》所集的各种记述，竟然自由草率地综合起来，以确定的语气说："寺为元魏所造，隋为宏业，唐为天王，金为大万安，寺当元末兵火荡尽，明初重修，宣德改曰天宁，正统更名广善戒坛，后复今名，……寺内隋塔高二十七丈五尺五寸……"等。

按《日下旧闻》中诸文多重复抄袭及迷信传述，有朝代年月及实物之记载的，有下列重要的几段。

（一）《神州塔传》："隋仁寿间幽州宏业寺建塔藏舍利。"此书在文献中年代大概最早，但传中并未有丝毫关于塔身形状材料位置之记述，故此段建塔的记载，与现存砖塔的关系是有疑问的。仁寿间宏业寺建塔，藏舍利，并不见得就是今天立着的天宁寺塔，这是很明显的。

（二）《续高僧传》："仁寿下敕召送舍利于幽州宏业寺，即元魏孝文之所造，旧号光林……自开皇末，舍利到前，山恒倾摇……及安塔竟，山动自息。……"

《续高僧传》，唐时书，亦为集中早代文献之一。按此在隋开皇中"安塔"，但其关系与今塔如何则仍然是疑问的。

（三）《广宏明集》："仁寿二年分布舍利五十一州，建立灵塔。幽州表云，三月二十六日，于宏业寺安置舍利，……"

这段与上两项一样的与今塔之关系无甚把握。

（四）《帝京景物略》："隋文帝遇阿罗汉授舍利一囊……乃以七宝函致雍岐等十三州建一塔，天宁寺其一也，塔高十三寻，四周缀铎万计，……塔前一幢，书体遒美，开皇中立。"

这是一部明末的书，距隋已隔许多朝代。在这里我们第一次见到隋文帝建塔藏舍利的历史与天宁寺塔串在一起的记载。据文中所述高十三寻缀铎的塔，已似今存之塔，但这高十三寻缀铎的塔，是否即隋文帝所建，则仍无根据。

此书行世在明末，明代以前有元，元前金，金前辽，辽前五代及唐。除唐以外，辽金元对此塔既无记载，隋文帝之塔，本可几经建造而不为此明末作者所识。且六朝及早唐之塔多构，如《洛阳伽蓝记》所述之"胡太后塔"及日本现存之京都法隆寺塔，我们所见的邓州大兴国寺，仁寿二年的舍利宝塔下铭，铭石为圆形的，大约是埋在木塔之"塔心柱"下那块圆础底下的，使我们疑心仁寿分布诸州之舍利塔均为隋时最普遍之木塔，至于开皇石幢，据《析津日记》（亦明代书）所载，则早已失所在。

（五）《析津日记》："寺在元魏为光林，在隋为宏业：在唐为天王，在金为大万安，宣德修之曰天宁，正统中修之曰万寿戒坛，名凡数易。访其碑记，开皇石幢已失所在，即金元旧碣亦无片石矣。盖此寺本名宏业，而王元美谓幽州无宏业，刘同人谓天宁之先不为宏业，皆考之不审也。"

《析津日记》与《帝京景物略》同为明书，但其所载"天宁之先不为宏业"？及"考之不审也"，这种疑问态度与《帝京景物略》之武断恰恰相反，且作者"访其碑记"要寻"金元旧碣"对于考据之慎重亦与《景物略》不同。

（六）《陕志》：不知明代何时书，似乎较以上两书稍早。文中：

“天王寺之更名天宁也，宣德十年事也；今塔下有碑勒更名敕，碑阴则正统十年刊行藏经敕也。碑后有尊胜陀罗尼石幢，辽重熙十七年五月立。”

此段记载，性质确实之外，还有个可注意之点，即辽重熙年号及刻有此年号之实物，在此轻轻提到，至少可以证明两桩事：（1）辽代对于此塔亦有过建设或增益；（2）此段历史完全不见记载，乃至于完全失传。

（七）《长安客话》：“寺当元末兵火荡尽；文皇在潜邸，命所司重修。姚广孝曾居焉。宣德间敕更今名。”这段所记“寺当元末兵火荡尽”，因下文重修及“姚广孝曾居焉”等语气，灾祸似乎仅限于寺院不及于塔。如果塔亦荡尽，文皇（成祖）重修时岂不还要重建塔？且《长安客话》距元末至少已两百年，兵火之后的光景，那作者并不甚了了，他的注重处在夸扬文皇在潜邸重修的事耳。但事实如何单籍文献实在无法下断。

（八）《泠然志》：书的时代既晚，长篇的描写对于塔的神话式来源又已取坚信态度，更不足凭信。不过这里认塔前传有开皇幢，为辽重熙幢之误，可注意。

关于天宁寺的文献，完全限于此种疑问式的短段记载。至于康熙乾隆长篇的碑文，虽然说得天花乱坠，对于天宁寺过去的历史，似乎非常明白，毫无疑问之处，但其所根据，也只是限于我们今日所知道的一把疑云般的不完全的文献材料，其确实性根本不能成立。且综以上文献看来，唐以后关于塔只有明末清初的记载，中间要紧的各朝代经过，除金大定易名大万安禅寺外，并无一点记述，今塔的真实历史在文献上实无可考。

文献资料既如上述的不完全，不可靠，我们唯有在形式上鉴定其年代。这种鉴别法，完全赖观察及比较工作所得的经验，如同鉴定字画金石陶瓷的年代及真伪一样，虽有许多为绝对的，且可以用文字笔墨形容之点，也有一些是较难，乃至不能言传的，只好等观者由经验去意会。

其可以言传之点，我们可以分作两大类去观察：（一）整个建筑物之形式也可以说是图案之概念；（二）建筑各部之手法或作风。

关于图案概念一点，我们可以分作平面（plan）及立面（Elevtion）讨论。唐以前的塔，我们所知道的，平面差不多全作正方形。实物如西安大雁塔、小雁塔、玄奘塔、香积寺塔、嵩山永泰寺塔及房山云居寺四个小石塔……河南山东无数唐代或以前高僧墓塔，如山东神通寺四门塔，灵岩寺法定塔，嵩山少林寺法玩塔……。刻绘如云冈，龙门石刻，敦煌壁画等等，平面都是作正方形的。我们所知的唯一的例外，在唐以前的，唯有嵩山嵩岳寺塔平面作十二角形，这十二角形平面，不唯在唐以前是例外，就是在唐以后，也没有第二个，所以它是个例外之最特殊者，是中国建筑史中之独例。除此以外，则直到中唐或晚唐，方有非正方形平面的八角形塔出现，这个罕贵的遗物即嵩山会善寺净藏禅师塔。按禅师于天宝五年圆寂，这塔的兴建，绝不会在这年以前，这塔短稳古拙亦是孤例，而比这塔还古的八角形平面塔，除去天宁寺——假设它是隋建的话——别处还未得见过。在我们今日，觉得塔的平面或作方形，或作多角形，没甚奇特。但是一个时代的作者，大多数跳不出他本时代盛行的作风或规律以外的——建筑物尤甚——所以生在塔平面作方形的时代，能做出一个平面不作方形的塔来，是极罕有的事。

至于立面（Elevation）方面，我们请先看塔全个的轮廓及这轮廓之所以形成。天宁寺的塔，是在一个基坛之上立须弥座，须弥座上立极高的第一层，第一层以上有多层密而扁的檐的。这种第一层高，以上多层扁矮的塔，最古的例当然是那十二角形嵩山嵩岳寺塔，但除它而外，是须到唐开元以后才见有那类似的做法，如房山云居寺四小石塔。在初唐期间，砖塔的做法，多如大雁塔一类各层均等递减的。但是我们须注意，唐以前的这类上段多层密檐塔，不唯是平面全作方形而且第一层之下无须弥座等等雕饰，且上层各檐是用砖层层叠出，不施斗拱，其所呈的外表，完全是两样的。

由平面及轮廓看来，已略可证明天宁寺塔为隋代所建之绝不可能，因为唐以前的建筑师就根本没有这种塔的观念。

至于建筑各部的手法作风，则可以辅助着图案概念方面不足的证据，而且往往更可靠，更易于鉴别。建筑各部构材，在中国建筑中占位置最重要的，莫过于斗拱。斗拱演变的沿革，差不多就可以说是中国建筑结构法演变史。在看多了的人，差不多只需一看斗拱，对一座建筑物的年代，便有七八分把握。砖塔石塔之用斗拱，据我们所知道的，是由简而繁。最古的例如北周神通寺四门塔及东魏嵩岳寺十二角十五层塔，都没有斗拱。次古的如西安大雁塔及香积寺砖塔，皆属初唐物，只用斗而无拱。与之略同时或略后者如西安兴教寺玄奘塔，则用简单的一斗三升交蚂蚱头在柱头上。直至会善寺净藏塔，我们始得见简单人字拱的补间铺作。神通寺龙虎塔建于唐末，只用双杪偷心华拱。真正用砖石来完全模仿成朵复杂的斗拱的，至五代宋初始见，其中如我们所见的许多的“天宁式”塔。其中年代正确的有辽天庆七年的房山云居寺南塔，金大定二十五年的正定临济寺青塔，还有蓟县白塔，正定青塔等等。在那时候还有许多砖塔的斗拱是木质的，如杭州雷峰塔、保俶塔、六和塔等等。

天宁寺塔的斗拱，最下层平坐，用华拱两跳偷心，补间铺作多至三朵。主要的第一层，斗拱出两跳华拱，角柱上的转角铺作，在大斗之旁，有附角斗，补间铺作一朵，用四十五度斜拱。这两个特点，都与大同善化寺金代的三圣殿相同。第二层以上，则每面用补间铺作两朵；补间铺作之繁重，亦与转角铺作相埒，都是出华拱两跳，第二跳偷心的。就我们所知，唐以前的建筑，不唯没有用补间铺作两朵的，而且虽用一朵，亦只极简单，纯处于辅材的地位的直斗或人字拱等而已。就斗拱看来，这塔是绝对不能早过辽宋时代的。

承托斗拱的柱额，亦极清楚的表示它的年代。我们只需一看年代确定的唐塔或六朝塔，凡是用倚柱（engog column）的，如嵩岳寺塔、玄奘塔、净藏塔，都用八角形（或六角？）柱，虽然有一两个用扁柱(pilaster)的,如大雁塔,却是显然不模仿圆或角柱形。圆形倚柱之用在砖塔，唐以前虽然不能定其必没有，而唐以后始盛行。天宁寺塔的柱，是圆的。这圆柱之上，有额枋，额枋在角柱上出头处，斫齐如辽建中所常见，蓟县独乐寺，大同华严寺都有如此的做法。额枋上的普拍枋，更令人疑它年代之不能很古，因为唐以前的建筑，十之八九不用普拍枋，上文所举之许多例，率皆如此。但自宋辽以后，普拍枋已占了重要位置。这额枋与普拍枋，虽非绝对证据，但亦表示结构是辽金以后而又早于元时的极高可能性。

在天宁寺塔的四正面有圆拱门，四隅面有直棂窗。这诚然都是古制，尤其直棂窗，那是宋以后所少用。但是圆门券上，不用火焰形券饰，与大多数唐代及以前佛教遗物异其趣旨。虽然，其上浮雕璎珞宝盖略作火焰形，疑原物或照古制，为重修时所改。至于门扇上的菱花格棂，则尤非宋以前所曾见，唐五代砖石各塔的门及敦煌壁画中我们所见的都是钉门钉的板门。

栏杆的做法，又予我们以一个更狭的年代范围。现在常见的明清栏杆，都是每两栏板之间立一望柱的。宋元以前，只在每面转角处立望柱而“寻杖”特长。天宁寺塔便是如此，这可以证明它是明代以前的形制。这种的栏杆，均用斗子蜀柱。分隔各栏板，不用明清式的荷叶墩。我们所知道的辽金塔，斗子蜀柱都做得非常清楚，但这塔已将原形失去，斗子与柱之间，只马马虎虎地用两道线条表示，想是后世重修时所改。至于栏板上的几何形花纹，已不用六朝隋唐所必用的特种万字纹，而代以较复杂者。与蓟县独乐寺观音阁内栏板及大同华岩寺壁藏上栏板相同。凡此种种，莫不倾向着辽金原形而又经明清重修的表示。

平坐斗拱之下，更有间柱及壶门。间柱的位置，与斗拱不相对，其上力神像当在下文讨论。壶门的形式及其起线，软弱柔圆，不必说没有丝毫六朝刚强的劲儿，就是与我们所习见的宋代扁桃式壶门也还比不上其健稳。我们的推论，也以为是明清重修的结果。

至于承托这整个塔的须弥座，则上枋之下用枭混（cymarecta），而我们所见过的须弥座，自云冈龙门至辽宋遗物，无一不是层层方角叠出，间或用四十五度斜角线者。枭混之用，最早也过不了五代末期，若说到隋，那更是绝不可能的事。

关于雕刻，在第一主层上，夹门立天王，夹窗立菩萨，窗上有飞天，不必“从事美术十余年”，只要将中国历代雕刻遗物略看一遍，便可定其大略的年代。由北魏到隋唐的佛像飞天，到宋辽塑像壁画，到元明清塑刻，刀法笔意及布局姿势，莫不清清楚楚地可以顺着源流鉴别的。若与隋唐的比较，则山东青州云门山，山西天龙山，河南龙门，都有不少的石刻。这些相距千里的约略同时的遗作，都有几个或许多个共同点，而绝非天宁寺塔像所有。

隋代石刻，虽在中国佛教美术中算是较早期的作品，但已将南北朝时所含的犍陀罗风味摆脱得一干二净，而自成一种淳朴古拙的气息。若天宁寺塔上看出犍陀罗作风来岂不是“白昼见鬼”了么？

至于平坐以下的力神，狮子，和垫拱板上的卷草西番莲一类的花纹，我想勉强说它是辽金的作品，还不甚够资格，恐怕仍是经过明清照原样修补的，哪里来的唐人作风？虽然各像衣褶，仍较清全盛时单纯静美，无后代繁褥云朵及俗气逼人的飘带。但窗棂上部之飞仙已类似后来常见之童子，与隋唐那些脱尽人间烟火气的飞天，不能混做一谈。

综上所述，我们可以断定天宁寺塔绝对绝对不是隋宏业寺的原塔。而在年代确定的砖塔中，有房山云居寺辽代南塔与之最相似，此外确为辽金而年代未经记明的塔如云居寺北塔，通州塔及辽宁境内许多的砖塔式样手法都与之相仿佛。正定临济寺金大定二十五年的青塔也与之相似，但较之稍清秀。

与之采同式而年代较后者有安阳天宁寺八角五层砖塔，虽无正确的文献纪其年代，但是各部作风纯是元代法式。

北平八里庄慈寿寺塔，建于明万历四年，据说是照天宁寺塔建筑的，但是细查其各部，则斗拱、檐椽、额坊、普拍坊（清称平板坊）、券门、券窗、格棂如意头，莲瓣栏杆（望柱极密）、平坐枭混、圭脚——由顶至踵，无一不是明清官式则例。所以天宁寺塔之年代，在这许多类似砖塔中比较起来，我们暂时假定它与云居寺南塔时代约略相同，是辽末（十二世纪初期）的作品，较之细瘦之通州塔及正定临济寺青塔稍早，但其细部或有极晚之重修。在未得到文献方面更确实证据之前，我们的鉴定只能如此了。

我们希望“从事美术”的同志们对于史料之选择及鉴别，须十分慎重，对于实物制度作风之认识尤绝不可少，单凭一座乾隆碑追述往事，便认为确实史料，则未免太不认真，以前的考古家尽可以自由浪漫地记述，在民国二十年以后一个老百姓美术家说句话都得负得起责任的。除非我们根本放弃做现代国家的国民的权利。

最后我们要向天宁寺塔赔罪，因为急于辩证它的建造年代，我们竟不及提到塔之现状，其美丽处，如其隆重的权衡，淳和的色斑，及其他细部上许多意外的美点，不过无论如何天宁寺塔也绝不会因其建造时代之被证实，而减损其本身任何的价值的。喜欢写生者只要不以隋代古建唐人作风目之，此塔则仍是可写生的极好题材。

摘自《林徽因文集·建筑篇》

下篇 慈寿寺及永安万寿塔

慈寿寺及永安万寿塔的兴建

在北京市海淀区八里庄，昆玉河（原名京密引水渠）西岸的山坡上，矗立着一座高大挺拔、玲珑俊秀的明代密檐式砖塔——永安万寿塔，因它坐落在原慈寿寺中，故又被称为慈寿寺塔。慈寿寺中的殿堂建筑，毁于清代光绪之前，寺院中殿堂建筑圮坏殆尽，只余下这座密檐式砖塔，孑然而立，所以，现在许多的人，只知道此地存有的这座古塔，而不知在塔的周围，原来还建有一座著名的佛教寺院，久而久之，便根据此塔所在的位置，将永安万寿塔俗称之为八里庄塔。而居住在附近的人，则根据塔身挺拔、玲珑俊秀的特点，将它美称为“玲珑塔”。

慈寿寺塔老照片

著名曲艺家马增芬表演的西河大鼓绕口令《玲珑塔》，更使这座玲珑塔声名远扬，尽人皆知。

慈寿寺及永安万寿塔的兴建缘由

关于慈寿寺及永安万寿塔的兴建缘由，在古籍史料中多有记载。

明代大学士张居正，在《敕建慈寿寺碑文》中记载："先是，我圣母慈圣宣文皇太后，常欲择宇内名山灵胜，特建梵宇，为穆考荐冥祉。皇上祈允，遣使旁求，皆以地远，不便瞻礼，乃命司礼监太监冯保，卜关外地营之。出宫中供奉金若干两，潞王、公主暨诸宫眷助佐若干两，委太监杨辉等董其役。时以万历丙子春二月始事，以□月日既望告竣，而有司不知也。"

与张居正同时代的于慎行，在代拟的《敕建慈寿寺碑文》中记述："圣母慈圣宣文皇太后，与我皇上永怀穆考在天之灵，思创福地，以荐冥祉。乃命内臣卜地于阜成门外八里，得太监谷大用故地一区，宏博奥敞，允称灵域。遂出宫中供奉金若干，潞王、公主、宫眷、内侍各捐汤沐若干，仍择内臣廉干者，以董其役。率职庀工，罔敢后时。经始于万历四年二月，至六年仲秋既望落成，而有司不知也。"

在《清凉山志》中，载有张居正撰写的《敕建大宝塔记》，在其中记述曰："大明慈圣宣文明肃皇太后，曩承佛记，示御金轮，恒以护法善民为心。海宇苍生，餐和饮泽，陶沐玄化。于都城内外，建寺数区，饭僧数万。……万历戊寅秋，建慈寿塔寺，告完。明年己卯春，复出膳羞之资，于五台山，建护国祐民释迦文佛舍利宝塔，遣太监范江、李友董其役。……十年壬午秋，工成，……我圣母慈圣宣文明肃皇太后，前欲创寺于此，为穆考荐福，今上祈储，以道远中止。遂于都城西，建慈寿寺以当之，居正业已奉敕为记。我圣母至诚精虔，不忘始愿。复遣尚衣监太监范江、李友辈，捐供奉余资，往事庄严，敕建大塔院寺，并护国祐民释迦文佛舍利宝塔。工始七年九月，成于十年七月。所费金钱，出自内帑。圣母复命臣记之。”

慈寿寺塔老照片

《帝京景物略》中记载：“万历丙子，慈圣皇太后为穆考荐冥祉，神宗祈胤嗣，卜地阜成门外八里，建寺焉。寺成，赐名慈寿。”

在《万历野获编》《长安客话》《涌幢小品》《燕都游览志》《宸垣识略》等史籍中，对慈寿寺及永安万寿塔也均有记载，但都不如以上几则史料中，记载得详细。

综合以上史料中的记载及现今历史学家的研究考证，慈寿寺及永安万寿塔的兴建缘由，可以归纳为以下五个方面。

1. 为隆庆帝朱载垕祈冥祉

隆庆帝朱载垕去世后，他的儿子朱翊钧继承皇位，为万历皇帝。万历皇帝的母亲慈圣宣文李太后，为了给隆庆帝朱载垕的魂灵寻找祈福之地，欲在全国的名山灵胜中，挑选古壤，并在吉壤上兴建一座佛教寺院。被派遣出去寻找的官员，终于在山西省的五台山，选中了一块吉壤，其位置就在今台怀镇中显通寺的附近。在这个位置上，元代曾建有一座佛舍利塔，据说塔中藏有一座古印度孔雀国王阿育王敕造的佛舍利塔。明代万历初年，这座元代建造的佛舍利塔，已经非常残破了，所以，在此兴建寺院及佛塔是非常合适的。但是，在选中这块吉壤后，又遇到了一个大难题，那就是五台山位于山区，而这块吉壤四周尽为连绵的群山，再加上路途遥远，山路险峻，如果在此兴建寺院，仅运送建筑材料一项，就是一件相当困难的事，这样的话，不但要耗费相当多的资金，而且建筑工期也要拖长。所以，慈圣宣文皇太后暂时改变了建寺的地点，并命司礼监太监冯保在京城附近寻找吉壤。冯保经过一番寻找，终于在京城阜成门外八里庄，看中了一片山坡，这里原是明正德太监谷大用的墓地，其山坡高度不大，并呈南北向绵延数百米，是一片宏敞之地，可以称得上是一片灵域。于是，慈圣宣文皇太后带头捐出生活积蓄，并由幼子潞王、公主、宫眷、内侍等，进行了捐款。兴建慈寿寺及永安万寿塔的费用，并没有动用国库内的资金，一切费用都是由宫中众人捐助的。工程自万历四年（1576）二月开始，至万历六年（1578）中秋，中间仅用了两年半的时间，便将慈寿寺及永安万寿塔建成。其建筑工程的速度还是相当快的。

在慈寿寺建成后的第二年，慈圣宣文皇太后又敕命，在山西省五台山建造大塔院寺及护国祐民释迦文佛宝塔，以实现慈圣宣文李太后的夙愿。

2. 为万历皇帝朱翊钧祝龄和祈子嗣

明隆庆六年（1572）五月二十六日，明穆宗朱载垕病逝于乾清宫，当年六月初十日，年仅九岁的朱翊钧继承了皇位，并于第二年（1573）改年号为“万历”。慈圣宣文皇太后敕令兴建慈寿寺及永安万寿塔时，万历皇帝已经十四岁了，待慈寿寺及塔建成，万历皇帝十六岁(虚岁)，已经到了婚配的年龄。慈圣宣文皇太后便在为明穆宗祈冥祉的同时，也为她的儿子朱翊钧祈求子嗣，祝愿万历皇帝早日结婚生子，这种做法也是符合一个母亲正常心态的。

由于万历皇帝的父亲隆庆帝朱载坖，仅做了六年的皇帝便去世了，作为万历皇帝的亲生母亲，自然地对这个亲生儿子更加倍地爱护和关心了。所以，慈圣宣文皇太后举建慈寿寺及永安万寿塔，也是为万历皇帝祝龄及祈子嗣，愿他早日结婚生子，使皇家人丁兴旺，绵延百世。

3. 为慈圣宣文皇太后祈求福祐

张居正在《敕建慈寿寺碑文》中记述：“寺成，上闻而喜曰：我圣母斋心竭虔，懋建功德，其诸百灵崇护，万福攸同，则亦惟我圣母诞受之，因名之曰慈寿，而诏臣纪其事。”慈寿寺及永安万寿塔建成后，万历皇帝非常高兴，对太后的这一善举非常赞赏，为了给母亲慈圣宣文皇太后祈福延寿，特将寺院赐名为“慈寿寺”。

4. 为李姓家族建家庙

1977 年 10 月，北京市文物管理处在海淀区八里庄，发现了一座慈圣宣文李太后父亲李伟及母亲王氏的合葬墓。其墓地位于永安万寿塔西北约一公里处。

慈圣宣文李太后被尊为皇太后，她的父亲一家也因攀龙附凤，改变了原先的卑微地位。李伟被封为武清侯，成了名贯都门显赫一时的皇亲，王氏还经常被其亲生女儿（慈圣宣文李太后）接到慈宁宫里居住，并赏赐殊多。按照宫廷的制度，外戚是不允许在宫中居住的，而慈圣宣文李太后的母亲，却能够经常居住于慈宁宫。这也说明，李太后对其父母亲，还是非常体贴和关心的。

万历三年（1575）三月，李伟65岁时，向万历皇帝“请价自造生茔”。万历皇帝赐茔葬银三万两，并准许他在京西八里庄建造墓园。墓园建造得非常讲究。顺天府府尹朱孟震与孔昭曾路过此地，目睹李伟生茔的外观及其规制，颇为感慨，曾在《游西山诸刹记》中写道：“至李皇亲坟，李慈圣外家也。坟之建请于上，以故规甚宏丽。驻马外望，中绿树阴阴，白石若玉砌，凿地数尺为墙基，围可一里。渥哉！帝泽与厚地俱矣！”（《宛署杂记》）

李伟于万历二一年（1583）去世后，就安葬在这里。万历皇帝除以前赐给的营葬银三万两之外，并将他晋爵封谥为“安国公”，祭二十坛。李太后的母亲王氏在万历二十五年（1587）去世后，万历皇帝复赐开圹重修银五千两，赐谕祭二十坛，并允其与李伟合墓。

文物部门在发现李伟夫妇的墓葬时，此墓曾被盗，李伟棺中出土的器物余下的很少，只有一件抹金系链盖银壶和十三个小银元宝。而王氏的棺木却未被盗，从中发掘出金花银元宝和贡金锭，还有大量的金饰品和银质器皿，其中，金饰品的数量较多，大部分为宫廷制品。这说明，慈圣宣文皇太后不忘父母的养育之恩，对其李姓家族还是相当关心照顾的，出土的这些物品，很可能是在他们生前，由万历皇帝和慈圣宣文李太后赏赐的。

慈圣宣文李太后选择在慈寿寺及永安万寿塔的附近兴建父母的墓地，很有可能是将寺院作为李氏家族的家庙，以备将来父母亲去世后，用来祭祀父母，为父母的魂灵祈福。

5. 为了提高李太后自己的地位

近些年来，在文物界对慈寿寺及永安万寿塔兴建的原因有了一些新的见解。著名历史学家阎崇年先生，在其《慈圣太后与永安寿塔》一文中，在分析了大量史料的基础上，经过详细的考证，认为：兴建慈寿寺及永安万寿塔的真正原因，不是为隆庆帝朱载垕祈冥祉和为万历皇帝朱翊钧祈子嗣，而是为了巩固和提高慈圣宣文皇太后自己的地位。

李太后家庭出身微寒，李氏的父亲李伟是个泥瓦匠（也有说是铁匠）。她在宫中又为宫人，地位卑微。明穆宗朱载垕病逝后，新登基的万历皇帝才九岁，而她虽为皇太后，但还年轻，时为二十七岁。当时，皇帝与宰相之间，既相互依存，又激烈争斗，这场争斗的轴心，正是李太后与万历皇帝。而李太后出身寒微，万历皇帝尚年幼，这成为她们维护皇权的最大弱点。为了维护皇权，稳固自己的地位，最有效的办法就是借助于佛教的力量，用宣扬佛教及兴建佛刹来神化自己，使皇权和神权相结合，以提高自己在宫中的地位。从慈圣宣文李太后的后半生影响来看，这一策略还是相当有效的。

万历初年，在京师先后兴修或重修了五座名刹，分别是海会寺、承恩寺、仁寿寺、慈寿寺和万寿寺，并在山西省五台山建造了大宝塔寺。

万历皇帝继位后，于万历二年（1574），慈圣宣文李太后即为亡夫隆庆帝朱载垕重修了海会寺，以荐冥祉。

张居正在撰写的《敕建海会寺碑文》中记述："海会寺者，以其寺在都城之南，于嘉靖乙未，穆宗皇帝尝受釐于此。历祀既久，栋宇弗葺，榱桷将毁。皇上即位之二年，函夏乂安，四民乐业，圣母慈圣皇太后所以保艾圣躬、舄奕允祚者，惟佛宝是依，乃出内帑银若干，俾即其地更建焉。”

万历二年（1574 年）除了重修海会寺外，又建了承恩寺。兴建承恩寺是为万历皇帝朱翊钧祝龄。

张居正在《敕建承恩寺碑文》中记述：“皇朝凡皇太子、诸王生，率剃度幼童一人为僧，名‘替度’。虽非雅制，而宫中率沿以为常，皇上替僧名志善，向居龙泉寺。慈圣皇太后，今上皇帝，追念先帝及其替僧，以寺居圮坏，欲一新之。而其地湫隘，且滨于河，势难充拓，乃出帑储千金，潞王、公主及诸宫眷所施数千金，命司礼监太监冯保，贸地于都城巽隅居贤坊，故太监王成住宅，特建梵刹。”

在明代，宫中有一习俗，凡是皇太子、诸王出生后，为了求得佛来进行保佑，使他们健康长寿，便在民间寻找一位与皇太子、诸王年龄相当，且长相相似的幼童作为替身，剃度到寺院中为僧，名为“替度”。李太后也为万历皇帝找到了一名替僧，法名志善，原在龙泉寺中出家，慈圣宣文李太后和万历皇帝看到龙泉寺中建筑破旧，又无法进行扩建，便命司礼监太监冯保寻找到一处合适的地方，并在这片地址上，兴建了承恩寺。

万历二年（1574），万历皇帝出羡金，于城南为仁圣陈太后建仁寿寺，为仁圣陈太后祝釐祈福。而“仁寿”寺名，正好占“仁圣”尊号中的“仁”字。

万历七年（1579）九月至万历十年（1582）七月，慈圣宣文李太后又敕命在山西省五台山，兴建大塔院寺及护国佑民释迦文佛舍利宝塔。

张居正在撰写的《敕建五台山大宝塔寺记》中，记述了建寺的原委：“我圣母慈圣宣文明肃皇太后，前欲创寺于此，为穆宗荐福，今上祈储，以道远中止。遂于都城西，建慈寿寺以当之。”

张居正在《敕建慈寿寺碑文》中提到：“我圣母慈圣宣文皇太后，常欲择宇内名山灵胜，特建梵宇，为穆考荐冥祉。皇上祈允，遣使旁求，皆以地远，不便瞻礼，乃命司礼监太监冯保，卜关外地营之。”

从这两篇碑文中记述的内容来看，兴建慈寿寺的目的是为隆庆帝朱载垕祈荐冥福，并为已经16岁，即将大婚的万历皇帝祈子嗣。

但是，万历二年（1574），为了给隆庆帝朱载垕祈荐冥祉，已经重修了海会寺。并且，在慈寿寺建成之时，万历皇帝虽然已经16岁，但尚未大婚。既然还未结婚，怎么能谈得上祈子嗣呢？

在慈寿寺开始兴建的第二年，万历五年（1577）慈圣宣文李太后又出资巨万，司礼监太监冯保也献出白银六千多两，潞王、诸公主妃嫔以至各中贵，在海淀区苏州街，长河的北岸，兴建了一座规模宏大的佛教寺院——万寿寺。兴建这座寺院，名义上是为了贮藏汉经，实际上另有所用。正如张居正在《敕建万寿寺碑文》中说的：“既相列考，亦佑文母。保兹天子，亿万斯年，本支百世，蛰蛰绵绵。”实际上，在万寿寺中，虽然供奉了明代已去世皇帝的牌位，但更重要的是为了求佛保佑慈圣宣文李太后健康长寿，保佑万历皇帝长命百岁，早生皇子，使皇家的子孙延续百世，江山永固。

综上所述，慈圣宣文李太后重修海会寺，是为隆庆帝朱载垕祈荐冥祉；建承恩寺是为万历皇帝朱翊钧祝龄；建仁寿寺是为仁圣陈太后祈荐冥祉，那么，敕建慈寿寺的目的就只能是为了提高李太后自己的地位。

慈圣宣文李太后在京城内外大建佛教寺院，其目的不外乎以下这几个方面：

1. 为隆庆帝朱载垕祈荐冥祉。

2. 为万历皇帝朱翊钧祝龄。

3. 为万历皇帝祈子嗣，保佑子孙延续百世，江山永固。

4. 为李太后的父母建家庙。

5. 为慈圣宣文李太后祝釐，并提高其名声及地位。

慈寿寺的建筑布局及规模

据张居正撰写的《敕建慈寿寺碑文》中记述，慈寿寺“外为山门，天王殿，左右列钟鼓楼，内为永安万寿塔，中为延寿宝殿，后为宁安阁，旁为伽蓝、祖师、大士、地藏四殿，缭以画廊百楹，禅室、方丈十有三所，又赐园一区，庄田三十顷，安食其众，以老僧觉淳主之，中官王臣等典管领焉”。根据这段史料记载可以

慈寿寺塔老照片

慈寿寺塔老照片

看出，建成后的慈寿寺，其建筑规模是相当宏伟的。

根据张居正《敕建慈寿寺碑文》中的记述，可以了解到，建成后的慈寿寺，寺院布局前后共分为五层。最南面是一座山门殿；在山门殿的后面是天王殿，天王殿的左、右两侧，各建有钟、鼓楼，永安万寿塔就矗立在天王殿的后面。在永安万寿塔的后面，建有一座大殿，名为延寿宝殿，在延寿宝殿的两边，各建有一座伽蓝殿、祖师殿；在延寿宝殿的后面，是一座宁安阁，在宁安阁的两侧，各建有一座观音殿、地藏殿。在慈寿寺的周围，建有百间彩画长廊。在寺院中路的旁边，建有禅室和方丈室。另外，在慈寿寺的附近，由皇上赐给寺中一片田园，另有庄田三十余顷。慈圣宣文皇太后还为宁安阁题写了匾额。

张居正在《敕建慈寿寺碑文》中，将新建成的慈寿寺的建筑布局进行了简略的记述。根据这些记述来看，慈寿寺的建筑布局基本上是依照佛寺建筑“伽蓝七堂”的建筑布局而建造的。

张居正在《敕建慈寿寺碑文》中的赞词里，对新建成的慈寿寺及永安万寿塔，给予了很高的赞誉：

厥制伊何，有殿有堂。丹题雕础，玉甃金相。
缭以周廊，倚以飞阙。画栋垂虹，绮疏纳月。
有涌者塔，厥高入云。象彼不周，柱乾维坤。

在明代的其他古籍史料中，也记载了慈寿寺的建筑规模状况。

在蒋一葵的《长安客话》中记载，慈寿寺建筑“庄严如万寿，而宏丽过之。其宝塔巍峨巀嶭，不但为京师冠，暮钟初动，神灯倒垂，普照八极，焰摩匪遥，佛光可接”。

《长安客话》中所说的万寿寺，坐落在海淀区苏州街，长河的北岸，与紫竹院隔河相望，是京郊著名的大寺院。

万寿寺始建于明代万历五年（1577）三月，其地原为明代太监谷大用的家庙。明代万历五年，万历皇帝的母亲慈圣宣文皇太后，出资巨万，潞王、诸公主、妃嫔以至各中贵，纷纷捐资，命司礼监太监冯保在此督造寺院，用以贮藏汉经，但实际上是为了“既相列考，亦佑文母。保兹天子，亿万斯年，本支百世，蛰蛰绵绵”。（张居正撰写的《敕建万寿寺碑》）万寿寺中的建筑沿袭了我国古代寺院建筑与园林建筑相结合的特点，布局严谨，错落有序，别具一格。

建成后的万寿寺中的建筑，《长安客话》中称赞其“殿宇极其闳丽”。而在《燕都游览志》中，更赞美万寿寺“丹楼绀宇，几与大内等”。

可以看出，建成后的慈寿寺，其建筑规模宏大，庄严宏丽，超过了慈圣宣文皇太后之后敕建的万寿寺，甚至可以与紫禁城中的建筑相媲美。

慈寿寺塔老照片

慈寿寺塔老照片

在《万历野获编》中记载：“慈寿寺去阜成门八里，圣母慈圣皇太后所建，盖正德间大珰谷大用故地。经始于万历四年，凡二岁告成。入山门即有窣堵坡，高入云表，名永安塔，华焕精严。盖慈圣既捐帑，各邸复助之，因得速就如此。”

《涌幢小品》：“慈寿寺在阜成门外八里，宣文皇太后所建，成于万历六年秋。殿宇壮丽，一塔耸出云汉，四壁金刚像如生。”

《帝京景物略》中记载：“寺坯圬丹漆，与梵色界诸天，与龙鬼神诸部，争幻丽，特许中外臣庶，畏爱仰瞻。……中延寿殿，后宁安阁，阁扁慈圣手书。”

清代乾隆初年，乾隆皇帝弘历命刑部右侍郎、礼部尚书励宗万考察京师名胜古迹。励宗万在考察京师名胜古迹时，也考察了慈寿寺，他在其著作《京城古迹考》一书中，记述了对慈寿寺的考察情况。

> 臣按：寺在阜成门外八里庄，明万历丙子，为慈圣皇太后建，赐名慈圣。敕大学士张居正撰碑。有塔十三级，又有宁安阁，阁榜慈圣手书。后殿有九莲菩萨像。载《畿辅通志》。
>
> 今查：寺共五层。山门、全刚二，东、西列钟、鼓楼，次天王殿。殿后为塔，塔前角亭二：列韦驮、龙王像。塔后角亭二：观音碑一，鱼篮碑一，俱万历年建。殿供三世佛，旁列阿难、迦叶二尊，罗汉十八尊，俱铜像。殿前东、西碑二，亦万历年建。其配殿二：东为壮缪，西为达摩。殿后为毗卢阁，阁上为毗卢佛，阁下为观音阁。前配殿东亦观音，西则地藏。东西画廊百间。由中仪门入，为弥陀殿；由东仪门入，为慈光阁，则九莲菩萨画像存焉；由西仪门入，则铜像观音阁也。

励宗万在《京城古迹考》中记载的慈寿寺的建筑布局及规模是比较详细的。根据他考察的情况来看，慈寿寺中的建筑布局，自明万历六年（1578）建成，至清乾隆十年（1745）的167年间，未有大的改变。寺院建筑坐北朝南，由南至北，共分为五层。

第一层：山门。山门内塑有两尊护法金刚力士。左为密迹金刚，右为散脂大将，中国民间将他们俗称为哼、哈二将。

第二层：天王殿。

在殿的正中供奉着弥勒菩萨坐像，两旁分列东方持国、南方增长、西方广目和北方多闻四大天王像。

殿前左、右方，建有钟楼和鼓楼。其钟楼在左，鼓楼在右，代表着“晨钟暮鼓”。

第三层：永安万寿塔。

在天王殿的后面，矗立着永安万寿塔。永安万寿塔的前面两侧，各建有一座角亭。在角亭中，分别供奉有护法神韦驮像及龙王像。在永安万寿塔的后边两侧，各建有一座角亭。在左边的角亭中，立有一通石碑，正面线雕一幅九莲观音像，碑阴镌刻《瑞莲赋》；右边的角亭中，在石碑的正面，线雕着一幅鱼篮观音像，背面则雕刻一幅关公像，这两通石碑，均为明代万历十五年（1587）树立的。

最近，笔者看到一幅由英国人拍摄于1870年的永安万寿塔老照片。照片中，在塔的四个角上，各建有一座角亭，在塔的前方和后面，各建有一座砖砌的牌坊，与牌坊和角亭相连的有围墙。

第四层：延寿宝殿。

在延寿宝殿内的正中供奉有横三世佛像。即中间的释迦牟尼佛，左边是东方净琉璃世界教主药师佛，右边是西方极乐世界教主阿弥陀佛。在释迦牟尼佛像的两侧，是阿难、迦叶两尊胁侍像。

在延寿宝殿内的两侧，供奉着十八罗汉像。延寿宝殿内供奉的横三世佛像、阿难、迦叶像及十八罗汉像，均为铜铸成的。

在延寿宝殿的前面，东、西各树有一通石碑。在这两通石碑上，应该是镌刻着由明代大学士张居正撰写的《敕建慈寿寺碑文》及另外一篇碑文。

在延寿宝殿的两侧各建有一座配殿。在东面的配殿中，供奉着伽蓝神——关公像，关羽曾被蜀汉后主追赐为壮缪侯；而西面的配殿中，供奉着禅宗祖师，中国禅宗的创始人——达摩。

第五层：毗卢阁。

毗卢阁分为上、下两层。上一层是毗卢阁，阁中供奉华严宗五方佛的主尊——毗卢遮那佛，亦称为“大日如来”。下边为观音阁，阁内供奉着观音菩萨像。

在毗卢阁前面的两侧，建有两座配殿，东侧的配殿是观音殿，里面供奉着观音菩萨；西侧的配殿为地藏殿，里面供奉着地藏菩萨。

在慈寿寺的东、西两边，建有百间绘有彩画的长廊。具体绘有何种题材的彩画，作者在书中没有进行记述。

在弥陀殿、慈光阁、观音阁的前面，分别建有一座门，每座门分别通向一座殿或阁。中间的名为中仪门，直对着弥陀殿；东边的是东仪门，正对着慈光阁；而西面的是西仪门，正对着观音阁。

根据分析，毗卢阁的第一层分为三部分，中间是弥陀殿，里面供奉着西天极乐世界教主——阿弥陀佛。东侧是慈光阁，里面悬挂着九莲菩萨（慈圣宣文李太后）的画像；西侧为观音阁，里面供奉着铜铸的九莲菩萨像。

清代乾隆二十二年（1755），乾隆皇帝弘历敕命对慈寿寺进行修葺。在延寿宝殿悬挂乾隆皇帝御书匾额“梅檀宝地”。并在殿后的毗卢阁檐下，悬挂由乾隆皇帝御书的匾额“香云阁”，并书写楹联：“智珠朗映光明藏，意蕊常舒欢喜园”。

这次对慈寿寺建筑进行的修葺，在《日下旧闻考》中未有详细的记载，乾隆皇帝也没有为此撰写碑文。所以，根据分析，这次修葺只是对慈寿寺中的建筑进行了小规模的维修，并将一些建筑的名称进行了更换，如将毗卢阁改名为“香云阁”，并题写了一些匾额。

慈寿寺到清代咸丰年间时，寺内建筑已相当破败，“寺里荒榛，莽棘刺入衣袂，垣墉殿宇倾圮已极，独浮图与碑亭巍然尚存耳。殿后有香云阁塑菩萨像，跨一凤而九首，相传即孝定前身也。”（清·董文涣《砚樵山房日记》）

据传，清代光绪年间，慈寿寺中残存的建筑曾遭遇到一场火灾，使这座曾经辉煌一时的皇家寺院成为一片瓦砾，只余下一座密檐式塔与两座石碑孑然而立。

但根据《砚樵山房日记》中的记载，慈寿寺中的建筑在清代咸丰年间，就已经“垣墉殿宇倾圮已极，独浮图与碑亭巍然尚存耳”。所以，慈寿寺中的建筑主要还是毁坏于年久失修。对于“寺院建筑在清代光绪年间毁于一场大火”这一传闻，目前还未找到直接的史料来证实。

周肇祥在《琉璃厂杂记》中，记述了当时慈寿寺中的情景：“抵八里庄，有门状城堡，慈寿寺在道北，明万历丙子慈圣太后建，清乾隆二十二年敕修，今尽毁，惟照墙与塔存。墙横十余丈。……天王殿基麦已秀，大殿余佛坐瓦砾遍地。守僧死，今归摩诃庵主之。”

至于慈寿寺由盛而衰的原因，据居住在附近的老人说，慈寿寺中的慈寿与“辞寿”谐音，所以，慈寿寺才会遭此厄运。当然，这种说法是缺乏科学根据的。

根据慈寿寺所处的地形来分析，慈寿寺所处的地形为一座黄土坡，黄土地的结构比较松散，在上面建筑高大的殿宇，确实不太稳定，加之寺院建筑年久失修，逐渐地风化，是导致这座建筑规模宏大的寺院逐渐坍圮的重要原因。那为什么寺院建筑全部倒塌，但慈寿寺塔却岿然不动，至今仍端正地挺立着。据估计，其主要原因是在建设这座塔时，由于塔身高大，容易倾斜倒塌，故将塔的基础挖得比较深，砌得比较坚固，所以，经过四百多年后，依然巍然挺立。

在永安万寿塔的正南方100余米处，长有两株巨大的银杏树。这两株银杏树栽种于慈寿寺兴建之时，到现在已经有450余岁了。

根据这两株银杏树栽种的位置来看，它们属于慈寿寺的范围。据分析，在慈寿寺山门的前面，铺有一条长长的甬道，在甬道的进口处，左右各栽有一株银杏树。现在，甬道早已不存，但这两株银杏树却留存了下来。

历经四百载风风雨雨的古银杏，岁月的印记早已遍布树身，高大苍劲的枝干遒劲有力。

数年前，在银杏树附近居住的居民，将柴草堆放在树身旁，结果，因柴草失火，将东面的一棵银杏树烧伤，后来，这株被烧伤的银杏树又长出了新枝，并逐渐恢复了生机。

万历皇帝的生母慈圣宣文皇太后

慈圣宣文皇太后的身世及其影响

慈圣宣文皇太后，俗姓李，名凤仙，出生于明嘉靖二十四年（1545），祖籍山西翼城兴贤坊（今西关宣庄），后迁徙到北京顺天府漷县永乐店（现为通州永乐店）。漷县在北京城的东南方，离京80里地。据说李太后的父母一家，居住在永乐店的一条胡同里，母亲在闻有奇香后生下了她，后人便将这条胡同改名为香儿胡同。

李太后画像

李氏的父亲李伟，本是个泥瓦匠（也有说是铁匠），整个家庭的生计都担在他一人肩上，所以，其家境比较清贫，为了生计，便将幼年的李太后卖到通州一姓陈的大户人家做使女。李太后幼时聪明伶俐，性情活泼，读书能过目成诵，并酷爱书法。她与陈家姑娘相处得很好，两人情同姐妹。后来，陈家姑娘被召进宫，成为后来的“仁圣皇太后”，正因为有这层关系，李氏也被召进宫，做了宫女。她被分配到裕王府里侍奉嘉靖皇帝的第三子朱载垕，后来，被皇子朱载垕看中，于嘉靖四十二年（1563）十八岁时生下了儿子朱翊钧，遂母以子贵，被选为嫔妃。随后，又生下一子二女（即后来的潞王朱翊镠、寿阳公主和永宁公主）。

朱翊钧自幼聪明过人，读经、史则过目不忘，并十分的孝顺。五岁时，他看见父亲朱载垕骑着马在宫内奔驰，便上前挡住并谏阻道："父王为天下之主，单身匹马地在宫中奔驰，倘若有一个疏忽，那可不得了。"朱载垕听后深受感动，当即下马，并立朱翊钧为太子，从此，他更加喜爱朱翊钧了。

万历皇帝的嫡母陈皇后和生母李贵妃的关系非常融洽，一般说来，皇后与皇贵妃之间总有说不清的恩怨纠葛，可是陈皇后和李贵妃之间却没有任何闲言。她们都对朱翊钧特别疼爱，在这中间，朱翊钧也起到了特殊的作用。史载："陈皇后病居别宫，（朱翊钧）每晨随贵妃候起居。后闻履声辄喜，为强起，取经书问之，无不响答，贵妃亦喜，由是两宫益和。"

明隆庆六年（1572）朱载垕去世，死时仅二十六岁。依照明代皇家惯例，在皇帝驾崩后，应由皇后的长子继承皇位。但是隆庆皇帝的皇后陈氏，因体弱多病，一直没有生育，因此，在隆庆皇帝朱载垕去世后，就由李贵妃的儿子朱翊钧继承皇位，成为万历皇帝。万历皇帝朱翊钧继位时，仅是一个九岁的孩童，所以，扶助皇帝处理国家政务，管理后宫事务的重任，就自然地落到了李太后的身上。

在中国长达数千年的封建社会里，母以子贵成为独特的社会价值观念，这种观念在封建帝王之家更是如此。李太后作为万历皇帝的生母，享受母后之尊，在明万历年间，受尽普天下之崇敬和供养，享尽人间富贵荣华，在其去世后，仍被奉若神明，这在封建社会里是非常少见的。

李太后虽然出身贫寒，又曾是一名宫女，但她在中国历代皇家的后妃中，是一个非常了不起的精明强干的女人，具有非凡的政治眼光和才华。在万历皇帝朱翊钧当朝的前期，宫内的一切内、外政事，均由李太后亲自执掌。据传，在万历皇帝初上朝时，李太后还以垂帘听政的方式对他进行监督。

李太后还仿照宫中前皇后编刻书籍颁施天下的做法，撰述《女鉴》一书，令宫女们学习，而她自己也十分好学，闲暇之余经常读书。慈圣李太后还善于书法，据《明神宗实录》中记载："在宫中唯观书史，每日写字一幅，又课令侍女三十以下，俱读书写字。"

据传，慈圣李太后的书法极好。"文华殿后殿，所悬匾凡十二字，每行二字，共分六行。其文曰：学二帝三王治天下大经大发。及慈圣御笔。"（《万历野获编》）万历皇帝还将李太后的书法展示宫中大臣观赏，并得到张居正等大臣的赞誉。

明穆宗朱载垕去世后，为万历皇帝留下了一个非常好的家底。朝中贤臣当国，大学士张居正，极善谋略。内宫安定祥和，穆宗正宫仁圣陈太后与万历皇帝的生母慈圣李太后，相处得十分融洽，并且，权倾朝廷内外的大太监冯保也是贤明之人，他是张居正的主要支持者。明朝军事振兴，国库充裕，可以说是国富兵强。

在介绍慈圣宣文李太后和万历皇帝的身世和影响时，不能不提到她们身边的这两位重要人物，他们是司礼监太监冯保和大学士首辅张居正。

冯保，深州人，嘉靖年间为司礼秉笔太监，后来成为慈圣李太后的心腹，是内廷最有权威的宦官。他受慈圣宣文李太后的委托，对朱翊钧的管教十分严厉。万历皇帝刚继皇位的时候，太监冯保日夜监护起居，竭尽全力保护万历皇帝，看到他稍有违犯常规，便立即奏报慈圣李太后。《明史本传》中说："保恃太后势，数挟持帝，帝甚畏之。帝时与小内监戏，见保入，则正襟危坐曰：'大伴来了'。"但小皇帝还年幼，比较淘气，他也有折腾冯保的办法。一天，朱翊钧将一把扇子藏了起来，并告诫左右，不要声张，让冯保去找。冯保累得满头大汗也没有找到，朱翊钧看到冯保的窘相后，偷偷地笑了起来。

又有一次，朱翊钧看见冯保穿了一件大红色的新衣，就把自己正在吃着的蜜饴赐给冯保，并亲自把蜜饴放入冯保的袖内，弄得冯保哭笑不得，只得接受。可惜的是，一件新穿的袍子，全部让油给弄脏了。事后，冯保知道了这是朱翊钧的恶作剧，无奈之下，只有偷偷地落泪。

张居正（1525–1582），是明朝著名宰相，我国古代杰出的政治家、改革家。字叔大，号太岳，湖广江陵（今湖北江陵人）。明嘉靖二十六年（1547）进士，历翰林院编修、左中允、右谕德、侍讲学士、礼部右侍郎兼翰林学士、吏部左侍郎东阁大学士等，终太师兼太子太师、吏部尚书、中极殿大学士。

当时的内阁中，没有人能比得上他的资格和威望，于是，他循序坐升为首辅。慈圣宣文皇太后对他也十分器重。还在隆庆帝病危之际，她就在帷中口谕张居正："先生要忠心为国。"

张居正聪明敏捷，深沉机警，胸有大志，勇于任事。明万历皇帝朱翊钧即位，当时吏治腐败，财政匮乏，边备废弛，民生凋敝。他取代高拱而为内阁首辅，慨然以天下为己任。

总之，万历初年是明朝中叶以来形势最好的时期，其中张居正的功绩是伟大的。

隆庆帝朱载垕去世后，朱翊钧随即于当年继承了皇位。李太后为了使自己成为皇帝合法的监护人，她首先要做的第一件事就是要正名。于是，万历皇帝向张居正面谕：“皇后是朕嫡母，皇贵妃是朕生母，尊号上先生可加几个字！”对此，张居正心里非常清楚。因为明朝规定天子立，尊先帝的皇后为皇太后，若新皇帝有生母，而生母不是先帝的皇后，则新皇帝的生母也要称为太后，只是在太后前加徽号，以示区别。

由于万历皇帝继位后，李太后借口皇帝年幼需要扶助，从而掌握了朝内大权，所以，司礼监太监冯保为了讨好李贵妃，就与朝廷重臣张居正私下商议，尊穆宗朱载垕的陈皇后为“仁圣皇太后”，尊李贵妃为“慈圣皇太后”，这样来看，这两位皇太后就没有区别了。并且，明代从万历皇帝当政开始，先帝的皇后和新帝的生母，在尊号上就不再加上徽号加以区别了。

明代人于慎行在《谷山笔麈》中记载：“上初即位，宫中内宴，仁圣上座，慈圣犹在阁中，不敢同坐。其后稍久，乃并坐云。”慈圣李太后虽然在万历皇帝初继位时，被尊为皇太后，但因她曾为贵妃，出身微贱，所以，在宫中用膳时，也不能与万历皇帝和仁圣陈太后同为上坐，只能坐在旁边，后来，随着慈圣宣文皇太后的威望不断增长，才能与万历皇帝和仁圣皇太后同坐上座。

冯保与张居正为了保证慈圣李太后辅佐万历皇帝来掌管朝政，便安排仁圣皇太后居住在慈庆宫，慈圣皇太后则居住在慈宁宫。此外，张居正还以照顾万历皇帝起居为名义，安排慈圣李太后住进了乾清宫。

慈圣李太后是一位严格教子的母亲，她对万历皇帝的教育是十分严格的。隆庆帝朱载垕去世后，只有 9 岁的朱翊钧继承皇位，第二年定年号“万历”。为了照顾小皇帝的起居，慈圣李太后暂时居住进乾清宫。慈圣李太后在乾清宫中一住就是六年，她对万历皇帝期望极高，管理极严。她对万历皇帝所犯的错误，往往加以痛责，并且说："假使让张先生知道了，如何是好！"于是，万历皇帝对张居正产生了一种惧怕心理。

李太后虽然出身寒微，但好胜心很强，一心要将万历皇帝培养成为一个有作为，能治理国家的圣明天子。她对万历皇帝的管束非常严厉，生怕他不争气。万历皇帝稍有不端，往往受到李太后的责罚。例如万历皇帝因年幼贪玩不读书时，如果被李太后发觉，便罚他长时间跪在地上，并且当面数说其过。朝廷中的儒臣，要按时为万历皇帝讲述儒家经典，每次日讲或经筵之后，李太后还要万历皇帝像讲官一样，再重新复述一遍，以验其是否记住。如果该背的书没有背下来，就要受到训斥，甚至罚跪。

每当早朝之日，李太后都要五更即起，亲自将熟睡中的朱翊钧叫醒，并命内侍将万历皇帝扶起，为他取水洗脸，然后扶他登辇上朝。

李太后为万历皇帝规定了严格的作息时间，并监督他严格遵守。有一次，万历皇帝因下棋上瘾，超过了规定的休息时间，耽误了读书，李太后就派人将他叫来，并厉声喝令他下跪受罚，直到他承认错误并表示以后绝不再犯时，才算了事。从此以后，万历皇帝再也没有因贪玩儿而影响学习。

年幼的万历皇帝，对李太后的严格管束和教导唯命是从，朝廷内臣也遵从李太后的旨意，对朱翊钧严格约束。

张居正的一项重要任务就是帮助万历皇帝读书，他给万历皇帝安排了经筵和日讲的课程。但万历皇帝厌烦枯燥的经书，却喜爱书法和历史。朱翊钧 9 岁时就能写一手漂亮的毛笔字，张居正对他的字评价说："笔力遒劲，体格庄严，虽前代人主善书者，无以复逾。"但他劝朱翊钧不要把主要精力放在书法上。他启发朱翊钧说：“帝王之尊，当务其大。汉成帝知音律，梁武帝、陈后主、隋炀帝、宋徽宗、宋宁宗都善诗文、书画，然无救于乱世。可见君德之大，不在技艺间也，应该多讲求治国安天下的方法。”以后，张居正就让人挑选一些有关君德治道的文章作影格，供万历皇帝临摹，使他在书法学习中得到启迪。

万历皇帝对历代逸闻轶事颇感兴趣，为了使万历皇帝在学习历史中懂得供鉴，张居正还让人编写了一套《历代帝鉴图说》供他学习。朱翊钧看到这套图文并茂的历史书，高兴极了，如饥似渴地看了起来。此外，张居正还嘱咐儒臣，将记录太祖等几位皇帝的《宝训》及《实录》分类成书，供万历皇帝学习。

在《明史·孝定李太后传》中记载着这样一件事，说明李太后对万历皇帝朱翊钧的管束是相当严格的。“帝尝在西城曲宴被酒，令内侍歌新声，辞不能，取剑击之。左右劝解，乃戏割其发。翼日，太后闻，传语居正具疏切谏，令为帝草罪己御札。又召帝长跪，数其过。”

万历八年（1580）十一月的一天夜晚，朱翊钧来到西城酒宴，酒后命小内监唱曲，因唱的曲子都是他听过的，便命小内监演唱新曲，而小内监称不会新曲，朱翊钧听后大怒，拿起宝剑就要刺他，因左右劝解，才未刺到，朱翊钧为了出气，便将小太监的头发割了下来。第二天，冯保将此事报告给慈圣李太后，李太后听到后，非常地生气，立即命张居正为朱翊钧草拟认错书，并说要削掉他的皇位，让李太后的幼子潞王来接替皇位。慈圣宣文李太后又命朱翊钧长跪，并严厉地批评了他的错误行为。张居正一方面为万历皇帝讲情，另一方面，请求处治引导朱翊钧寻求消遣的太监。

乾清宫的小太监孙海、客用等人诱导万历皇帝游玩嬉戏，得到皇上的喜欢宠信。慈圣李太后知道后，即令冯保逮捕他们，对他们进行杖打并赶出宫。张居正又开列了他们同伙的罪恶，请求罢斥驱逐他们，并且，令司礼监及各内侍，自己陈述所作所为，由万历皇帝裁夺去职或者留用。张居正还劝皇帝戒除游戏及夜宴，慎重起居，专注精神，以广储圣嗣，节省赏赐以减少浪费，拒绝珍玩以端正好尚，并亲自日理万机以清明政治，勤于讲学以治理国家。

《明史·孝定李太后传》中载："后性严明。万历初政，委任张居正，综核名实，几于富强，后之力居多。"

慈圣李太后在万历六年（1578），朱翊钧16岁大婚届期，将要搬出乾清宫，回到慈宁新宫自己的住处。临行前谕示万历皇帝："说与皇帝知道，尔婚礼将成，我当还本宫，凡尔动静食息，俱不得如前时闻见训教，为此忧思。尔一身为天地神人之主，所系非轻。尔务要万分涵养，节饮食，慎起居，依从老成人谏劝，不可溺爱衽席，任用匪人，以贻我忧……。"但叮嘱皇帝后，她还不放心，又委托首辅张居正："皇帝大婚礼在迩，我当还本宫，不得如前时常常守着照管，恐皇帝不似前问学勤政，有累盛德，为此深虑。先生亲受先帝付托，有师保之责，比别不同。今特申谕交与先生，务要朝夕纳诲，以辅其德，用终先帝付托重义，庶社稷苍生，永有赖焉。先生其敬承之，故谕。"

张居正除了教育万历皇帝，最重要的职责还是为万历皇帝辅政。从万历元年（1573）到万历十年（1582），是万历皇帝人生的辉煌时期。他任用张居正为内阁首辅，振纲剔弊，大力进行政治、经济改革，以求富国强兵。他的改革主要有以下几方面：

1. 请皇帝勤于讲学，亲理国事，戒绝游宴，节省费用。

2. 立考成法，明信赏罚，整齐号令，综核名实，整顿吏治，提高行政效率。

3. 推行一条鞭法，均平赋役，清文土地，抑制豪强，减轻百姓负担，增加财政收入。

4. 兴修水利，治理黄河、淮河。

5. 加强边防，平定西南骚乱，重用抗倭名将戚继光、李成梁镇守蓟门和辽东，使边境晏然。

通过一系列的改革措施，缓和了社会矛盾，挽救了财政危机，使万历初年经济富庶、政治稳定、边防巩固。使得万历朝的前十年，国家政治清明，经济飞速发展，使濒于崩溃的明王朝获得了短暂的复苏和繁荣。

万历皇帝不仅对张居正委以重任，而且尊礼有加，言必称张先生，从不直呼其名。张居正非常注重对万历皇帝的教育，亲自指导万历皇帝朱翊钧读书，为他安排周详的课程，选拔具有高素养的大臣主持教学。朱翊钧也与张居正建立了深厚的师生之情，盛夏时节，万历皇帝让内使给张居正摇扇去暑，冬天上课的时候，朱翊钧总是嘱咐太监，将厚厚的毛毯摆放在张居正的脚下，以免冻伤他的脚。张居正生病时，万历皇帝更是亲自为他煎药。张居正为了感谢皇帝的知遇之恩，事必躬亲，霄肝沥胆，将一个大明王朝治理得井井有条。

万历皇帝在亲政后，依然对慈圣李太后十分孝敬。“一日与两宫幸后苑赏花，慈圣辇至，神宗即降步亲扶慈圣出辇，屡却不从，闻者太息。”（《石林诗话》）

万历皇帝朱翊钧在当政的前十年中，从思想上到行动上，全力支持张居正，合力进行改革，推行新政。

但令人遗憾的是，自万历十年（1582）张居正去世后，万历皇帝开始独掌朝中大权，但他并没有继续推行新政，而是自毁新政，反过来扼杀这场富有生气的改革，从此使明朝走上了衰败的道路。

随着年龄的增长，万历皇帝对昔日威柄震主的张居正日益不满。在张居正变法期间失势的守旧派大臣也乘机反扑，弹劾张居正和他的支持者冯保，加上张居正、冯保二人以前曾对朱翊钧约束过严，使万历皇帝对他们的反感骤升。在张居正当政期间，也有过“钳制言路，挟私报怨”的缺点，再加上张居正的改革触动了权要豪势们的利益，于是招致怨恨，同时由于他权柄独握，几于震主，使万历皇帝也逐渐地不能容忍。

万历十年（1582）十二月，万历皇帝以冯保欺君蠹国之罪，免其东厂提督之职，抄没其家产。随之，又将张居正生前重用的人统统罢免，同时，为以前曾经因反对张居正改革而丢官的大臣，恢复名誉或官职，不久又诏夺了张居正所封的官职、谥号，并抄没了他的家产，家人被谪戍。

最初，李太后还过问此事，后来也逐渐地不干涉了。因为李太后的注意力已经转到幼子潞王朱翊镠的婚事上，万历皇帝还对李太后解释说：“冯保、张居正家赀甚厚，籍没可助大婚。”李太后对此居然也同意了。在他们看来，张居正、冯保都不过是家奴，为了家族的利益，牺牲两个家奴又算得了什么。但是，万历皇帝和李太后没有想到，张居正的厄运，绝不仅仅是他个人的，它结束了隆庆、万历初年的改革，从此，明朝进入了不可挽救的衰败时代。

全面地否定张居正的改革，也是万历皇帝全面废弃励精图治、由勤变懒的标志。从此以后，万历皇帝完全变成了另外的一个人。昔日的少年天子的气派与风采已经不复存在。他隐居深宫，怠于临政，二十多年不理朝政。生活奢侈、挥金如土，使得朝政大坏，整个统治阶级糜烂不堪，贪污成风，党争不息，各种矛盾急剧发展，国库空虚，百姓遭难。

万历皇帝曾作为一代英王，在张居正的辅佐下使大明王朝的社会经济得到了空前的繁荣，他也曾因穷奢极欲，横征暴敛，背负了千古骂名。

张居正在万历皇帝继位后的前十年，奋发图强，使明王朝的经济得到了空前的繁荣，在江南地区已经出现了资本主义的萌芽。而万历皇帝缺乏明太祖朱元璋、明成祖朱棣那样的雄才大略，非但未能使明朝中兴，相反地却把明朝推向绝境，因此，后人评论曰“明之亡，实亡于神宗”。

万历朝之后，许多人公开要求为张居正平反，并恢复名誉。到天启年间，天启帝朱由校下诏恢复张居正原来的官职，为张居正平反，并按照仪礼给予安葬祭祀。

万历皇帝朱翊钧的生母被尊为慈圣皇太后以后，李太后的父亲李伟一家也攀龙附凤，改变了原先的卑微地位。李伟被封为武清侯，成了名贯都门，显赫一时的皇亲。李伟的三个儿子，长子文全袭了爵位，次子文贵官至左都督，三子文进却自宫净身，并随慈圣皇太后入宫，当上了御马监太监。

虽然慈圣李太后的父、母及家人成了皇亲，但李太后对娘家人等管束很严。她的父亲李伟曾仗势作皇商，包揽军需布匹。有一次，李伟为军中织造布匹，以偷工减料的手段，以次充好，从中渔利，并引起军中不满。万历皇帝得知，命人取来布匹进行检验，情况果然如此。万历皇帝将此事报告给李太后，李太后听了非常生气，传谕严办。辅臣张居正为了照顾这位皇亲，并没有对李伟进行处罚，只处罚了他的下属人员，李太后得知，认为处罚太轻，又召李伟父子入宫，并叫他们跪在仁德门前，她亲升隆道阁，历数他们的罪行，李伟父子一看事情闹大了，遂慌恐服罪。自此以后，朝廷就再也没有给李伟委派什么正经政务，只是在皇帝祭天坛、祀太庙及祭陵时，做一些礼仪上的体面事。

李伟成为皇亲，家资豪富，所修建的花园别墅在当时最负盛名。他在西郊修建了一所花园别墅——清华园。这座花园以水取胜，并以花木、禽鱼而闻名，当时号称“京师第一名园”。他还将玉渊潭及钓鱼台辟为避暑别墅。

慈圣李太后为了尽孝心，经常接她的母亲王氏到慈宁宫中居住，并给予很多的赏赐。外戚在宫内居住，这在明代宫廷制度中是绝对不允许的，而王氏却能经常居住于慈宁宫，应是极为少见的。

万历皇帝十岁登基，十六岁大婚。但是这位少年天子虽然已经成婚，却久久不能生出“龙子”，李太后盼望了很久也没有抱上“龙孙”，这让她心急如焚。在古代的中国，一个普通的人家如果香火失传，那将成为这个家庭的不幸，何况一个堂堂的大明王朝的皇位无人继承呢？这可是一件天大的事。李太后觉得再也不能被动地等待，她认为这个皇储大事只由她一个人在宫中日夜祈祷已经远远不够，于是她号召天下名山大刹的佛门僧众，广建道场，大做佛事，共同来祈祷，以求佛祖保佑皇孙早日降临。

在万历十年（1582），万历皇帝果真得了一个儿子，由王恭妃生下了皇子朱常洛。皇孙从天而降，皇祚有继了，慈圣宣文李太后非常高兴。其实，这个皇孙的偶得缘于万历皇帝的一次巧遇。

万历九年（1581）冬季的一天，年已 19 岁的万历皇帝来到慈宁宫中拜见母亲，此时，李太后恰巧不在宫内，待他正要离去时却遇到一位王姓宫女。王氏年方十七岁，长得端庄秀美，亭亭玉立。一个拥有至高无上权力的青年皇帝与一位情窦初开的妙龄少女遇到一起，其结果是可想而知的。万历皇帝在宠幸王氏之后，并没有把这件事放在心上。但这次宠幸却使王氏怀上了身孕。李太后在得知王氏宫女怀上了万历皇帝的孩子后，非常地高兴。

第二年四月的一天，万历皇帝侍奉慈圣李太后酒宴，席间，李太后向万历皇帝问及此事，万历皇帝却矢口否认。对万历皇帝一向管束严厉的李太后，立即命人取来《内起居注》叫万历皇帝自己看。在事实面前，万历皇帝无法否认，只得如实承认。

在慈圣李太后的力主之下，王氏于 1582 年 6 月被册封为恭妃，同年 8 月，王恭妃不负众望，果然生下了一个男孩儿，这个男孩儿就是后来继承万历皇帝朱翊钧之位的朱常洛。

其实，万历皇帝并不喜欢王氏，所以对朱常洛也漠不关心。而他在妃嫔中最迷恋的是郑淑妃。万历十四年（1586）正月，郑淑妃也生下一子，起名常洵，是为皇三子。朱翊钧见到宠妃生子非常高兴，当即将郑淑妃册封为皇贵妃，并有意将朱常洵立为太子，但在宫廷内廷臣的反对中始终不敢决定，立谁为太子这件事一直争论了十五年。

万历皇帝不但不立朱常洛为太子，甚至对他读书上也不关心。直到朱常洛 13 岁，才在廷臣的力争下出阁讲读。但在读书时，由于受到万历皇帝的影响，连内监也刁难他。

在朱常洛长大后，虽然廷臣们要求立他为皇太子，但万历皇帝始终不同意。朱常洛的处境引起了慈圣宣文李太后的注意。万历二十九年（1601）正月的一天，万历皇帝到慈宁宫看望母后，慈圣李太后问朱翊钧道："常洛已经 19 岁了，为什么还不立朱常洛为太子？"万历皇帝随口回答："他是都人的儿子。"原来，明朝内廷将宫女呼为"都人"，含有轻蔑之义。李太后听后大怒，她怒斥朱翊钧说："你也是都人的儿子。"因为李太后也是宫人出身，万历皇帝的回答触到了她的痛处。万历皇帝看到母亲大怒，十分地惶恐，伏地不敢起，嘴里不停地回答："马上册封，马上册封……"于是，朱常洛被立为皇太子，朱常洵被封为福王。

慈圣李太后不但在宫中享有崇高的威望，并且在满族人心中也享有很高的声望。

万历十一年（1583），明军在镇压建州右卫古埒城主阿台的叛乱中，误杀随同前往的觉昌安和塔克世。慈圣宣文皇太后得知后深为惋惜，饬谕李成梁之枉滥。为了安抚努尔哈赤，明神宗给予敕书30道，并且用30匹马作为赔偿，并命他承袭父职，任建州左卫指挥。努尔哈赤曾先后八次到北京朝贡，并取得万历皇帝的信任，职务也由指挥升任都督佥事、左教督，都至龙虎将军。努尔哈赤对慈圣宣文皇太后尤为感激，每当祀神时，于神宗像下设小桌，供以糕醑，附祀慈圣宣文李太后，称为“完立（万历）妈妈”。此习俗在满族中，一直沿袭到清代道光年间。不过，后人一般在附祀时，则早已不知“完立妈妈”为何方神灵了。

万历二十年（1592），日本发动了对朝鲜的侵略战争，其目的是要占领整个朝鲜，进而侵略中国。日军由釜山登陆，迅速占领了平壤，于是，朝鲜国王向明朝告急求救，万历皇帝认为，朝鲜“为我藩篱”，唇亡齿寒，决定派兵援救。万历二十一年（1593），明军从日军的占领下收复了平壤，逼迫日军退到釜山。万历二十五年（1597），日军又再度入侵，明朝再次出兵援助，并发动反攻，给日军以重创，日军几乎全部被歼，取得援朝战争的彻底胜利。朝鲜国王对万历皇帝非常感激，自然也对慈圣宣文李太后十分敬仰。

在山西翼城，旧时的妇女享有着一种殊荣，即出嫁的姑娘要头戴凤冠，身披霞帔，腰束玉带，脚穿凤头鞋，并乘坐龙凤轿，而其他地方的姑娘却只戴花冠，穿绣花鞋。据传，这是李太后特赐家乡女子的出嫁礼仪，他处女子不得享此殊荣。

万历四十二年（1614）二月初九日，慈圣宣文李太后去世，终年 70 岁（虚岁），并与穆宗朱载垕及陈皇后合葬在十三陵的昭陵中。

慈圣宣文李太后在世的时候，被万历皇帝累加尊号。被称为“慈圣宣文明素贞寿端献恭喜皇太后”，李太后去世后，被谥为“孝定贞纯钦仁端肃弼天祚圣皇太后”，以表明慈圣宣文李太后的种种美德，无不具备。

李太后与“九莲菩萨”

据明代史料记载，历朝的太后、太妃们均崇拜佛教。她们大多用礼佛、念经来摆脱精神上的苦痛，从宗教中寻求安慰与解脱。

慈圣李太后也是一位佛教的崇拜者，她一生笃信佛教。《明史·孝定李太后传》中记载：“顾好佛，京师内外，多置梵刹，动费巨万，帝亦助施无算。居正在日，尝以为言，未能用也。”她在京城内外兴建的佛寺不计其数。

慈圣宣文李太后出身贫寒，在宫中地位卑微，加之其子万历皇帝年龄又小，在宫里还没有树立起自己崇高的地位和威望。所以为了稳固自己的权力，她便借用了佛教的影响，使皇权与神权相结合。她以托梦的方式，自称被九莲菩萨所教化，于是就有了九莲菩萨梦中传经的故事，继而被寺僧传为九莲菩萨下凡，这样就为慈圣宣文李太后披上了一件慈善而神圣的佛教外衣，由此确立了她至高无上的神的地位。

在万历皇帝登基的那一年，由李太后领衔，司礼太监冯保等权贵，为顺天保明寺（又称皇姑寺）赠送了一口大钟，在钟上大字铸着“天地三界十方万灵真宰”，这是民间教派崇奉的最高神“无生老母”的代称。顺天保明寺的开山祖尼吕牛，据说是观音菩萨的化身。她曾在明英宗朱祁镇率兵亲征瓦剌时，在路中劝阻，但朱祁镇并没有听从她的劝告。后来，朱祁镇在土木堡之战中被俘，并丢了皇位。后来，他又夺回了皇位，便封吕尼为“御妹”，并为她建寺，赐寺额“顺天保明寺”，又因他封吕尼为御妹，所以此寺又俗称为“皇姑寺”。明代中叶以后，这座皇姑寺成为外佛内道的民间教派西大乘教的根据地。

随后，在万历二年（1574）建承恩寺、海会寺；万历三年（1575）修东岳庙；万历四年（1576）兴建慈寿寺及永安万寿塔；万历五年（1577）建万寿寺；万历七年（1579）在五台山兴建大塔院寺及护国祐民释迦文佛舍利宝塔；万历二十年（1592）为迎接水斋禅师而兴建的长椿寺，并由万历皇帝赐额，意为祝慈圣宣文皇太后长寿。此外，慈圣宣文李太后在万历皇帝的支持下，在五台山、普陀山、峨眉山、九华山及全国各地兴建了数不清的寺庙，并颁赐《大藏经》。

慈寿寺及永安万寿塔兴建之后，万历十四年（1586），在万历皇帝的生母慈圣宣文李太后居住的慈宁新宫中，忽然间盛开了九朵美丽的荷花（也有的史料中说是并蒂莲），李太后看到后异常惊喜，认为荷花盛开，代表着祥瑞将临。两天后宫中也有瑞莲盛开。于是，李太后即命宫中画师，将盛开的荷花描绘下来，并加上观音菩萨像，镌刻在石碑上，又命阁臣申时行、许国、王锡爵为瑞莲作赋，以阐发奇祥，并将《瑞莲赋》镌刻在刻有莲花观音像的后面，树立在慈寿寺里的永安万寿塔旁。

慈圣宣文李太后又多次在睡梦中，梦见一位骑着凤凰，长有九个头的菩萨降临到她的身边，并向她传授九莲经文。令人惊奇的是，在李太后醒来后，竟能够将梦中九莲菩萨所授的经文，一字不差地诵读出来。于是，李太后便命人按照自己梦中的菩萨形象，铸造了一尊九莲菩萨骑凤的铜像，供奉在慈寿寺里的九莲阁中。

在《帝京景物略》中，记载着这件奇事："后殿奉九莲菩萨，七宝冠帔，坐一金凤，九首。太后梦中，菩萨数现，授太后经，曰九莲经，觉而记忆，无所遗忘，乃入经大藏，乃审厥象，范金祀之。寺有僧自言，梦或告曰：太后，菩萨后身也。"

明代人杨士聪在《玉堂荟记》中，也记载着："九莲菩萨者，孝定皇后梦中授经者也。觉而一字不遗，因录入大藏中。旋作慈寿寺，其后建九莲阁，内塑菩萨像，跨一凤而九首，寺僧相传菩萨为孝定前身也。"

在上述记载中，也记述着这样一件非常奇妙的事情：慈圣宣文李太后在睡梦中，见到一位长有九个头的菩萨，俗称九莲菩萨，并向李太后传授经文。李太后在梦醒后，居然能将被传授的经文一字不落地背诵下来。太后又命将自己梦中见到的九莲菩萨形象铸成铜像，供奉在慈寿寺中。接着，寺中的僧人认为，九莲菩萨给李太后托梦，就是为了告诉她慈圣宣文李太后是九莲菩萨转世。为讨李太后的欢心，于是宫内、宫外都称慈圣宣文李太后为"九莲菩萨"。这个故事为慈圣宣文李太后披上了慈慧而神圣的佛教外衣，俨然成为一位神圣不可侵犯的"九莲菩萨"，李太后也就顺理成章地以"九莲菩萨"自居了。

所谓"九莲"，本是佛教"九品莲台"的略称。但在明代民间宗教中，这是一个特殊的概念，它自"三阳（极）三劫（会）"说，其内容是："过去青阳，燃灯佛掌教，炼成三叶金莲（三叶莲花开）；现在红阳，释迦佛掌教，炼成五叶金莲（五叶莲花开）；未来白阳，弥勒佛掌教，炼九叶金莲（九叶莲花开）。"据说"入九莲不遭六道"。

在山东省东岳泰山的登山道上，建有一座著名的殿宇——红门宫，在红门宫的西院正殿内，供奉着一尊"九莲菩萨"铜像。

泰山“九莲菩萨”铜像

铜像通高 3.4 米，宽 2.28 米，是泰山现存最大的明代铜像。这尊“九莲菩萨”合掌于胸前，结跏趺坐在一个大莲花宝座上，在莲花宝座的周围，铸有九枝盛开的莲花。她发髻高耸，面容丰润娴静，目光微启，衣服上饰以帔肩璎珞，在衣襟和袖口上装饰缠枝莲花和牡丹花。衣纹浑圆流畅，这尊“九莲菩萨像”的铸造工艺水平很高，是明代铜像中的精品。

这尊铜铸的九莲菩萨像被送到泰山后，最初被供奉于天书观，天书观本是北宋真宗赵恒君臣导演“天书”闹剧而建的乾元观，明代正德间在天书观中建了一座碧霞元君殿。万历皇帝在天书观碧霞元君殿的后面，兴建了一座九莲菩萨殿，并在殿中安置了这尊九莲菩萨铜像，并改天书观额为“天庆宫”。

天书观毁于民国年间，九莲菩萨铜像后被移到红门宫中供奉。

在明代万历年间修建的寺院中，除了慈寿寺供奉九莲菩萨像外，还有一些寺院中也供奉着九莲菩萨像或牌位。在万历二十年（1592）兴建的长椿寺中，原供奉过一尊九莲菩萨牌位。

《宸垣识略》中记载：“长椿寺大殿旁藏佛像十余轴，中二轴黄绫装裱，一绘九朵青莲花，捧一牌，题曰：九莲菩萨之位，时神宗李太后也。”由此可见，该寺已将慈圣宣文李太后作为“九莲菩萨”来供奉了。

据说，每年农历的十一月十九日，是九莲菩萨的诞辰。

慈圣李太后在梦见九莲菩萨的前一年，两次派遣宫内太监捧着观音菩萨像，到普陀山进香，因为观音菩萨为胎藏界的莲花部主。次年，李太后就在睡梦中被九莲菩萨传授了《九莲菩萨经》。

慈圣宣文李太后曾在宫中英华殿前栽种了两棵菩提树，其中的一棵树长得特别奇怪，它的主干弯曲后延，又沿水平方向向上长出了九条大干，因此树是慈圣李太后亲自栽种，所以被宫中人称为“九莲菩萨树”。

英华殿在紫禁城内的西北方，建福宫花园旧址的西边，是一座专门供佛的宫殿。在明、清两朝，宫中的佛事活动非常繁盛。每年的元旦和皇上、太后的生日，都要在这里举行佛事活动。慈圣李太后和太后们大都笃信佛法，拜佛念经成为她们寡居生活中的一部分。慈圣李太后在院中栽种的这两棵菩提树，据说还是从南海移植过来的名品。每年结出的菩提子，是菩提树中最为珍贵的，称为“金线菩提子”。宫人用它穿成念珠，被视为珍品来收藏。

菩提是梵文Bodni的音译，其译意为“觉”“智”等，是“觉悟”“智慧”的意思。菩提树又名摩诃菩提，相传佛祖释迦牟尼在树下修成正果，因此而成为佛教圣树。此树原产印度，晋唐时期传入我国。佛教界用菩提树叶和菩提树的果实做成佛家用品，也有用菩提树叶代替纸、绢书写经文，以示对佛的虔诚。

张士范在《菩提子诗序》中说：“大内西北之隅，建有英华殿一处，殿前有菩提树二株，闻系九莲菩萨慈圣皇祖母所植。树丛生，高二丈余，枝干婆娑，下垂至地，俨若佛菩萨慈悲接引众生也者。盛夏开花作黄金色，鼻观时时有异香，叶如楸，子与花虽并茂，然子不从花得，乃生于叶之背，双双若缀明珠，似借空华喻世，幻起色香，佛果别成，非关生灭，特现菩提身而为说法。

秋深叶坠时，飘扬永巷，拾作念珠，较南产者惜不甚大，然色黄润，而分瓣之线色微白，名衲多宝之，如得未曾有。神庙以圣母上宾，奉御容于树之东北别殿，值朔望令节，即亲诣行礼，每仰瞻双树，若有杯卷之思焉。因上尊号曰：九莲菩萨云。偶禅友持此珠作施，备述其详如此。臣士范谨述小偈，以代颂言：

英华殿前菩提树，净土移来饱霜露。
借问当年植者谁？植以九莲菩萨故。
托根不与凡卉同，花作金黄欲逆风。
婆娑荫覆人天界，馥郁香飘帝释宫。
香飘荫覆超尘劫，培得本枝千万叶。
明珠每叶实累累，佛子绳绳相续接。
深秋背叶满阶铺，会得西来意旨无？
分明舍利人恣取，缀作人间念佛珠。
念兹在兹指其掌，拳拳勿失非观想。
常将法雨润心苗，浇灌菩提日日长。
果证三生不记春，化作菩提万亿身。
万亿之身一身是，九莲菩萨宁异人。
是则名为慈圣母，九品莲台为上首。
即心即母即菩提，菩提不朽母不朽。
菩提即母足永欢，谁道众生见母难。
寄语恒河诸佛子，莫把菩提作树看。

翰林院侍讲学士张士范恭识

慈圣宣文李太后去世后，万历皇帝极为悲痛，他在菩提树东北侧的别殿中，供奉了母亲的画像。凡是从这里经过的人都须屏息静气。在每月的初一、十五两日，万历皇帝都来此凭吊。

《明宫词》中有诗云：

双树婆娑荫玉除，九莲菩萨认模糊。
英华殿里陪鸾去，采得菩提作念珠。

清代乾隆年间，慈圣李太后栽植的这两棵菩提树繁衍成为七棵。乾隆皇帝对菩提树也是崇拜备至。曾作《英华殿菩提树诗》：

何年毕钵罗，植此清虚境。
径寻有旁枝，蟠拏芝幢影。
翩翩集佳鸟，团团覆金井。
灵根天所遗，嘉阴越以静。
我闻菩提种，物物皆具领。
此树独擅名，无乃非平等。
举一堪例诸，树以无知省。

之后，乾隆皇帝命将这首《英华殿菩提树诗》镌刻在石碑上，并在碑上建亭保护。

乾隆皇帝还作一首《英华殿菩提树歌》：“我闻法华调御丈夫成道处，乃于伽耶城中菩提树。又闻华严海会诸如来，一佛一树乃至恒沙数。一亦非合恒沙数非离，是佛是树皆菩提。娑罗贝多阎扶谁则见，惟有菩提之树郁葱蔚郁常依佛日生光辉。英华之殿耸层甍，胜国莫考，国初曾以居慈宁。恩齐太任笃奉佛，爰供法像延禧笃祜贻云仍。时来瞻礼意肃穆，装严宝轴相好合梵经。或云：即是北斗之七星，贝帙一一名可徵。菩提七树森列庭。是诚不可思议标祥祯。枝枝叶叶数数无万，如斯无万数，绳绳继继永世绵皇清。”

但是近年来，植物专家在对这几棵菩提树进行考察后，认为它们并不是菩提树，而是华北地区常见的一种树木——糠椴。

糠椴为乔木，树身能高达 20 米，树冠广卵形。其叶有柄，叶广卵形或卵圆形，基部呈心形和浅心形。花为聚伞花序，有花 5–20 朵，花五瓣，黄色，果实为核果状，近圆球形。此树种每年七月开花，果实 9 月成熟。此树是喜阴性树种，喜欢生长于水分条件较好的林缘或疏林中。分布于我国的河北、山西、黑龙江、吉林、内蒙古等地，在朝鲜和俄罗斯也有分布。

糠椴叶与菩提树叶的主要区别是：糠椴的树叶先端短尖，而菩提树的树叶先端锐长。并且，菩提树为桑科，是常绿乔木。它原产印度，在我国的云南南部和广东省也有栽培，但在北方不易成活。

为了迎合李太后的好佛心理，在她的出生地通州永乐店还建造了庙宇，名“慈圣景命殿”，并在大门外建中、左、右三座石牌坊，在大殿的东、西两旁，建宝国慈孝华严寺和护国崇宁至德真君庙各一座。由万历皇帝朱翊钧亲撰碑文，对慈圣李太后大加赞赏。

慈圣李太后还曾迎释迦牟尼的舍利到宫中供养。明万历二十年（1592），高僧达观真可禅师在房山石经山雷音洞拜石下，发现了一个舍利函，里面珍藏着三颗紫红色的佛舍利。慈圣宣文李太后得知后，即命陈儒等人将佛舍利迎入宫中瞻仰，待三日后送回原处。这三颗佛舍利为肉舍利，是在隋代大业十二年（616）摆放入洞中的。1981 年 11 月 27 日，房山区云居寺保管所的工作人员在石经山雷音洞的拜石下，发现了装有慈圣李太后命人送回的佛舍利石函，但奇怪的是在打开石函后，发现函中的舍利并不是三颗，而是只有两颗，并且这两颗舍利是白色的骨舍利，并非原来的紫红色肉舍利，后来这件事成为文物界的一桩疑案。

在京西著名寺院潭柘寺的观音殿中，曾保存着一方上面印有双足凹痕的元代妙严公主拜砖。据传说，妙严公主是元世祖忽必烈的女儿，她曾是一位武将，驰骋于疆场，在战场上杀人无数。元代初年，她忽发慈悲之心，感到自己罪孽深重，便来到潭柘寺中落发修行。她每天在观音殿中，对着观音菩萨行五体投地大礼以洗刷自己的罪恶。久而久之，在她每天磕拜的地上，尤其是与额、手、足接触的砖上，被磨出了很深的凹痕，有的地方几乎穿透砖背。最后，被额、手磨出凹痕的砖破碎了，只留下一双足痕砖。万历二十年（1592），慈圣宣文李太后听到潭柘寺中珍藏着妙严公主生前留下的拜砖足印后，便要亲眼看看这块足印拜砖。潭柘寺中的僧人便将留有妙严公主足迹的拜砖从观音殿中起出，并装在一个用花梨木制作的木匣中，送到京城皇宫中供李太后观览。慈圣宣文李太后在看到这块妙严公主生前留下的拜砖足印后，十分地感慨，并命人将拜砖重新送回到潭柘寺中继续保存。

北方的名山古寺、佛事道场几乎都得到慈圣李太后的支持和资助，并且上行下效，使万历一朝，佛教盛极一时。慈圣李太后以太后之尊，动用宫中“金花银”“脂粉银”与国库帑银，建寺事佛，祈天赐福，以期皇朝永固。

据说：李太后在梦见九莲菩萨授经后，遍查佛教藏典及寺院佛像，发现竟无《九莲经》及九莲菩萨像。于是，李太后便将自己背诵出来的九莲经命人收入佛教《大藏经》中。

万历四十二年（1614），慈圣宣文李太后去世，终年70岁（虚岁）。万历四十四年（1616），万历皇帝便发诚心印造了两部《九莲菩萨经》。

这两部《九莲菩萨经》，其中的一部仿佛经，名为《佛说大慈至圣九莲菩萨化身度世尊经》，此经中假托“佛说”，称颂九莲菩萨：“以珍珠璎珞，价值亿万，庄严其身”；化生于世，神通现化，不可思议。她“心生莲华，性见莲华，眼睹莲华，耳听莲华，鼻闻莲华，口吐莲华，首出莲华，身坐莲华，足踏莲华，喜得所付，湛然圆寂”。他要求僧尼及清信士女尊信这位九莲菩萨，并警告说：“若不尊信，生怠惰心，肆侮谤语，是不怕阎摩，永堕地狱，饿鬼畜生。”

另一部经是仿道经，名为《太上老君说自在天仙九莲至圣应化度世真经》，在此经中，假托道教始祖“太上老君说”，称九莲菩萨是在“南阎浮世，下界众生，违天背道”时“分身显灵，应化度世”，而今“复证梵天（指李太后去世），神游东岱，逍遥胜境，位并碧霞，考籍蒁，亿劫钦仰”，“是为四生慈母，永为度世菩萨”。经中“自在天仙九莲圣诰”中说：“一元布化，九炁凝真。显大神通，诞育仁明之圣帝（指万历皇帝）；随机应变，奠安巩固之鸿基。”在经文结束时，还告诫说：“愚顽众生，不生信心，诽谤轻慢，殃累九祖，灾种子孙，身堕轮回，丰都受考，永无出期。”这部经明确地表明了万历皇帝把生母李太后（九莲菩萨）像送到东岳泰山上，与碧霞元君（泰山女神，民间称为泰山娘娘、泰山老奶奶）一起供奉的目的。

崇信九莲菩萨为中国佛教界所特有的，其原身为万历皇帝之母慈圣宣文李太后。民间传说她拜泰山碧霞元君为师，并修成正果，被万历皇帝封为“九莲菩萨”，能为世间众生赐福增寿。故上述“度世真经”中说九莲菩萨：“乐观东岱景，尊居天庆宫，一道金光罩，万年仰大明。”

从慈圣李太后对万历皇帝的关心、教诲和严厉地管教来看，李太后对万历皇帝的影响是相当大的。特别是李太后的崇佛、信佛程度已超出常人，所以，万历皇帝对佛教的信仰与其生母李太后的影响有着很大的关系。

在万历朝，九莲菩萨几乎成为佛教神灵的代表，在李太后去世后，其作为九莲菩萨化身的故事对宫中还具有很大的影响。

明代崇祯皇帝朱由检即位后，为了治理国家，采取了一系列的果断措施。在他登基之初，即立即果断地处置了天怒人怨的魏忠贤及其党羽，并清理宫闱，将客氏赐死。据说，他又信仰天主教，并将宫内的神佛像统统撤掉。也有一种说法是军饷告急，便将宫内的金银佛像充为军饷。后来，又为筹集军饷之事，将慈圣李太后的族孙李国瑞吓死了。于是，九莲菩萨“显灵”了。

崇祯皇帝朱由检先后有七个儿子，但三个均先后夭折了。恰在此时，他宠爱的第五子慈焕又生病了，据《明史·悼灵王传》中记载：“悼灵王慈焕，庄烈帝第五子。生五岁而病，帝视之，忽云：‘九莲菩萨言，帝待外戚薄，将尽殇诸子。’遂薨。九莲菩萨者，神宗母，孝定李太后也。太后好佛，宫中像作九莲菩萨座，故云。”

明人文秉在《烈皇小识》卷六中记述：“悼灵王病笃，上临视之。王指九莲花娘娘现立空中，历数毁坏三宝之罪，及苛求武清云云，言讫而薨。上大惊惧，极力挽回，亦无及矣。”

清初孙承泽在《思陵典礼记》卷二中记载：“崇祯庚辰（崇祯十三年，1640），上因皇五子临殁之言，遂长斋。”又命将撤出皇宫的神佛像请了回来，收缴李国瑞的金银尽数发还，并封李国瑞七岁的儿子李存善袭武清侯。

这次“九莲菩萨显灵”事件，到底是怎么回事呢？《明史·薛国观传》中说是贵戚“交通宦官宫妾”搞的鬼。也有的说是“中人（太监）构乳媪，教皇五子言之”。

崇祯皇帝撤佛像，崇信天主教，自然危及那些佛教、道教及民间宗教信徒，他们与贵戚一道，请出慈圣李太后（九莲菩萨）来，与崇祯皇帝抗争，最终使崇祯皇帝做出了让步。

后来崇祯皇帝“念王灵异，封为孺孝悼灵王玄机慈应真君，命建佛寺于草桥之北，额曰九莲慈阴寺，时崇祯十五年也”。由此看来，崇祯皇帝对九莲菩萨显灵也深信不疑，还要兴建寺院来加以供奉。

慈圣宣文李太后一生极力崇尚佛教，并神化自己，以“九莲菩萨”转世自居，其目的是利用佛教来巩固皇位，提升自己在宫中的政治地位，同时，也使佛教在明代后期有了很大的发展和繁荣。其子万历皇帝朱翊钧，因从小受李太后严格的教诲和严厉的管教，加上李太后对佛教的信仰程度已超出常人，所以备受熏陶的万历皇帝及皇后也非常信仰佛教，他对宣传李太后为“九莲菩萨”转世确实起到了推波助澜的重要作用。

永安万寿塔的建筑风格及佛教艺术特色

永安万寿塔为密檐式实心砖塔，塔身通高 56.36 米。坐落在慈寿寺天王殿的后面。光绪年间，慈寿寺里的建筑因年久失修，殿堂建筑圮毁殆尽，只余下这座永安万寿塔孤然而立，塔后两侧，还有两通石碑与它相伴。

慈寿寺塔

2014 年 10 月，北京史地民俗学会副秘书长梁欣立，在北京建筑大学图书馆馆长王锐英的帮助下，北京建筑大学测绘与城市空间信息学院，使用广泛用于地上大型建筑测量的全站型电子测距仪，对慈寿寺塔进行实地测量。由于地面相对不平整，测量员取塔座与地面交界处的平均值设为测量基点，测量最高点为塔刹（不含避雷针）。本次测量得出，慈寿寺塔地上暴露出来的建筑（不含地宫）通高为“56.3575 米”。

在许多史籍中，对慈寿寺里的永安万寿塔进行了简略地记述。

在《万历野获编》中记载："入山门即有窣堵波，高入云表，名永安塔，华焕精严。"

《涌幢小品》中说："殿宇壮丽，一塔耸出云汉，四壁金刚像如生。"

《帝京景物略》中记述："有永安寿塔，塔十三级，崔巍云中。四壁金刚，振臂拳膂，怒瞅据踏，如有气呇呇，如叱叱有声。天宁寺隋塔摹也。"

董文涣在《砚樵山房日记》中，记述了他所见到的慈寿寺中的景象，入寺门则见："殿宇壮丽，左有永安寿塔，十三级耸立云汉，四壁皆金刚像，塔后老松四株，枝干蔽日，拏地作九龙势。左右两碑亭刻《九莲菩萨像》。又明阁臣申时行、许国、王锡爵《瑞莲赋》勒碑后。寺内荒榛，莽棘刺人衣袂，垣墉殿宇倾圮已极，独浮图与碑亭巍然尚存耳。"

周肇祥在《琉璃厂杂记》中，记述了他的见闻："塔十三层，摹影天宁，精丽过之。基以上作神兽负重状，间以石中嵌佛像。左右侍佛各像一，取梵经故事，以方砖雕造，环列古茂，如武梁祠汉画。每段有天王像，为界画，而额其端字已脱落。上为铜造莲瓣形，莲上布石栏，八面有八扉，涂朱，环涂金。天王守护威猛骞动如生，额曰永安万寿塔。云气缭绕之，更上始为层矣。土人盗塔下砖，近周以垣。"

在永安万寿塔周围居住的居民中，曾流传着这样一段传说，说是慈圣宣文李太后，将在房山石经山上雷音洞中发现的三颗佛舍利中的一颗私自保留了下来，并且藏在了慈寿寺里正在建造的永安万寿塔中。但这个传说，从时间上来分析，其中有些矛盾。据史料记载，永安万寿塔建成于万历六年（1578），而慈圣宣文李太后将佛舍利迎入宫中供奉，是万历二十年（1592）的事情，比永安万寿塔建成的时间晚了十四年。是否有可能是慈圣宣文李太后将这颗佛舍利藏在了已经建成多年的永安万寿塔中？关于这段传说，在史料中从未见到有任何记载。

永安万寿塔的建筑结构形式是由三部分组成，最下面是塔基，塔基的上面坐落着楼阁式塔身和密檐，最顶上是塔刹。

按照中国佛塔的主体结构来分析，塔底下应该建有地宫。但永安万寿塔下是否建有地宫，是否藏有佛舍利或其他佛教文物，现在还不得而知。

塔基座

永安万寿塔的最下面是一座八角形的高大平台，平台为砖、石砌成。在平台的上面，是两层八角形台。八角形台的上边，是一层石质圭脚。在圭脚的上面，建有两层八角形须弥座。

慈寿寺塔基座

在下面第一层须弥座束腰的每面上，各开有六个壶门形龛。在中间的四个龛中，各雕塑有一尊狮首，而两边的龛中，则各雕塑有一尊象首，在大象的右侧，浮雕有一支盛开的莲花（西番莲）。

雄　狮

狮（梵名 simha），经典上常写作“狮子”。狮子为猫科大型动物，被称为百兽之王，俗言：狮子吼，百兽脑裂。它肌肉发达，体力强健，威猛无比。特点是头大，身长，腿短。据说，狮子是汉武帝通西域时传入中国的。东汉顺帝时，疏勒国王派使者向东汉日朝赠送的礼品中就有狮子。

在中国狮子被看作是避灾、镇邪的神兽。历代的工匠艺术家将狮子的形象进行夸张和神化，突出地表现出狮子的威武、强健和凶猛的气质。

狮子与佛教的关系也非常密切，狮子被作为护法神来表现，用以表示佛法的神圣。在许多经典中，都用狮子来比喻佛祖的无畏和伟大。释迦牟尼就被喻为雄狮的化身，代表佛为人中之雄者，犹如狮子为百兽之王。在《大智度论》卷七中记载，狮子在四足兽中，独步无畏，能降伏一切，佛陀也如是。此外，由于释迦牟尼为人中之王，于三界中得无畏自在，犹如万兽中的狮子王，所以称为释狮子。释迦牟尼以无畏声音说法，如同狮子在咆吼，所以又称佛说法为狮子吼。

释迦牟尼的所坐之处也通称为“狮子座”或“师子座”。此外，四大菩萨之一的文殊菩萨也将狮子作为自己的坐骑。

大　象

象，属于长鼻目象科动物。由于象是陆地上现存最大的动物，它体型庞大，又有大力气，在很多世纪以来，印度象就被用作重大的礼仪动物。

在佛教经典中经常提到大象，如以象王来譬喻佛的举止如象中之王。白象也是高贵种姓的象征，如释迦牟尼佛。菩萨入母胎时，即化作白象形，表示菩萨体性善柔和具有大势力。

在《摩诃止观》卷二中说，六牙白象代表菩萨无漏六神通。

象有大力，表法身堪能荷负；无有烦恼杂染，因而为白色。或言白象之六牙表示六度，四足表示四如意。普贤菩萨就将六牙白象作为自己的坐骑，即表示有大慈力。

第一层须弥座束腰中的金刚力士

由于年代久远以及人为地破坏，龛中的狮首和象首均被毁坏，无一幸存。

在龛与龛之间，各间隔着一尊砖雕武士形象的护法金刚像，这些护法金刚像，身着甲胄，手中持有镇妖兵器，显示出一种势不可挡，威风凛凛的气质。此外，还与护法金刚像交替镶嵌着法轮、法螺、宝伞、宝盖、盘长、双鱼、宝瓶、莲花这八件佛教吉祥宝物的浮雕。在塔的须弥座的每一面上，各镶嵌着一种八吉祥宝物砖雕。在每件宝物的下面，承托有一个装满金锭、金钱、摩尼宝珠、犀角、羚羊角、珊瑚等杂宝的聚宝盆。在须弥座的转角处，各雕有一个短柱，上边雕刻着莲花结鱼瓶图案。

八吉祥

在佛教文化中，称法轮、宝螺、宝伞、宝盖、莲花、宝瓶、双鱼、盘长这八种器物为“八吉祥”或“佛八宝”。

按照佛教的说法，这八种器物各有其特定的象征意义。

法轮：表示佛法圆轮，代代相续，是生命不息的象征。

第一层须弥座束腰中镶嵌的佛教八吉祥砖雕

龛之间镶嵌的佛教八吉祥砖雕

转角处的莲花结鱼瓶短柱

法螺：表示佛音吉祥，遍及世界，是好运常在的象征。

宝伞：表示覆盖一切，开闭自如，是保护众生的象征。

宝盖：表示遮覆世界，净化宇宙，是解脱贫病的象征。

莲花：表示神圣纯洁，一尘不染，是拒绝污染的象征。

宝瓶：表示福智圆满，毫不漏洞，是取得成功的象征。

双鱼：表示活泼健康，充满活力，是趋吉避邪的象征。

盘长：表示回贯一切，永无穷尽，是长命百岁的象征。

在藏传佛教中，八吉祥图，藏语称“扎西达杰”，是藏族绘画里最常见而又赋予深刻内涵的一种组合式绘画精品。大多以壁画，金、银、铜、木雕刻和塑造的形式出现，这八种吉祥物的标志与佛陀或佛法息息相关。八吉祥图分别为金轮、白海螺、宝伞、胜利幢、莲花、宝瓶、金鱼、吉祥结。

金轮：古印度时，轮是一种杀伤力强大的武器，后为佛教借用，象征佛法像轮子一样旋转不停，永不停息。

白海螺：佛经载释迦牟尼说法时声震四方，如海螺之音。故今法会之际常吹鸣海螺。在西藏以右旋白海螺最受尊崇，被视为名声远扬三千大千世界之象征，也即象征着达摩回荡（乐曲十分动人）不息的声音。

宝伞：古印度时，贵族、皇室成员出行时，以伞蔽阳，后演化为仪仗器具，寓意为至上权威。佛教以伞象征遮蔽魔障，守护佛法。藏传佛教亦认为宝伞象征着佛陀教诲的权威。

胜利幢：为古印度时的一种军旗。佛教用幢寓意烦恼孽根得以解脱，觉悟得正果。藏传佛教更用其比喻十一种烦恼对治力，即戒、定、慧、解脱、大悲、空无相无愿、方便、无我、悟缘起、离偏见、受佛之加持得自心、自情清净。

莲花：莲花出淤泥而不染，至清至纯。藏传佛教认为莲花象征着最终的目标，即修成正果。

宝瓶：藏传佛教寺院中的瓶内装净水（甘露）和宝石，瓶中插有孔雀翎或如意树。即象征着吉祥、清净和财运，又象征着俱宝无漏、福智圆满、永生不死。

金鱼：鱼行水中，畅通无碍。佛教以其喻示超越世间、自由豁达得解脱的修行者。藏传佛教中，常以一对金鱼象征解脱的境地，又象征着复苏、永生、再生等意。

吉祥结：吉祥结较为原初的意义象征爱情和献身。佛教的解释中吉祥结还象征着如若跟随佛陀，就有能力从生存的海洋中打捞起智慧珍珠和觉悟珍宝。

这八个图案可以单独成形，也可组成一个整体图案，这种整体图案在藏语中称“达杰朋苏”，意为吉祥八图宝瓶状。

相传释迦牟尼诞生时，天人献上种种供品，此八吉祥即为天人所供，故密乘行人常用此来装饰佛坛，有用金、银、铜等制成者。也有用木制成者，也有用绘画来表现。

也有的说，此八吉祥代表着佛陀身上的八个部位，宝瓶、宝盖、双鱼、莲花、白螺、吉祥结、尊胜幢、法轮，依次代表佛陀的颈、佛顶、佛眼、佛舌、佛三道、佛心、佛陀之无上正等觉及佛手。

宝瓶代表佛陀的颈，因佛法皆由佛陀口中流出，故宝瓶又为教法、教理的表征。献上宝瓶时，亦代表祈愿众生获得这圆满无上的教义。

宝盖，代表佛顶，在汉地名为白伞，置于佛陀顶上，能遮蔽风日。伞在古代印度原为贵族、皇室所用，象征尊贵威势，在此代表行者具足大威势，能除一切魔障，清净吉祥。献上伞盖是祈愿众生离苦得乐。

双鱼代表佛陀的双目。此代表佛眼慈视众生，故又为智慧的表征。供养吉祥的双鱼，祈愿消除众生的无明，得到了悟一切的智慧。

莲花代表佛陀的舌头。象征佛以广长舌说一切法，使众生都能悟入开示佛之知见。献上莲花，祈愿我们具足利益众生的能力。

白螺代表佛陀的三条颈纹。佛陀的法音广大悠扬，如白海螺一般清净美好，使一切有情入于解脱。

吉祥结代表佛陀的心，又称为无尽结，因为此结无首无端，代表佛陀心法无尽。此结亦可视为两个“出”字交搭而成，因此亦为心脉的表征。藏密中常以此结为信众佩戴加持。

尊胜幢代表佛陀无上正等正觉，是为佛教的胜利，故以尊胜幢来表征。幢在古代表为军队所用，代表胜利。在此代表除一切烦恼魔障，得大胜利，究竟解脱。其呈圆柱形，不像伞一般可以曲张，也有以铜制成，外表鎏金，矗立于殿宇四角。

法轮代表佛陀的手掌。此象征法轮常转，而转之八辐，有说代表“八正道”——正见、正思维、正语、正业、正命、正精进、正念、正定，亦有说代表佛陀八相成道。

在藏传佛教寺院的屋顶正中央，经常可以见到法轮的标志，在巨大的法轮左右，各卧有一只鹿，为一雄一雌，这是象征佛陀于鹿野苑初转法轮。在《毗奈耶杂事》中记载：“刻转法轮像，两旁安鹿而卧。”

第二层须弥座的边长尺寸比第一层须弥座稍小一些。在须弥座的束腰中，每面均开有七个长方形的龛。在正南面须弥座束腰正中的三个龛中，雕塑有一组横三世佛像，中间的一幅为佛祖释迦牟尼的坐像。释迦牟尼结跏趺坐在莲花宝座上，双手结禅定印。在释迦牟尼塑像的两侧，是他的弟子迦叶和阿难的立像。在释迦牟尼像的左侧龛中，是一幅东方净琉璃世界教主药师佛的坐像；

释迦牟尼像的右侧龛中，为一幅西方极乐世界教主阿弥陀佛的坐像。

释迦牟尼佛

释迦牟尼（梵名 Sakya-muni-Buddha），是佛教的创始人，约在公元前五百余年，出生于北印度的迦毗罗卫城（在今之尼泊尔南境），为该城城主净饭王的太子。姓乔答摩（Gautama），名悉达多（梵文 Siddhartha）。成道后被尊称为“释迦牟尼”，意思是“释迦族的贤人”。

释迦牟尼佛像

释迦牟尼佛的母亲为摩耶夫人，是迦毗罗卫国邻国拘利城主的女儿。在摩耶夫人怀孕后，因产期日近，按当时习俗回娘家拘利城生产，途中，在蓝毗尼花园突然生产，遂于园中生下一男孩，即后来的释迦牟尼佛。

根据《中阿含经》第八（未曾有法经）中所述，释尊在往昔迦叶佛时，志愿佛道，行持梵行，而上升兜率天（tusita）中，后来下天托生于摩耶夫人的圣胎。佛陀出胎时，天地震动，光明普照世间。当时突然出现一座大池，夫人以其水净身，这时候从虚空中，注下冷、暖两股水，灌洗童子之身。并有四位天神，手持着极细的衣服，到夫人前赞叹初生的童子。而童子在观察四方之后，各步行七步。诸天也演奏伎乐，并散发着各种的华香。

另外，许多经典中记载，童子诞生时，步行七步后，举手说：“天上天下，惟我为尊；三界皆苦，吾当安之。”

佛母摩耶夫人在太子出生后不久就去世了，太子由姨母波阇波提养育。及长之后，教他学习文、武各种技艺，都能完全通晓。接着，在十七岁时，迎娶拘利城主善觉王的女儿耶输陀罗为妃。

释尊自幼深切地体会到生、老、病、死的痛苦，感受到人生欢乐的无常，于是发心寻求解脱之道。

经中说，释尊在当太子时，曾自行到城的四门出游，遇到老、病、死者以及沙门，又见到虫、鸟相食，因此痛感世间无常，不可依赖，所以，时常安坐禅定。后来生下一子罗睺罗，心想王室已有继嗣，便决定出家修行。他在二十九岁（一说十九岁）时，悄悄地离开王宫，脱去衣冠，而成为出家的沙门。

佛陀出家后，到处参访求道，他曾到东南毗舍离国参访跋伽婆求道，但是他的说法不能契合释尊的心意，因此，又渡过南方的恒河，前往参访摩揭陀国五舍城（一说毗舍离城）附近的阿罗逻迦蓝，及优陀罗罗摩子等人，而接受他们的教授。但是释尊了解到这些都并非解脱之道，于是他又渡过西南方的尼连禅河，进入伽耶附近的森林，自己思维修行，决心依靠自力，以达到究竟解脱。

在这之前，净饭王曾派遣使者，劝请太子返乡。但是释尊宁愿精进于解脱之道也不愿回国。因此，使者憍陈如等五人便随从太子共修，成为修行的伴侣。

此后数年之间，太子在苦林中，实行减食、断食等苦行，日食一麻、一粟。但是最后，他体悟到苦行并非得道之因，所以就离开苦行林，进入尼连禅河中沐浴，并接受牧羊女供养的乳糜，使身体得以恢复力气。憍陈如等见到这种情形，以为释尊在修行道上已经堕落，于是舍弃太子，前往西方的波罗奈城鹿野苑继续修行。

释尊后来独自到菩提树下，在金刚座上铺上吉祥草，面向东方安坐，下定决心若不成证无上的正觉决不起此座。经过七天（一说四十九天）之后，在破晓时分，当看到了东方一颗灿烂的明星时，他廓然大悟了，证得圆满完全的觉悟，即阿耨多罗三藐三菩提。他当时年为三十五岁（一说三十岁）。此后，他遂以“佛陀”（觉者）、“世尊”等名号为世间所知。

据经典中所述，当时魔王波旬曾经率领无数的魔众、诸眷属军众来扰乱太子，想要妨碍释尊成道，但是释尊毫无所动，并且以四禅的定力，观察十二因缘，而得证解脱一切生命痛苦的根本之道。

佛陀成道之后仍暂时停留在菩提树下，受用解脱之乐。然后思考是否应当对其他人宣说他自觉的胜法。当时，娑婆世界的主宰大梵天王前来劝请说法。佛陀受请之后，经过观察，首先前往鹿野苑，为憍陈如等五人说法，使他们得道，称为初转法轮。

根据佛典中的记载，初转法轮时，佛陀演说了四圣谛及八正道等法要，指示如何观照生命与宇宙的实相，并远离爱欲及苦行二边，而实行中道。

接着佛陀又教化其地的长者耶舍等。又前往尼连禅河附近的优娄频螺聚落，度化事火外道的优娄频螺迦叶、那提迦叶、伽耶迦叶等三兄弟，及其弟子一千人。又入王舍城，为摩揭陀国王频婆娑罗说法，得到他的皈依。当时有迦兰陀长者，愿将所拥有的竹园献给佛陀，国王就在园中建立精舍，迎接佛陀前来居住，这就是有名的迦兰陀竹林精舍。

佛陀又教化删阇耶外道，住在王舍城附近的舍利弗、大目犍连及其徒众250人，都皈依佛陀成为其弟子。到了此时，佛陀共有弟子1250人。

随后，因为父亲净饭王的迎请，而回到迦毗罗卫城，为父王、妃子等说法。当时以佛陀的异母弟弟难陀为始，罗睺罗、阿难陀、提婆达多等和释迦族的理发人优婆离等同时出家成为佛弟子。

接着，佛陀又前往五舍城，为舍卫城的长者须达多说法，长者极为感动，回国后就购买舍卫城太子祇多(jeta)所拥有的园林，在林中建立精舍献给佛陀。这就是所谓的祇树给孤独园精舍。

佛陀应须达多长者之请，游行舍卫城，教化国王波斯匿（phasenajit）王。又应毗舍离国王之请，游化该国。后来为了调停迦毗罗卫城和拘利城之间有关水利的争论，再回迦毗罗卫城，适逢父王崩逝，因此参与其葬。当时姨母波阇波提及妃耶输陀罗等，都出家成为佛弟子，从此便有了比丘尼的教团。其后，佛陀游行各处说法，教化无数的众生。

释尊一生的弘法生涯大约有四十余年，最后在世寿八十岁时，于拘尸那罗入于涅槃。

他以无比的悲智愿行，为众生提出中正、和平的解脱途径，导以正法，齐以律行，为众生树立起自觉觉他的伟大典范。

此外，依据《法华经》的说法，在印度成道、弘法与涅槃的释迦牟尼，只不过是一时的权宜示现而已。事实上，释尊在久远时劫之前，早已成佛。其实，佛陀的寿量是无限的；佛身是常住的；佛陀的智能光芒更是永恒地照耀一切众生。

药师佛

药师佛为因地菩萨时，曾发过十二大愿（又称为十二大愿）：

1. 愿我来世，得阿耨多罗三藐三菩提时，自身光明，炽然照耀无量无数无边世界，以三十二大丈夫相，八十随形，庄严其身，令一切有情如我无异。

药师佛像

2. 愿我来世得菩提时，身如琉璃，内外明彻，净无瑕秽，光明广大，功德巍巍，身善安住，焰纲庄严，过于日月，幽冥众生，悉蒙开晓，随意所趣，作诸事业。

3. 愿我来世得菩提时，以无量无边智慧方便，令诸有情，皆得无尽所受用物，莫令众生有所乏少。

4. 愿我来世得菩提时，若诸有情，行邪道者，悉令安住菩提中，若行声闻独觉乘者，皆以大乘而安立之。

5. 愿我来世得菩提时，若有无量无边有情，于我法中，修行梵中，一切皆令得不缺戒，具三聚戒，没有毁犯，闻我名已，还得清静，不堕恶趣。

6. 愿我来世得菩提时，若诸有情，其身下劣，诸根不具，丑陋顽愚，盲聋喑哑，挛躄背偻，白癞癫狂，种种病苦，闻我名已，一切皆得端正黠慧，诸根完具，无诸疾苦。

7. 愿我来世得菩提时，若诸有情，众病逼切，无救无归，无医无药，无亲无家，贫穷多苦，我之名号，一经其耳，众病悉除，身心安乐，家属资具，悉皆丰足，乃至证得无上菩提。

8. 愿我来世得菩提时，若有女人，为女百恶之所逼恼，极生厌离，愿舍女身，闻我名已，一切皆得转女成男，具丈夫相，乃至证得无上菩提。

9. 愿我来世得菩提时，令诸有情，出魔羂网，解脱一切外道缠缚，若堕种种恶见稠林，置于正见，渐令修习，诸菩萨行，速证无上菩提。

10. 愿我来世得菩提时，若诸有情，王法所加，缚录鞭挞系闭牢狱，或当刑戮，及余无量灾难凌辱，悲愁煎逼，身心受苦，若闻我名，以我福德威神力故，皆得解脱一切忧苦。

11. 愿我来世得菩提时，若诸有情，饥渴所恼，为求食故，造诸恶业，得闻我名，专念受持，我当先上上妙饮食，饱足其身，后以法味，毕建安乐而建立之。

12. 愿我来世得菩提时，若诸有情，贫无衣服，蚊虫寒热，昼夜逼恼，若闻我名，专念受持，如其所好，即得种种上妙衣服，亦得一切宝庄严具，华鬘涂香，鼓乐众伎，随心所玩，皆令满足。

这些誓愿主旨虽然也是为了众生脱离生死，早证菩提涅槃，但更偏重于让众生现世求得安乐。这也是人们将药师佛作为现世消灾延寿的重要祈求对象的缘故。

通过累劫的修炼，他终于如愿以偿，修成正果，成为东方净琉璃世界的教主——药师佛。

药师佛是以持名念佛为众生求生之方便法门，据说众生只要念他的名号，就可以不入畜生、地狱恶道，可以解除生、老、病、死等苦难，还可以免除九种非正常死亡（九横死）。

阿弥陀佛

在中国古代，由于许多信仰者的文化程度较低，识字的人很少，又不容易背诵下长篇的佛经，所以信仰净土宗就比较方便。他们只需时时念诵一句南无阿弥陀佛，久而久之，就有阿弥陀佛的名号和庄严形象以及净土胜境显现于心头，到临终时，便会乘此势力，由阿弥陀佛引导往生西方极乐世界中。

阿弥陀佛像

在《阿弥陀经》中对如何念佛进行了指导：“执持名号，若一日，若二日，若三日，若四日，若五日……一心不乱。”念佛有三种方式：

一是称名念佛，就是口称阿弥陀佛名号，念诵不已。

二为观想念佛，就是静坐入定，专心思念佛的相貌和所居西方极乐世界中清净庄严佛土。

三为实相念佛，就是观想佛的法身。

根据净土宗的理论，念佛导致往生，是由内因和外缘两方面的因素促成的。

内因是指众生自己，具体地说：就是指众生在深厚的信仰基础上，至诚念佛。因为众生一心念佛，可以除却八十亿劫生死之罪。

外因是指阿弥陀佛的愿力。众生在临终时，持诵阿弥陀佛名号，一心不乱，阿弥陀佛便会前来接引，众生依靠阿弥陀佛的愿力即得往生。

净土宗对阿弥陀佛的愿力十分推崇，认为他在众生往生中起着关键性的作用，因而，净土宗倡导的念佛往生法门又称作“他力往生法门”或“易行门”。

但是，净土宗倡导的念佛往生并不等于断除了烦恼而证得菩提涅槃。净土法门称这种往生为带业往生，即带着善、恶诸业前去往生。众生往生之时，生前所作的善、恶诸业并未断尽，而是由念佛的功力将其泯伏而不升起。这是净土往生的特点，也是其优胜处之一。

除此以外，净土往生还有两大优胜处：

一是不再退转。如果往生成功，那么在阿弥陀佛的加持下，随身所带的诸业，将会一天天地断除，终至断尽成佛。

二是往生的众生不存有中阴身，众生临终时，阿弥陀佛便会前来接引，此世的死与彼世的生同时进行，不存在灵魂迁流不决的情况。

由于往生众生的业力有轻有重，所以，往生后的果报也有高下之分。

按照净土宗的思想，众生往生的果报共有九个等级，也就是净土经典称为的“品”，即：

上品上生、上品中生、上品下生；

中品上生、中品中生、中品下生；

下品上生、下品中生、下品下生。

这九个品位其实是上、中、下三个等次。不同的等次其修行的内容不同：

上品是修大乘法的人所得的果报；

中品是修小乘法的人所得的果报；

下品是修五戒十善的人所得的果报。

因各等次中有修行深浅之分，所以分为九品。

阿弥陀佛不仅是佛教内部信仰的重要对象，同时，在民间也有极大的影响。净土宗宣传的西方极乐世界是苦难的下层人民希望中的美好归宿，而通向这一归宿的途径既简便又快速，因此，阿弥陀佛深受各阶层人士的信仰与崇拜。

阿弥陀佛以其宏大、悲切的愿力，美丽、诱人的西方净土和方便简易的往生法门，千百年来深受佛教徒的崇奉。形成了专修净土、念佛往生法门的重要宗派——净土宗。

阿弥陀佛的形象主要有坐、立两种姿势。

其坐像姿势：结跏趺坐，两手在脐下结禅定印，掌心或托有一个莲台。

立像通称为“接引佛”，其姿势右手下垂，结施与愿印，左手当胸，掌中托一莲台，呈接往众生的姿势。

另据分析，这三尊佛像是一组竖三世佛。即中间的是释迦牟尼佛，左边是燃灯佛，右边为弥勒佛。

燃灯佛

燃灯佛是梵文Dipamkara的意译，又译作“锭光佛”“锭光如来”。在佛教中是过去古佛之一。相传，他诞生时身边一切皆如明灯照耀，故名“燃灯”。

燃灯佛是释迦牟尼的老师，释迦牟尼成佛就是由他授记的。据《瑞应本起经》记载，释迦牟尼在过去世时，名叫儒童，当时正是燃灯佛在世当教主时，有一天，儒童看见一个名叫瞿夷的女子，手持七枝青莲，他便以五百金钱买了五枝，瞿夷见他花高价买青莲，很是奇怪，就问他买青莲有何用，儒童回答是用来供奉佛，瞿夷听了满心欢喜，便把另两枝也托儒童一起拿去供佛。儒童来到燃灯佛处，供上青莲花，又见地上泥泞，容易污染佛足，便脱下身上的衣服铺在地上，见还不够，就又解开长发铺在地上，让燃灯佛踏着他的衣服和长发走过泥泞。燃灯佛慧眼识才，便对儒童说：由于你这一敬佛功德，所以过九十一劫之后，你一定会成佛，名为释迦文如来。

弥勒佛

弥勒佛也称为弥勒菩萨。（见文中八大菩萨介绍）

迦叶

摩诃迦叶是梵语的音译，意为“饮光”。是摩揭陀国首都王舍城的富家子弟。他从小厌离世俗，因父亲逼迫，娶邻国毗舍离一富豪女妙贤为妻，妙贤与他虽志同道合，但他们一直过着分居的生活。在结婚十二年后，父母双双亡故，迦叶出家的时机成熟了。他辞别妙贤，外出寻师访道，先后访问了几位名师，但都不合他心意。一天，他来到竹林精舍，听释迦牟尼佛说法，颇觉契合本心，于是便随释迦牟尼出家。不久，又将妙贤接到女众僧团中同修佛法。

迦叶皈依佛教后，虽然成为佛教僧团中的一员，但他认为僧团中的生活太优裕，不宜修出世法门，所以总是一个人在深山野外，或坟墓、尸骨旁打坐。迦叶的这种修行方式，在佛教中称之为“头陀行”。头陀是梵语的音译，意为“抖擞”，即抖掉烦恼尘垢之意。迦叶长期修此苦行，从不懈怠，因而在佛弟子中有“头陀第一”

的称号。释迦牟尼也十分信任他，称赞他是未来佛法的真正住持者，并将衣钵传授给他。

迦叶得释迦牟尼传法，在佛教史上还有一个故事。据《大梵王问佛决疑经》记载：有一次，释迦牟尼受梵王之请，到灵鹫山说法。佛陀升座以后，却一句话也不说，只是手里拈着一枝波罗花给大众看。在座的人看到后都不理解，唯有迦叶见佛示花后，会意一笑。释迦牟尼随即当众宣布，将平时所用的金缕袈裟和钵盂传给迦叶，从此迦叶成为释迦牟尼的继承人。我国禅宗也因此奉他为“西天第一代祖师”。

佛祖释迦牟尼去世后，迦叶便担起了继承佛法的重任。在他的领导和主持下，开展了对佛陀言教的结集工作。迦叶发起的结集佛典工作，对释迦牟尼言教的汇集、保存和佛教的广泛传播作出了不可磨灭的贡献。

相传，迦叶在年届古稀时，将法传给了阿难，然后独自一人来到王舍城西南八百里的鸡足山，在山峰间的盆地里打坐入定，等待弥勒出世时将佛祖释迦牟尼的衣钵传给弥勒。

阿难

阿难陀是梵语的音译，意为“庆喜”“欢喜”。他是佛祖释迦牟尼的堂弟。在他幼年时就抱出家之志。释迦牟尼五十五岁时他皈依佛陀。由于他年轻聪明，又是释迦牟尼的堂弟，出家后便被众弟子推举为佛陀的侍从。他专心侍奉佛陀，形影不离，直到佛陀涅槃时为止，跟随佛陀前后达 25 年之久。他长于记忆，凡是释迦牟尼所说的教法，他都能够铭记不忘，在佛陀弟子中数他闻法最多，因此，而赢得“多闻第一”的称誉。

释迦牟尼涅槃后，迦叶为保存佛法，召集了 499 名已证得阿

善财童子五十三参故事组图 1

善财童子五十三参故事组图 2

罗汉的佛弟子来结集佛法，阿难因未证得圣果而被拒绝在外。他为此非常惭愧，便于当夜勇猛精进，终于在一夜之间证得阿罗汉果，加入了结集佛法的队伍。在结集佛法的大会上，阿难诵出了全部佛经盛典，对佛陀一生言教的结集和后世传播作出了不可磨灭的功绩。

阿难在佛弟子中不仅才华出众，佛学渊博，而且人品也高洁不凡。他性情温和，待人谦和诚恳，在佛弟子中人缘最好。

在王舍城结集后，阿难四处弘法。20 年后，他接迦叶之法，成为僧团的领袖。这时，他已 66 岁，当他活到 120 岁时，他目睹人世不依佛法行事，佛的大弟子又相继离世，于是决意涅槃。

在须弥座束腰其余的 53 个龛中，均以高浮雕的手法，雕塑有许多的佛教人物形象。根据雕塑画面内容来分析，这是一组佛经故事图，为“善财童子五十三参”的佛经故事，这个故事出自《华严经・入法界品》中。

这组“善财童子五十三参”的佛教故事，是从释迦牟尼佛的右侧，阿弥陀佛像右边的第一个龛开始展开，并呈顺时针的方向，以连环画的形式围绕塔座一周。

善财，是梵语 Sudbana 的意译。在《华严经·入法界品》中记载，善财童子生于古印度，是福城长者之子，由于前世广修供养，所以出生时家中自然现出种种宝物，故称为“善财”。虽然他拥有许多珍宝，但是他并不爱财。

有一年，文殊菩萨到善财的家乡去弘扬佛法，善财也前去听讲，由于他善根深厚，当听文殊菩萨讲到“求善知识，勿生费解；见善知识，勿生厌足，于善知识所有教诲，皆应随顺；于善知识善巧方便，勿见过失”。善财顿时萌发四方参学的志愿。他受文殊菩萨的教诲，遍游南方诸国。

文殊菩萨首先让他参访德云比丘，受念佛三昧门，后来又历访菩萨、比丘、比丘尼、优婆塞、优婆夷、童子、童女、夜叉、天女、婆罗门、长者、医生、船师、国王、仙人、佛母、王妃、地神、树神等，他依次参访了五十三处的五十五位善知识（良师益友），听受种种法门，最终他以坚强的毅力至普贤菩萨道场，在普贤菩萨的开示下证入无生法界，成就菩萨行愿。

善财童子在参访第二十七位善知识时，遇到了观音菩萨。后与龙女一起，成为观音菩萨的左、右胁侍。

在许多佛教寺院中，大雄宝殿里三世佛像的背后，均塑有一组海岛观音组像，这组海岛观音像，就是依据《华严经·入法界品》中善财童子参访观音菩萨时的情形而塑造的。

《华严经》中第三个最重要成分便是《入法界品》。这中间善财童子的问学和修学也是按着十地修行的路子来的，依然以十住、十行、十回向、十地为纲领，最后是普贤菩萨对他进行总结性的教诲。善财童子所参学的五十三位善知识依次为：

一、文殊师利菩萨；二、功德云比丘；三、海云比丘；四、善住比丘；五、良医弥加；六、解脱长者；七、海幢比丘；八、

善财童子五十三参故事组图 3

善财童子五十三参故事组图 4

善财童子五十三参故事组图 5

善财童子五十三参故事组图 6

善财童子五十三参故事组图 7

善财童子五十三参故事组图 8

休舍优婆夷；九、毗目多罗仙人；十、胜热婆罗门；十一、弥多罗尼童女；十二、善现比丘；十三、释天主童子；十四、自在优婆夷；十五、甘露顶长者；十六、法宝髻长者；十七、普眼妙香长者；十八、无厌足王；十九、大光王；二十、不动优婆夷；二十一、遍行外道；二十二、青莲花香长者；二十三、自在海师；二十四、无上胜长者；二十五、师子奋迅比丘尼；二十六、婆须蜜多女；二十七、安住长者；二十八、观世音菩萨；二十九、正趣菩萨；三十、大王天；三十一、安住道场地神；三十二、婆沙婆陀夜神；三十三、甚深妙德离垢光德夜神；三十四、喜目观察众生夜神；三十五、妙德救护众生夜神；三十六、寂静音夜神；三十七、妙德守护诸城夜神；三十八、开敷树华夜神；三十九、愿勇光明守护众生夜神；四十、妙德圆满神；四十一、瞿夷女；四十二、摩耶夫人；四十三、天主光童女；四十四、遍友童子师；四十五、善知众艺童子；四十六、贤胜优婆夷；四十七、坚固解脱长者；四十八、妙月长者；四十九、无胜军长者；五十、尸毗最胜婆罗门；五十一、德生童子；五十二、有德童女；五十三、弥勒菩萨；五十四、文殊师利菩萨；五十五、普贤菩萨。

在五十五位善知识中，除遍友童子师未说法，文殊师利两度说法，故只有五十三人为善财童子所参问。

善财童子五十三参故事组图 9

善财童子五十三参故事组图 10

《华严经·入法界品》是极富有文学意味的。先是善财童子从庄严幢沙罗林出发。那片树林的象征意味是很明确的，因为三世诸佛曾经在那里修行。在一一寻访而未得要领之后，善财在大塔前悲叹落泪，忽然，林中大放光明，文殊菩萨乘狮子从天而至。

这时，文殊菩萨注视着善财童子，对他这样说："好啊，好啊，你已经起心追求一切真理智慧，此时又愿意来亲近具备菩提智慧的人们，来问如何修学菩萨的功德，如何修习菩萨的无上智慧之道。"

这时，文殊菩萨告诉善财童子："如果有人能够发起心念去求一切真理的无上智慧，就已经很难了，能够在发起心念之后，又能勤求证入菩萨的功德境界，就更加困难了。你如果要想成就佛的智慧，你就应当下定决心去访求一切真正具备了菩提智慧的人们。访求这些具备了菩提心的人们，可不要生起疲懈之心，拜见这些具备了菩提智慧的人们，可不要有一点的厌倦，对他们的所有教诲，你都应当随顺理解，对他们各别不同的行为作法更不要执着，不要误认其为乖戾。”

“从这里往南走，有一处地方，叫作胜乐，那里有一座山，名叫妙峰山，在山中有一位比丘，名字叫作德云，你可以去他那里问道。”

善财童子告辞了文殊菩萨，向南行去，他来到了胜乐，登上了妙峰山，在这里四处寻找德云比丘，在经历七天之后，才看到这位比丘在另外一座山上缓步散行，他上前去，拜见行礼，对德云比丘说：“圣人啊，我已经发起心念求证一切真理的无上智慧，可是仍然不知道要证入菩萨境界应当怎样去学得菩萨的功德，我听说圣人最能够教诲引导人们修学菩萨功德，恳请圣人垂施怜悯心，为我演讲求无上菩提道的方法。”

德云比丘告诉善财童子说：“好啊，好啊，求法的人，你已经发动心念去求一切真理无上智慧，又能够来求问菩萨成就菩提道之法，这样的事是特别难以做到的。我只修习得到这种能够忆念一切佛智慧境界的智慧法门，我怎么能够了解到那些大菩萨们所具备的无边智慧的法门，如此我又怎么能够演说大菩萨们的功德呢？”

“由此向南有一地方，名叫海门，那里有一位比丘，名叫海云，你去他那里问道吧。”

善财童子依次南行，来到了海门，往海云比丘的住所拜求，他上前合掌作礼之后，这样说道：“圣人啊，我已经发起心念去求证一切真理之无上智慧，意愿证入一切广大无边的佛智慧，可是我仍然不知道为要证入菩萨境界，如何才能舍离世俗尘境而住持在如来境界？如何才能……”

海云比丘告诉善财说：“求法的人啊，如果众生们不知道善养自己的智慧根性，则不能生起心念去求一切真理智慧。所谓发起心念求证菩提智慧，就是要发起大悲悯心，去救护一切众生使其出离痛苦，……我只获证了这个由广大眼界而入菩提道场的途径。”

“从这里向南，行路约六十由旬，在楞伽大道旁边，有一个地方，名叫海岸，那里有一位比丘，名字叫善住，你去拜见他，向他问道吧。”

善财依言向南走去，来到楞伽大路旁的海岸地方，他四处观察，寻找善住比丘。这时他看见比丘在空中自由往来，也看见善住比丘为无数天神围绕。

这时，善财童子就合掌礼敬比丘，对他说道：“圣人啊，我已经发起心念去求证一切真理之无上智慧，可是我仍然不知道菩萨应当怎样去修习实践佛法，应当怎样去求知一切佛法，应当怎样才能具备佛法，应当怎样去感通体会佛法，应当怎样才能增长佛法，应当怎样才能够圆满具足佛法，应当怎样去彻底了知佛法，应当怎样才能不染不秽地去实践佛法，应当怎样去了达最深的无碍自在的佛法，应当怎样才能通达一切佛法？我听说圣人最擅于开示教诲众生，恳请你降慈悯心，为我讲说。”

善住比丘告诉善财：“求法的人啊，我已经成就具备了无碍思惟的菩萨智慧。这种智慧的名称叫作‘究竟无碍’。我只知道这种能够迅速供奉一切佛，迅速成就众生的究竟无碍智慧的菩萨智慧法门。”

“由这里往南去，有一个国土，名叫达里鼻荼，有一座城池，名叫自在，城里有一仙人，名叫弥伽，你可以去拜见他。”

善财童子便依次向南走去，来到了自在城，到处寻找弥伽，后来看见这人在街市中，正坐在狮子座上说法。

善财童子向前合掌敬礼，这样说道：“圣人啊，我已经发起心念去求证一切真理之无上智慧，可是我仍然不知道应当怎样去修习菩萨的功德。”

弥伽告诉善财说：“求法的人啊，如果有人已经能够发起心念去求证一切正等正觉智慧，这就是种下了佛智慧的种子了，这也就是装点美化一切佛所住持的地方了，这就是在使一切众生都能圆满成就佛性了。你应当知道菩萨的实践行为是很困难的，出离世间的纠缠亦很困难，真正实践菩萨的功德更加困难，而能够亲聆菩萨教诲者更是加倍的困难啊。”

“从这里往南去，有一个地方，名叫住林，那里住有一位修行长者，名叫解脱，你去他那里拜求问道吧。”

善财童子得到各位修行者的善加引导，已经对智慧佛法生起深重的尊敬心，已经种植下深重而纯洁的信仰心，已经增长起利益众生的大饶益心了。他向南依次缓缓访行，历经十二年后，才到达了住林这个地方，四下里访求解脱长老。

见到解脱长老后，他便五体投地，行大礼敬，起立后合掌敬礼，对解脱长老说道：“圣人啊，我已经发动心念去求证一切真理之无上智慧，我现在即保持着这个心念，来到你的处所，恳切希望圣人为我解说，作为菩萨应当怎样修学菩萨的功德？”

这时候，解脱长者对善财童子说：“求法的人啊，我已经求证进入了如来无碍庄严智慧的解脱法门。我只证得这种如来无碍庄严的菩萨智慧法门，在这种法门中自由自在。”

“由这里往南行走，到达人类居住的大洲的岸边，有一个地方，名叫摩利迦罗，那里有一位比丘，名叫海幢，你去他那里问道吧。”

善财童子依次向南走去，到了人类居住的洲上边上的摩利聚落，四处寻找海幢比丘，不久就看见海幢比丘在清静的地方，结跏趺坐姿，处于禅定三昧的状态。这时候，善财童子一心专注地仔细看着海幢比丘的安详身形，心里产生出深深的崇仰。

就这样，善财站在海幢比丘旁边一边观察一边思考他的解脱三昧力。直到经历了六个月又过六日。这时候，海幢比丘才从禅定中出来。善财童子上前称赞说：“圣人啊，这是多么的奇特啊，这样的禅定有多么的深邃，圣人啊，这种禅定境界叫什么名称呢？”

海幢比丘说：“求法的人啊，这种禅智境界的名称叫作普眼舍得，又叫作彼岸智慧清净无染境界光明，又叫作广大庄严清净无染的法门。我只知道这样一种彼岸智慧的三昧法门。”

“从这里往南而去，有一个居住的场所，名叫海潮，那里建有一处园林，名叫普庄严，在园林中，居住有一位女居士，她叫休舍，你去她那里问道吧。”

善财童子缓缓向南而行，来到海潮这个地方，也看到了普庄严园林，善财童子便进到了普庄严园林见众宝所成的墙垣环绕，园中宝树成行。

他四处观察，看到休舍女居士在说法座上，就上前拜见，对女居士说：“圣人啊，我已经发起心念去求证一切真理之无上智慧，可是我仍然不知道菩萨应当怎样修行？菩萨应修何种道？恳请为我讲说。”

休舍告诉善财童子说：“求法的人啊，我只证得菩萨智慧中的一种法门。”

“从这里往南，海潮涌起的地方，有一个名称为那罗素的地方，那里有一位仙人，名叫毗目瞿沙，你去他那里问道吧”。

善财童子缓缓向南行走，到达了那罗素这个地方，看见这位仙人正在旃檀树下面，铺草而坐，他带领的一万徒众，有的穿着鹿皮，有的仅只围着树皮，有的空着草编的衣服，扎着发髻，散垂鬓发，都围绕在仙人的四边。

善财看到这种情景，便上前拜见，合掌敬礼之后，就对仙人说:“我今天得以遇见以能指引我的善知识,使我得入真道。圣人啊，我已经发起心愿去求证一切真理的无上智慧，可是我仍然不知道菩萨应当怎样学菩萨行，修菩萨道，我听说圣人最能教诲学生，希望圣人能为我讲法。”这时候毗目瞿沙仙人环顾他的徒众们，然后说道：“求法的人啊，如果有谁能够发动心念去求证一切真理之无上智慧，那么他就能圆满成就一切智之道，这位求法的人已经发心求无上智，他一定能获得一切佛的广大清净功德。”

这时候，毗目瞿沙仙人说自己已经得了无胜幢解脱境界。他伸出右手，轻摩着善财童子的头顶，又拿着善财童子的手，发动心念为善财施行灌顶之法。善财童子得到了菩萨无往肖生的解脱智慧的光明的照耀，由此而得到了大光明真如禅定的智慧；得到了一切圆满无碍的智慧光明的照耀，从而获得了统摄一切世界的密语智慧。

仙人又说：“求法的人啊，我只知道这样一种称为菩萨无胜幢的解脱，它像所有大菩萨那样，因其成就而有种种自在和无量功德。”

“由这里往南去，有一个人群居住的地方，名叫伊沙那，那里有一位婆罗门，名叫胜热，你去那里问道吧。”

善财童子就依次缓缓行走，来到了伊沙那这个地方，看到那位胜热婆罗门，正在作各种苦行的修炼，以期求证最为圆满高深的佛法智慧。他的四周燃烧起像山一样的火堆，中间有插满刀刃的高耸的大山，那位婆罗门却能够从容登上刀山，又能从容将身躯投向火堆。

善财童子上前顶礼，合掌站立，对胜热婆罗门说："圣人啊，我已经发心求证一切无上智慧，可是我仍然不知道菩萨应当怎样才能学菩萨行和修菩萨道，我听说圣人您最擅教诲学生，希望能够为我讲学。"婆罗门对善财说："求法的人啊，如果你现在就能够登上这座刀山，又能够投身到火堆中，你就修到了清净的菩萨行。"

善财童子便从容登上刀山，以身躯投向火堆。但他还没有到达火堆，他便证得了菩萨的善住三昧，其心得住善法之中：他的身体刚刚接触到了火焰，便又证得了菩萨的寂静乐神通，由此而能够在火焰之中坚固不坏。善财童子说："多么的奇妙啊，圣人，像这样令人恐怖险凶的刀山火海，我以身相触时，却觉得安稳快乐。"这时候婆罗门告诉善财说："求法的人啊，我只证得菩萨的无尽轮解脱。"

"从这里往南，有一座城池，名叫师子奋迅，城里有一位童女，名叫慈行，你去那里问道吧。"

善财童子就依次向南而去，来到了师子奋迅城，他四处询问寻找慈行童女，后听说这位童女是这城里师子幢王的女儿。善财听说后，就去到王宫门前求见慈行童女。

进入王宫后，善财看到里面有一座金碧辉煌的毗卢遮那藏宝殿，看到这位慈行童女，她的皮肤呈现金色，眼晕处呈紫色，头发乌黑，以最为妙好的声音在演说佛法。

善财看过了这景象，就上前合掌礼敬，这样说道："圣人啊，我已发心求证一切真理之无上智慧，可是我仍然不知道菩萨应当怎样修行，应当如何修道，我听说圣人最能够为初学者讲说教诲，请你为我讲说？”慈行童女说：“求法的人啊，我只知道这种彼岸智慧广大庄严的法门。”

“由这里往南，有一个地方，名叫三眼，那里有一位修行比丘，名叫善见，你可以去他那里问道。”

善财童子便依次缓缓向南行去，来到了三眼这个地方。善财童子来到了善现比丘的住所，上前合掌敬礼，说道：“圣人啊，我已经发起心念求证一切真理之无上智慧，要求一切菩萨的所行道，我听说圣人最能为初学者开示菩萨所修行，菩萨所修道。”善现比丘回答说：“求法的人啊，我只知道菩萨智慧之中的这样一种法门，它叫作随顺灯解脱门。”

“由这里往南去，有一个地方，名叫名闻，在那里河滩上，有一个修行童子，名叫自在主，你去他那里问道吧。”

善财童子就行向名闻国，四处询访自在主童子。这时候，空中变现出天龙乾闼婆等神王对善财说道：“求法的人啊，自在主童子此刻正在河洲之上。”

于是，善财童子就前往拜见，见到自在主童子后，善财就说：“圣人啊，我已经发动心念去求证一切真理这无上正觉，可是仍然不知道发心菩萨怎样去修习菩萨行和菩萨道，希望你为我讲说。”

自在主童子回答说：“求法的人啊，以前我曾在文殊师利童子的道场，学习文字、数学、计算等世间技艺，由这些技艺而得进入一切工巧神通智慧的法门。我只知道这种通达一切技巧的大神通智光明法门。”

“由这里南去有一座大城，名叫海住，城里有一位女居士，她叫具足，你去她那里问道吧。”

善财童子便依次游行，来到了海住城，四处寻找这位具足女居士。来到了女居士门前，他合掌礼敬，说道："圣人啊，我已经发心求证一切真理之无上智慧，可是仍然不知道菩萨应当如何学菩萨行，修菩萨道，恳请为我宣说。"

这女居士便回答道："我已经证得了菩萨的无尽福德藏解脱门。"

"南方有一座城，名叫大兴，那里有位居士，名叫明智，你可去他那里问道。"

善财童子证得了无尽福德藏解脱门，他渐渐南行，到达了大兴城。

善财知道了明智居士正在城内在四面是大道的十字路口上，坐在七宝装点的宝座上，他便前往，合掌礼敬，告诉居士说："为了利益一切众生我已经发心求证一切真理这无上菩提，可是我仍然不知道，菩萨如何去学菩萨行，修菩萨道。如何才能够给一切众生指示出人生的究竟解脱法门？明智长者告诉善财："我只知道这种随意出生福德藏解脱门，像诸大菩萨那样能以宝手施舍十方世界，凭其自在神通力从天降下种种宝香璎珞、衣服用具，成就众生、供养诸佛。"

"由此往南有一座大城市，名叫师子宫，里面住有一位长者，名叫法宝髻，你去他那里问道吧。"

善财童子就向师子宫城渐次游行南去，到达狮子宫城，看到法宝髻长者正在街市中，便前往拜见。他合掌礼敬，说道："圣人啊，我已经发心求证一切真理之无上菩提，可是仍然不知道发心菩萨应当如何学菩萨行修菩萨道，慈悲的圣人啊，请你为我宣说吧。"

这时候，法宝髻长者牵起善财的手，带他回到自己的住所。告诉善财说："求法的人啊，我只知道这种菩萨无量福德宝藏解脱门，如像诸大菩萨那样，证得了不思议功德宝藏达到了一切无分别的境界，平等无差地看待一切。”

“从这里往南有一个地方，名叫藤根，那里有一个城市，名叫普门，城里有一位长者，名叫普眼，你可去他那里问道。”

善财童子便依据所得的无量功德，渐次而行，来到藤根城，去拜见善眼长者。

他前往长者居所，合掌礼敬，说道：“圣人啊，我已经发心求证一切真理之无上菩提，可是仍然不知道发心菩萨应当如何学菩萨行，修菩萨道。普眼长者告诉善财童子：“好啊，好啊，求法的人啊，你已经能够发心求证一切真正的无上菩提。”善眼长者说：“求法的人啊，我知道一切众生的各种疾病，不论是风疾还是痰症，不论是鬼魅侵身还是蛊毒为害，以至一切被水、火所伤害的病痛，所有这些，我都能对症下药加以治疗。”

“由这里往南，有一座大城名叫多罗幢，城里有一位国王，名叫无厌足，你去那里问道吧。”

善财童子到达了多罗幢城，四处询问无厌足王的住所，此时，善财童子便依言找到了无厌足王的宫殿，看到该王坐那罗延金刚宝座，威势无比，有能力去制伏众生，而无人能够与之抗敌，无厌足王对善财说：“求法的人啊，我只得到菩萨的如幻智慧，像各位大菩萨那样，已经证得安忍不动的正念，知各种有为事物都是幻境这样的广大功德。”

“由这里往南，有城市名叫妙光，有国王名叫大光，你去他那里问道吧。”

善财便前往妙光城，拜见大光王。他合掌礼敬，对大光王说：“圣人啊，我已经发动心念去求证一切真理之总持智慧，可是仍然不知道如何学习菩萨的功德，我听说圣人最善于教诲初学者，希望你为我宣说。”

大光王对善财童子说："求法的人啊，我精修求证菩萨的广大慈爱功德，于是圆满成就了菩萨的慈爱功德。我只知道这种菩萨广大慈爱救护世间的智慧禅定法门。"

"由这里往南，有一座王都，名叫安住，那里有一位女居士名叫不动，你可去她那里问道求法。"

善财童子便前往安住城游学求法，即时便去往不动女居士的住所，合掌礼敬，疑安心思仔细观察，看见不动女居士的相貌颜色端庄美丽，除了如来佛和所有大菩萨之外，十方世界之中所有女人都超不过他。

善财童子对女居士说："圣人啊，我已经发动心念去求证一切真理之总持智慧，可是仍然不知道菩萨如何修学菩萨的功德，我听说圣人最能够教诲初学者，希望能够为我宣说。"

此时女居士就说："求法的人啊，我只证得了菩萨这种求一切法无厌足的禅定法门，能够为一切众生宣说这种微妙不可思议的法门，由此而令众生都生出如来境界的欢悦。"

"由这里往南去，有一座大城，名叫无量都萨罗，城中有一位出家修行的外道修行者，名叫遍行，你可去他那里问法。"

善财童子来到都萨罗城，在日落的时候进入城内，四处寻找遍行外道，在这城外东边有一座山，名叫善德。

善财就出城来，登上这座山，果然看到遍行外道正在山上平坦的地方，缓缓散步，只见他形貌圆满，威猛之光照耀光明。善财往前拜见，合掌礼敬，而说道："圣人啊，我已经发动心念去求证一切真理之无上智慧，可是我仍然不知道如何修学菩萨的功德，请你为我宣说吧。"

遍行外道回答道："好啊，好啊，求法的人啊，我已经证入了菩萨的至一切处法门，已经成就了菩萨的普观世间禅定智慧的法门，已经成就具备了菩萨的无所作神通力，已经获得了菩萨的普门彼岸智慧。”

“由这里往南去，有一个地方，名叫广大，那里有一位鬻香长者，名叫优钵罗华，你可去他那里问道求法。”

善财童子来到了广大国，去往长者的住所拜见长者，他合掌礼敬，对优钵罗华长者说道：“圣人啊，可是我仍然不知道如何学习菩萨的功德，如何修行到菩萨的功德，从此而能生出佛智慧。我只知道菩萨的调和香法门。”

“由此往南去，有一座大城，名叫楼阁，城中有一个船神，名叫婆施罗，你去他那里求法问道吧。”

善财童子依次南行游学，来到楼阁城之后，看到婆施罗船师在城门外海岸上住，成百上千的商人和无数大众围绕供养着他，他为大众宣说大海的法性，用种种善巧的方式来开示佛的广大功德。

善财便前往船师的道场，上前合掌礼敬，这样说道：“圣人啊，我已经发起心念去求证一切真理之无上正等正觉，可是我仍然不知道菩萨如何修习菩萨的功德，恳请你为我宣说。”

船师告诉善财：“好啊，好啊，求法的人啊，我只证得这种菩萨的大悲心智慧法门。”

“由这里往南，有一座城地，名叫可乐，城中有一位长者，名叫无上胜，你可去他那里求法。”

善财童子便依次南行求法，来到可乐城参见无上胜长者，看到长者为大众宣说佛法已毕，就上前去五体投地，顶礼长者的足，很久才起来，对长者说：“圣人啊，我是善财，我一心寻求证入菩萨的功德，菩萨是如何修行菩萨功德的呢？”

这时长者就告诉善财童子说：“好啊，好啊，求法的人啊，你已经能够发起心念去求证一切真理之无上正等正觉了。我已经证得菩萨的至一切处的智慧法门，获得了菩萨的自在神通的力量。我只知道菩萨的至一切处的修行法门和菩萨的自在神通的力能。”

“由这里往南有一个地方，叫名输那，那个地方有一座迦陵迦林城，城里有一位比丘尼，名叫师子频申，你去那里问法吧。”

善财童子依次南行，来到了迦陵迦林城，四处寻找师子频申比丘尼。有许多人告诉善财：“求法的人啊，这位比丘尼现在正在胜光王的场所里面，在施日光园中说法，以此来利益众生。”

善财即刻就往拜比丘尼所在的地方，到那施日光园后，善财就四处观察。他看到师子频申比丘尼身放大光明，普照在园林中，令法会更加庄严华美，善财童子即刻就看见了自身和这个园林中所有宝树都围绕着比丘尼转动起来，如此向右围绕着比丘尼，经历了数不尽的次数。善财童子合掌立地礼敬，对比丘尼说：“圣人啊，我已经发起心念去求证一切真理之无上正等正觉，可是我仍然不知道菩萨如何修学菩萨行，我听说圣人最善于教诲初学者，希望你能为我宣说。”

比丘尼说道：“求法的人啊，我证得了菩萨的解脱法门，名叫成一切智。我只知道这种成就一切智的智慧法门。”

“由这里往南，有一个地方，叫作险难，那里有一座城市，叫作宝庄严，城里有一个女人，名叫婆须蜜多，你可去她那里问法。”

善财童子听完这话，心生大欢喜，就去拜见婆须蜜多女。这时，婆须蜜多女从身上放射出广大光明，普照宅居中所有的宫殿，凡是有谁被这光明照到，他的身心立刻就得到安详清净。于是，善财上前拜见须蜜多女，顶礼其足，然后起身合掌说道：“圣人啊，我已经发起心念去求证一切真理之无上正等正觉，可是我仍然不知道如何学习菩萨功德，如何修持菩萨的净行，我听说圣人最善教诲初学，希望你能够为我宣说。”

女人就对善财说道：“求法的人啊，我已证得菩萨的解脱法门，叫作离贪欲际，得到这个法门，我能够随众生意欲而变现身形。我只证知了菩萨的离贪欲际智慧法门。”

“由这里往南，有一座城，名叫善度，城里住有一位居士，名叫鞞瑟胝罗，你去他那里问法吧。”

善财童子就向南游学而去。来到善度城，他便访居士的居宅，上前合掌礼敬，对居士说：“圣人啊，我已经发起心念去求证一切真理之无上菩提智慧，可是我仍然不知道如何学习菩萨功德，如何修持菩萨的道行，我听说圣人最善于为初学者教诲，希望你能够为我宣讲。”

居士告诉善财童子：“求法的人啊，我所证得的菩萨解脱智慧，叫作不般涅槃际。我只证得菩萨的不般涅槃际智慧法门。”

“由这里往南去，有一座叫作补怛路迦的山，山里有一位菩萨，叫作观自在，你去他那里问道吧。”

那时，善财童子南游求法来到了补怛路迦山，四处寻找观自在大菩萨。

观自在大菩萨远远地已经看见了善财，他便告诉善财说：“求法的人啊，你已经发起心念去求证广大智慧，去普救众生，你已经发动了正直诚实的心念，已经在专注求证佛法，你已经发起如此广大深重的悲悯心，意欲救护一切众生，普贤菩萨的功德就会示现在你面前。如此深重的大悲心愿，是圆满纯洁的菩萨心，是圆满成熟的菩提心，你已依持这个心念而获致了佛的广大力能，你已经由此而证得了菩萨的广大智慧光明。”

这时候，善财童子在观自在菩萨足前顶礼，又围绕菩萨绕右行无数次，然后合掌站立，对菩萨说：“圣人啊，我已经发起心念去求证一切真理之无上菩提智慧，可是我仍然不知道如何学习菩萨功德，如何修持菩萨的道行，我听说菩萨最能教诲初学，希望为我宣讲。”

观自在菩萨告诉善财说：“好啊，好啊，你已经能够发起心念去求证一切真理之总持智慧了。”

“我已经成就了菩萨的大悲行智慧法门。求法的人啊，我就凭依着这个菩萨的大悲心功德，去教化调伏一切众生，不生差别，相续不断。我住持在这个大悲悯心的功德法门，常常在所有如来的道场现形在众生面前。我有时候通过布施法财来调伏众生，有时候又以爱抚的言语来摄制众生，有时候又用种种利益来诱使众生归入正法，有时候又随着众生的心意而为众生施行各种利益，以此而摄制众生。有时候，我变现出各种肉身相来调伏众生，有时候又变现出种种不可思议的纯色光明来感化众生。有时候用殊胜的声音，有时候用威猛的仪表，有时候为其说法，有时候又作种种神通变化，用这些方式去使众生的心念开启并趋向圆满成熟。有时候我又会变化成为众生们的相同族类与他们同住，以此方式随时教化，令众生心地趋向成熟智慧境界。”

我又发愿，愿众生如果有忆念起我的，如果有称诵起我的名号的，如果有见到我的身形的，都能够因此远离所有的恐惧。我只证得这种菩萨的大悲悯心功德法门。”

这时，东方的一位菩萨叫作正趣的，从空中降临。观自在菩萨告诉善财说：“你看到正趣菩萨已经到这里来了吗？”善财回答：“我已经看到。”观自在菩萨说：“你去他那里问道吧。”

这时，善财童子敬承菩萨教导，立即前往正趣菩萨住所，他顶礼拜见正趣菩萨，然后合掌站立，说道：“圣人啊，我已经发起心念去求证一切真理之无上菩提智慧，可是我仍然不知道如何去学习菩萨功德，如何去修持菩萨的道行，我听说圣人最善于教诲初学，希望你为我宣说。”

正趣菩萨说道：“求法的人啊，我所证得的菩萨解脱法门，叫作普门速疾行。”“我只证得了菩萨的普门速疾行法门，得到这个法门之后，我能迅疾地到达一切地方。”

“由这里往南，有一座城，叫堕罗钵底，城里面有位神，叫名大天，你可去他那里问道。”

此时善财童子就南行而去，来到堕罗钵底城，寻问大天在哪里，城里人都告诉他说：“大天现在正在城里，变现他的广大身形为众生说法。”

善财就来到大天的住所，顶礼大天，然后合掌站立，说道：“圣人啊，我已经发起心念去求证一切真理之无上菩提智慧，可是我仍然不知道如何学习菩萨功德，如何修持菩萨的道行，我听说圣人最善于教诲初学，请你为我宣说吧。”

这时候，只见大天伸展起他的修长无边的四肢，取起四海之水洗涤他自己的颜面，同时又手持无数的金花给善财童子，同时又告诉善财说：“求法的人啊，我已经证得的菩萨解脱法门，叫作云网。”

“就在这个人所居住的洲土中，有摩竭提国的菩提场，场中有一个主地神，名叫安住，你去他那里问法吧。”

善财童子就继续南行求法，往访摩竭提国菩提道场，拜见安住地神。这时，有百万地神在菩提道场，与安住地神同住一处。当善财童子到来时，这些地神便互相说道：“来的这位童子就是佛种佛藏，他一定能够利益一切众生，作为众生的依靠，他一定能够破解众生的昏昧无明障蔽。此人既然生在法王种之中，就必能以无垢的无障碍的净法为众生打开智慧宝藏。此时，安住与所有地神共同放射大光明，将三千大千世界照彻无遗，令十方世界的大地同时震动。”

这时，安住地神告诉善财童子：“求法的童子啊，你曾经在这大地上种植下善根，我现在就显示给你，你想看看吗？”这时候，善财即在地神前恭行顶礼，并右绕无数次，然后才合掌站立，对地神说：“圣人啊，我想要看看。安住地神就用双足按在地上，一时间成百上千亿的宝藏从地中涌现而出。”

这时候，安住地神告诉善财说：“求法的人啊，这些宝藏是来跟随着你的，是你以往劫世中修行种下善根的果报，也是你的福德之力所承领下来的，你尽管随意取用便是了。”“我所证得的菩萨解脱法门，叫作不可坏智慧藏，我常常运用这个法门去成就众生的善行。”

“在摩竭提国的迦毗罗城里，有一位主夜神，名叫婆珊婆演底，你可去他那里问法。”

善财童子继续南行求法，来到迦毗罗城。此时他的心念忆念着各位菩萨的教导，渴望着去拜见婆珊婆演底夜神。当他这样想着，便看到夜神出现在夜空之中，坐在宝楼阁中香莲华藏里的师子座上。

此时善财童子心里特别高兴。上前合掌礼敬，说道：“圣人啊，我已经发起心念去求证一切真理之无上智慧，我期待着能够依靠各位修行者的教导，证知各位如来的功德法藏，希望你为我示现如来佛的总持智慧，我将由此修持直到证得如来佛的十种智慧力能。”

这时夜神告诉善财说：“好啊，好啊，求法的人啊，你能够如此深厚地敬重能传播佛法的修行者，乐意听他宣说佛法，乐意去实践他的教导。如此的修持功德，一定能够证得一切真理之无上菩提智慧。我已经证明了菩萨的破一切众生痴暗的智慧法门。”

“这里人所居住的地上，摩竭提国内的菩提场里，有一位主夜神，名叫普德净光，我是因他的教诲才发起心念去求证无上菩提智慧的，他曾善用妙法使我开悟，你去他那里问法吧。”

善财童子就继续南行求法，来到普德净光夜神的住所，上前合掌礼敬，这样说道：“圣人啊，我已经发起心念去求证一切真理之无上菩提智慧，可是我仍然不知道如何才能修行到达菩萨境界，如何才能住持到菩萨境界，又如何才能成就菩萨的功德境界？”

夜神回答说：“好啊，好啊，求法的人啊，你已经能够发起心念去求证无上菩提智慧了，现在又来询问如何成就菩萨功德。菩萨要成就十种法，才能圆满证得菩萨的功德。”

“离这里不远，在这个菩提道场的右边，有一位夜神，名叫喜目观察众生，你去问问他吧。”

善财童子即刻就去拜访喜目观察众生夜神的住处，他看到夜神在如来法会的道场之中，坐在莲花藏师子座上，已经进入菩萨的大势力普喜幢的解脱禅定之中。

这时候，夜神对善财说：“求法的人啊，我只证获到菩萨的大势力普喜幢解脱法门。这个法会中有一个夜神，名叫普救众生妙德，你可以去向他问法。”

善财童子就去拜访普救众生妙德夜神，这时候，夜神就为善财童子示现菩萨的调伏众生的智慧神力。并告诉他说：“求示的人啊，我只证得菩萨的普现一切世间调伏众生的法门。”

“离这里不远，有一个主夜神，名叫寂静音海，你去她那里问法吧。”

善财童子便去到寂静音海夜神的住处，他上前合掌，说道：“圣人啊，我已经发起心念求证一切真理之无上智慧，我想要依靠各位修行者的教导学习菩萨的行德，证入菩萨的行德。”寂静音海夜神说：“我只证知了这种念念出生广大喜庄严的解脱法门。”

“在这个菩提场内的法会中，有一个主夜神，名叫守护一切城增长威力，你去他那里求法吧。”

当善财童子往访到守护一切城夜神的住所时，看到夜神正坐在一切宝光明摩尼珠王严饰师子座上，无数夜神围绕着他。

善财看到这些种种身形之后，欢喜踊跃，上前顶礼夜神，围绕夜神行礼无数次，起立合掌站立，这样说道：“圣人啊，我已经发起心念去求证一切真理之无上智慧，可是仍然不知道菩萨在修行菩萨的功德时，如何去使众生得到利益，如何以无上智慧去教化众生，如何依照佛陀的各种教法，如何才能亲近证入佛的境界；恳请圣人垂降慈爱和悲怜之心，为我宣说。”夜神对他说：“求法的人啊，我已经证获了菩萨的甚深自在妙音解脱慧，因而，我作为大法师就没有任何的疑虑障碍。”

“我只知道这种甚深自在妙音解脱法门，能令世间脱离违背真理的言论。”

“在这个法会里有一个主夜神，名叫开敷一切树华，你去他那里问法吧。”

善财童子已经证入了菩萨的甚深自在妙音的解脱智慧之中，修行增长进步，就去拜访开敷一切树华夜神。他上前合掌礼敬，这样说道：“圣人啊，我已经发动心念去求证一切真理之无上菩提智慧，可是仍然不知道如何学习菩萨的功德，如何获得佛智慧，恳请圣人垂怜，为我宣说。”

开敷树华夜神说：“求法的人啊，我只知道这种菩萨的出生广大喜光明的智慧法门。”

“在这个道场中有一个夜神，名叫大愿精进力救护一切众生，你去访求他吧。”

那时，善财童子就前往大愿精进力救护一切众生夜神的住所，看到夜神正在大众之中现身说法。善财童子便对夜神说：“圣人啊，请你为我解说，这个智慧法门叫什么名？发起心念已经多久？多久即证得一切真理智慧？”夜神告诉善财说：“求法的人啊，此解脱法门，名叫教化众生令生善根。”

夜神说：“求法的人啊，我只知道这种教化众生令生善根的智慧法门。”

“在这大洲之中有一处园林，叫作蓝毗尼，园林中有一位神，名叫妙德圆满，你去他那里问法吧。”

那时候，善财童子缓缓而行，游学来到蓝毗尼园林，四处寻找妙德神，看到神在一切宝树所严饰的楼阁，善财就上前顶礼其足，合掌站立之后，对妙德神说：“圣人啊，我已经发起心念去求证一切真理之无上智慧，可是仍然不能知道如何修持菩萨的功德，如何生往如来的家园，如何为世间放射光明的？”妙德神回答说：“求法的人啊，菩萨有十种受生藏，如果有菩萨成就了这十种往生彼岸的法门，就有生在如来的境界。”

“菩萨具足了这十种法门，能生在如来家园，能以清净光明照彻一切世间。求法的人啊，我来自无量劫时之中，得到了这种自在受生的解脱法门。我只知道这种菩萨在无量劫世、周遍一切地方，现示受生自在的智慧法门。”

“在这迦毗罗城里有一位释迦种族的女人，名叫瞿波，你可去她那里问法。”

善财童子就前往拜见瞿波释迦女，然后合掌站立，对瞿波女这样说：“圣人啊，我已经发起心念去求证一切真理之无上智慧，可是仍然不知道，如何能够生在生死迁流轮回之中而不被骚扰？

如何才能够……”

瞿波女对善财说道：“好啊，好啊，求法的人，你能够这样来问无上智慧，实践修习普贤菩萨的愿行的人啊，你能这样发问有多么地好啊，请你仔细地听吧，仔细地思惟吧，我就秉承着佛的神力来为你宣说吧。我只证得这种观察菩萨三昧海的智慧解脱。”

“在这个世间还有佛母摩耶夫人，你去她那里问法吧。”

善财童子凝心一处，便要去拜见摩耶夫人，即时，他就看到一个广大的宝莲花从地下涌现出来。善财看到这个莲花座的周围又围绕着无数的莲花座，摩耶夫人就坐在这个座上，在全体众生面前，展示她纯净的形质之身。

此时，善财立即就证得了无量无数的种种禅定，并且能够一一地如实观察修习证入这些法门。善财从禅定中起身，向右围绕摩耶夫人和她的眷属们行礼恭敬，然后合掌站立，对夫人说：“圣人啊，文殊师利菩萨教我发起心念，去求证一切真理智慧，去求取各位修行者的教诲，我经历了各位修行的人，都去供养和求问，没有任何的空疏荒废，现在来到你这里，希望你为我解说如何学习菩萨的功德，如何得以成就菩萨的功德？”摩耶夫人回答道：“佛陀的子弟啊，我已经成就了菩萨的大愿智幻的智慧法门，所以我能够成为众菩萨的母亲。”

“佛陀子弟啊，我在这人间世界中的迦毗罗城里净饭王家中，从右胁生出了悉达多太子，当时我就现示出不可思议的自在神通变化，于是就有穷尽一切广大世界中所有的毗卢遮那如来佛化入到我身体之中，现示给我种种诞生的神通自在力。我只知道这种菩萨的大愿智幻的智慧法门。”

“在这世界的三十三天宫中，有一位天王，叫作正念，这个王有一个女儿名叫天主光，你去她那里问法吧。”

善财童子就去天宫拜见天主光女，他上前合掌，对天女说：“圣人啊，我已经发起心念去求证一切真理的无上智慧，可是仍然不知道如何学习菩萨的功德，如何实践菩萨的道路，我听说圣人最能够教诲初学，希望你为我解说。”天女回答说：“求法的人啊，我已经证得菩萨的智慧解脱，叫作无碍念清净庄严。我只知道这种无碍念清净解脱法门。”

“迦毗罗城里有一个童子师，名叫遍友，你去向他问法吧。”

善财童子从天宫下来，来到迦毗罗城，到达遍友的住所，合掌恭敬，站立在一边，对遍友说：“圣人啊，我已经发心去求证一切真理之无上智慧，可是仍然不知道如何学习菩萨的功德，希望你为我解说。”

“求法的人，这里有一位童子，名叫善知众艺学菩萨，你可以去问问他，他一定会为你解说。”

善财童子立即就来到那童子的住所，对那童子说：“圣人啊，我已经发起心念去求证一切真理之无上智慧，可是仍然不知道菩萨如何修学菩萨的功德，希望你为我宣说。”这时，这善知众艺学童子告诉善财：“求法的人啊，我所证得的菩萨解脱法门，叫作善知众艺。我只知道这种善知众艺的菩萨功德。”

“在这摩竭提国有一个地方，那里有一座城，叫作婆怛那，城里有一个女居士，名号叫作贤胜，你去她那里问法吧。”

善财童子来到贤胜女居士的住所，合掌恭敬，对贤胜说：“圣人，我已经发起心念求证一切真理之无上智慧，可是仍然不知道菩萨如何学习菩萨的功德，请你为我解说。”贤胜女居士回答说：“求法的人啊，我证得菩萨的智慧法门，叫作无依处道场。我只知道菩萨的这种无依处道场的解脱法门。”

“由这里往南，有叫作沃田的城，那里有一位长者，叫作坚固解脱，你可以去问问他。”

善财童子就来到了沃田城，便去拜访长者，他合掌恭敬，对长者说：“圣人啊，我已经发动心念去求证一切真理之无上智慧，可是仍然不知道如何修学菩萨的功德，请你为我解说。”长者回答说：“求法的人啊，我已证得菩萨的解脱法门，叫作无著念清净庄严。我证得这个法门以来，到十方世界的诸佛道场去勤求正法，从来不曾休息。我只知道菩萨的无著念清净庄严的解脱法门。”

“这城里有一位妙月长者，你去他那里问法吧。”

善财童子就前往拜访妙月长者，合掌恭敬，对长者说：“圣人啊，我已经发动心念去求证一切真理智慧，可是仍然不知道菩萨如何修学菩萨的功德，请你为我宣说。”妙月长者回答：“求法的人啊，我所证获的菩萨解脱智慧，叫作净智光明。我只知道这种智光法门。”“在这里的南方，有一座出生城，城里有一位无胜军长者，你去那里问问吧。”

善财便前往拜访无胜军长者，合掌礼敬之后，对长者说：“圣人啊，我已经发动心念去求证一切真理之无上智慧，可是仍然不知道如何学习菩萨的功德，请你为我解说吧。”长者回答说：“求法的人啊，我已经证得了菩萨的解脱智慧，叫作无尽相，我证得这个菩萨法门之后，观见到了无量诸佛，证得了无穷无尽的智慧种子。求法的人啊，我只知道这种无尽相解脱法门。”

“这里城南有一个地方，叫作三为法，那里有一位婆罗门，叫作最寂静，你去那里问问。”

善财童子便前往拜访最寂静婆罗门，合掌礼敬之后，就对婆罗门说：“圣人啊，我已经发动心念去求证一切真理之无上智慧，可是仍然不知道如何修学菩萨的功德，请你为我宣说。”婆罗门回答说：“求法的人啊，我证得的菩萨解脱法门，叫作诚愿语。

我只知道这种诚愿语智慧法门。”

“山这里往南，有一座城市，叫作妙意华门，那里有一个童子，叫作德生，又有一个童女，叫作有德，你去问他们吧。”

善财童子依次南行求学，来到妙意华城，拜见德生童子和有德童女，合掌礼敬，这样说：“圣人啊，我已经发动心念去求证一切真理之无上智慧，可是仍然不知道菩萨如何学习菩萨功德，如何修持菩萨之道，希望你哀悯初学，为我宣说。”这时候，童子童女告诉善财说：“求法的人啊，我们已经证得了菩萨的解脱智慧，叫作幻住。”

“你还是去找弥勒大菩萨问法吧。”

这时，善财童子听闻了各位修行者的教诲之后，都得到了法雨润泽的心田，他正确忆念和思维着种种菩萨功德，行向海岸国。在毗卢遮那庄严藏大楼阁前面，行五体投地的大礼。这时，就看到弥勒大菩萨徐徐走来，有无数百千的众生前后围绕着，一起走向庄严藏大楼阁。善财看到之后，不禁欢喜踊跃，随即五体投地，恭行顶礼。此时，弥勒菩萨仔细观察善财，将善财介绍给法会大众，称叹善财求证无上智慧，广泛听闻佛法的广大功德。

这时，善财童子再次合掌恭敬，又对弥勒大菩萨说：“圣人啊，我已经发动心念去求证一切真理之无上智慧，可是我仍然不知道，如何学习菩萨功德，如何修行菩萨之道？这些修行之事，都请您为我宣示。”这时候，弥勒菩萨环视一切道场法会大众，指着善财对大众说道：“各位佛弟子啊，这位童子求证佛法勇猛精进，所起一切誓愿纯净无杂，信心深重坚固不退，怀具无比希望，处处寻找求证正法。各位佛弟子啊，这位童子曾在福城承受文殊师利菩萨的教诲，于是就辗转南行，寻找正法，经过了一百一十位修行者的教导之后，来到了我这里，这期间，他从未有过一点的疲倦和有一念的懈怠。各位佛弟子，这位童子真是很难得，他趋向大乘佛法，依托在广大智慧之上，以大慈爱心去救护众生，发起大精进智慧，作大富豪去护持众生，作为大航船载乘众生渡过生死大海，在广大的正道上生存，聚集种种大法宝，为众生修持种种广大的助道之法。这样的人，如此难得听说，难得看到，更是难有机会和他亲近，难有机会与他共处，与他一同修行啊！”

接着，弥勒菩萨又让善财童子再去拜访文殊菩萨，去求得菩提智慧。善财童子找到文殊菩萨，获得了菩萨无边的神通，证知了无边的智慧。文殊菩萨又把他介绍给普贤菩萨，他从普贤菩萨那里证得了普贤菩萨广大如海的功得，其功德与普贤菩萨相同，与诸佛等同。（注：善财童子五十三参内容摘自王良范，张建建等注译：《华严经今译》一书）

善财童子，是佛门修学的典范，他的参学故事告诉人们，学佛不仅要有吃苦的精神和锲而不舍的毅力，而且，还要树立正确的观念，那就是不分教内、教外，凡是有益于修行的知识，都要学习，千万不可自立门户，将真理拒之门外。

修学，还要遵循一条正确的途径，这个途径就是由浅入深，由低到高，循序渐进，绝对不可以投机取巧。

善财童子的参修精神，为后世佛教信士留下了宝贵的财富，对今天参修的人具有非常重要的指导意义。

这组连环画面，均是采用贴塑与高浮雕相结合的坯雕手法制作而成，共雕塑有二百多位佛教人物像，此外，画面中有亭、台、楼、阁、塔等建筑，还有山、水、树木等。画面中的人物及建筑及景物，形象生动、逼真，线条流畅，构图匀称，其中，人物形象丰满，并具有很强的动感。

但令人不解的是，在“善财童子五十三参”这组砖雕图案中，开头的第一幅应为骑着狮子的文殊菩萨，但不知出于何种原因，而雕塑成了骑着大象的普贤菩萨。这组图案所依据的内容是否出自《华严经》明代的其他版本，目前还是一个不解之谜。

第二层束腰中的金刚武士像

在每幅砖雕的正上方，均置有一个长方形砖雕的匾额，但是由于年久风化，匾额内的字迹已经脱落无存。

在每幅砖雕图案的画面之间，各雕塑有一尊呈立姿的护法金刚力士像。这些金刚力士像服饰不一，姿态有别，神态各异。他们有的披甲戴盔，一身武士的装束，威风凛凛，手中持有降魔金刚宝杵；有的着一身罗汉装，袒胸露腹，肌肉突现，光腿跣足，衣带缭绕，飘然脱俗。他们有的口张目瞠怒气冲冲；有的高声威吓气势夺人；也有的凝眉垂目若有所思；还有的平视远方气定神宁。他们有的手按宝杵昂首挺立；有的双拳紧握气势汹汹；还有的张臂弓步如临大敌。他们用手臂或肩膀，奋力地承托着须弥座的上枋，其形象十分生动，威武而雄壮。

第二层束腰中的金刚武士像 1

第二层束腰中的金刚武士像 2

第二层束腰中的金刚武士像 3

第二层束腰中的金刚武士像 4

须弥座转角处的腾龙短柱及金刚力士像 1

须弥座转角处的腾龙短柱及金刚力士像 2

在须弥座的转角处，各设有一根上面雕塑有腾龙、祥云的半圆形角柱。在角柱的两侧，各雕塑有一尊足踏祥云的护法金刚力士像。

在须弥座束腰的下枋，雕塑着一层大型的俯莲花瓣，在每个花瓣上，雕有吉祥卷草图案。

在须弥座的上方，装有砖雕仿木式斗拱，斗拱的挑尖梁头雕成祥云头式，下面原各悬挂着一枚铜铃，现铜铃均已散失无存，只余钩环。

砖雕仿木式斗拱，承托着塔台部分。在塔台的四周，围有一圈砖雕栏楯式围杆。在正南面围栏中间的两方栏板上，雕刻有用莲花和如意祥云烘托着的一组佛教梵文体“六字真言”。

慈寿寺塔栏板上雕刻的六字真言

“六字真言”即观音菩萨六字大明神咒，据说是佛教秘密莲花部之根本真言，以六个音节所组成，即：“唵”“嘛”“呢”“叭”“咪”“吽”。它包含佛部心、宝部心、莲花部心及金刚部心等内容。

“唵”表示佛部心。念此字时，必须身体要应于佛身，语要应于佛语，意要应于佛意，也就是说要身、语、意相应，与佛成为一体，这样才能获得成就。

“嘛呢”二字系梵文，意思是如意宝，表示宝部心。这个宝又叫嘛呢宝，据说它隐藏在海龙王的脑袋里，如果能够得到这个宝，入海就会有各种宝贝前来汇聚；进山则各种珍宝也能无所不得，所以，又叫“聚宝”。

“叭咪”二字意为莲花，表示莲花部心。比喻佛法像莲花一样，出污泥而不染，永远纯洁。

“吽”字表示金刚部心。是祈愿成就的意思，即必须依靠佛的力量，才能得到正觉，成就一切，普度众生，最后达到佛的境界。

藏传佛教把“六字真言”看作是一切佛教经典的根源，只要循环往复不断念诵，即能消灾积德，功德圆满而成佛。

六字真言比较正确、通用的汉语音译为：

唵（weng）、嘛（ma）、呢（ni）、叭（bei）、咪（mi）、吽（hong）。

藏传佛教以为常念此六字真言能证本有的菩提心而悟体净，除烦恼而知相空，断除一切垢染，具足一切功德，能离习欲，破烦恼，除我执，悟真如，生欢喜，证净果。因此，藏传佛教认为它是藏密无上的“真宝言”。常念可以免入地狱，死后可以升入极乐世界。

“六字真言”盛行于藏族社会之中，僧俗人士不管是劳动还是休息，甚至在睡觉前都念诵不已，认为念诵六字真言的遍数越多，来世就能得到更好的结果。如果你有什么不顺心的事。那就能保你心情愉快，假如你有什么样的病痛和灾难，也会保你平安无事。

除了时时刻刻地念诵六字真言外，人们还将六字真言刻写、绘制出来，以表示对幸福的憧憬和对观音菩萨的崇拜。

现在，观音菩萨的六字大明咒已经是最普遍的咒语。它的由来却很少有人知道。从前，观音菩萨为阿弥陀佛的胁侍，具足诸行，等解万法，等慈众生。他在佛前曾发大誓愿：“尽我形寿，遍度一切众生，若有一众生不得度者，我誓不取正觉，若我于众生未度尽之时，自弃此宏誓者，则我之脑裂为千片。”观童菩萨在发此誓愿后，专心极意，悲、智双运，现诸神变，应境行化，度脱众生。这样，经历了无数劫，其所度脱的众生多得如恒河沙一样不可计数。而在此时，观音菩萨环顾世间众生，看到世上生者无量，而愚、智、堕落，受种种痛苦，造各种恶业者也是层出不穷。如此轮回不已，而众生对苦终不能穷绝。于是，观音菩萨感到失望，并且产生懈怠的念头。他心想：“众生之苦，乃是众生与生俱来，世间既然存在了，苦又怎么能穷尽呢？苦如果不能穷尽，众生又怎么能度尽呢？以前我所发的宏誓，只是徒然自苦而已，而对于众生，也没有什么帮助，这种愚痴无益的行为，何必坚持呢？”

观音菩萨这种准备退缩的想法，只是在脑中一闪念，顿时，观音菩萨的头忽然自裂成十瓣，身体也裂成千块，就如同千叶莲花一般。观音菩萨无奈地向阿弥陀佛祈求，阿弥陀佛闻后，在刹那间赶到，现身于观音菩萨脑中，并将观音菩萨碎裂的头和身体聚拢。阿弥陀佛对观音菩萨进行了勉励，劝慰道：“善哉！观世音，你的宏愿不可舍弃，舍弃宏誓为大恶，否则，你往昔一切的努力，一切将成为虚妄。你只要勤勉精进，愿望必将实现。三世十方的一切诸佛、菩萨，必定加持保佑你，帮助你完成自己的宏愿。”

阿弥陀佛又对观音菩萨勉励道：“善男子，你不必痛苦，你的头裂为十瓣，十个头都受加持，十张脸是十波罗密多，加上顶上的无量光陀罗尼咒，十一张脸都受加持。你的身体虽然像莲花裂成千块，千只手都受加持，千只手是一千个转轮王，在一千只手的上面又有一千只眼受到加持。”接着，阿弥陀佛又说六字真言：“唵、嘛、呢、叭、咪、吽。”

观音菩萨一听此言，得度大智慧，生起大觉悟，于是，更加坚持旧誓，永不退转。

以上就是“六字真言”及千手千眼观世音菩萨的由来。

六字真言传统的梵文发音为：嗡、麻、呢、帕、咪、吽。但是，现在大多用藏文发音：“嗡、嘛、呢、贝、昧、吽”，已很少用中文：“唵、嘛、呢、叭、咪、吽”发音了。

有一种说法是：其用意在断除六道，“嗡”是天道，“嘛”是阿修罗道，“呢”是人道，“叭”是畜生道，“咪”是饿鬼道，“吽”是地狱道。念此咒语可以遮除六道，证入觉位。

六字真言也可以配合颜色来观想法，“嗡”是白色，“嘛”

是红色，“呢”是黄色，“叭”是绿色，“咪”是蓝灰色，“吽”是黑色。

观音菩萨大慈大悲，有千手千眼救苦、救难的伟大力量，他的力量，就是成就于阿弥陀佛传授“六字真言”的那个时候，因此，一般把六字真言也称为“观音心咒”。

在北面护栏的中间两块栏板上，各雕塑有五个用缠枝莲花托着的供盘，在盘中供有：宝箧、果品、珊瑚、珍珠、海螺、灯台、西番莲花、假山石、甘蔗等供品，这些供品被称为“八瑞物”。在供品周围布满了朵朵祥云。

在围栏的其他栏板上，雕塑着各种乐器和法器。其中，吹奏乐器有笙、箫、笛等；弹拨乐器有古琴、琵琶、阮；打击乐器有钟、云鼓、悬磬、钹、铙、锣、九音锣、檀板、引磬、手鼓、长鼓等；弦乐有胡琴等，这些乐器组成了一支庞大的乐队。这些乐器虽然没有乐师来弹奏，但它们在四周祥云的簇拥中，不鼓自鸣，似乎正在演奏着美妙动听的吉祥梵乐。

慈寿寺塔栏板上雕刻的乐器及西番莲花1

慈寿寺塔栏板上雕刻的乐器及西番莲花2

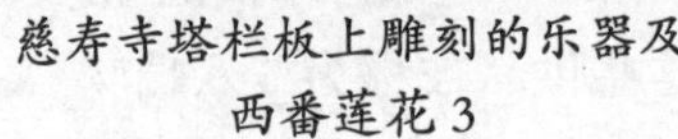

慈寿寺塔栏板上雕刻的乐器及西番莲花 3

慈寿寺塔栏板上雕刻的乐器及西番莲花 4

在这些乐器的旁边，雕塑有盛开的西番莲花（也有的称为牡丹花），在花的四周均雕有如意祥云图案。

在望柱与栏板的空隙中及大平台的边沿，雕塑着许多佛教的吉祥宝物，也称为“杂宝”。有金锭、铜钱、摩尼宝珠、珊瑚、如意、画卷、琉璃、犀角、羚羊角等。

在栏楯式围栏的上面，置有三层大型的莲花瓣，第一层是俯莲花瓣，上面两层是陶制（也有的记载为铜质）的大型仰莲花瓣，共同组成一朵巨大的莲花宝座，塔身就坐落在这朵大莲花宝座的中央。上面两层的仰莲花瓣呈钵形，上面有盖，据说，是用来盛放灯油的。在盖的中央，立有一段圆桶形的口，可能是用来放置灯芯的。在佛教节日的夜晚，僧人把这些莲花瓣上的灯芯点燃，将整座塔照得通体明亮。

塔基及塔身上的高浮雕砖雕均为贴塑与浮雕相结合而制作的坯雕。其工艺是在未烧制的砖坯上，用贴塑和浮雕的手法，雕刻出所需要的图案形象，然后，再将坯雕进行烧制，这种工艺的优点是，在砖坯上进行雕刻，不但要比在烧成的砖上雕刻图案省工、省力，还能够做到图案形象表面光洁、细腻，并且耐风化。

但还有一种可能是：在这些高浮雕的砖雕上，原先覆盖有一层彩色的琉璃，由于几百年的风雨侵蚀，覆盖在砖坯上的琉璃早已风化剥落，露出里面的砖坯来。据文献记载，通州区的燃灯佛舍利塔，塔身外面的砖雕就是用这种方法建造的。

楼阁式塔身

永安万寿塔的塔身部分为八角形，正面朝南。塔身的第一层为仿楼阁式，高大雄伟。

永安万寿塔的第一层塔身中空，里面可能藏有供奉的佛教物品。在塔身北面的塔门下角，开有一个缺口，证明塔身的中心是空的。

慈寿寺塔第一层塔身

慈寿寺塔门及两侧的密迹金刚像

在塔身的南面、西面、北面和东面这四个正面。中间各开有一座拱券式假门，在门的两侧，各塑有一尊木胎泥身的金刚力士像。金刚力士胸脯宽阔，肌肉突起，怒目圆睁，挥拳舞臂，威风凛凛。左边的密迹金刚忿颜闭唇，怒目圆瞪，身着武士装，右手高举着降魔兵器；而右边的密迹金刚则怒颜口张，身着武士装，左手也高举着降魔兵器。而有的认为右边的密迹金刚为散脂大将。

中国民间根据这两尊金刚力士的面目表情特征，俗称他们为“哼、哈二将”。

密迹金刚和散脂大将的脚下踏着祥云，在他们的周围也衬托着朵朵祥云。

在拱券形塔门的券面上，雕塑有正面龙、腾龙及大象、狮子、飞羊和西番莲花图案，四周围绕着朵朵祥云。

在每座拱券式塔门的正上方位置，均镶有一长方形匾额。在正南面的匾额中镌刻着“永安万寿塔”五个楷书大字；西面的匾额为“辉腾日月”；北面的匾额为“真慈洪范”；东面的匾额为“镇静皇图”。

在塔身的东南、西南、西北、东北四个侧面上，中间各开有一个拱券式假窗。在每扇假窗上，镂刻着球形孔窗棂，窗上的饰物也雕刻得十分逼真，仿佛真窗一样，一推即开。

塔窗的拱券面上，采用高浮雕的手法雕塑有正面龙、腾龙及大象、狮子、飞羊图案，还有西番莲花和卷草图案，并在四周围绕着祥云。

塔窗之上的观音菩萨像

慈寿寺塔窗及两侧的菩萨像

在塔窗的正上方位置，塑有一尊观音菩萨像，塑像为坐姿。在观音菩萨座下及身旁，塑有朵朵祥云，好似观音菩萨正从天而降，来到人间普度众生。

在塔窗的两侧，各塑有一尊身着菩萨装，双手合十，神态安详的木胎菩萨像。在菩萨立像的脚下及四周，也衬托着朵朵祥云。她们与塔门两侧的金刚力士像，形成了强烈的刚、柔及动、静对比。

在塔窗的下面，原来各塑有一个大型的圆形牡丹（西番莲）团花图案，因年久已全部脱落无存。塔身的转角处各立有一根半圆形角柱，在角柱的上边，塑有舞爪张牙，驾雾腾云的蟠龙，其造型异常生动。

龙

龙（梵名 naga），音译“那伽”“曩誐”。龙族居住在水中，能呼云兴雨，为蛇形鬼类，亦为守护佛法之八部众之一。愚、痴、瞋、恚特重的众生，因此业报的缘故，而投生于龙族，出生于戏乐城。

龙族的领袖称为龙王，他们具有强大的威力，常为佛的守护者。如善住龙王、难陀、婆难陀龙王、阿耨达龙王等，都是行大乘佛法、精进修行的龙王。

他们的眷属也都瞋心淡薄，而且忆念福德，能随顺法行，属于法行龙王，不受热沙之苦，而且以善心依照时序降雨，使世间五谷成熟。

中国对龙的信仰具有悠久的历史。《礼记》载有“麟、凤、龟、龙”四灵之说；《左传》中也记有“深山大泽，实生龙蛇”。但是，我国的龙自远古至隋、唐一直是作为图腾崇拜的徽号，并没有后来形成的兴风作浪、呼风唤雨的神力和功能。佛教传入中国后，随着佛教与我国传统文化的不断融合和渗透，我国的龙逐渐地被注入了印度龙的内容和神力。于是，中国人开始有了求龙降雨的习俗。人们为龙建祠堂，对它焚香膜拜。

塔身门、窗两侧的金刚力士像和菩萨像，因年代久远，都已经残破不全了，有的部位只剩下里面用作支撑的木架，但从这些塑像现存的气势上，还可以想见出他们昔日的威风。

据居住在永安万寿塔附近的老人讲，永安万寿塔上的这些塑像，在清末时就已经残破了，民国时一位僧人为了将这些塑像重新修好，便在周围进行募化，并用募化得来的钱请工匠用水泥将这些残破的塑像重新塑造出来。但是，用水泥塑的像也不能够耐久，塔身上的这些塑像，没有经过多少年就又残破不全了。现在，从塔的下边看这些塑像，其颜色灰白，的确很像是用水泥塑成的。但是，在一幅德国人于1906年拍摄的照片上，看到一百余年前塔身上的这些塑像，在外形上与现存的塑像相比，没有太大的区别，只是，现存的塑像显得更加残破。

塔身上面的横梁上，高浮雕着六条腾龙戏珠图案，这六条龙在朵朵祥云中奔腾翻跃，具有典型的皇家气派。

在塔身四个正面的横梁上边，均采用高浮雕的形式，在中间位置上，雕塑有呈结跏趺坐式端坐于祥云之上的佛教过去七佛像，过去七佛像目光安详，有的双手合十，也有的双手呈禅定印。

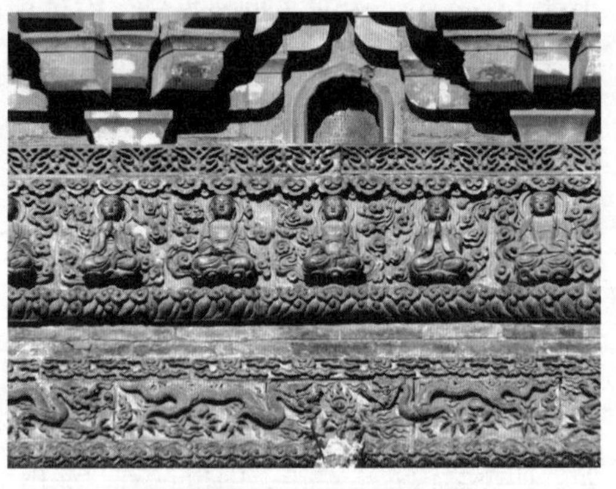

慈寿寺塔身上雕刻的佛像

过去七佛

过去七佛是小乘佛教的主要信仰对象，但是千百年来，大乘佛教也同样对过去七佛敬仰不已。小乘佛教在空间上认为，释迦牟尼佛为唯一的佛，在时间上认为：在释迦牟尼佛的前边还有六位佛。据《增一阿含经》卷一记载，这六位佛是：毗婆尸佛、尸弃佛、毗舍浮佛、拘搂孙佛、拘那含佛、迦叶佛，再加上释迦牟尼佛，就成为七佛，通称为“过去七佛”。过去七佛从久远劫以来相继主持世间众生的教化。据说过去七佛中的前三佛是过去劫中出世的，后四佛是现在劫中出世的。

1. 毗婆尸佛

毗婆尸佛(梵名 ViPasyin),是过去七佛中的第一尊佛，又译作毗钵尸佛、微钵尸佛、鞞婆尸佛、毗婆沙佛或惟卫佛，意译为胜观、净观、胜见及种种见。毗婆尸佛的八相成道之相，大致与释迦牟尼佛相同。

据《长阿含经》卷一《大本经》中所述，在过去九十一劫、人寿八万四千岁时，毗婆尸佛出现于世，为刹帝利的种姓，姓拘利若（憍陈如），在波罗树下成道。

毗婆尸佛在三会的说法中，初会度十六万八千人，二会度十万人，三会度八万人。他的上首弟子称为骞茶及提舍（踬沙），执事弟子名为无忧。父名盘头摩多，母名盘头婆提（摩那），子名方膺。父王所统治的国城称为盘头婆提。

在《观佛三昧海经》卷十《念七佛品》中，载有观想毗婆尸佛的情形，经中说：

“过去久远有佛世尊名毗婆尸佛，身高显长六十由旬，其佛圆光百二十由旬，身紫金色八万四千相，一相中八万四千好，一好中无数金光，一光中有恒沙化佛，一化佛有恒沙色光，一光中无数诸天、声闻、比丘、菩萨、大众以为侍者，人人各持一大宝华，华上皆有百千亿宝摩尼网艳，网艳相次高百千丈以为佛光。是时佛身益更明显，如百千日照紫金山，光明艳起化佛无数，一化佛犹如百亿日月俱出，令行者见，毗婆尸佛偏袒右肩，出金色臂摩行者顶告言。”这也显示了毗婆尸佛的相貌。

2. 尸弃佛

尸弃佛（梵名 Sikhi-bubbha），是过去七佛中的第二尊佛，又译作式、式诘、式弃或式弃那等，意译为顶髻、持髻、有髻，或火、火首、胜、大及最上。

依《长阿含经》卷一《大本经》中所述，尸弃佛姓拘利若（Kondanna），于过去三十一劫时出世，在分陀利（Pundarika）树下成佛，这时人寿七万岁。其父亲是刹利王种姓，名为明相（Aruna），母亲名光曜（Pathavati），子称为无量，父王所 统治的王城名为光相城（Arunavati）。

尸弃佛初会时，度化十万比丘，第二会度化八万比丘，第三会度化七万比丘。他的弟子名为阿毗浮（Abhibhu），第二弟子名为三婆婆（Sambhava），执事弟子名为忍行（Khemankara）。

3. 毗舍浮佛

毗舍浮佛（梵名 Visvabhu）为过去七佛中的第三尊佛，是过去庄严劫一千位佛陀中最后出现的佛，又译作毗湿婆部、毗湿波浮、毗舍符、毗舍婆、毗锁浮、毗舍等，意译为遍一切自在、一切自在、一切胜、一切生、能变现、遍现、遍胜、广生、胜尊。依据巴利文的《大史》所记载，毗舍浮佛是以燃灯佛为首的二十四佛中的第二十一佛。

据《长阿含经》卷一《大本经》中所记载，过去三十一劫、人寿六万岁时，毗舍浮佛出现于世，种姓为刹帝利，姓拘利若（憍陈如），父名为善灯，母名为称戒，子名为妙觉，王城名为无喻。

毗舍浮佛于娑罗树下成道，初会说法度化七万人，次会说法度化六万人。他的上首弟子有扶游及郁多摩二人，执事弟子名为寂灭。

此外，《观佛三昧海经》卷十《念七佛品》中记述有观想此佛的情形，经中说：“毗舍世尊举身放光住行者前，其佛身长三十二由旬，圆光四十二由旬，通身光六十二由旬，身紫金色光明威相如前无异；见此佛已，复更增进诸陀罗尼三昧门，于未来世必定不疑，生诸佛家。”由此可想象毗舍浮佛的身相。

4. 拘留孙佛

拘留孙佛（梵名 Krakuchana–buddha）是过去七佛中的第四尊佛，也是我们现在贤劫千佛中的第一尊佛，又译为迦罗鸠孙陀佛、俱留孙佛、迦鸠留佛、鸠留秦佛，意译为领持、灭累、所应断已断、成就美妙等。

据《长阿含经》卷一记载，在贤劫中人寿四万岁时，拘留孙佛出现于世，为婆罗门种姓，姓为迦叶。父名为记得，母名为善枝，子名为上胜。国王名为安和，王城名为安和城。

他在尸利沙树（巴利文 Sirisa）下成道，曾有一会说法，度化弟子四万人。上首的弟子有萨尼、毗楼等，执事弟子名为善觉。

在《观佛三昧海经》卷十《念七佛品》中说：“拘留孙佛亦放光明住行者前，其身长二十五由旬，圆光三十二由旬，通身光五十由旬，相好具足如紫金山。见此佛者，常生净国，不处胞胎，临命终时，诸佛世尊必来迎接。”

关于拘留孙佛的遗迹，据《高僧法显传》所载，舍卫城东南十二由旬的那累伽邑（Nnbhika）为拘留孙佛所生之处，父了相见之处，也都立有佛塔。此外《大唐西域记》卷六《劫比罗伐窣堵国》条下记载，无忧王（阿育王）在迦罗迦村驮佛（拘留孙佛）的舍利塔前，立有三十余尺的狮子头石柱，但现在还未发现此遗迹。

5. 拘那含牟尼佛

拘那含牟尼佛（梵名 Kanakamuni）是过去七佛中的第五尊佛，贤劫千佛中的第二尊佛，又称作拘那含佛、迦那伽牟尼。意译为金色仙、金儒、金寂。

据《长阿含经》卷一《大本经》记载，拘那含牟尼佛于人寿三万岁时出生于清净城，为婆罗门种姓，姓为迦叶。其父名为大德，母名为善胜，佛陀于乌暂婆罗树（Udumbara）下成道，曾有一会的说法，度化弟子三万人。上首弟子有舒槃那多、郁多罗等二人。其执事弟子名为安和。

《观佛三昧海经》卷十《念七佛品》中说："拘那含牟尼佛放大光明住行者前，其佛身长二十由旬，圆光三十由旬，举身光长四十由旬，光相具足。见此佛者，即得百亿诸三昧门无数陀罗尼。"

因为拘那含佛、拘留孙佛、迦叶佛等，都是于现在劫出世，所以印度有诸佛遗迹的佛说。据《高僧法显传》记载，舍卫城东南十二由旬的那毗伽邑，为拘留孙佛的出生处，由此向北减一由旬，即拘那含佛所生处。

此外《大唐西域记》卷六《劫比罗伐窣堵国》条记载，在迦罗迦村驮佛（拘留孙佛）城东北三十余里处，有数座窣堵波（舍利塔），次北者供奉迦诺迦牟尼佛的舍利，并有无忧王（阿育王）所立高二十余尺的狮子像柱头石柱。

公元 1895 年，在蓝毗尼花园西北十八千米的尼格里瓦村（Nigliva）南方约一千米处的尼格莎格儿湖畔，发现玄奘所描述的石柱，其铭文记述阿育王即位十四年，增筑拘那含牟尼佛塔，即位二十年后，亲来供养，并建石柱。

由铭文可知，该处即拘那含佛的遗迹，但该处原塔并非阿育王所营建，而是在阿育王之前，已有拘那含佛塔的存在。

6. 迦叶佛

迦叶佛（梵文 Kasyapa–buddha）是过去七佛中的第六尊佛，现在贤劫千佛中的第三尊佛，又译作迦叶波佛、迦摄波佛、迦摄佛，意译为饮光佛，出世于释迦牟尼佛之前，相传为释迦牟尼佛的因地本师。

据《长阿含经》卷一《大本经》所记载，此佛于贤劫中出世，当时人寿为两万岁。迦叶佛属婆罗门种姓，姓为迦叶。父名为梵德，母名为财主，子名为集军（进军）。当时的国王名为汲毗（或作波罗毗），国王所统治的王城名为波罗奈。

迦叶佛在尼拘类树下成佛，一会说法有弟子两万人，上首弟子有提舍及婆罗婆二人，执事弟子名为善友。

有关迦叶佛的本生处，在法显的《佛国记》中说："舍卫城西五十里到一邑，名都维，是迦叶佛本生处，父子相见处，般泥洹处，皆悉起塔。"

7. 释迦牟尼佛

在塔身南面，过去七佛像的两侧，各雕塑有一尊双手合十的立姿侍女像。在侍女像的外侧，各雕塑有一尊身着武士装和罗汉装的护法金刚力士像。在过去七佛像、侍女像和护法金刚力士像的周围，布满了吉祥云朵。

在塔身西面，过去七佛像的两侧，各雕塑有两尊身着罗汉装，并长有四臂的立姿金刚力士像。在他们的手中，均握有降魔兵器或法器。

在塔身北面，过去七佛像的两侧，各立有两尊身着甲胄的武士像。他们是佛教的护法神四大天王。

四大天王

四大天王又名四大金刚，是佛教护法队伍中影响最大的四位神祇。他们是东方持国天王、南方增长天王、北方多闻天王、西方广目天王。他们一般合供于寺庙的天王殿，左右各二，依各自镇守的主位布置。他们所在的殿堂也因此而得名“天王殿”。

四大天王也是外来之神，来源于印度婆罗门教崇奉的天神。据婆罗门教教理，宇宙由欲界、色界、无色界三界组成，三界之中，欲界最低，是具有食欲、淫欲的众生所居，人类社会属于此界，地狱、饿鬼也在此界。欲界中最高的是“六欲天”，为天神所居。六欲天共有六重天，第一重天就是四天王天，是四天王及其眷属所居之天。此天在六天中地位最低，离人间最近。

据佛经记载，四天王天地处须弥山山腰，原名犍陀罗山，因山上有四座主峰，分别由四位天王镇守，由此而得名四天王天。这四位天王各自守护一方天下，掌管须弥山四方人类中东胜神洲、南瞻部洲、西牛贺洲、北俱卢洲的山河、湖泊、森林，所以又称“护世四天王”。

持国天王

梵语 Dhrtarastra 的意译，音译有“提头赖吒”“多罗吒”等名。他居住在须弥山东面黄金埵，受佛嘱咐，为东方的守护神。据《大集经》记载，佛陀嘱咐他说：“妙丈夫！此四天下阎浮提中，东方第四分汝应护持。何以故？此阎浮提是诸佛兴处，是故汝应最上护持。”又据《陀罗尼集经》记载，持国天王的形象是穿甲胄，左手垂握刀，右手屈臂，向前仰掌，掌中有宝物放光。除此之外，他还有一种形象，即手持琵琶，表示以音乐使众生皈依佛都，因此他又有“主乐神”的称誉。

增长天王

梵语 Virudhaka 的意译，音译“毗楼勒迦”。他住在须弥山南边的琉璃埵，受佛嘱咐，守护南方。由于他能使众生增长善根，所以叫增长天王。据《大集经》记载，佛陀曾经付嘱增长天王云：“此阎浮提，诸佛兴处，是故汝应最上护持。过去诸佛已曾教汝护持养育，未来诸佛，亦复如是。并令汝子，一切眷属大臣、军将、夜叉、罗叉，皆令护持。……汝应令正行于世，护持阎浮提南方。”在印度佛教里，增长天王的形象有两种：一种是赤色忿怒形，身穿甲胄，右手持剑，左手握拳置胯上，交脚而坐。一种是穿甲胄，左手握刀，右手持矟，表示降伏邪恶，增长善根的意思。

广目天王

梵语 Virupaksa 的意译，音译“毗楼博叉”。他的住处在须弥山西面的白银埵，是守护西方世界的天王。《大集经》中载有佛陀对他的嘱咐。佛陀让他率领其子及狮子、师子发等八位诸龙军将、西方十六天神、三曜七宿、诸天龙鬼等眷属，共同负起护法重任。此天的形象也有两种：一种为身着甲胄，右手持三股戟，左手结拳置胯上；一种是手中缠绕一条龙，或以赤索代替。

多闻天王

梵语 Vaisravana 的意译，音译有“毗沙门”“鞞沙门”等名。历史上毗沙门天与多闻天王两种名称同时流行。他住在须弥山北面水晶埵，受佛付嘱，在未来世邪见王来毁佛教时，出来护持佛法。

据说他恒护如来道场。闻法甚多，又因福德之名闻于四方，故名多闻天王。他是一方护法神，同时又兼财神之职，印度古诗《玛哈帕腊达》等书有关于他司财的记载。他原是印度婆罗门教天神俱毗罗，梵语称 Kudera，意为施财天。他住在吉罗婆 Kailasa 山上，相貌丑陋，有三条腿，八颗牙，只有一只眼。作为天王，他的形象一般是身穿甲胄，右手持宝伞，表示降伏魔众，护持众生；左手握鼠，表示拥有和掌管财宝。另外，相传他有一次与敌作战时，兵斗不利，逃于塔侧，塔救了他的命，于是又出现一种托塔形象，即天王右手持宝棒或剑，左手擎塔。这种形象的多闻天王又称“托塔天王”。

以上是四大天王在印度佛教中的职能和形象特征。他们一般合供于天王殿，只有北方多闻天王具有单独的供奉形式。佛教东传以后，随着佛教与中国文化相互影响，四大天王在形式和内容上也逐渐汉化，唐朝是多闻天王流行的主要时代，当时寺院里流行吉祥天母与多闻天王分别为左右胁侍侍立释迦牟尼佛两旁的供奉形式。与此同时，多闻天王与中国民间信仰相融合，还产生了许多关于他显灵的故事。相传唐玄宗天宝元年（742），西蕃、康居等国侵犯唐朝边境，唐玄宗请不空三藏祈求毗沙门帮助退敌。不空三藏作法之后，果然感得天王神兵在西方边境的云雾间鼓角雷鸣般出现，蕃兵见状，惊慌溃逃。另外，唐以后，民间还流传唐朝大将李靖是多闻天王化身，由此而演化出“托塔李天王”来。李靖是唐太宗镇守边关的将领，精通兵法，官至兵部尚书。他死后，便被民间神化，说他是毗沙门天化现。宋、元时都有史料记载他的神迹。

在塔身东面，过去七佛像的两侧，各雕塑有两尊身着罗汉装，袒胸露腹、赤腿跣足的四臂立姿金刚力士像。这些金刚力士像均用双手，用力地承举着横梁，其姿势威风凛凛，令人生畏。

在塔身西南面，过去七佛像的两侧，各雕塑有一尊结跏趺坐式菩萨像，在菩萨像的边上，各立有一位侍者像。

在塔身西北面，过去七佛像的两侧，各雕塑有一尊结跏趺坐式菩萨像，在菩萨像的旁边，各立有一位男性侍者像。

在塔身东北面，过去七佛像的两侧，各雕塑有一尊呈结跏趺坐式双手合十的菩萨像，在菩萨像的旁边，各立有一尊身穿武士装的护法金刚力士像。

在塔身东南面，过去七佛像的两侧，各雕塑有一尊呈结跏趺坐式的菩萨像，在菩萨像的旁边，各立有一尊身着武士装的护法金刚力士像。

在过去七佛像两侧的这八位菩萨像，为佛教中的八大菩萨。

八大菩萨

菩萨是地位仅次于佛的第二类尊神。梵语音译为“菩提萨埵”，简称菩萨，意为“觉有情”“道众生”等。

菩萨的形象与佛一样，也有相好、衣饰、手印和量度的规定。菩萨的形象要求端庄慈祥，以体现菩萨济世度人的情怀。菩萨的衣饰要求华美庄严，一般为头戴天冠，身披璎珞，手贯环钏，衣曳飘带。菩萨的手印通常与手中执有的法器相配合，如观音菩萨手持莲花，天冠中有一化佛（阿弥陀佛）；而大势至菩萨也手持莲花，天冠中有一宝瓶；文殊菩萨手持经箧；普贤菩萨手持如意钩；地藏菩萨手持摩尼宝珠和锡仗等。

但佛教传入中国后，由于受到传统文化的影响，菩萨的形象有了极大的变化。菩萨的面相、胖瘦以及衣饰都融进了中国人的审美情趣和文化特征，不同时代的菩萨呈现出不同的形貌特征。

菩萨的形象逐渐地女性化，大多数菩萨的相貌、形体、衣饰等方面都根据中国女性的特点来构思和塑造。菩萨形象的这种变化是佛教汉化的具体表现。菩萨可分为胁侍菩萨和供养菩萨。胁侍菩萨主要有四大菩萨、八大菩萨、十二圆觉菩萨、善财和龙女等。供养菩萨为立于佛陀两旁并供奉佛陀的菩萨，主要有：妙音菩萨、献花菩萨、献食品菩萨等。

八大菩萨是佛经中记载的辅助佛祖释迦牟尼教化众生的八位大菩萨。八大菩萨的名号及排列顺序，在诸经中记载不一，一般以《八大菩萨曼陀罗经》中所排列的顺序为准，依次为：观世音菩萨、弥勒菩萨、虚空藏菩萨、普贤菩萨、金刚手菩萨、妙吉祥菩萨、除盖障菩萨、地藏菩萨。

弥勒菩萨

弥勒菩萨（梵名 Maitreya），又作梅怛俪药、弥帝礼或梅任利，译作慈氏。他是当来下生，继释迦牟尼之后成佛的菩萨，故又称一生补处菩萨、补处萨埵或弥勒如来。

据《弥勒上生经》《弥勒下生经》和《贤愚经》记载：弥勒出生于古印度南部的一个婆罗门（教士阶层）家庭，父亲名为修梵摩，母称梵摩提跋。因为菩萨的母亲怀孕之后，性情变得慈和悲悯，所以，菩萨出生后，即取名为“慈氏”。

弥勒菩萨自幼立志修道，他原来信奉婆罗门教，后因闻释迦牟尼佛教法而皈依释尊。他常于释迦牟尼身边听闻佛法，根机锐利，最终成为释迦牟尼佛的大弟子。

其实，按正规的佛教说法，他到现在为止，还只是一位菩萨。但他未来必定成佛，而且是释迦牟尼的既定接班人。当时，释迦牟尼佛便以无漏大智，授记他继承释尊之位而成佛，是未来佛。

弥勒菩萨是释迦牟尼佛指定的佛位继承人。据说，他先于释尊入灭，上升到兜率天宫。他在兜率天宫将住四千岁（相当于人间五十六亿七千万年），然后降生人间。据说，弥勒下凡后，将在华林园（龙华树成林的花园）的龙华树（枝如宝龙吐百宝华的树）下坐，成道为弥勒佛。然后，在园中开三番法会，受不同根机众生之请，三转法轮，度尽不同根机的众生。弥勒佛的这三次说法度众生，佛经称为“龙华三会”或“弥勒三会”。

据《宋高僧传》记载，他是五代后梁年间（907—923）明州奉化（今浙江宁波人），自称“契此”，又号长汀子。他身体肥胖，袒胸露腹，经常手持竹仗，上边挑着一个大布袋，出入于乡村巷尾，游化行乞，并将所乞、所拾之物装在大布袋中，人称“布袋和尚”。他不拘小节，笑口常开，为人预测凶吉和晴雨十分灵验。他还常在稠人广众中，将大布袋中的东西，倾泻于地，并叫道：“看！看！”他的这种怪异行为引起了人们的普遍关注和极大兴趣，并由此名噪一方。后梁贞明二年（916），他在浙江奉化岳林寺（建于849年）内东廊下的一块磐石上，端坐并口念一偈：“弥勒真弥勒，分身千百亿。时时示时人，时人自不识。”其意为：弥勒呀，是真弥勒，能化成千百亿个弥勒，我就是其中之一。我时时刻刻显现在人们面前，但人们却不识我就是弥勒的化身。说毕，安然而逝。于是，人们方知“布袋和尚”原来是弥勒菩萨转世，遂将他的遗体安葬在岳林寺附近，并建起一座庙来供奉他，取名“弥勒庵”。

虚空藏菩萨

虚空藏菩萨（梵名 Akasa — garbba），又译为虚空孕菩萨。相传此菩萨所具有的福智二藏，无量无边，犹如虚空，因此，得以此名。在密教中，此菩萨为胎藏界荼罗虚空藏院之主尊，亦为金刚界贤劫十六尊之一。

据《虚空藏菩萨神咒经》中所载，释迦牟尼对虚空藏菩萨甚为赞叹，说其禅定如海，净戒如山，智如虚空，精进如风，忍如金刚，慧如恒沙，是诸佛法器，诸天眼目，人之正导，畜生所依，饿鬼所归，在地狱救护众生的法器，应受一切众生最胜供养。可见，虚空藏菩萨功德之殊胜。

据佛经记载，虚空藏菩萨住在东方大庄严世界之一的宝庄严佛所，曾与十二亿菩萨一起，向释迦牟尼提出各种问题，并述说种种法义。

在中国佛教界，“虚空藏菩萨咒”也是佛教徒经常持诵的真言。一般人总以为该咒的特色是增长记忆力，其实，虚空藏菩萨的慈悲、方便和愿力，与观音菩萨都很相似。经典中曾说他为众生成就大慈，常度化众生而不休息。

公元 8 世纪时，虚空藏信仰传到日本，以增进福德、智慧，消除灾害。虚空藏菩萨在日本所受的信仰，比在中国更为热烈。

金刚手菩萨

金刚手菩萨（梵名 Vajra — pani）又称执金刚、执金刚主、执金刚手等。原本泛指执持金刚杵的菩萨，又特别专指密迹金刚力士。在《大宝积经》卷八《密迹金刚力士会》中说：金刚力士，名为密迹，立释尊右方，手执金刚杵。

密迹金刚力士是一位具有大威力的鬼神。他本是印度毗纽天的侍卫，后来，转变为佛教中勇猛的护法神。由于他手执金刚杵，所以，又称为执金刚神，又因为他身、口、意迅捷，因此，又名密迹金刚。

相传，在久远以前，勇郡转轮王在世时，有两位名叫法念和法意的亲兄弟，同时发出誓言。法念誓愿在贤劫的如来出世时成为梵天，以便经常劝请世尊转大法轮；而法意则誓愿成为亲近佛陀并捍卫佛法的金刚力士。后世所传的金刚力士，就是秉承法意的誓愿而来世间的护法神。

在释尊入灭时，他悲痛欲绝，立即昏迷，他苏醒后，悲痛地说："云何释尊舍弃于我，独自涅槃？咄哉大苦，此金刚杵当用护谁？即便抛弃！"由此可以看出，金刚力士对佛陀的赤胆忠心。

总而言之，就浅义来说，金刚手是指夜叉；就深义而言，金刚手是代表如来身、语、意、密的金刚萨埵。

妙吉祥菩萨

妙吉祥菩萨是文殊菩萨的意译。

文殊菩萨是"文殊师利"的简称，梵语 Majusri 的音译，其意译为：妙德、妙吉祥。相传他出生时，家中现出十大祥瑞，因而得名。

他在佛教诸菩萨中以智慧见长，并以此特长辅佐释迦牟尼佛的教化，位居各大菩萨之首。文殊菩萨在释尊门下根基深厚，智慧超群，赢得大智文殊的美誉。

文殊菩萨是大乘佛教智慧的化身，他神通广大，济世无穷，活动于过去、现在和未来不同的时空。

在密教当中则有：般若金刚、吉祥金刚、大慧金刚、辩法金刚等密号。在其他经典中，又有妙德、妙首、普首、妙吉祥等名号。

除盖障菩萨

除盖障菩萨又作除一切盖障菩萨、降伏一切盖障菩萨、弃诸阴盖菩萨。为密教胎藏界曼荼罗除盖障院之主尊。除盖障乃消除一切烦恼之谓。《诸佛要集经》卷下，以弃诸阴盖菩萨之译名，称赞此菩萨所得之三昧。在金刚界曼荼罗中，则为贤劫十六圣尊之一。

除盖障菩萨的形象，据《大日经疏》中描述：此圣尊，左手执莲华，华上置摩尼宝珠，右手作施无畏印。此菩萨及诸眷属，皆是大慈悲拔苦除障门，正以此菩提心中如意宝珠，施一切众生无畏，满其所愿也。

地藏菩萨

地藏菩萨（梵名 Ksitigarbha）的意译，音译“乞叉底婆沙”。《地藏十轮经》中说他：“安忍不动犹如大地，静虑深密犹如密藏。”因此，得名地藏。

地藏菩萨也是佛教四大菩萨之一，四大菩萨中以“大愿”著称。据佛经记载，他在忉利天宫受释迦牟尼佛的嘱咐，要在释迦牟尼佛入灭，弥勒还未降生世间这段时间，主管世间众生的教化。为此，他一直现身于人、天、地狱之中，并发誓要为众生担荷一切艰难苦行，满足人们的生活需求，令大地五谷丰登，草木、花果茂盛，祛除众生疾病，度尽地狱众生。其中，他以度尽地狱众生的誓愿最为宏大和坚决，他宣称：“地狱不空，誓不成佛，众生度尽，方证菩提”。地藏菩萨的济世弘愿，千百年来一直为佛教徒所传颂，因此，他也是在古代下层大众中，拥有较多信奉者的一位大菩萨。

地藏菩萨本是印度佛经中的大菩萨，他同佛教其他诸大菩萨一样，没有具体的生平，但是，千百年来，在中国人民的心目中，地藏菩萨却是一位真实的历史人物。

据《宋高僧传》中记载，地藏菩萨原是新罗国（朝鲜的一部分）王子，姓金名乔觉。金乔觉出家后，法名地藏。他因仰慕唐朝中国的大乘佛教，航海来到中国。他在中国四边形参访游化，后来，见到安徽省青阳县境内九华山的山水俱佳，遂结庐苦修。他每天以当地的一种白色的观音土和麦粒混合为食物，打坐参禅，用功修道。因其道行高峻，深得当地善男信女的敬仰。乡绅诸葛节钦佩其苦行之志，率先发心为他建寺。当时，九华山的土地属于一位闵姓长老所有，闵公也是一位虔诚的佛教信徒，听说有人要为新罗王子建寺，欣然同意了。他问地藏需要多少地，地藏答道："一袈裟所覆盖地足矣"。闵公听罢觉得好奇，哪知，当地藏将袈裟铺在地上时，越扯越大，最后，竟然覆盖了整个九华山。闵公看到地藏竟具有如此神力，便高高兴兴地将山地整个施舍出来。接着，闵公还让自己的儿子跟地藏出家，法号道明。后来，闵公也随地藏出了家。根据佛门先入空门为长的规定，闵公成为儿子的师弟。金地藏居住在九华山数十年，于唐玄宗开元年间夏历七月三十日，与众诀别，跏趺坐化，享年 99 岁。其徒众以大缸殡葬他的肉身，并置于塔中。三年后，徒众将缸启开，地藏的肉身竟然不坏。

由于地藏生前笃信地藏菩萨，其形象又酷似地藏菩萨，人们便认为他是地藏菩萨转世，进而，我国佛教界便将九华山奉为地藏菩萨道场。

实际上，这座慈寿寺塔，在塔身的装饰上，将寺院的殿堂里供奉的佛教塑像，都搬到了塔身上，进行供奉，这种形式确实别具一格。

在第一层楼阁式塔身，每根蟠龙转角柱的柱头上，各雕塑有一幅紫竹观音像。在画面正中的一位，是呈立姿的观音菩萨。在她的左侧是龙女，右侧为善财童子，他们都侧向着观音菩萨合手而拜。在观音菩萨的左上角有一只展翅飞翔的鹦鹉，右上角是一尊双手合十的护法天王韦驮。在他们的周围，布满了朵朵祥云。

这八幅砖雕，制作得非常精美，中间的观音菩萨立像，头戴女式风帽，披肩长巾，身穿宽松式长袍，双手相叠平放在腰间。

慈寿寺塔转角柱上雕刻的紫竹观音像

她体态端庄，相貌安详，就像一位慈祥的母亲，令人观后顿生亲切之感。

但因年代久远，砖雕的有些部分已经风化脱落，非常的可惜。

龙女，顾名思义，就是龙王之女。据《法华经·提婆达多品》中记载：她就是八大龙王之一——婆竭罗龙王的女儿。她根机锐利，悟解惊人。在她8岁的时候，在龙宫里听到文殊菩萨说法时，顿悟佛理。其后，她独往释迦牟尼的说法之地灵鹫山礼佛，终于以龙身成就佛果。

龙女通过闻法而得道，方法既简便又快捷，这在当时确是空前之事。因此，当龙女成道后，立即在佛教内部引起强烈震动，一些有成就的佛教前辈，都为此不解和不平。智积菩萨代表诸大菩萨首先站出来驳斥龙女，他站在大乘佛教的立场上认为修成菩萨尚需累劫的修行，何况成佛，更需要长时间修行方可成就。佛陀的上首弟子舍利弗从小乘佛教的角度，斥责龙女为垢秽之身，不能成佛。面对众圣的诘难，龙女毫不气恼，她不慌不忙地从怀里掏出一颗大宝珠，价值三千大千世界，龙女将宝珠献给释迦牟尼佛。龙女随即对众圣贤说："我献宝珠，释尊马上就接收了，我成就佛果，就像佛接我的宝珠一样快。"说完，当众"忽然间变为男子，具菩萨行，即往南方无垢世界，坐宝莲花，成等正觉"。众人目睹后，无不目瞪口呆。事实胜于雄辩，龙女成佛终于博得大众的信服。

龙女成佛证明了在佛教中众生平等，一切众生皆有佛性，有佛性者皆可成佛。

密檐式塔身

第一层楼阁式塔身之上，是十三层密檐。在每一层塔檐的下面，采用砖雕仿木式斗拱来进行承托。每层塔檐下面的拱眼壁中，各开有一佛龛，在塔身的每一面上，共开有三个佛龛，并在每个佛龛中，各供奉一尊铜铸的结跏趺坐式佛像，这些佛像，有戴冠的，也有不戴冠的，样式各异。在每个佛龛的下面，均镶有用三层花瓣组成的莲花座。这些莲花座制作得十分精细，为了防止在下雨后莲花座里存水，特意在莲花座的底部，留出两个圆形小孔，就像花盆儿的底部一样，以利于排水。因年久，有的莲花座已经脱落了。据说，在每尊佛像的身躯里面，均藏有书写在丝帛或纸上的佛教经文。在整座塔身上，总计原供奉有铜佛像 312 尊。

慈寿寺塔密檐部分

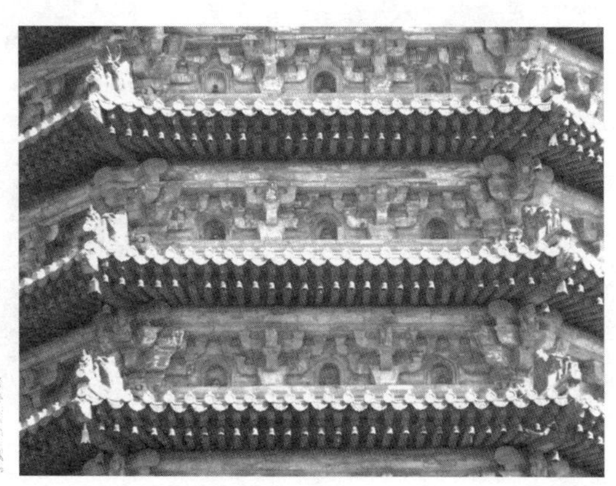

密檐之间龛中的铜佛像

在20世纪80年代初，塔身上龛中的这些铜佛，曾遭到一次偷盗事件。其主要罪犯指使几名善于攀爬的人，在夜里顺着塔身边的避雷针攀上了密檐，并从佛龛中盗出几十尊铜佛，准备进行盗卖。不料，其中的一个人在攀爬时从塔上摔了下来，当场死亡。后来，公安机关根据死者的身份，很快地将作案人抓获，并将铜佛追回。

塔身上供奉的铜佛像，自明万历六年（1578）建成后，经历了四百多年的风风雨雨，散失了许多，余下的149尊铜佛像就显得更加珍贵了。

据北京文博2016年第3辑上刊登的文章中，介绍了馆内收藏的九尊，在慈寿寺塔发现的明代铜这九尊铜像，大多高三十五厘米左右，只有一尊身高四十五厘米，其中，有四尊塑像为四大天王，还有四尊为武将，其余的一尊为文官。根据这些铜造像的身高来分析，极有可能原来是供奉在塔身上的佛龛中的，不知何时被取下，被博物馆保存下来，甚为珍贵。

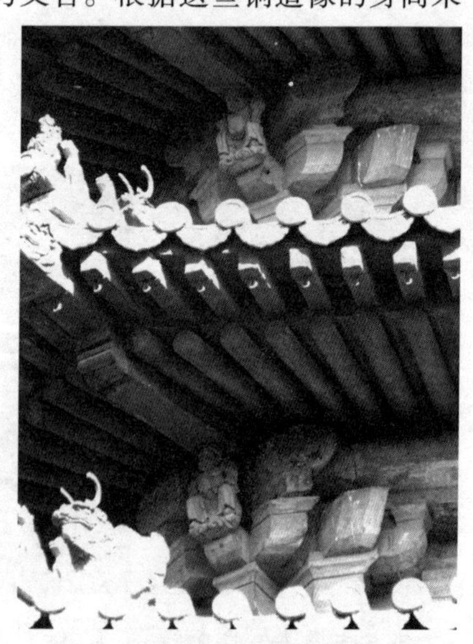
慈寿寺塔密檐间的负塔罗汉像

在每层塔檐角的老角梁根部与斗拱之间。各置有一尊罗汉像。这些罗汉相貌各异，身着各式服装，并呈蹲坐姿势。他们足踏祥云，肩部高耸，双手撑着膝盖，并用头顶奋力地承托着老角梁。

每层塔檐的檐角下，各悬挂着一枚大铜铃，其中，外边的一枚是方形的，而里边的一枚为圆形，八面十三层塔檐，共挂有大铜铃 208 枚。在塔檐每根椽头的下面，各悬挂一枚圆形的铜铃。在悬挂的铜铃上均铸有铭文。塔檐的一层、二层、三层、四层每面各 32 枚；五层、六层、七层每面各 30 枚；八层、九层、十层每面各 28 枚；十一层、十二层、十三层每面各 26 枚，这样算来，在十三层塔檐的椽头下，共悬挂塔铃 3040 枚。另外，在第二层须弥座上方的斗拱挑尖梁头下面，各悬挂一枚铜铃，共计 56 枚。这样算起来，整座塔上悬挂的大、小铜铃，总计为 3304 枚。每到风起时，随着风的强弱变化，清脆悦耳的铃声也随之产生微妙的变化，仿佛将游人带入美妙的西天梵境之中。但因年久，这些铜铃多数已散失无存。

在每层塔檐的上面，均覆盖着绿色的琉璃瓦，在每个瓦当和滴水上，均有梵文及缠枝花卉纹饰。角梁及椽子都被漆成红色，远远地望去非常的悦目。

塔檐的每个檐角之上，前面各置有一尊用琉璃制成的护法金刚像，金刚像呈坐姿，披甲戴胄，两臂分开，双手握拳撑在膝上，姿态威风凛凛。在护法金刚像的后面是两只角兽，角兽的后面装置着一个大型的龙首。

民国时，在塔檐的最上层顶上，曾长有一株高大的柿子树。“八里庄塔最上层，塔顶东北侧，有树一株，近则为塔檐所遮，所不能见，稍远能望见之，以目测之，树颇高大，村人言系柿树，盖冬季大风，有时吹落柿实也。”（《闲话西郊》白文贵著）这棵高大的柿树，在塔顶上，恐怕也生长了几百年，在许多幅永安万寿塔的老照片中，都保存有这棵柿树的身影。现在，塔顶上的这棵柿树早已不见了踪影，可能是在维修塔顶时，将树给去掉了。

塔　刹

慈寿寺塔塔刹部分

塔刹部分坐落在十三层塔身顶上的正中央。在两层八角形砖砌的刹座上，安置着一个铜制的鎏金葫芦形摩尼宝珠式刹顶。并从刹顶葫芦形摩尼宝珠束腰中的园箍上垂下八条铁链，牢固地连接在从塔刹基座下分出的八条垂脊的头上，起到了稳固塔刹的作用。

这种式样的塔刹，具有典型的明代密檐式塔的风格。

按照佛塔的传统建筑结构，塔顶上应该建有天宫，用于收藏佛经及佛像等佛教物品。是否在葫芦式塔刹下设有天宫，现在还不得而知。

据居住在塔周围的老人们传说：塔刹上的葫芦原来是金的，后来，被日本人用直升机把金葫芦偷走了，换上了一个铜葫芦。这个传说是否真实，现在还未有定论。

在首都博物馆举办的《回望大明——走近万历朝》专题展中，展出了一件从永安万寿塔中发现的经卷。经卷为纸质，正面印有经文，共分为三段，每段长约 70 厘米，宽约 10 厘米。

第一段经卷

卷首为一幅图。画面中，左侧是一座佛塔，在佛塔的前面是

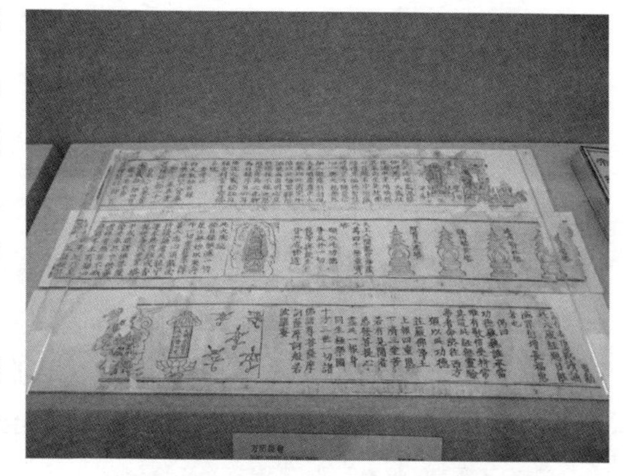

在永安万寿塔中发现的经卷

几位吹奏着各种乐器的乐师，每位乐师的头后均有一圈光环，以证明他们是天上的乐仙。在佛塔的周围缭绕着朵朵祥云。

在图画的边上画有一尊牌位，中间印有“皇帝万万岁”五个字。在牌位的四周，围绕着一圈宝相花及佛教杂宝。

牌位的右边为经文：“夫正法眼藏涅槃，妙心悉在大藏经律论中，光明焕发，其来尚矣，是故佛云：首题名字，顶戴赡礼，其福德、智慧、功果，岂可称量，信心一兴，大包无外，细入微尘，刹刹现大光明，尘尘出大经卷，以此消灭殄障，以此悔罪释愆，证果成因，明心见性，堪报不报之恩，用资无为之化，聊为目录序引云耳。

佛说大藏总经目录，舍利灵牙宝塔名号。

唐僧往西天取经目录。

涅槃经四千八百卷，四十二卷在唐。

菩萨经一部，二千一百卷，三十六卷在唐。

虚空藏经一部，四百卷，二卷在唐。

首楞严经一部，一百……”

第二段经卷

卷首已残缺。前面画有四座佛塔，在每座佛塔的左边均标有名称。依次为：** 净明塔，辽州喻社塔，魏州临黄塔，阿育王建塔。

四座佛塔后面为佛教偈语："天上人间，龙宫宝藏。八万四千，无量宝塔。""愿以此功德，普及于一切。我等与众生，皆共成佛道。"在佛教偈语的后边，画有一座高大的佛塔，周围布满祥云。塔后为经文："此大藏总经目录，能灭一切众生无始以来所作一切重罪业障，若人志心顶戴、受持、读诵者，天龙守护，永无灾难，或香花供养，或安置塔中，或造诸佛菩萨像，安奉其中，供养礼拜者，无罪不灭，无福不生，有愿必□，无不果随，乃至得成无上菩提，其……"由于经卷末尾破损，故后面的文字缺失不存。

第三段经卷

卷首已破损，文字有缺失。"……贤劝谏信者，顶戴读诵此大藏经题目，能灭罪愆，增长福惠者也。

偈曰：

功德巍巍谁承当，唯有敬信受持常。莫道此经无灵验，带者命终往西方。

愿以此功德，庄严佛净土。上报四重恩，下济三涂苦。若有见闻者，悉发菩提心。尽此一报身，同生极乐国。

十方三世一切诸佛、诸尊菩萨摩诃萨，摩诃般若波罗蜜。"

后面画有一竖形方章，中间书"大明慈圣皇太后发心造"，下边托以莲花，上覆荷叶。左边画有五支宝相花。

卷尾画有一幅韦驮菩萨画像。

据介绍，这件经卷是1957年在永安万寿塔的附近被发现的，后由首都博物馆收藏。

经对照，这卷经文名为《佛说大藏总经目录及舍利灵牙宝塔名号》。完整的卷长应为3米，宽10厘米。

根据经文的内容分析，由慈圣宣文皇太后主持刻印这卷经文，其主要目的是为了消灾求福，得到佛祖的保佑。这卷经文很可能在印刷好后，封藏在塔砖中，并砌筑在永安万寿塔的塔身上。这种做法在佛教史上是有先例的。

在杭州西湖的夕照山上，曾耸立着一座千古闻名的雷峰塔。雷峰塔又叫皇妃塔，或西关砖塔，是吴越国王钱俶为谢佛恩所建。雷峰塔建于北宋太平兴国二年（997），根据吴越国王钱俶在雷峰塔《严华经》刻石后面亲笔所提的跋可得知，当年钱俶为王妃顺利生产皇子，故又名“皇妃塔”或“王妃塔”。古塔塔身上部的一些塔砖内，秘藏雕版印刷的佛教《一切如来心秘密全身舍利宝箧印陀罗尼经》经卷。在经卷的卷首上印有：天下兵马大元帅吴越国王钱俶造此经八万四千卷舍入西关砖塔永充供养乙亥八月日纪。塔砖为专门烧制，每块长一尺二寸。塔砖分为有字无孔和有孔无字两种，有孔的塔砖侧面有圆孔，直径约6分，深四寸，下端封闭，中藏佛经，再以木块封闭，内藏有《一切如来心秘密全身舍利宝箧印陀罗尼经》。出自砖孔内的经卷《宝箧印陀罗尼经》“均以长四寸、宽二寸的白棉纸木版精印”，经卷用小竹签做轴心，裹以黄绢经袱，再用锦带束腰，插入砖孔内，用木栓塞住孔口。

由此，可以推测，慈圣宣文李太后很可能是仿照吴越国王钱俶的做法，将经文印制了八万四千份，并封藏在永安万寿塔的塔砖和龛里的佛像中，以祈望得到佛祖的保佑。

永安万寿塔后两侧的石碑

在永安万寿塔后面的左右两侧，矗立着两通石碑，在石碑的外面，原来各罩有一座碑亭。

据《日下旧闻考》中记载。“塔下有碑亭二：左碑前刻紫竹观音像并赞，明万历丁亥年造，后刻申时行、许国、王锡爵瑞莲赋；右碑前刻鱼篮观音像赞同左，后刻关圣像并赞，明春坊谕德兼侍读南充黄辉撰，万历辛丑年立。”

这两通碑，均树立于明万历十五年（1587），经过430余年的风、霜、雨、雪，如今，石碑还在，但外面的碑亭却早已倾圮无存了。

在永安万寿塔后面东侧的石碑上，正面雕刻有一幅《九莲菩萨像》，背后则镌刻有由申时行、许国、王锡爵撰写的《瑞莲赋》。

在塔身后面西侧的石碑上，正面雕刻有一幅《鱼篮观音像》，背后则雕刻有一幅《关公像》。

九莲菩萨像（紫竹观音像）

明代万历十四年（1586），在慈圣宣文李太后居住的慈宁新宫中，忽然盛开了九朵美丽的荷花（也有的史料中记载为并蒂莲）。“重台颖出，瑰形殊态，自昔所未有。”（《瑞莲赋》）李太后和万历皇帝观赏后认为这是个祥瑞的好兆头。便命宫廷画师，将盛开的荷花形象描摹下来，并在画面中加入紫竹观音像和鱼篮观音像。在紫竹观音像和鱼篮观音像绘制完成后，慈圣宣文李太后遂命人将这两幅菩萨像摹刻在石碑上，并树立在永安万寿塔后的两旁。

慈寿寺九莲菩萨（紫竹观音）像（选自国家图书馆网站）

《九莲菩萨像》，矗立在永安万寿塔的左后方。碑额镌刻篆书“御制”二字，碑座采用高浮雕的手法雕刻二龙戏珠，碑的上、下方及两侧，线刻二龙戏珠图案。

在碑身的正面，采用线雕与阳纹雕相结合的手法，雕刻着一幅“九莲菩萨像”。画面中，九莲菩萨头戴披巾，顶花冠，在花冠的中央饰有一尊化佛，即阿弥陀佛。她相貌丰满，慈眉善目，双目垂视，两耳垂肩，头饰精美，眉间饰有宝珠。仪态端庄秀美，神态温柔而恬静。在她头的两侧，垂有华丽的璎珞，项上戴有宝珠项链。胸前，佩有镶嵌着宝珠的护心锁，在护心锁上挂有香囊。衣衫柔软随体，线条流畅，并缀有团花。她前倚围栏，侧身端坐在月台上。在她面前的池塘中，盛开着各种颜色的莲花。在九莲菩萨的右下方，善财童子脚踏荷叶，双手合十，面对着九莲菩萨而拜。在善财童子的头上，罩有光环。在九莲菩萨的头顶上缭绕着朵朵祥云。

九莲菩萨的右侧，在栏杆的望柱上雕有一朵仰莲，在仰莲之上，托有一只玉杯，在玉杯的里面置有内盛圣水的净瓶。净瓶上绘有仰莲、柿蒂纹及宝相花图案。在净瓶中插着一支杨柳。满塘的荷花簇拥着九莲菩萨，将九莲菩萨衬托得更加神圣、慈祥。

九莲菩萨的背后立有玲珑剔透的太湖石，在太湖石上栖息着一只可爱的小鹦鹉。在太湖石的后边长有数竿挺拔玉立的紫竹，有的竹竿从太湖石的洞穴中穿出。

在竹林的旁边长有一株栀子树，雪白的栀子花缀满枝头，仿佛正散发着阵阵的馥郁芳香，沁人心脾。这株栀子树，是佛经中描绘的一种花树，被称为薝卜。是梵语 Campaka 的音译。又译作：瞻卜伽、旃波伽或瞻波等。义译为郁金花。其树形高大，树皮、花叶和汁液俱香，花色灿黄若金，香飘数里。这种在佛教中描绘的植物，在中国的花卉中与栀子花的特征比较相似。所以，就将栀子花作为薝卜花，并被描绘在佛教的绘画之中。

在画面的右上方镌刻着赞文："赞曰：惟我圣母，慈仁格天。感斯嘉兆，阙产瑞莲。加大士像，勒石流传。延国福民，宵壤同坚。"旁边镌刻正书，"大明万历丁亥年造"。在赞文的上方刻有一方印玺，上刻篆书"慈圣宣文明肃皇太后之宝"。

在这幅九莲菩萨像中，九莲菩萨的面部、胸部及手，善财童子的面部、双臂及双手等部位，在雕刻手法上，并没有采用线雕的手法，而是将这些部位的轮廓线留出来，并将其他的地方均雕刻成凹形。这种雕刻手法，使人物的面部及手在画面上更加突出，增强了画面的质感和层次感。

画面中，莲花的雕刻手法表现也随着莲花的色彩区别而有所不同。画面中红色的荷花只用凹线刻出其轮廓；粉红色的千叶荷花则在凹线刻出的花瓣里加刻瓣筋；而白色的荷花，只将花瓣的轮廓留出来，而将花瓣的"地儿"刻成凹形。采用这些多种多样的雕刻方法，使画面中荷花的层次更加突出，姿态更加丰富。

莲花又称为荷花、芙蕖，是一种水生植物。远在上古时代，中国的《诗经》中就有关于莲花的记载。莲花在中国民间作为吉祥的象征，并受到文人的喜爱，而以莲花“出淤泥而不染，濯清涟而不妖”来象征君子。莲花也被引入佛教中，是清净、圣洁、吉祥的象征。

在印度神话中，宇宙的创造者梵天神安坐在莲花上，象征高贵圣洁。

在古代印度，莲花象征女性的生殖力量，代表多产、力量、生命的创造，更是成熟、幸运、繁荣、长寿、健康、名誉的代表。莲花也是印度的国花，印度往往在吉庆的仪式中，以莲花为饰。印度政府的最高级勋章也被称为“莲饰”。

莲花在佛教中的象征意义极为深广，如佛祖释迦牟尼就被称为“人中莲花”。莲花的美好形貌也被用来比喻佛陀的相好圆满。

佛教的宇宙观与莲花也有着密切的关系。在《华严经》中记载：毗卢遮那如来的华藏庄严世界海，有层层无尽的世界。“华藏”中的“华”，指的就是莲花；而“藏”则是指莲花含藏种子之处。因为，华藏世界中的所有世界、世界种，都含藏于大莲花之中，都住在大莲花之上，所以才称为华藏世界。

由于莲花富有丰富的佛教文化内涵，所以，佛典中以莲花作为供养佛菩萨的妙好花朵，而且莲花更是佛教净土中常见的花。在《阿弥陀经》中记载，极乐世界的人们，都是从莲花中化生。极乐世界的莲花是生长在七宝池中的八功德水中，池中的莲花大如车轮，有青、黄、赤、白等不同颜色，姿态微妙，气味香洁。所以，极乐世界又被称为“莲邦”。《观无量寿经》中记载：阿弥陀佛及观音、大势至等菩萨，安坐于宝莲花上，在众生命终时，手持莲台来接引众生。

莲花是佛菩萨的常见持物，象征佛菩萨的清净、无染和慈悲。佛菩萨手持的莲花，依照颜色来分，可分为赤莲花、白莲花、青莲花等三种。印度自古以来，赤莲花即被视为植物中最高贵的花。

无论在美术或文学上，莲花都是经常出现的形象，在风貌上也是多姿多彩的。

在佛教艺术中，莲花更是扮演着极为重要的角色，从佛、菩萨的台座、背光，到佛塔、栏楯、望柱上的装饰，几乎处处都可见到莲花的图案造型。

《九莲菩萨像》碑刻完成后，著名僧人憨山大师德清，特意为此碑撰写了《慈圣圣母刻瑞莲观音赞》：

闻彼昙华，千年一现。有圣人出，以为瑞验。
惟皇圣母，阙产此华。以此征德，又何以加。

这幅《九莲菩萨像》画像，原是绘制在一幅丝绢上的，后来，宫中将“九莲菩萨像” 原作进行了装裱，并悬挂在慈寿寺中的慈光阁内。

清代咸丰至同治年间，在慈寿寺中保存的这幅“九莲菩萨像”，还引出了中朝佛教文化史上友好交流的一段佳话。

清代同治年间，这幅《九莲菩萨像》已残破不堪，后由朝鲜友人朴珪寿出资，委托董文涣将《九莲菩萨像》进行重新装裱。

朴珪寿（1807–1877），朝鲜王朝后期著名的政治家。朝鲜高宗时的重臣，他是朝鲜正祖时著名的实学思想家朴趾源之孙，官至右议政。它不仅继承发扬了实学思想，更萌生出有利于朝鲜近代化的新见解，因此，被认为是开化思想的始祖之一。他一生出使过两次中国，第一次出使中国，是在咸丰十一年。他不仅完成了使命，还结交了八十多位中国的文人学士，与他们酬唱诗歌，往来书信。即使回到朝鲜后也长期保持着联系。其中以董文涣、冯志沂、沈秉成、王轩等人关系最深。

董文焕（1833—1877），字尧章，号研秋，今山西洪洞县人。是清代咸丰、同治年间著名的诗人和格律学家。朝鲜使臣十余人来京时都与他结交成为朋友。他还精通书法和武术，一生之诗文及文学著述颇丰。

清代同治六年（1867）正月初八日，朝鲜使臣朴珪寿，致函董文涣。信中说，他在咸丰十一年（1861）四月份，曾来到过京师。

“珪寿前到京师，一日，出阜成门行七八里，得慈寿古刹，中有九莲菩萨像，即前明孝定李太后梦感菩萨授经宫中，遂号太后为九莲后身，而神宗以佛像绘真，为生日祝釐也。

帧旧弊落，屡经改装，皆好事有心人为之。嘉庆间，法梧门式善记其事于帧旁，然今又黖昧渝污已甚。梧门所云墨拓本今不见，而直以画帧揭之，所以致弊弊也。

再拜而退，窃有感于中。孝定贤明，为前朝帝后之最，内而调诲有方，外而委任得人，辅冲辟、济时难，卒致边陲无警，民物殷阜，是谁之功也？此所以游人过客叹息低徊不能已也。像既尘没煤黰，不几何而尽矣。同治纪年之冬，曾道及于仲复书中，亦因境兴怀，庶可犀照，而吾侪心性之交，所遭植大概同耳。中心有感，又焉能自闷疑为问哉！

兹捐薄俸奉呈白金五十两，敢望诸君子鉴此衷曲为我一劳。得良手谋之，重新装潢，以寿几多岁年，甚幸之。其碑亭又有石刻像本，倘有余力，能墨拓供奉，而匣藏画帧，如梧门记中旧事尤幸幸。……”（《致研秋函》）

事情缘由是这样的，朝鲜使臣朴珪寿，在咸丰十一年来京师时，曾去过阜成门外八里庄的慈寿寺，瞻仰过收藏在寺中香云阁中的一幅九莲菩萨像，据说即慈圣宣文李太后的化身，但此幅画像因年久，已破旧不堪。他回到朝鲜后，仍惦念着此事，便给董文涣去信，遂捐白银五十两，请董文涣诸人在空闲时到慈寿寺中将九莲菩萨像重新装裱，并将镌刻有九莲菩萨像的石碑进行拓印后，将拓片寄给他，以表示对慈圣宣文李太后的敬仰之意。

同年四月二十八日，董文涣、王轩二人午时来到慈寿寺中，寻找九莲菩萨画像。入寺门，则见“殿宇壮丽，左有永安寿塔十三级，耸立云汉，四壁皆金刚像，塔后老松四株，枝干蔽日，拿地作九龙势。左、右两碑亭刻《九莲菩萨像》。又明阁臣申时行、许国、王锡爵《瑞莲赋》勒碑后。寺内荒榛，莽棘刺人衣袂，垣墉殿宇倾圮已极，独浮图与碑亭巍然尚存耳。殿后有香云阁塑菩萨像，跨一凤而九首，相传即孝定前身也”。（《砚樵山房日记》）

他们来到慈寿寺中寻找九莲菩萨像，不巧的是主僧刚刚进城去办事。他们在云香阁中找寻，但并没有看到九莲菩萨像。这时见到寺中有一位生病的小僧，正在伏榻呻吟，就向他询问，最后在他的指点下，从阁后的一个破箱子里找到了这幅九莲菩萨像。只见这幅《九莲菩萨画像》因年代太久了，画面剥蚀脱落，几乎是一触即碎的样子。他们看到主僧不在，小僧又做不了主，便没有将画像带回进行装裱。

五月初三这天，慈寿寺僧秀章携《九莲菩萨像》来到董文涣家中，请求他帮助寻找裱工，将《九莲菩萨像》进行重新揭裱。画幅装裱后，并重新做了画匣。董文涣又找到拓工，将慈寿寺塔下碑亭中的《九莲菩萨像》《鱼篮观音像》及《关公像》拓印下来。这样，装裱《九莲菩萨像》及两碑的拓片，用费正好是五十两白银。

同年五月二十四日，董文涣作《重装九莲菩萨画像歌》，并与《九莲菩萨像》《鱼篮观音像》及《关公像》拓片一起，托人寄给朴珪寿，以满足他仰慕慈圣李太后，出资重裱画像的心愿。

重装九莲菩萨画像歌并寄朝鲜朴瓛斋尚书

生绡一幅藏禅扃，璎珞百宝光青荧。
图画万历年间作，后像乃以菩萨形。
菩萨功在明社稷，神庙践作方冲龄。
天生圣母佐天子，应附宝电女节星。
护视起居敕左右，盥面扶掖趋阙庭。
江陵顾命勤讲幄，纳海出入交砥砺。
法华瑞感铜钵产，夜梦大士亲受经。
阁臣祝釐申王许，瑞莲赋献宫慈宁。
承平治媲女尧舜，物力殷阜四方庭。
大置梵刹赐汤沐，浮图矗天风含铃。
三生微妙现法相，勒以石绘以丹青。
沧桑阅世三百载，展图仿佛留英名。
岂非慈悲大神力，历劫不坏呵幽冥。
日销月铄半剥蚀，渐失豪发佘模型。
海东故人昔谒拜，抚迹感事心涕零。
兼金附书来千里，精诚历告语叮咛。
缇袭箧笥戒僧守，岿然屹共双碑亭。
墨本重拓代张壁，朝夕顶礼虔香声。
作歌纪事报我友，时夏五月岁在丁卯。

同时，王轩也作了一首《明孝定李太后九莲菩萨画像歌》

君不见，胜朝季运丁百六，四十八年深养毒。
不待再传勤剥残，岂知初政方清肃。
宫中圣母促早起，罢讲犹闻长跪读。
端拱不疑威福专，坐资师相一夔足。

振枯别蠹丛胜举，贯朽仓有陈陈粟。
款塞筑城强敌归，渡辽出师国祚绩。
成功固应书彝器，奚假象教为鳌祝。
窣堵长留满月容，旄勤渐兆崇土木。
至今瞻拜犹兴感，海国陪臣意枨触。
异代犹深戴履思，身亲况切同忧辱。
人生忠爱出至性，遗泽何曾异陵谷。
独惜太岳非纯臣，终因大伴何碌碌，
性刚纵无仰药恨，背刺俄同参乘族。
倘忆先帝凭几时，阁中取传当痛苦。

过了一个多月，慈寿寺僧秀成还给董文涣送来了十个寺院自产的西瓜，以表示对他们此项善举的感激之情。

据传，清光绪年间，慈寿寺遭遇火灾，《九莲菩萨像》在大火中不知所终。但在《翁同和日记》中却有这样一条记载："游摩诃庵，观九莲菩萨像（此像乃慈圣李太后，本在慈寿寺，寺今拆为平地，故移奉于此。），在一小殿旁，丹青黯淡，作倚栏式，栏外二童子耳。"根据这段记载来看，慈寿寺在被毁后，寺中遗留的塔和石碑转由摩诃庵来管理，所以，原来供奉在慈寿寺中的这幅《九莲菩萨像》，便转移到摩诃庵中来供奉。也有可能的是在摩诃庵中供奉的这幅《九莲菩萨像》，并不是原来供奉在慈寿寺中的那幅《九莲菩萨像》，而是另外一副画像。因为，据史料记载，慈寿寺中供奉的九莲菩萨像中，观音菩萨身边，并没有标明有善财和龙女这两位胁侍。

在美国大都会艺术博物馆里，收藏有一幅绘于明万历二十一年（1593）的《莲池观音图》。这幅莲池观音图，长181.6厘米，宽114.3厘米，是采用工笔重彩的画法绘制在丝绢上的。画面的构图与碑上《九莲菩萨像》的构图，除了荷花的位置不同之外，其他的地方基本相同。从画面的细部来看，这幅画面，残损得比较厉害，许多的地方都已经碎裂脱落了，画面显得有些斑驳，透射出一种沧桑感。这幅《莲池观音图》的残损程度与董文涣的记载很是吻合，但是否就是被重新装裱的那幅《九莲菩萨像》，还有待于考证。

美国大都会艺术博物馆里，收藏的《莲池观音图》

由于这幅《莲池观音图》为彩色的，所以使欣赏者更能够直接地体验到这幅画作的艺术魅力。画面中，观音菩萨身穿白色的外衣，头戴白色的风帽。其面容富丽，神态安详。她目光低垂，欣赏着面前池塘里盛开的荷花。池塘里，盛开着九朵美丽的荷花，其中的两朵为白色，而其余的七朵为粉红色。在池塘右侧的一片荷叶上站立着面向观音菩萨仰首合十而拜的善财童子。画面的其他部分也均是采用工笔重彩的形式，描绘出各种色彩，使整个画幅色彩艳丽，富丽堂皇。

美国大都会艺术博物馆里，收藏的《莲池观音图》局部

美国大都会艺术博物馆里，收藏的《莲池观音图》局部

根据《九莲菩萨像》的画面内容来分析，画面中，实际上是在紫竹观音像的前面加上了从慈宁宫中摹画来的盛开的莲花形象。其实，这幅《九莲菩萨像》的原名应称为《紫竹观音像》或《莲池观音像》。但是，随着“九莲菩萨是慈圣宣文李太后的前身”“李太后是九莲菩萨转世”的神话在宫廷内外传播开来，并且据传，画像中紫竹观音的面容又是依照李太后即“九莲菩萨”的面容形象而描绘的。所以，为了表示对李太后，即“九莲菩萨”的崇敬，便顺水推舟地将《紫竹观音像》改称为《九莲菩萨像》了。

在清代的《日下旧闻考》中记载着：前去慈寿寺中进行实地考察的大臣，仍将矗立在永安万寿塔左侧石碑上雕刻的画像称之为“紫竹观音像”。

《瑞莲赋》

在《九莲菩萨像》碑的碑阴，碑额上镌刻篆书“瑞莲赋碑”四个大字，碑的四边线刻二龙戏珠图案。在碑身首题正书《瑞莲赋有序》，序及赋每行93个字，共70行，现上面镌刻的文字已被风化，漫漶不清。

明万历十四年（1586），在慈圣宣文李太后居住的新慈宁宫里，忽然盛开了九朵美丽的莲花（也有的史料中记载为并蒂莲）。两天后，皇宫里也有瑞莲盛开。李太后认为这是一个祥瑞的好兆头，遂命宫中画工将盛开的莲花描绘下来，又命宫中大学士申时行、许国、王锡爵为瑞莲作赋，并将《瑞莲赋》镌刻在《九莲菩萨像》碑的背面。

现将《瑞莲赋》由《宛署杂记》第二十卷中录出，以供读者阅读鉴赏。

敕赐慈寿寺内瑞莲赋碑

万历丙戌瑞莲产于慈宁新宫，一时阁臣咸为赋之。适慈宁新建寺于宛平西八里庄，赐名慈寿，因碑识诸赋，屋竖之寺左云。

其一：

维瑞莲产于慈宁新宫，臣既奉命作赋以阐发奇祥，昭宣圣德，已而考览图记，推测休徵，意者胤祚绵延，寿祺多益之兆，仍加衍绎，复成篇章，聊仿载赓之义，罄三祝之私云尔。其词曰：有晔者华，婉如清扬。菡萏为簪，芙蓉为裳。出五沃之上腴兮，苞九疑之奇芳。繄中通而外直兮，洵笃实而辉光。德可比于君子兮，又奚逊夫国香！羌讬种于灵沼兮，载移根于长乐。挺翠盖之团团兮，冒朱华之灼灼，枝承蕤以婀娜兮，何杨翘之磊落？糅珠药以成葩兮，焕重英之出萼？森擢颖于芝房兮，俨敷荣于菌阁。朝晞发于扶桑兮，若葵赤之常倾。夕弄影于望舒兮，象桂轮之载盈。峨星冠于绛阙兮，散霞标于赤城。凤羽矫其翩翻兮，蜃楼起而峥嵘。恣意态之横出，纷可炳于丹青。彼新宫之巀嶪兮，固神灵之所宅。熏风扇其淳和兮，甘雨滋其芗泽。卿云助其烂漫兮，膏露增其的皪。夫惟孕粹而钟祥兮，肆焜煌而舄奕。乃其含芬桂掖，流晔椒涂。承恩辉于黼幄兮，分绣采于翟榆。映画堂之甲帐兮，迎紫罽之金舆。灿荣光于华渚兮，郁佳气于蓬壶。宫伯忻忻而告瑞，慈颜穆穆其欢愉。何司花之特巧？殆坤元之出符。天子乃考祥图，披灵契。徵素莲于王母，溯石蕖于炎帝。或一房而百子，或一花而千岁。兆多寿而多男，允卜年而卜世。于是群臣效三呼之祝，荐万岁之觞。陈瓜瓞椒聊之什，咏竹苞松茂之章。曰文子与文孙兮，俾炽而昌。曰圣母及圣皇兮，俾寿而康。如重台之积累，亘乾坤而久长。臣拜手而作颂，庸昭示于无疆。

颂曰：

瞻彼璇宫，临紫极兮。仙籞神池，汇灵泽兮。
煌煌奇葩，产禁掖兮。绿叶朱华，苞翠菂兮。
重英迭萼，何艳赫兮。地符川珍，帝申锡兮。
百世本支，兆蕃硕兮。慈龄圣算，齐箕翼兮。
小臣献颂，扬休德兮。福禄万年，子孙千亿兮。
大学士臣申时行。

其二

慈宁宫瑞莲，臣既应制，按图作赋，然体摹唐律，韵局八声，未足以当钜观，称明旨，爰竭心思，效子虚，乌有之伦，说问辩之词，宣畅厥义，推广其象，乱以谣歌二章，申祝万寿。若曰曲终奏雅，非所敢闻。其词曰：上自新宫观瑞莲，羡重翘之旖旎。照秋水之澄鲜。葩迎风而猎猎，叶浮波而田田。工错采以成图，史濡毫而作颂。臣愚拜手，矢音托讽，乃有槐市耆儒，兰台秘史，相与溯灵异之原，披图牒之纪，旁引博譬，龂龂并起。儒生遽前，攘袂而称。盖闻王者布德，大造群生。下彻黄舆，上薄苍旻。陶铸三光，雕镂万形。若夫织柯片萼，异颖殊荣，其托附于宇宙，不啻河沙之与陌尘。彼卉何知，而我钟情？于是史氏敬进，盱衡而语，允若所云，是双觡共抵不为灵，一茎六穗不为瑞也。夫尧至仁，而阶有蓂荚；舜大孝，而庖有萐莆。惟天休之昭应，岂株叶之非符？眷此池莲，质本幽净。西土是尊，南国为盛。宁比凡花，况依清禁？霞标烨煜，云锦参差。中通外直，电发星垂，芝友兰宾，蓉裳荇带。艳而不冶，澹而有态。尔其辟乾符，阐坤祯，岳修贡，川效珍。花承花以增色，蕊包蕊而含馨。原夫出淤泥，擢金牙，濯清泠，挺修姱。有如斯莲，象帝德之重华，坳五沃，陛九嶷，戏嘉鱼，游神龟。有如斯莲，象帝治之重熙。琼芳不采，金屋无尘，养以玉液，贮之锦屏。有如斯莲，象帝命之重申。本本支支，如璋如珪，疏润天潢，药接房披。有如斯莲，象帝胤之蕃滋。文子文孙，丽万亿而重轮，重辉花花实实，欲阴歙阳，蒂固根深，岁以为常。有如斯莲，象帝祚之遐昌。慈寿圣寿，阅万亿而重宁重康。昔嘉和有篇，芝房有歌，清平有调，瑞应有图，岂若斯祥，萃于灵荷，发幽光于藻井，通芳气于椒涂？兹事体大，匪曰导谀。今其如台，而独阙诸。若夫金母苑中，麻姑坛上。藕瑶圃之千常，华玉井之十丈。碧白变色，舒偃殊状。凿金缀步，咒钵呈象。柳池之实如珠，担湖之茎缬双。太液玉语，昆明锦张。纵侈声于乐府，宁比迹于吾皇！于是秘史受简，耆儒避席，臣愚寡陋，口授以瑞莲之什。乃歌曰：

猗瑞莲兮结重台，类蓂荚兮产尧阶。
纳绮疏兮映轩墀，挹芳润兮荐玉扆。
称万寿兮咏康哉，袭休祥兮吉大来。

载歌曰：

猗瑞莲兮结重楼，类菌阁兮依瀛洲。
华为觞兮叶为舟，奉太母兮佳遨游。
历万岁兮如三秋，炳丹青兮生色留。
大学士臣许国

其三

圣母慈圣皇太后还御新宫之明年，是为万历丙戌。燕喜方来，休应辨至，于岁千秋，有瑞莲始华于庭中，重台颖出，瑰形殊态，自昔所未有，上若曰兹惟灵卉，托根禁掖得其地，遘会鼎新得其时，盖周雅称寿，取类竹苞松茂，昔闻其语，今效其实，爰命工图之，命臣等赋之，为仙旦万万年觞祝之献云，其词曰：

懿乎，我皇上之奉母仪而敦孝轨也，标二极之显号，致九州之上供。日三朝而视膳，丕锡类于綖纮，乃卜乃谋，宅是新宫。翟褕还御，茀禄来同。厥有膏露凝枝，庆云触石。蓂荚舒阶，蓮莆媚泽。惟得气之最先，孕兹莲于壶掖。尔其田田碧沼，冉冉金塘。移近栏楯，托于坳堂。艳云外布，的珠内藏。修柯茂颖，抽青曳黄。谓浓华之已披，复引挺而敷芒。绚春华于秋实，苞疏蕊于密房。伊重台之俶诡，创耳目之炜煌。九嶷之所未蒂，五沃之所不芳。炳丹青之历历，庶有概于揄扬。方其宝茄初税，参差纷缀。若素峨尚掩黛以凝敷，而先已簇华簪于长髻。及夫缥萼嫣然，鞞鞢朱殷。如凤鸟舒翼以轩举，而翠翘绾红玉之冠。至若朝暾乍升，被以薄晖。

片霞斜挂，飞虹下垂。游光婉蜒，掩映重帏。绮疏丹启，若增而辉。又如微飏披波，鳞縠靡碎。招摇紫蕤，牵彼愉袘。娇倚翠楼。蓮菁若醉。于牣赤鳞，翻藻吹沫。而或白露如珠，明月如珪。金茎仙掌，五采承施。含漱清液，领溉华滋。吐芬扬烈，兰迳欲迷。总此百芳，随遇成态。既旖旎而嫚娟，亦熠爚而馣馤。须蓑蓑以覆旒，叶泥泥而垂带。岂玉井之百丈，抑净土之九台？世尊分供于灵山，列仙幻种于蓬莱，尔时朱阳初退，夷则受节。青女布凉，白帝藏热。圣母皇太后乃披绿绡之衣，御素霓之裼。藉黄莞之荐，敷碧蒲之席。天子戒法服率六宫而从之，朝徘徊于华林之殿，夕容与于太液之池。捻品众美，次及芙蕖，相与顾而神怡焉。爰命少媛，挈壶褰裳。揽绛花，掇紫房。延西颢以承翚，指南山而进觞。宛朱颜之微酡，余赏蔚其未央。洋洋焉，穰穰焉。又何羡重珍袭绮，侈长乐而姱上阳也？且夫瑶台露浓，上林春早，何苑树之蓁蓁，羌独眷此丽草？彼炅炅以娇首，若感奋于皇造。挹膏润而常荣，届商风而不老。所以单厚福釐，申重寿考。祝三献兮华封，祚万龄兮天保。凛睿情之犹恫，思昃食兮在镐。普肆眚以赈饥，肃躬郊而露祷。期仰答乎玄休，用广慈而达孝。臣也不佞，敬进颂言。厥颂伊何？在豫能谦。晨省夔夔，夕惕乾乾。庶以毗重华之孝理，而趾美嘉禾之篇。

大学士臣王锡爵撰。

为瑞莲作赋的申时行、许国和王锡爵三人，均为明代万历朝大学士。

申时行

申时行（1535–1614），字汝默，明长洲（今苏州市）人。嘉靖四十一年（1562）进士第一，授修撰。历左庶子，掌翰林院事。

万历五年（1577），由礼部右侍郎进吏部右侍郎。万历六年（1578）三月，张居正因将父亲归葬回老家，请广阁臣，遂以左侍郎兼东阁大学士。后任礼部尚书兼文渊阁，又累进少傅兼太子太傅，吏部尚书，建极殿大学士等职。

他因善作文章而被张居正看重。张居正去世后，继张四维为内阁首辅。曾与许国、王锡爵等人共为同事，他们相处得十分和谐，之间从无猜忌。

万历十四年（1586）正月，他因请立储，触怒万历皇帝，后遭黜责，晚年辞官回苏州闲居。万历四十二年（1614），申时行已经是八十岁的老人。万历皇帝派人到他家看望，哪知在诏书刚送到门口的同时，申时行就去世了。他去世后，安葬在江苏省吴县石湖边的上方山麓。

他著有《赐闲堂集》，在《明史》中有申时行传。

许国

许国（1527–1596），字维祯，安徽歙县人，明代嘉靖四十四年（1565）进士。一生历仕嘉靖、隆庆、万历三朝。他为官沉稳、谨慎，忠诚练达，颇受皇帝宠信。隆庆年间，朝廷特赐一品朝服出使朝鲜，他在异邦拒收援例所奉馈礼，朝鲜国专门勒碑铭以记。万历皇帝继位后，初任右赞善，专门教授太子，并充任讲经论政的日讲官。由于身近帝王，他的才华很快地得到皇帝的肯定。1581 年因平定云南边乱决策得当，晋升少保，授武英殿大学士，成为仅次于首辅的内阁第二重臣。同年，万历皇帝特批许国生前在家乡歙县营建记载功绩的石坊一座，并两次驳回他自请免建的上疏，加批“毋得固辞”四字，以表彰他协忠运筹，茂著劳绩，这就是今天仍存的歙县许国石坊的由来。1583 年，他任礼部尚书兼东阁大学士，不久，加封太子太保，改授文渊阁大学士。

许国的诗文造诣很高，作品浑淳典雅，王世贞对他的译价很高。著有《许文穆公集》十六卷。在《明史》中，有许国传。

王锡爵

王锡爵(1534–1614),字元驭,号荆石,明嘉靖十三年生于太仓。相传他出生时，有数万鸟雀飞集王家院中，因古时“雀”字和“爵”字为通假字，遂起名锡爵。嘉靖四十一年（1562），会试第一，廷试第二，榜眼及第。授翰林院编修，国子监祭酒、侍讲学士、礼部右侍郎、穆宗实录总裁等职，还出任过顺天乡试主考官，会试同考官等。张居正去世后，万历皇帝特颁手诏拜王锡爵为礼部尚书兼文渊阁大学士，参预机务。王锡爵在位时，根据当时情况，提出了“禁谄谀、抑奔竞、戒浮虚、节侈靡、辟横议、简工作”等六议，为万历皇帝所采纳，并受褒扬。这六议，即使以今人的行为准则来看，也极有针对性和可操作性。万历二十一年（1593），王锡爵晋升为首辅，特加少傅兼太子太傅。他力请罢止江南织造和江西陶瓷专门为宫廷制造高贵奢侈品的机构，要求减轻云南的贡金和赈济河南饥荒，都得到朝廷的许可施行。万历三十五年（1607）他引疾退休。离职后，朝廷对他恩礼不衰，加赠太子太保，进建极殿，赐道理费。万历三十八年（1610）王锡爵病逝，赠太保，谥文肃，敕建专祠于今太仓城内。并赐葬，墓在苏州阊门外来凤桥凤凰墩。《明史》中，有王锡爵传。

申时行、许国、王锡爵这三位大学士，具有很高的文学造诣。万历皇帝和慈圣宣文李太后，命他们为慈宁宫中盛开的瑞莲作赋。在《瑞莲赋》作成后，又将《瑞莲赋》镌刻在《九莲菩萨像》的背面，万历皇帝和李太后对他们的文学才华这样看重，也证明了他们三位大学士，在万历皇帝和李太后当政时，为国家兴盛呕心沥血，尽心效力，并得到万历皇帝和李太后的充分信任。

鱼篮观音像

《鱼篮观音像》矗立于永安万寿塔的右后方，在碑额的上方雕刻有“御制”二篆字，碑座也采用高浮雕的手法，雕刻着二龙戏珠。在碑框的四周，线刻二龙戏珠图案。

慈寿寺鱼篮观音像
（选自国家图书馆网）

在碑身正面，采用线雕与阳纹雕刻相结合的手法，雕刻着一幅“鱼篮观音像”。

画面中的鱼篮观音跣足漫步于莲花池畔。她端庄娴淑，美发高髻，前有宝珠头饰，发髻上穿有一枚竹节式发簪。面容丰腴，细眉小口，前胸微露，一副村姑的装束，但在衣服上布满如意云纹图案，手腕及足腕上戴着镶嵌有宝石的腕镯，隐显着她身份的华贵。她右手提着竹篮，竹篮中盛有一条鲜活的鲤鱼，在鲤鱼的下面，还铺垫着柳叶。她走在池塘边上，正在低头欣赏着路边池塘中盛开着的美丽的千叶莲花。

在鱼篮观音的左上角，镌刻有赞文：“赞曰：惟我圣母，慈仁格天。感斯嘉兆，阙产瑞莲。加大士像，勒石流传。延国福民，宵壤同坚。”这段赞文及印玺与左碑上的内容完全相同。在鱼篮观音的右上角镌刻正书“大明万历丁亥年造”。

“鱼篮观音”也称作“马郎妇观音”。关于她的传说，凄婉动人。

据《法华经持验记》卷下记载：在唐代宪宗元和十二年，陕右地方，俗骑射，不知佛法。有一天，金沙滩上来了一位绝色美貌的少女，手提鱼篮，到那里卖鱼。许多男子都为这个卖鱼少女的美艳所倾倒，便争着向姑娘求婚，但卖鱼的少女却说：“我只一人，怎么能嫁给你们这么多人呢？这样吧，如果有谁能在一夜之间背熟《普门品》，我就嫁给他。”第二天一早，能背熟《普门品》者竟有二十多人。卖鱼的少女又说：“我一个人，还是无法嫁给你们二十多个人，假如你们当中有谁能在一夜之间背熟《金刚经》，我就做他的妻子。”结果，仍有十个人能将《金刚经》背熟。卖鱼的姑娘再要他们在三天之内，背熟一部《法华经》，终于，只有一位马姓青年，能背诵出整部《法华经》。于是，这位少女就答应嫁给这位马郎，并按照当地的风俗举办了婚礼。当少女刚被迎到新郎家，就说自己感到身体有些不舒服，希望独自在房中休息片刻。可是，还未等到参加婚礼的客人散去，这位卖鱼的少女却突然地死去了，并且，眼看着尸体很快地腐烂，只好马上将她收殓埋葬。几天后，来了一位持锡仗的老和尚，要求见马郎新娶的媳妇，马郎告诉老和尚说：“媳妇因病故，已经被埋葬了。”老和尚和马郎来到卖鱼少女的坟前，用手中的锡仗将坟拨开，开棺一看，棺内根本就没有少女的尸体，只有一副用黄金制成的锁子骨。老和尚用锡仗把黄金锁子骨挑起来，给围观的人们看，并当场解说道：“你们陕右这个地方的习俗，一向是喜好骑射，其实，这是尚武好斗的表现，说明你们还不懂得慈善仁爱的佛法。这位卖鱼的少女，便是观世音菩萨的化身，观音菩萨悲悯你们业深障重，便用这个办法来教化启迪你们，这正体现了观世音菩萨的慈悲威德。老和尚在说完这番话后，便腾空飞去了。

从此以后，陕右这个地方，信仰佛教的人一天比一天多起来。因观世音菩萨为度众生，化身少女嫁给马郎，所以，后世便将她称为“马郎妇观音”。

元代觉岸所著的《释氏稽古略》卷三中，就明确地说：“马郎妇，观世音也。”又因观音菩萨是显化挎鱼篮卖鱼的少女，所以，被人们称之为“鱼篮观音”。

在后世的观音造像中，马郎妇观音多作鱼篮观音，在民间的影响很大。

《鱼篮观音像》碑的规制与九莲菩萨像相同且尺寸一样。其画幅高 216 厘米，宽 108 厘米。

为什么要在永安万寿塔旁的石碑上，雕刻观音菩萨像和莲花呢？这个疑问，可以从史籍中找到答案。据《帝京景物略》中记载：“时瑞莲产于慈宁新宫，命阁臣申时行、许国、王锡爵赋之，碑勒寺左。………太后梦中，菩萨数现，授太后经，曰九莲经，觉而记忆，无所遗忘，乃入经大藏，及审厥象，范金祀之。寺有僧自言，梦或告曰：“太后，菩萨后身也。”在《日下旧闻考》中引《玉堂荟记》中曰：“九莲菩萨者，孝定皇太后梦中授经者也。觉而一字不遗，因录入大藏中。旋作慈寿寺，其后建九莲阁，内塑菩萨，跨一凤而九首，寺僧相传菩萨为孝定前身也。”

在慈寿寺建造完成后，万历十四年（1586）在万历皇帝的母亲慈圣宣文皇太后居住的慈宁宫中。忽然盛开了九朵美丽的莲花（也有的史料中记载为并蒂莲），李太后看到后异常惊喜，认为此花的盛开代表着祥瑞将临。她又多次在梦中，见到一位骑着凤凰并长有九个头的菩萨，向她传授“九莲经文”，在太后醒来时，竟能够将睡梦中听到的经文一字不差地诵读出来。于是，便命人铸成九莲菩萨铜像，供奉在慈寿寺里的慈光阁中。还命人将加有瑞莲的观音菩萨像雕刻在石碑上，树立在塔后的两侧，以示祥瑞。

其实，在塔后的石碑上，雕刻《九莲菩萨像》和《鱼篮观音像》具有更深一层的意义，这还得从万历皇帝的母亲慈圣宣文皇太后的身世说起。慈圣宣文皇太后姓李，生于明世宗嘉靖二十四年（1545），她刚入宫时，只是一名普通的宫女，后被嘉靖皇帝的第三个儿子朱载垕看中，并在她十八岁时生下了朱翊钧。朱载垕继位后，将她册封为贵妃。但是，朱载垕只当了六年的皇帝就因病去世了，这时，只有九岁的朱翊钧便登上了皇位，并于次年将年号改为“万历”。俗话说：“母以子贵”，万历皇帝的生母就这样被尊为慈圣宣文皇太后。这时，慈圣宣文李太后的年纪仅有二十八岁。由于她的出身比较贫寒，其子万历皇帝的年龄又小，为了稳固自己的权力和扩大影响力，便借用了神佛的力量，将皇权和神权结合起来，使自己拥有至高无上的权力，以巩固和提高自己的地位和权威。慈圣皇太后提出兴建的慈寿寺及永安万寿塔，就是为了提高和确立自己及万历皇帝的地位。于是，就有了九莲菩萨传经的故事，继而被寺僧传为是观音菩萨下世。由于观音菩萨可以变化成三十三种模样出现，所以，在右边的碑上刻有《鱼篮观音像》，并借以暗示观音菩萨曾以村姑的形象出现，来宣扬佛法，教化众生；在左边的碑上刻《紫竹观音像》，以表示慈圣皇太后的原身就是观音菩萨。塑在塔窗之上的观音菩萨乘着祥云从天而降也说明了这一点。

在《九莲菩萨像》和《鱼篮观音像》上，均镌刻着一段同样的赞文："赞曰：惟我圣母，仁慈格天。感斯嘉兆，阙产瑞莲。加大士像，勒石流传。延国福民，霄壤同坚。"其文中的大意为：只有我圣母慈圣宣文李太后，她的慈善仁和之心感动了上天，因此，天降嘉兆，使慈宁宫中瑞莲盛开。万历皇帝和李太后命宫内画师，将盛开的瑞莲摹画下来，并在画面中，加上观音菩萨像，镌刻在石碑上，树立在慈寿寺中，以求永远流传。这样的善举，可以求助于观音菩萨（九莲菩萨），保佑国家富强，百姓平安。

从这段赞文的语气中来分析。撰写这段赞文的人，应该是万历皇帝，来用以表达自己对圣母皇太后的感恩之情。但是，赞文后的落款上，则未见到万历皇帝的印玺。却印有一方篆文"慈圣宣文明肃皇太后之宝"的印玺。这样看来，这段赞文可能不是万历皇帝题写的，也可能是绘制这两幅画像的宫廷画师，为表示对慈圣宣文皇太后的崇敬之情而题写的。

明代万历年间，京城内外的许多佛教寺院为了表示对慈圣宣文李太后，即"九莲菩萨"的尊崇，纷纷地将得到的《九莲菩萨像》和《鱼篮观音像》拓片，摹刻上石，立在寺院中供奉。但在摹刻时，有的忠实于原作，对拓片上的内容未进行任何改动，但也有的对于原画像，在画面尺寸，构图上和内容上进行了改动和增补。

在北京市宣武区南横街的圣安寺中，曾立有一通《九莲菩萨像》（紫竹观音）石碑，在画面及构图上，与慈寿寺中的《九莲菩萨像》有些不同，对画面内容进行了一些改动和增补。在九莲菩萨像的右上侧，增加了一尊左手叉腰，右手执金刚宝杵的韦驮菩萨像。对九莲菩萨右下角的善财童子像，在形象上也进行了一些改动，并且，画幅的尺寸也缩小了许多。在这幅《九莲菩萨像》的右上角，镌刻正书"钦依僧录司左觉仪通月号印空于万历己丑八月二十八日刻石在圣安寺"。万历己丑年，为万历十七年（1589）。这通《九莲菩萨像》碑，现被保存在北京法源寺中，并矗立在毗卢殿门外的左侧，但碑中九莲菩萨像的面部已被凿毁，十分可惜。

北京圣安寺紫竹观音像碑

北京弥勒院《九莲菩萨像》碑

在北京市西城区西直门内小街的弥勒院中，也曾立有一通《九莲菩萨像》石碑。在九莲菩萨像的右上角，也增加了一尊左手竖在胸前，右手执金刚宝杵的韦驮菩萨像。在九莲菩萨右下角，将善财童子的形象位置，改为手托摩尼宝珠的龙女像，而将善财童子的形象，移到了九莲菩萨的左下角。在九莲菩萨的冠帽正中，将阿弥陀佛像换为“佛”字。另外，在九莲菩萨手的位置、衣纹、莲花、紫竹、鹦鹉及栀子花的构图和位置上也进行了一些改动。在九莲菩萨像的最下边，增加了如意祥云。九莲菩萨的右上角上，镌刻正书“九莲菩萨像 大明万历壬辰年孟春正月二十五日立石”，万历壬辰年，为明万历二十年（1592）。

据资料介绍，在北京市石景山区也保存着一通《九莲菩萨像》碑，九莲菩萨坐在荷花池旁，欣赏着美丽的荷花，她的左边站立着善财童子；右边则站立着龙女，两位童子均双手合十面向观音菩萨而拜。在碑的右侧镌刻有两行碑记：黑山会护国寺碑记 万历甲午孟夏吉旦。

在北京市门头沟区的樱桃沟，早年，曾保存有一通石碑。在石碑的正面，镌刻有一幅《九莲菩萨像》（瑞莲圣母像），在碑阴还刻有一幅《鱼篮观音像》。

慈圣寺瑞莲圣母像

这幅《九莲菩萨像》中，在莲花的构图上进行了一些改动。在九莲菩萨的右上角，镌刻正书赞文："赞曰：惟我圣母，慈仁格天。感斯嘉兆，阙产瑞莲，加大士像，图写流传。延国福民，宵壤同坚。"在赞文的右侧，刻有一方印玺："慈圣宣文明肃皇太后之宝"。这段赞文和印玺中的内容，与永安万寿塔后两侧石碑上的内容基本相同，只是将"勒石流传"改为"图写流传"。在九莲菩萨像旁镌刻着正书"大明万历甲午年五月吉日造"，万历甲午年为明万历二十二年（1594）。

在碑阴镌刻的《鱼篮观音像》中，将原图中站立着的鱼篮观音改为了坐姿。在鱼篮观音像的左前侧，加刻了善财童子拜观音像。鱼篮观音手中提着的鱼篮也被放在了她右侧的池塘边上。画面中，鱼篮观音头上的发髻正中饰有一颗大摩尼宝珠，衣服上也缀满了如意云纹，将年轻秀美的鱼篮观音改成了一位雍容华贵的贵妇人形象。鱼篮观音的左侧，增加了数竿紫竹和假山石，在竹竿上栖有一只鹦鹉。在鱼篮观音的右上角，镌刻着与《九莲菩萨像》中相同的印玺、赞文和款识。

据资料介绍，在四川西昌，泸山半山腰光福寺的观音阁内，矗立着一通《鱼篮观音图》线雕碑，碑高 250 厘米。在《鱼篮观音图》的石碑上方，碑帽正中竖刻“御制”篆书大字，周边雕刻有双龙呈祥图案。

名扬四海的西昌泸山观音阁明代御制《鱼篮观音》造像碑

图中的观音菩萨，美发高髻，面容丰腴，细眉小口，为一位少女的模样，她前胸微露，颈系围巾，身着袍服，腰束长带。左手出露，右手中提一只竹篮，篮底垫有柳叶，在柳叶上盛有一条鲜活的鲤鱼。她的身旁是一片池塘，塘中千叶荷花怒放，一派生机。鱼篮观音神态端庄、妩媚，赤着双足，裙衫衣带随风飘动，正飘然漫步于莲池之畔，并侧首欣赏着美丽的莲花。

画面线条流畅，用笔柔和圆润，使一位纯真而美丽的“佛门圣者”形象跃然于石上。画面的构图和技法表现出唐、宋佛画中写实、清雅和飘逸的艺术风格特色。

在鱼篮观音的足前下方，立有善财童子，他侧对着鱼篮观音，双手合十，作顶礼膜拜状。

在鱼篮观音的左侧上方，镌刻着题赞，赞曰："惟我圣母，慈仁格天。感斯嘉兆，阙产瑞莲。加大士像，勒石流传。延国福民，宵壤同坚。"右侧上方，有一方阴纹篆书印玺，"慈圣宣文明肃皇太后之宝"。在玉玺的右侧，镌有款书"大明万历丁亥年造"。另在下方，附有一行边款，为"原任云南沾益州臣马中良重刻石"。

这幅《鱼篮观音图》怎么会树立在远离京师的四川西昌的呢?原来，明代万历时，曾任云南沾益州（今云南宣威）知州，西昌籍回族文士马中良，于明万历三十年（1602）进京师办事，正逢朝廷在蓟镇盘山（今天津蓟县）向僧众传布《鱼篮观音像》拓片。马中良在得知这个消息后，欣喜若狂，他多方疏通关系，终于获得了这幅《鱼篮观音像》拓片。

马中良将《鱼篮观音像》带回西昌后，立即着手在石碑上进行摹刻，并筹集资金建造观音阁，将镌刻好的《鱼篮观音像》供奉在阁中。

但是，马中良在对《鱼篮观音像》进行摹刻时，并未严格地按照原图进行摹刻，而是在鱼篮观音像的左下角，加入了善财童子拜观音的形象。

据 1987 年全国文物普查统计，明代万历年间，镌刻在石碑上的《鱼篮观音像》，全国仅保留下三通。其中，一处是在北京阜成门外八里庄的慈寿寺遗址上；另一处在北京市门头沟区樱桃沟；还有一处就是四川西昌泸山光福寺观音阁中保留的这一通。随着时代的变迁，万历年间，在京城内外大、小寺院中供奉的《鱼篮观音像》绝大多数都已经湮灭无存了。

关公像

在《鱼篮观音像》碑的碑阴，镌刻有一幅线刻《关公像》。画面中：关羽，长髯威武，肃穆庄严，右手捋髯，左手轻提镶有宝石的袍带，身着四爪蟒袍，足蹬云头战靴，表现出一种傲视群雄的英雄气概。关羽的左后为周仓，一身盔甲，虎头豹眼，唇上浓密的倒八字胡，腮下胡须散炸着，手持着关羽的青龙偃月刀。画面中，因周仓身材矮小，则更衬托出关羽的高大威猛。在关公像的右上方，镌刻有《关公像赞》，其文曰：

许身非难，择主何智。仁存一德，颠沛唯是。
手扶汉鼎，目无吴魏。担荷乾坤，具大根器。
故能发心，受智者哉。役使鬼神，造玉泉寺。
化毒龙居，立成佛地。如此学道，何坚不碎。
操精进刃，被慈忍甲。以无畏力，施满尘刹。
粪扫魔魅，羊驱倭鞑。神武所伏，岂在必杀。
出入幽显，靡扣弗答。以此护国，是真护法。

明春坊谕德兼侍读南充黄辉顿首赞并书

在关公像的左上方镌刻一方印玺，其中篆书”慈圣宣文明肃皇太后之宝”，在印玺的旁边镌刻正书“万历岁次辛丑孟夏吉日造”。万历辛丑年，为万历二十九年（1601），根据时间推算，这幅《关公像》，是在《鱼篮观音像》制成十四年后才镌刻在碑阴上的。

在《关公像》碑的边框上，线刻腾龙图案，上、下各为两条，左、右各为三条。

绵延五千余年的中华民族古代文明社会，曾经是一个英才辈出的漫长历史过程。在这已经逝去的悠悠岁月中，那些曾经在中国古代文化发展史和文明发展史上放射出光辉的历史名人，确实浩如烟海，灿若繁星，难以胜数。然而，在中国古代层出不穷的名人之中，被后世戴上炫目光环并尊之为“圣人”者，却仅有二人，他们就是被民间尊称为“文圣”的孔子和“武圣”的关公。

慈寿寺关公像
（选自网络国家图书馆网）

关公本名关羽，字云长，出生于汉桓帝延熹三年（160）六月二十二日，卒于公元219年。关公在其近六十年的人生中，策马横刀，驰骋疆场，征战群雄，辅佐刘备完成鼎立三分大业，谱写出一曲令人感慨万千的人生壮歌。作为三国名将的关公，那充满英雄传奇的一生，被后人推举为“忠”“信”“义”“勇”集于一身的道德楷模，并成为中国封建社会后期，上至帝王将相，下至士、农、工、商广泛顶礼膜拜的神圣偶像。

关公，从“当时义勇倾三国”的蜀汉名将，到“万古祠堂遍九州”的神化、圣化偶像，是中国封建社会进入后期以来，社会各界对关公不断美化、圣化和神化的结果。从宋、元至明、清的这一历史过程中，上至高居庙堂的帝王将相，下至终生劳作的庶民百姓，从舞文弄墨的文人学子、舞枪弄剑的草莽义士，到勾栏瓦舍中的说书艺人、梨园演场中的戏子优伶，乃至远避尘世的僧侣道士，几乎都陆陆续续地汇入了美化、圣化和神化关公的潮流。在这一浪高于一浪的关公崇拜浪潮中，从关公身上发掘出来的和被追加到关公身上的美德与美誉，远远超过了历史上真实的关公，在中国封建社会中，几乎达到了无人可及而又无以复加的程度。于是，生活于三国时期的关公，在宋、元、明、清之际，便渐渐地超凡脱俗，青云直上，由一个充满悲壮色彩的人间英雄，变成了万民礼拜的神圣偶像。

在关公遇难去世后的三国时期，到两晋南北朝这一历史阶段，尽管已有关公的故事在民间流传，但在见诸文字的史料中，对关公的记述，却都基本上忠实于历史原貌。关公在西晋陈寿所撰《三国志》等史书中，是英雄，是义士，但还不是圣人和神人。关公的封号，也只是在他去世五十一年之后，才由蜀汉后主追赐为“壮缪侯”。这一封号的地位并不显赫。

隋、唐之际，从印度辗转传入中国的佛教，渐渐进入兴盛阶段，并与中国本土文化相融合，形成了浸透着中国文化的中国佛教。于是，天台宗作为中国佛教的一个教派，捷足先登，率先将关公拉入佛门，封之为守护佛法的“伽蓝神”。不过，就隋、唐社会的绝大部分民众而言，关公也还不是圣人和神人。

三国故事在唐代已有较为广泛的流传，但当时三国故事的主角是张飞等人，而不是关公。

进入中国封建社会后期的宋、元两代，是关公被美化、圣化和神化的真实开端。在宋代盛行的“说话”艺术和“弄影戏”艺术中，关公开始从当时“说三分”所讲述的众多三国人物中，渐渐地脱颖而出。宋人张来在《明道杂志》中记载，当时人们在看到“斩关公”之际，都“辄为之泣下”。宋朝的最高统治者也加入圣化和神化关公的大潮流中。史料记载，崇尚道教的宋真宗曾编造出一个请关公到解州盐池，大战蚩尤而除妖祛灾的荒诞说法。至此，关公又被道教请入了自己的门槛。到宋徽宗手里，竟在短短的二十一年之中，连续四次对关公加封，由“忠惠公”“崇宁真君”而再封为“武安王”“义勇武安王”。关公，由此声誉和身价为此大振。

元代对关公的美化、圣化和神化，较两宋更为深入，更为扩大。借助在元代兴盛起来的“杂剧”和“平话”，关公的忠、信、义、勇被描写得更加具体、丰富、生动、形象，不能不使人慨然泪下。为认同中原文化，笼络中原民众，元朝最高统治者也对关公大加追封。

明、清两代是将关公圣化、神化达到极致的时期。生活于元末明初的小说家罗贯中，在他的名著《三国演义》中，不仅吸收、采用了宋、元时代美化、圣化和神化关公的大量故事，并且根据自己的政治理想、道德观念以及当时的社会思潮进行了大胆而大量的艺术想象和艺术虚构，终于把关公塑造成了“忠”“义”“信”“勇”集于一身的完人、圣人和神人。自此，关公“至忠”“至义”“至信”“至勇”的形象，随着《三国演义》小说的广泛传播，在社会上更是家喻户晓，妇孺皆知，受到更为普遍的崇拜。在罗贯中笔下，关公成了“古今名将第一奇人”。明、清两代的皇帝，对关公的加封亦是有增无减，一浪更比一浪高。明神宗在万历十年（1582），曾将关公褒封为“协天大帝”，至此，关公被历代封建王朝所加封的世俗官位达到了无以复加的地步。

在中国两千余年的漫长封建社会中，被封为“大帝”者，大约仅有关公一人。

清末的光绪皇帝加封给关公的封号是长达二十四字的“仁勇

威显护国保民精诚绥靖翊赞宣德忠于神武关圣大帝”，几乎将中国封建时代所能找到的用于封号的美好词汇全部堆砌到了关公头上。

关公，作为道德楷模和道德偶像被不断提升，关公崇拜作为一种道德文化现象被广泛普及，对于中国封建社会后期凝聚力的形成，以及道德意识、道德行为的规范与提升，曾经产生过一定的积极作用。当宋代社会，面临北方少数民族入侵的危难时刻，就多次用关公的“忠”与“勇”来教化臣民。像岳飞那样的忠勇之士，在宋、元、明、清四代社会中并非少数。而当北方少数民族统治阶级入主中原，取得全国政权后，又都对关公的“忠”“义”思想和行为予以褒扬，这在当时一定程度上促进了中华各民族在思想、文化上的认同和凝聚。对宋、明以来新兴的工商阶层而言，他们则从关公身上，汲取“信”和“义”的道德原则，提出了“以信为本”和“以义制义”的带有浓重中国传统道德色彩的经营原则，遏制了利欲对道德的吞噬。对于宋、元、明、清时代的文人、士大夫来说，则从关公身上发现了足以使他们效仿的人格和品德，即所谓“无不弃旧从新，乐为之死”，“金银美女，不足以移之”，高官厚禄“不足以动之”等等。那些揭竿而起的起义者们，则从关公身上汲取到了忠于信义、道义，勇于反抗黑暗的思想和信念。对于一般庶民百姓，亦能通过对关公的崇拜和敬畏，起到一定的教化作用。

岁月悠悠，逝而不返。关公当年赤面骑赤兔马厮杀疆场的雄壮场面，青灯观青史夜读《春秋》的感人情景，忠心守忠义报效蜀汉的浩然气节，都早已化为历史烟尘。但是，关公自身所具有的和被后世所迭加上的那些道德精神，却成为中华民族传统道德文化中的一份沉甸甸的遗产。

慈寿寺中保存的《九莲菩萨像》《鱼篮观音像》和《关圣像》刻石，其画面构图非常优美，人物刻画神态逼真，细腻传神。衣纹线条精细而流畅，用笔柔和、圆润，充分地继承了唐、宋以来中国佛像绘画中的写实手法，并具有清雅和飘逸的艺术风格特色。真可以称得是一幅幅精美的工笔线描画，为明代碑刻中的精品。这三幅雕像，经过430余年的风、霜、雨、雪及人为的毁坏，画面上有些地方已被风化、残损，亟待进行有效的保护。

但为什么，在《九莲菩萨像》《鱼篮观音像》及《关公像》上均刻有“慈圣宣文明肃皇太后之宝”的印玺呢？据推想，这里面可能有两个原因。

其一，在中国古代，许多书画鉴赏家和收藏家，习惯在自己喜爱或者收藏的书画上盖上自己的印章，以示珍惜和归属。如北宋皇帝宋徽宗赵佶，以及清代乾隆皇帝弘历，都将自己的玉玺印在所喜爱的书画上，有的还在书画上面书写题记。可能是慈圣宣文李太后在看到宫廷画师绘制的《九莲菩萨像》《鱼篮观音像》及《关公像》后非常地喜欢，于是，便将自己的印玺印在画像上，以示珍视。

其二，据《天咫偶闻》中记载：“塔旁有二碑，东为太后画《九莲菩萨像》，王锡爵书《瑞莲赋》；西为太后画《关帝像》。”笔者也曾听到，居住在永安万寿塔附近的老人说这三幅画像，是万历皇帝的生母李太后亲笔画的。据有关资料介绍，李太后喜爱书法及绘画，尤其特别喜好绘制有关佛教题材的画作，所以，这三幅画像，如果真是李太后亲手绘制的，并加盖上她的印玺，这也是有可能的。并且这三幅画像在绘制完成后，为了得以长久流传，便将这三幅画像雕刻在石碑上，树立在慈寿寺中永安万寿塔的旁边，这也证明了慈圣宣文李太后对这三幅画是非常喜爱的。从这三幅画像所使用的笔法来看，其画面的线条流畅，用笔柔和圆润，似是出自一位女性之手。如果，这三幅画像确是出自慈圣宣文李太后之手，那么，它的文物价值将是不可估量的，更显示出其珍贵之处，必须加以妥善保护。

现在，文物部门已在永安万寿塔及石碑四周围上了铁栅栏，对古塔及石碑进行有效的保护。

在北京现存的古塔中，慈寿寺永安万寿塔与天宁寺塔均为八角十三层密檐式砖塔，并且永安万寿塔还是仿照天宁寺塔的建筑形式而建的，所以人们又将这两座塔并称为“姊妹塔”，其实，这两座塔在建筑时间上相差四百多年呢。

永安万寿塔在其建筑形式上，虽然在整体造型方面，仿照了建于辽代的天宁寺塔，但在吸收借鉴天宁寺塔建筑风格及优点的基础上，则又融进了明代密檐式塔的建筑风格。细查其各部分，例如：斗拱、檐椽、额坊、普拍坊（清称平板坊）、券门、券窗、格棂如意头，莲瓣栏杆（望柱极密），平坐枭混，圭脚——由顶至踵，无一不是按照明清官式则例。永安万寿塔与天宁寺塔相比，其塔身更高大，更雄伟，塔基座及塔身上的雕塑更加丰富，更精美、华丽。但在塔身线条的收分上略显刚直，在这一点上，天宁寺塔更胜一筹。

永安万寿塔的建筑精湛，塔身异常坚固，在清康熙十八年（1679）和1976年的两次大地震中，岿然不动，安然无损。

据一位住在附近的居民介绍，永安万寿塔所处的这片山坡正好对着北面的金山口，此处空气流通非常好，是一块风水宝地。

永安万寿塔背衬连绵起伏的西山，旁临碧波粼粼的昆玉河（京密引水渠），四周被香花绿树簇拥着，显得格外高大、挺拔。无论是黎明还是傍晚，无论是春、夏、秋、冬，风、霜、雨、雪，它都展示出不同的风貌。春天，万物复苏，碧绿的河水，巍峨的古塔，苍翠的群山，构成一幅非常美丽的图画，显示着无限生机；盛夏，塔下绿树如荫，异常清爽。雷电交加的时刻，唯有它昂首苍穹，任凭暴风骤雨猛烈地冲击；金秋，古塔在一片金黄的映衬下，显得更加古朴、雄伟；严冬时节，瑞雪过后，塔身银装素裹，分外妖娆。

每当你站在永安万寿塔下，仰望着古塔，立刻就会感觉到，塔身刺破蓝天，无比的雄伟、高大，使人产生一种很强的视觉上的震撼。微风吹过，塔檐上悬挂的铜铃叮当作响，那清脆悦耳的铃声，与盘旋在塔顶上优美的燕雀声，交织在一起，十分的和谐、动听。

永安万寿塔的造型与雕塑，在北京城郊许许多多的古塔中，堪称出类拔萃的杰作。每当行人经过这里，远远地就会望见它那雄伟的身姿，并情不自禁地为之惊叹不已，难怪古人曾称它为“京师群塔之冠”。

永安万寿塔早在 1957 年 10 月 28 日就被北京市人民政府公布为北京市第一批文物保护单位。2013 年 4 月 15 日被列入全国重点文物保护单位。

近年来，由于塔身年久失修，残损得比较厉害。1994 年 5 月至 12 月，文物部门投资 80 万元对永安万寿塔进行了大规模的维修。在维修中，发现在塔的第十二层北面中龛的内壁上，镶嵌着一方石碑，碑文镌刻楷书：“大明万历四年二月起，至□年□月止，奉敕建造大护国慈寿寺……” 由碑文记载的名称看来，慈寿寺的全名应称为“大护国慈寿寺”。在这次维修工程中，文物部门本着修旧如旧的原则，对塔座及塔身上的佛教雕塑并未进行任何修复，以保留旧观，从而使观赏者能够欣赏到这座四百多年前的古塔所与生俱来的风采。

为了更好地保护永安万寿塔，海淀区园林局于 1988 年春季，以慈寿寺遗址及永安万寿塔为中心兴建起一座公园，并取“玲珑塔”中的“玲珑”二字，定名为“玲珑公园”，于 1989 年建成开放。

玲珑公园为南、北纵向的狭长形公园。为了使公园环境与古塔气氛相协调，公园分为南、北两个部分，分别采用规则式布局和自然式园林布局，通过中心轴线进行贯穿，使南、北两部分建筑布局相互呼应，错落有致，融为一体，统一而和谐。

公园南部，以永安万寿塔为中心，运用传统规则式的布局手法，统一公园的南半部。在古塔的北面，开挖了长方形的水池，使古塔美丽壮观的身影倒映池中。并在公园的中部建筑了一座平台，既作为规则式布局的结束，又作为自然式园林部分的开端，使这两部分园林衔接自然，一气呵成。

公园的北半部，由于地势下降，并且距离永安万寿塔较远，为此进行堆丘填壑，叠石垒山，将公园北半部设计为自然式山水园林环境。以中国式自然山水为主，并配以假山、石亭、水榭、水池、红桥，并借鉴池中的碧水，一揽云天塔影。园中主要建有鉴池、往来亭、闻玲馆、蓬莱岛、鱼乐池等景点。

观景平台的平台伸展向水面，游人站立在水池边，湖岸美景尽收眼底，还可以观赏到永安万寿塔与中央电视塔的倒影同映在池水之中，双塔交相辉映，非常壮观，为古塔增加了新的韵味。

据资料介绍，玲珑公园面积 8.2 公顷，绿化面积 5.8 公顷，其中，水面面积为 3365 平方米，绿化覆盖率为 76.04%。园中栽植多种高大的乔木及灌木，有油松、华山松、国槐、洋槐、银杏、垂柳、栾树、柿树、杏树、山楂树、玉兰、碧桃、榆叶梅、西府海棠、丁香、紫薇、连翘等植物4.47万株，还种有翠竹，并种植草坪42877平方米。公园中种植有五十余种花卉，并以芍药、玉簪、鸢尾等宿根花卉为主要观赏植物，真的是三季有花，百花争艳，姹紫嫣红，花香满园。

1993年6月5日世界环境日，梁从诫先生和40多位青年汇聚玲珑园，在玲珑塔下的草地上举行了一场关于《中国环境保护的讨论会》。有人称，这是中国民间第一次自发的环境问题讨论会，与会者成为“自然之友”的第一批成员。

2006年4月至8月，为配合昆玉河水景观走廊建设工程，玲珑公园在继承原有优秀设计精髓的基础上，对玲珑公园的园林布局进行了新的规划和全面的改造和提升。2006年整体提升后，公园南区增加儿童活动区、健身广场和花卉观赏区、林下休息区、观塔广场；北区增加了火车头广场。展出的火车头是利用1937产的日本蒸汽机车，在1956年中国对其进行了改造，机车全长22.634m，设计时速80km/h，于20世纪70年代退役，于1991年移至园中。并且对中心湖区和往来亭周边的景观进行了彻底更新。改造后的玲珑公园，布局更加合理，设施更加完备，并融入了更多的人与自然和谐的理念，风景如画、景色宜人，成为昆玉河畔一道亮丽的风景线。

现在永安万寿塔及玲珑公园已经成为京西一个小有名气的旅游景点。这里的春天，迎春、山桃花、玉兰、杏花、榆叶梅、连翘、丁香、碧桃、西府海棠、芍药花等，次递盛开，幽芳夹道，一片姹紫嫣红，风景十分的绚丽；夏季，满园中浅草如茵，树木繁茂，枝叶交接，一片绿荫，幽静而清爽，成为一片荫凉静谧的清静世界，是人们休闲、乘凉的好地方。

据有关资料介绍玲珑公园于1992年获得首都绿化美化优秀设计二等奖，1995年获第七届北京市优秀工程设计三等奖，1996年获海淀区科技进步奖二等奖，2006年获北京园林优秀设计二等奖，2007年获得市局评定的“精品公园”称号，被列入北京十大遗址公园。

碑　文

敕建慈寿寺记

少师臣张居正奉敕撰

圣母慈圣宣文皇后，常欲择寓内名山灵境，敕建梵宇，为穆考荐冥祉，皇上祈祚胤，遣使旁求，皆以地远，不便瞻礼。乃命司礼监太监冯保，卜关外地营之，出宫中供奉金若干两，潞王、公主暨诸宫眷亦佐若干两，委太监范江等董其役，率职庀工，罔敢后时。以万历丙子春二月始事，越戊寅秋仲既望落成，而有司不知也。外为山门、天王殿，左、右列钟、鼓楼，内为永安万寿塔，中为延寿宝殿，后为宁安阁，旁为伽蓝、祖师、大士、地藏四殿，缭以画廊百楹，禅室、方丈十有三所，又赐园一区，庄田三十顷，安食其众，以老僧觉淳主之，中官王臣等典管领焉。寺成，上闻而喜曰：我圣母斋心竭虔，懋建功德，其诸百灵崇护，万福攸同，则亦惟我圣母诞受之，因名之曰慈寿，而诏臣纪其事。臣惟佛氏之教，以毗卢遮那为体，以弘施普济为用，求其要归惟一心，心之为诚，无有分界，无有限量，其所作功德，亦不在于有相，不可思议。故曰：浩劫有尽，而此心无尽；恒河沙有量，而此心无量。至于标宫建刹，崇奉顶礼，特象教耳。然以植人天之胜，因属群生之瞻仰，则亦未尝废焉。惟我圣母，天植慈仁，宿证善果，我皇上以妙龄践祚，所以启佑维持之者，惓惓惟约己厚下，敬天勤民为训，至如梁胡良以资利济，减织造以宽杼轴，蠲积逋以赈人穷，慎审决以重民命，其一念好生之心，恒欲举一世而跻之仁寿，故六七年间，海宇苍生，餐和饮泽，陶沐玄化，无小无大，咸稽首仰祝我圣母寿亿万年，保我圣主与天无极，此之功德，宁可以筭数计哉！乃犹藉佛力以拔冥迷，标化域以崇皈仰，将令沉沦诸有，悉登般若之舟，阎浮众生，咸证菩提之果，斯又圣人所以神道设教之意也。臣谨拜手稽首，恭纪日月，而系之以词曰：

于昭我皇，乘乾建极。薄海内外，罔不承式。
谁其佑之，亦有文母。覃铛皇风，绍体三五。
永为穆考，神御在天。思广胜因，以植福田。
我皇承之，乐施靡惜。永延慈佑，其惟佛力。
乃营梵宇，于兑之方。左瞰都邑，右枕崇冈。
力出于佣，财出于府。费虽孔多，民不与苦。
厥制伊何，有殿有堂。丹题雕础，玉甃金相。
缭以周廊，倚以飞阏。画栋垂虹，绮疏纳月。
有涌者塔，厥高入云。象彼不周，柱乾维坤。
维大慈尊，先民有觉。普度恒沙，同归极乐。
譬如我皇，博施众生。千万亿国，小大毕宁。
惠露旁流，慈云广芘。如是功德，不可思议。
民庶咸祝，天子万年。奉我圣母，既寿且安。
臣庸作诗，刻时乐石。志孝与仁，传之无极。
万历六年十月吉日立。

（《宛署杂记》第240页）

敕建慈寿寺碑文

于慎行撰

今京师内外，浮屠之宫，虽典制所不载，而间有先朝敕建者。其要归于延禧祈佑，非无谓也。圣母慈圣宣文皇太后，与我皇上永怀穆考在天之灵，思创福地，以荐冥祉。乃命内臣卜地于阜城门外八里，得太监谷大用故地一区，宏博奥敞，允称灵域，遂出宫中供奉金若干，潞王、公主、宫眷、内侍各捐汤沐若干，仍择内臣廉干者，往董其役。率职庀工，罔敢后时。经始于万历四年二月，至六年仲秋既望落成，而有司不知也。其制：外为山门、天王殿，左、右列钟、鼓楼，其内为永安万寿塔，中为延寿宝殿，后为宁安阁，旁为伽蓝、祖师 、观音、地藏四殿，缭以画廊百楹，禅堂、方丈十有三所，又为园一区，及赐庄田三十顷，以安食其众。因剃度僧了宁、真相、真永焚修，祝赞老僧觉淳主之，内监王臣等典领焉，寺成，上赐之名曰慈寿，盖以为圣母祝也。而命臣某纪其事。

臣窃观上之以天下养其孝，可谓至矣 。毋论问安视膳，行古帝王之所难。即其承意顺志，佩服慈训，至于一言一动，皆不敢忘，此《诗》《书》之所不能述也。犹若以为不足至大，建化宫标慈寿之名，以报恩祈贶。母以冲龄践阼，负荷维难，所以启佑佣持，一维圣母是赖。丰功厚德，虽竭人间可致之福，皆不中称塞。而托之佛乘，以寓其无穷之心，此亦天下臣民之所同也。尝绎佛氏之旨，大要主于慈悲普度，欲令一切众生解脱沉苦，同证极乐。而圣母在深宫之中，日惟拯济小民，惠鲜茕独，孜孜于怀，有可施惠者，恒不厌琐细为之。此佛之所谓慈悲也。上诚以是，推而广之。俾海内苍生，莫不餐和饮泽，陶沐圣化。罔或阽于流离，无小无大，咸稽首祝我圣母寿亿万年，保我天子与天无极，则是上以天下祝也。其为利益，岂直一刹宇之力哉。夫臣庶之果，止于一身，故有忏罪种福之说。帝王以天下为身，故必普济群生，跻之仁寿，而后可以敛福于已，此佛之所谓无量功德，而亦圣母之志也欤。臣敢以是为愿，而系之诗曰：

于昭我皇，乘乾御极。薄海内外，罔不承式。
谁其佑之，亦有文母。既刍皇风，绍休三五。
永惟穆考，神御在天。思凭法苑，以荐精虔。
我皇承之，以施靡借。永延慈佑，其惟佛力。
乃营梵宇，于兑之方。左连奥苑，右奠崇冈。
力出于庸，财出于府。费虽孔多，民不劳苦。
厥制伊何，有殿有堂。丹题雕础，玉甃金相。
珍卫靓深，规模大壮。香乐幡幢，庄严宝相。
缭以周廊，倚以飞阙。画栋垂虹，绮疏栖月。
有涌窣波，厥高入云。象彼不周，柱乾维坤。
维大觉尊，微言有托。普度恒沙，同游极乐。
譬如我皇，博施群生。千万亿国，大小咸宁。
惠露旁流，慈云广济。如是功德，不可思议。
亦既布德，以福我民。虽微此宇，福其有垠。
圣母之仁，我皇之孝。聊寄佛乘，匪资神教。
民庶咸祝，天子万年。奉我圣母，既寿且安。
儒臣作诗，刻时乐石。志孝与仁，传之无斁。

（《谷城山馆文集》卷十三，第 8–11 页）

这篇《敕建慈寿寺碑文》，是于慎行为张居正代拟《敕建慈寿寺碑文》的文稿。张居正在此文稿的基础上，进行了多处增删和润色，作为定稿。

于慎行（1545–1607）

明代政治家、学者和诗人。字可远，又字无垢。今东阿人。嘉靖四十年（1561）他十七岁时乡试中举。隆庆二年（1568）中进士，授翰林院编修。万历初年参编《穆宗实录》，升为修撰，充皇帝日讲官。他为人忠厚老成。万历五年（1577），他因与张居正失和，被迫称疾回乡。万历十年（1582）张居正卒，他重新被起用，官复原职。张居正被抄家时，他不计前嫌请求照顾张居正的老母及未成年的孩子，此举得到时人的称赞。后由侍讲学士升礼部右侍郎，不久升入礼部尚书。万历十八年（1590），上疏要求早立太子，以定国本，被万历皇帝怒而严斥，于是他便引罪乞休，再次回乡。居家十年中，朝野上下多次荐他出山，终未获万历皇帝的批准。万历三十五年（1607），太子已立，朝廷荐举内阁大臣，他名列被推举的七人之首，诏加太子少保兼东阁大学士。这时，他已年老体弱，疾病缠身，勉强进京。到京十三天即病逝，时年六十三岁。在《明史·于慎行传》中称赞他“学有原委，贯穿百家”。他的诗典雅而清新，为时人所重，被推为万历词馆之冠。著有《谷城山馆文集》《谷城山馆诗集》《读史漫录》等著作。

题诵慈寿寺及永安万寿塔诗

慈寿寺观新造浮图

明·于慎行

凤首莲华九品标，十三层塔表岧峣。
德先胎教人先母，道乾坤宁海岳朝。
势挟珠林雄禁苑，影分银汉挂烟霄。
群生福果缘慈佑，辇尽黄金此地销。

慈寿寺阁

明·于慎行

隔夜忘醒醉，穷游别起端。
绀林重驻马，宝阁几凭阑。
飞刹金银涌，回峰紫翠盘。
皇都多巨丽，是处有奇观。

观造新浮图诗

明·于慎行

凤刹新从佛土标，芙蓉千尺翠岧峣。
璇题玉甃中天起，法雨昙云下界飘。

登慈寿寺阁

明·冯琦

慈寿人间诵，非为仗法筵。
楼标香象伏，塔影玉龙悬。
咫尺九陵树，摩挲万井烟。
满衣香不散，知是近诸天。

秋日过慈寿寺

明·黄辉

仁慈霭墟烟，西爽遥来属。
松门昼不扃，野径纡睛绿。
秋声下蒲团，月影数竿竹。
茶烟暝归禽，钟响散樵谷。
开士无一言，客谭自相宿。

慈寿寺

明·卓明卿

梵刹凌霄汉，幡幢拥碧莲。
法王开宝地，慈后布金年。
画壁光常寂，神灯影倒悬。
臣民瞻大士，圣寿共绵延。

登慈寿寺阁

明·姜应甲

风叶下层塔，因传铃铎声。

祝延犹圣母，徽嗣望西京。
夜讽九莲竟，秋观六谷成。
太平五十载，民诵厥初生。

二月十五日出郭集慈寿寺

明·钟惺

若是南方地，莺花事欲阑。
今年暄最晚，只作早春看。
新水分冰半，孤烟出树难。
堤杨黄可必，池草碧无端。
务寡客谭永，道高僧步安。
游期从此数，节物为人宽。

游京西慈寿寺

明·王思任

圣母黄金铸佛台，神皋八里绝纤埃。
如何塔样传尢缝，是看湘南树影来。

慈寿寺

明·陈万言

帝城门外刹，舍卫国中台。
初地三摩入，慈宫万寿开。
午钟招雉雀，夜雨积莓台。
怪底花间客，浮名遂梦来。

慈寿寺

明·公鼎

郭外浮图插太虚，空王台殿逼宸居。
莲花座与青山对，贝叶经传白马余。
燕地风沙飘客泪，汉朝陵墓相銮舆。
乡关有梦肠堪断，东壁谁传尺素书。

慈寿寺

明·高文良

苍苔半没泥金榜，饥鼠来偷点佛灯。
无限沧桑前度事，朝朝风雨塔巅铃。

游慈寿寺

明·何宇度

层塔接遥天，芙蓉次第悬。
明君延福地，慈后布金年。
绣栱千寻接，瑶坛百尺连。
朝霞笼桧栢，如结凤楼烟。

登毗卢阁

明·吴国伦

香台缥缈百轮盘，燕代山河入倚栏。
仙梵忽从天上落，贝经疑在斗边看。
晴光隐见千岩碧，秋气萧森万木丹。
直北烟尘殊未息，何当高枕法云端。

夏登毗卢阁

明·杨慎

赫曦改东陆，鲜飔转南薰。
炎歊深城府，清泠阻江坟。
隐几倦文竹，细书厌香芸。
眷言承明侣，肃此尘外群。
仙梯驾虹出，梵阁排霞分。
攀楹低白日，对槛俯朱云。
圆方鹄举见，参差鸾歌闻。
意树鸣天籁，禅枝绕烟芬。
斜景敛平霭，飞雨洒高雯。
金罍引清酌，玉麈生凉氛。
兴谣吐云藻，摇笔挥风斤。
香留荀令榻，书染羊欣裙。
奇赏真四美，同咏惭五君。

上元过慈寿寺

明·刘效祖

天家开宝地，咫尺是西方。
塔拥慈云色，灯分慧日光。
彤宫施玉食，贝阙锁金章。
何以资灵贶，皇图万载昌。

九日毗卢阁览眺二首

明·徐学谟

驻马空林夕照斜，坐舒清啸杂鸣笳。
当杯翠滴千峰色，拂槛寒生九塞沙。
浮世形骸聊白眼，他乡怀抱更黄花。
十年钟梵经行地，愁对西风揽鬓华。

凌绝丹梯万仞孤，诸天香界混虚无。
西陵树隐浮烟外，南国台荒大海隅。
渐老风尘随燕雀，相思兄弟隔茱萸。
禅门锁日忘喧寂，醉里摩挲旧酒徒。

登毗卢阁

明·魏裳

登高非浅兴，送远对朝氛。
塔影悬青嶂，钟声散白云。
杯从双树把，歌自九天闻。
一别缘须合，何时挹紫芬。

慈圣圣母刻瑞莲观音赞

明·憨山德清

闻彼昙华，千年一现。有圣人出，以为瑞验。
惟皇圣母，阙产此华。以此征德，又何以加。

登九莲阁

清·王士祯

凭阑试骋望，远近一寒林。
不见西山色，苍茫云外深。

过慈寿寺晤乾彰师

清·汪文伯

得辞丹凤阙，来觅梵王家。
有影一窗竹，无声满地花。
泉香先漱齿，瓜美慢烹茶。
促我题高壁，笼诗倩紫霞。

重装九莲菩萨画像歌并寄朝鲜朴瓛斋尚书

清·董文涣

生绡一幅藏禅扃，璎珞百宝光青荧。
图画万历年间作，后像乃以菩萨形。
菩萨功在明社稷，神庙践作方冲龄。
天生圣母佐天子，应附宝电女节星。
护视起居敕左右，盥面扶掖趋阙庭。
江陵顾命勤讲幄，纳海出入交砥硎。
法华瑞感铜钵产，夜梦大士亲受经。
阁臣祝釐申王许，瑞莲赋献宫慈宁。
承平治媲女尧舜，物力殷阜四方庭。
三生微妙现法相，勒以石绘以丹青。
沧桑阅世三百载，展图仿佛留英名。

岂非慈悲大神力，历劫不坏呵幽幂。
日销月铄半剥蚀，渐失豪发佘模型。
海东故人昔谒拜，抚迹感事心涕零。
兼金附书来千里，精诚历告语叮咛。
缇袭箧笥戒僧守，岿然屹共双碑亭。
墨本重拓代张壁，朝夕顶礼虔香声。
作歌纪事报我友，时夏五月岁在丁卯。

明孝定李太后九莲菩萨画像歌

清·王轩

君不见，
胜朝季运丁百六，四十八年深养毒。
不待再传勤剥残，岂知初政方清肃。
宫中圣母促早起，罢讲犹闻长跪读。
端拱不疑威福专，坐资师相一夔足。
振枯剔蠹丛脞举，贯朽仓有陈陈粟。
款塞筑城强敌归，渡辽出师国祚绩。
成功固应书彝器，奚假象教为釐祝。
窣堵长留满月容，旄勤渐兆崇土木。
至今瞻拜犹兴感，海国陪臣意怅触。
异代犹深戴履思，身亲况切同忧辱。
人生忠爱出至性，遗泽何曾异陵谷。
独惜太岳非纯臣，终因大伴何碌碌。
性刚纵无仰药恨，背刺俄同参乘族。
倘忆先帝凭几时，阁中取传当痛苦。

附　录

摩诃庵

据周肇祥所著的《琉璃厂杂记》中记载，慈寿寺因年久，寺内殿堂均已圮毁，只余下一座永安万寿塔及两通石碑，孤然独坐于一片瓦砾残砖之中。在守僧去世后，因无人看管，便归属于摩诃庵管理，原来供奉在慈寿寺中的佛教物品及《九莲菩萨像》也被转移到摩诃庵中供奉。

在《1928年北平特别市寺庙登记》中，也记录着摩诃庵中存有“明朝李娘娘影像一轴”。

摩诃庵坐落在北京市海淀区八里庄大街东口路北，与西边的慈寿寺塔隔河相望，现为海淀区八里庄小学校址。

1. 寺主生平及寺院的兴建

明、清两代时，宫中太监多有出资兴建寺院、道观的习俗，这样做，一是可以在生前积德行善，向佛祖释迦牟尼表明自己的慈悲心肠，求得佛祖的保佑，又可超度、忏悔身为“六根不全”之人不孝及无后的罪孽；二也是为了出宫之后能有一处养老栖身之所，为退休后安度晚年做准备。由于依据世俗观念，太监去世后，不能葬入祖坟，所以，这些太监在去世后，就安葬在寺中或寺院附近，并让寺中的僧人，世世代代地为他烧香、超度，为自己来世能够托生到好人家，不再遭受这种非人之罪。

摩诃庵始建于明代嘉靖二十五年（1546），是由乾清宫管事司设监太监赵政等宫中太监集资所建。据说，他们怕年老出宫后没有安居之地，便在此建庵，以备年老出宫后在此养老。

在费寀撰写的《摩诃庵碑记》（左碑）和孙承恩撰写的《摩诃庵碑记》（右碑）中，记述了赵政兴建摩诃庵之目的："夫摩诃本佛氏语，儒者鲜所谓闻，故莫详其义。细观公书，乃知公所以作庵之意，一为主上祝延万寿；一为其祖宗奉延香火，如此而已。"

赵政在宫中"文则典司礼仪，武则提督营"。嘉靖皇帝还赐予他字曰"廷治"。他对嘉靖皇帝的恩赐受宠若惊，为了报答皇恩，便与御马监太监魏伸，内宫监太监李鉴，御马监太监郑友、李芳，尚膳监太监曾亮，御用监太监薛凤等人，择地京师阜成门外八里庄，集资兴建了摩诃庵，并任寺僧圆江为主持，在寺中日夜焚修，并仰祝嘉靖皇帝万寿无疆。

赵政等宫中太监还在摩诃庵的后院，建造了墓地，以备自己将来老有所居，老有所终。

赵政为了感谢父母的养育之恩，又在摩诃庵的左侧，兴建了一座"大乘庵"，作为安葬先人的祖茔。

在《明故前司设监太监掌惜薪司事德斋赵公墓志铭》中，比较详细地记述了赵政的生平：

> 公讳政，字廷治，别号德斋，顺天府武清县人。而廷治者，上之所赐字，有宸翰存焉，盖殊恩也。父曰通，隐德不仕。母张氏，以弘治甲寅六月初四日生公。正德庚午入内廷。癸酉授尚冠，长随侍武宗于乾清宫。戊寅，

> 迁内官监右监丞。己卯，晋右少监司钥库佥押管事。辛巳，例谪长随。今上登极，复简侍乾清。壬午，授奉御。癸未，迁御马右监丞，赐乘马。甲申，迁右少监，赐服斗牛，监督四卫营提督整容房，遂迁太监。丙戌，赐禄米月二石，命随朝请剑。己丑，加禄二十四石，改司设太监掌监事提督三千营及三千哨马营。辛卯，再加禄如甲申，赐服坐蟒，寻改供用库掌印，又加禄米二十四石，管五军营。乙未，命管乾清宫事，又加禄如前，赐服斗牛，是岁，再加禄积之，得百四十四石，赐玉带、金币。乙巳，命掌惜薪司印，提督上林苑监并管礼仪房。辛亥，谪戍孝陵。上将复召用之，而公以丙辰十二月九日卒。

从《明故前司设监太监掌惜薪司事德斋赵公墓志铭》中，可以了解到：赵政生于明弘治七年（1494），字廷治，别号德斋，顺天府武清县人。父亲赵通，母亲张氏。他于明正德五年（1510）16岁时入宫，正德五年（1503）入乾清宫，在朱厚照身边任随侍，为宫中正德、嘉靖两朝的老太监，侍奉皇帝四十六年。“公为人凝重儒雅，动止语笑，任其履坦而矩度自存。”（《明故前司设监太监掌惜薪司事德斋赵公墓志铭》）他在任时，由于办事有力，被正德、嘉靖皇帝所赏识，屡受皇帝恩宠，在宫里的太监中显遇之极，无人能比。皇帝屡次赐予他蟒衣、玉带和大量的金币，并钦命他掌监事提督三千营及三千哨马营，后掌五军营，职掌摄监库侍应乾清宫等要职，嘉靖皇帝还赐予他字曰“廷治”。

赵政在宫中虽然受到皇帝的赏识，但也遭到两次谪戍。明正德十六年（1521），正德皇帝朱厚照去世，他被派去守陵。嘉靖三十年（1551），他又被派到金陵（今南京市）去守孝陵，并且，一守就是5年，最后，于嘉靖三十五年（1556）在南京去世，终年六十三岁（虚岁）。嘉靖三十六年（1557），赵政归葬于摩诃庵后院儿的墓地中。

摩诃庵于明嘉靖二十五年（1546）正月十三日开始动工，至嘉靖二十六年（1547）九月四日建成，整个工程只用了一年多的时间，其工程进度可以说是相当快的。

摩诃庵虽然地处京西郊外，但名噪京城，声名远扬。所以，在明、清两代的许多古籍史料中，都对它进行了记述与介绍。

明代人蒋一葵在《长安客话》中记载："慈寿寺傍有庵曰摩诃庵，制不甚大，宏敞净洁，乃胜他庵。殿前后多古松、古桧、古柏，壁间多名公题咏。四隅各有高楼，叠石为之。登楼一望，川原如织，西山逼面而来，苍翠秀爽之色似欲与人衣袂接。意兴勃勃，业已飞香山碧云间矣。右方即法藏庵，为摩诃别院，僧无弦所创。无弦善琴，庵近为阐提所败。"

在明代人刘侗、于奕正撰写的《帝京景物略》中记载着："阜成门外八里之摩诃庵，嘉靖丙午建也，高轩待吟，幽室隐读，柳花、榆钱、松子飞落时，满院中。诗僧非幻，琴僧无弦，与客耦俱。万历中，宇内无事，士大夫朝参公座，优旷阔疏，为与非幻吟，为听无弦琴。住斯庵也，浃日浃辰，盖不胜记。留诗庵中，久久成帙焉。庵有楼，以望西山，天启中，魏珰过庵下，偶指楼曰：'去之'。即日毁。自是，人相戒不过。僧日畏不测，渐逃死，庵则渐废。东法藏庵，无弦别院也。西大乘庵，与摩诃庵，盛相妒，衰相后先。"

在《日下旧闻考》中，记载了前来进行考察的官员，记述的摩诃庵现状："摩诃庵石楼，东、南、北三面今尚存，独缺其西一面。庵僧云即魏忠贤所毁也。""摩诃庵前殿有碑二：碑文左为铅山费尚书寀撰；右为华亭孙尚书承恩撰，俱嘉靖二十七年立。

殿后右厢有竹一丛，院中杂莳草花，堂悬万物育墨迹三字，上用恭穆献皇帝睿笔玺，下有嘉靖年制小印。堂后松二株，高出殿脊，其后则中官赵政墓也。”

清代人查慎行，在所著的《人海记》中，对摩诃庵也有记述：“法藏庵碑二，皆按察副使都人刘效祖撰，嘉靖戊申季秋立。摩诃庵、法藏庵今并存。”

清代人吴长元在《宸垣识略》中记述道：“摩诃庵在慈寿寺旁，明嘉靖丙午，中官赵政建。庵不甚大，洁净特甚。前后多松柏。四隅各有高楼，叠石为之。登楼一望，川原如绣，西山苍翠，欲与人衣袂接。万历后，庵中杏花多至千余，游人最甚。天启中，楼为魏阉所毁。摩诃庵东偏金刚殿，有明人重临三十二体金刚经石刻。法藏庵在摩诃庵右，又名永庆禅林，为摩诃别院。”

王启淑在《水曹清暇录》中记述曰：“摩诃庵在阜成门外，嘉靖丙午所建，傍于慈寿寺，殿前后多老松古桧。又有高楼，可供眺远，倚阑则西山苍翠，扑人襟袖。天启年间，魏珰偶过楼下，恶之，即日命拆去其楼，后渐颓废。”

周肇祥在《琉璃厂杂记》中，记述了民国时摩诃庵中的情况：“摩诃庵在塔东，明乾清宫管事司设监太监赵政于祖茔，右为寿藏，因建庵。工材坚牢，今尚完好。殿前明嘉靖碑二，一铭山费宷撰，一华亭孙承恩撰。旧多杏花，今无一株，惟松柏甚古，薜荔挂墙如龙蛇壁上走。后为太监墓，石鼎高过人。断碑卧地，乃御马监太监田公墓碑，万历十年周文鸣撰；御用监太监署西安门事张尧碑，嘉靖六年立。余累累者，莫可考古。栝五，大者三小者二。若拱若揖，若俯若仰，徘徊久之。其东西亦太监墓，皆有栝，隔寺墙未及访。寺四隅有楼，西南者为魏珰所毁，东北楼可眺远。蹑而登，有土几可坐，呼童子煮茶。窗外川原如绣，西山苍翠列画屏，壁上多恶诗，非幻有知当笑人。万历中海内承平，士夫优旷为与非幻吟，为听无弦琴，相过无虚日。僧逃庵衰，今三百年，乃坐吾二人。斯楼斯客何可多可。寺有腴田数百亩，僧五人，皆年少，饱食丰衣不课经卷。明人重临集篆三十二体《金刚经》，志称在东偏金刚殿，今东偏无殿宇，金刚殿在正门，访之不可得。西行入法藏庵。法藏庵，僧无弦别院也。今易名永庆禅林，已颓废。佛腹番字经狼藉委地下。殿前有万历丙戌重置法藏庵记，刘效祖撰述建庵始末甚悉，乃太监张南溪等就马永成七圣观改建，以僧录司觉义如序守之，后因张事悉没入官，群珰乞于上，庄田没，庵得免，庄田为王守仁得出资买归。西有寿域记，亦刘撰。永庆无僧，仍隶于摩诃，摩诃益富矣。”

2. 摩诃庵中的建筑及文物

摩诃庵坐北朝南，其寺院规模虽然不大，但寺中建筑却十分的精美，以宏敞洁净而著称。据传，这座寺院是当年维修故宫的官员为了讨好赵政而建的。兴建摩诃庵所用的建筑材料，皆为修建紫禁城的余料。自建成至今 470 余年来，经过大、小多次地震、庵中建筑竟无一处裂缝，稳如泰山，这说明摩诃庵的建筑质量是十分优良的。

在摩诃庵的中路上，建有山门、钟、鼓楼、天王殿、大雄宝殿、后殿、藏经阁、东、西配殿及廊庑，寺院的最北面是赵政等太监的墓地。在中路的东、西两侧，建有东跨院和西院禅房。寺院四周以虎皮石墙环绕，并在四个角上各建有一座虎皮石角楼。在摩诃庵的墙外，东面建有大乘庵，西边为法藏庵。

摩诃庵占地三十余亩，另有园圃二百三十多亩。

山门

摩诃庵明代山门

摩诃庵的最南面是一座山门，外墙及大门涂为红色，建筑面积约三十平方米。

在山门的拱券式门洞的上檐正中，镶嵌着一面长方形汉白玉石门额，上面镌刻正书“摩诃庵”三个金字。“摩诃”为印度梵语发音，其译意为：“大”。在佛教《坛经》中有：“心如虚空，名之为大，故曰摩诃。”摩诃庵其义为“大庵”。其字迹古朴、端庄而清雅。据传，“摩诃庵”这三个字，还是明朝宰相严嵩的手迹。

山门的石门槛已断为三节，中间的一节儿早已不知去向。在山门的两侧各建有一座小门。

天王殿

在天王殿的前面两侧，原各树有一根高大的幡杆，现幡杆已无，尚存古雅的夹杆石座。在幡杆座的后面，原长有五棵高大的古柏，现在只余下两棵。在左侧的古柏旁长有一株百年古藤萝，其藤干虬劲，盘绕在古柏之上。

殿门前的左、右两边各摆放着一块用上等石料制作的上马石。在上马石的四周，浮雕有山峰及浪花，并雕有长着双角的马形神兽在踏浪追逐，身边及天上祥云缭绕。

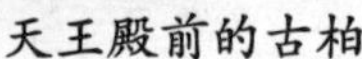

天王殿前的古柏

天王殿前的上马石

通常说来，这对上马石应该摆放在住宅或寺院的大门外边，但为什么摩诃庵中的上马石却摆放在山门的后边呢？据说，这是因为庵中的太监被阉割后，已非男子，在门外上马似觉不雅，于是，便将上马石摆放在了庵门的里面。

摩诃庵明代天王殿

在天王殿中，原供奉有四大天王、弥勒佛及护法神韦驮塑像，但因年久，这些塑像早已不见了踪影。

天王殿前边的两侧，原来各建有一座亭阁式的钟楼和鼓楼。后来，钟、鼓楼被拆毁，并在原址上建筑平房。

据资料介绍：“大跃进”时，钟楼上的这口大钟，被八里庄富强生产合作社的社员运走，并当作召集社员吃大锅饭的工具。而鼓楼上的大鼓早已散了架，于1964年被海淀区房管所在维修房屋时，运走烧掉了。

摩诃庵里的古钟，现收藏在北京大钟寺的古钟博物馆中。钟身通高156厘米，钟口直径95厘米，重量为600千克。

在钟体的表面铸有《般若波罗蜜多心经》，还铸有“皇图永固、帝道遐昌、圣日增辉、法轮常转”四句铭文。此外，还铸有捐资铸钟人的官职及姓名：惜薪司掌印司设监太监赵政，同名下御马监右少监魏伸、内官监太监李鉴、御马监左监丞郑友、右少监李芳、尚膳监太监曾亮、惜薪司司正薛凤，发心铸造铜钟一口，摩诃庵永远供奉。大明嘉靖丙午岁仲秋吉日造。

《般若波罗蜜多心经》简称“心经”，是佛教界最通俗、最简短的经典之一。《心经》是直接讲“空”的经典，主要是讲般若智慧和缘起性空的道理，教导大众怎样观察“空”。在中国的佛教中，《心经》的地位是很崇高的，在中国佛教界流行极为普遍，是中国佛教徒早晚必诵或长诵的一部经。

“般若”一般汉译为“智慧”，但这个智慧不是世间所讲的智慧；“波罗”汉译为“彼岸”；“蜜”译为“到”；“多”是语尾的拖音，译为“了”。印度梵文的文法，名词在前，动词在后，合起来译成汉文，就是“智慧度到彼岸”。“心经”是般若经的精华。

《般若波罗蜜多心经》的核心是讲“以智慧度到彼岸”。佛所说的无量法门，都要以般若智慧来领导，才不至于走上歧路。也就是说要以智慧来证悟到“空”的真理。

此钟的铸造时间为“大明嘉靖丙午岁仲秋”，“丙午”年为明嘉靖二十五年（1546），从而证明这口钟的铸造时间与摩诃庵兴建时间是一致的，只是寺院建于当年正月，而钟则铸造于同年仲秋。

在天王殿的东侧开有一个门洞，作为进出寺院的主要通道。在门道的两侧墙壁上，原来曾画有精美的壁画。据说，这两幅壁画比大雄宝殿内的壁画还要精美。虽然经过几百年的时间，依然线条清晰，色彩艳丽。但可惜的是，这些壁画在新中国成立前，被前门外琉璃厂古玩铺的商人看中，并从寺中一个吸毒的僧人手中买去，又将墙上铲下壁画的部位涂抹成白色。

摩诃庵的院中，建筑高大巍峨，环境精巧典雅，清旷整洁。树木凝翠，柏树参天，花木丛集。白天蝉噪高松，夜晚月影铺地，给人以如入山林之感。

大雄宝殿

大雄宝殿为摩诃庵中的主体建筑，建造得十分壮观。大雄宝殿为歇山式，一斗二升斗拱。殿堂雕梁画栋，富丽堂皇，并饰有金色双龙和玺图案及旋子彩画。殿四角均附有角柱，以加强对殿顶的整体支撑作用。虽经过470余年的风雨沧桑，仍保持着明代的建筑风格，肃穆而庄严。

建于明代嘉靖年间的摩诃庵大雄宝殿正面

在大雄宝殿的前檐正中，原悬有“大雄宝殿”四个熠熠闪光的金字横匾。大殿内正中的须弥宝座佛台上，原供奉着高大的佛祖释迦牟尼坐像。在释迦牟尼像的两侧，是他的弟子迦叶、阿难立像。这组像均为铜铸鎏金。在大殿内的东、西两侧，须弥宝座上供奉着木雕漆金十八罗汉像，其形象栩栩如生。

但在《佛教年表》中记载："1546年（明世宗嘉靖二十五年）北京造摩诃庵木雕佛像、十八罗汉塑像。"或许，最初在建筑寺院时，大雄宝殿里供奉的是一尊木雕释迦牟尼佛像，后来，这尊木雕佛像被换成铜铸鎏金像。

在大殿的顶部正中，原来镶嵌有面积为三平方米的大型檀香木蟠龙藻井，藻井中腾龙盘屈，龙首下探，口衔垂链悬灯。整个蟠龙藻井雕刻得异常精美，据说，可以与故宫太和殿顶上的蟠龙藻井相媲美。

建于明代嘉靖年间的摩诃庵大雄宝殿侧面

大殿中的释迦牟尼坐像，高大庄严，笔者童年时，曾在八里庄中心小学上学，学校在大殿中放映幻灯片时，我还曾坐在大佛的腿上观看过呢。

在大雄宝殿的两侧及北面的墙壁上，绘有精美的佛教内容彩色壁画。这些壁画，虽然经过470余年的历史沧桑，颜色衰退，但内容仍可分辨。壁画中，其人物造型极为生动，显示出明代高超的绘画水平，是北京现存的佛教寺院中不可多得的壁画珍品，据说能与石景山法海寺中的壁画相媲美。这些壁画的文物价值很高，还曾经受到过郭沫若先生的重视，被定为北京市级重点保护文物。

1963年，学校将大雄宝殿作为教师办公室时，为了保护大殿内的佛教文物，特地用隔板将佛像和壁画同办公区隔开。

但是，这些珍贵的佛像、藻井及庵内的其他佛教文物，却毁于“文革”中。1966年8月的一天，一群自称是“红卫兵”的中学生，突然闯进摩诃庵内，他们将大雄宝殿内的鎏金铜佛像推倒，并将铜佛的后背处砸了一个大洞，将佛身内藏有的佛教文物盗走。他们还将山门和大雄宝殿角檐上的兽头及鸱吻拆毁，将大殿前月台下面两侧的石碑推翻，并将赑屃砸毁。保存在摩诃庵内珍贵的历代古玩、名人字画、佛像及诗词集，其中有清代康熙年间的彩色佛像、乳白色雕花玉石影屏、郑板桥所画的墨竹及多幅名人字画等，均被砸毁或焚烧。尤其可惜的是大雄宝殿顶上的蟠龙藻井，也被砸得粉碎，非常可惜。

笔者在八里庄中心小学上学时，曾经听到过居住在附近的老人说，在大雄宝殿中释迦牟尼佛像的背后，挖有一条暗道，可以直通到慈寿寺永安万寿塔下，但这个传说是否属实，一直也无法证实。

在大雄宝殿的前面建有宽敞的月台，在月台上，原来设置有香炉。月台下面的两侧，原各立有一通石碑，石碑的下面是传说中龙王的九子之一——赑屃。

在月台东侧矗立的石碑上，镌刻有费寀撰写的《摩诃庵碑记》:

摩诃庵碑记

赐进士出身荣禄大夫太子太保礼部尚书兼翰林院学士纂修玉牒，国史经筵讲官铅山费寀撰。

摩诃庵者，乾清宫管事，司设监太监德斋赵公政所创也，往生与余同奉命宴朝鲜国使，于会同馆始识公，知其贤，既乃以书索余为庵记，树之碑，夫摩诃本佛氏语，儒者鲜所谓闻，故莫详其义，细观公书，乃知公所以作庵之意，一为主上祝延万寿，一为其祖茔奉延香火，如此而已。余闻公屡被主上知眷，凡衣蟒带玉、宝镪、珍币、宫乘岁禄之，赐请剑督营典宫典监之命，不一而足，至为亲赐宸翰，赐其字曰“廷治”，此尤奇遇，赫煜出侪辇上，公尝昼夜思所以报答恩照，兢兢如，不能如是，则谓此庵为祝圣之地，固宜，余又闻，古之君子，所以重无后者，为其绝先祀之茔守也，公于法，无立后之义，使坐视其茔，祀弗主其若先祖，何故于祖茔之右为庵，其后为寿藏，择僧曰圆江辈典修香火事，如是，则谓此庵为香火之地亦宜，呜呼！庵之作虽与吾儒家者异，然儒者之道不越忠孝而已，若公之心拳拳，于答王恩，绵先祀，不独为一身之寿藏，计揆诸儒道又奚大□之哉，矧公读书学文，夙有慕尚，其贤可知，此庵所以永永必存，无疑也。庵在今宛平县香山乡八里庄，背坎面离，为正殿一，为金刚，左右配殿、廊庑、方丈、旁舍凡九十，其后为祠堂，经始于嘉靖二十五年丙午正月十三日，竣事于明年丁未闰九月四日。庵之地为亩三十余，园圃之地为亩二顷五十余，香火之费出焉，皆贸诸乡民焉，秀氏其名下同力创业者，则御马监太监魏伸，内官监太监李鉴，御马监太监郑友、李芳，尚膳监太监曾亮，御用监太监薛凤也，法皆得书。

嘉靖二十七年戊申四月旬又七日记

碑文的撰写者为费寀，字子和，号钟石。明成化十九年（1483）三月十四日诞生于江西铅山县横林（今柴家埠）。母亲怀他七个月而分娩，故幼小时身体羸弱，但是他自小聪明，才智颖敏过人。四五岁就受到家族书香门第的影响，勤学苦读，虽身体虚弱，但志气较大，从不放松自己的学业，并得到父辈们的谆谆教诲。

费寀受兄长费宏忠事朝廷的影响，在官时凡事秉笔直书，不徇私情。嘉靖二十七年（1548）二月，不幸染疾，同年冬逝于京城，享年六十六岁。明世宗为悼念费寀，赐予光禄大夫、柱国少保、武英殿大学士特殊荣誉，并谥“文通”。

他文才出众，平生著有《少保文通公摘稿》《忧患稿》《归闲稿》《金陵稿》《南宫奏议》等书，并增修嘉靖《广信府志》，纂修《铅山县志》。

在月台西侧树立的石碑上，镌刻着孙承恩撰写的《摩诃庵碑记》：

摩诃庵碑记

赐进士资治尹正议大夫掌詹事府事礼部尚书兼翰林院学士经筵日讲官纂修玉牒会典副总裁华亭孙承恩撰。

佛氏之道，以无为宗其言，宏廓玄远，莫可穷诘，而要其立教之意，则惟诱世为善，是亦阴佐佑，吾圣人之道，而有补于世，故君子莫得而废焉，然习其说者乃或离真失正，至于诞幻慌忽下，则流于粗浅，以乱其初者多矣，求其超凡，冥悟克遵其教以自省其心，如司设监太监德斋赵公政者，岂非贤哉，云自卑岁选入内庭，轨行峻特，器宇弘远，为先帝素所识拔，建事今上皇帝益虔厥，职掌摄监库持应乾清宫，文则典司礼仪，武则提督营五，四十年来，而承荣沐宠，殆无虚岁，中官显遇至公极矣，公感上恩，念无以致报，乃割俸余，择地于都城之西，宛平县香山乡八里庄，鼎建一祠，俾僧圆江者守之，夙夜焚修，仰祝皇上亿万岁寿，而公之名下，若魏伸、李鉴、郑友、李芳、曾亮、薛凤举亲属于公，合志斋心，亦各出资，共相厥事，既讫工，扁其额曰：摩诃庵。爰树二碑，大宗伯镌石，费公尝记其左矣，至是，公复请予文列于右，余惟兹庵之建有五善焉，见忠爰也至焉；见孝思之永焉；见厚终之追焉；见盟约之圆焉；见裕复之远焉。夫帝德深厚，难以名言，为臣子祝愿之辞，莫过于万寿无疆一语。公于庵之建也，实致重于是斯，忠爱之深也。庵之左，为公先茔，时庸展忠而报本，一念悠远，无□斯孝，思之永也。庵之后为公等寿藏。人也，贵于万物者，谓有所归。公卜地得吉而封植版筑，咸致其慎究，固逐密斯厚终之道也，庵自公创之，魏、李诸公协力赞成，自始迄终，不少携式，斯盟约之圆也，继自今嗣续勿替，盖将历千百年如一日，斯裕后之远也，一举而五善具，则公于佛氏之教，圆能遵用其说，而非彼诞幻者伦，至若建先祠，缮茔域，又与戴记所载，君子将营宫室，必先宗庙，及表也，及请之史愿符合焉，不惟契佛氏之真诠而又不拂礼□之，正论乌可以不记哉，乃若创造岁月，兴殿宇，位置之详，地亩之数则钟翁之作备矣，予可略也，复系之曰：

道始于一，推为异门。传远益讹，并失本真。

阊阊赵公，崇是梵教。夙夜拳拳，勉忠兴孝。

帝曰臣贤，尔心允塞。乃朕任用，陈见悃愊。
朕尔赐字，玉带蟒衣。恩宠骧备，烂其有辉。
赵公开稽，圣光高深。焉以为报，誓殚此心。
有田一区，香山之里。庠此精庐，龙天是祀。
暮鼓晨钟，遑之阒阒。祝皇圣寿，亿千万年。
爰及群公，均此忠念。锡福降釐，我佛是鉴。
神思无迹，妙觉空寂。有室有堂，为我真宅。
爰作铭诗，永载贞石。

嘉靖戊申季秋日

孙承恩，字贞甫，又作贞夫，自号毅斋。为东晋御史大夫孙康之后裔。明正德六年（1511），进士及第，受任翰林院庶吉士，不久迁翰林院编修。但孙承恩不愿与权奸同流合污，又实难独善其身，便于正德九年（1514）称病归家。明嘉靖帝即位之初，他又被召入朝廷。他连续作为主考官，主持南京、北京的乡试，所取名士很多，后多成为显官名臣。如张居正、李春芳、王世贞、杨继盛等。皇帝对他十分欣赏，后升为南京翰林院侍读学士。有一次，嘉靖皇帝不见孙承恩在侍从之列，于是问近侍道：“何不见稀鬓中允？”原来，在翰林诸学士中，唯有孙承恩头发稀少，由此可见，皇帝对他还是相当看重的。

孙承恩深居简出，不喜结交同僚，史传其门可罗雀。他居官不沽名钓誉，但以清正廉洁自守，因此门前零落鞍马稀。

嘉靖皇帝崇信道教，孙承恩对此另有看法，于是上书请求致仕，皇帝也不想为难他，便下诏恩赐荣归。

孙承恩博览群书，诗文称名于世。并且善书法、绘画，尤其善画仕女图。

嘉靖四十年（1561）八月二十一日，孙承恩寿终正寝，享年八十一岁。嘉靖皇帝赐祭四坛，赠太子太保，谥号曰“文简”。

在这两篇碑记中，简略地记载了庵主人赵政的生平以及兴建摩诃庵的缘由和时间。赵政当时能请到费寀和孙承恩这两位朝官为摩诃庵撰写碑文，也证明了他的人品及他们之间的密切关系。

可惜的是，这两通石碑下的赑屃均毁于“文革”中，但幸运的是，石碑尚存，现仍背面朝上地横放在原来的位置上。

在大雄宝殿前的两侧，各建有一座配殿，并有廊庑与天王殿相连接。在配殿中原供奉有神像。东面为伽蓝殿，殿中原供奉着伽蓝神；西边为祖师殿，殿中原供奉着禅宗的祖师达摩。

明代大雄宝殿东配殿

明代大雄宝殿西配殿

在大雄宝殿前面月台前的两侧，原来长有两株高大的白皮松，其树皮雪白，树干古拙，枝繁叶茂，已经有四百多年的树龄了，但现已无存。

在大雄宝殿的后面，曾建有一座后殿。可能是后殿因年久失修而倒塌了，后来在后殿的位置上，建起了一座方丈院。在方丈院的正前方，建有一座磨砖对缝，非常精美的垂花门楼。门楼里的正面矗立着一座砖砌影壁。在门的两侧矗立着由汉白玉雕刻的龙盆，盆中树立着两米高的剑石。中间摆放着一口直径一米多的大缸，缸里种有荷花。夏季清晨，缸内荷花盛开，亭亭玉立，清香扑鼻。院中置有香炉、石塔、花坛，其雕镂精细，布设有致。

摩诃庵方丈院老照片

摩诃庵方丈禅房

院落的北面是一排五间式重檐方丈禅房。但按照佛教寺院的建筑形式，方丈院一般是建在寺院东侧的院落之中。

据资料记载，在禅房正中的房间里，原来供奉有由檀木精雕的佛龛，龛里面供奉着多尊纯金佛像。据说，在日本侵略军占领北京期间，这些佛像被寺中吸毒的僧人偷偷地卖掉了，非常可惜。

门楼的四周古柏参天，遮天蔽日。院中花繁树茂，碧草如茵。其间栽有牡丹、海棠、丁香、凌霄、夹竹桃等花卉，还有几株二三百年的爬山虎，把环境布置得井然有序，景色宜人。

现在，方丈院的垂花门及影壁早已荡然无存，院中的摆设及树木、花草也早不见了踪影，只留下一排方丈禅房。

据资料记载，方丈院的后面，曾建有一座藏经楼。楼为两层，在楼中间的檐下，镶有斗大的“佛”字。这座藏经楼结构独特，其门、窗都是由雕花镂空的硬木制作，非常典雅。

在藏经楼的前面，原来长有两棵高大的黑枣树。春季，枝繁叶茂；秋天，果实累累，分外喜人。

东跨院及《集篆三十二体金刚般若经》刻石

大雄宝殿的东面，是摩诃庵的东跨院。在院门的顶棚上，绘有仙桃、荷花、菊花等彩画，但因年久，彩画的颜色有的还很鲜艳，而有些已晦暗不清。昔日，此院中翠竹成片，环境清净幽雅。

摩诃庵东侧的廊庑

清代的王世祯在游览摩诃庵东跨院后，有诗云：

东院更幽绝，苍苔引深处。
修篁蔽帘栊，风声在高树。
恍惚思旧游，缱绻未能去。
谁赋洞庭诗，清如抒山句。

东跨院中原建有摩诃庵僧人居住的僧舍，现已不存。在东院的正北方，建有金刚殿一座，面阔三间。金刚殿内的三面墙壁上，镶嵌着60方镌刻有《集篆三十二体金刚般若经》汉白玉经石（也称为书法条石），每方经石长90厘米，宽35厘米，其中，东墙上镶嵌25方；

东跨院北侧金刚殿

西墙上镶嵌 25 方；北墙上两侧各镶嵌 5 方。另外，在金刚殿的西南角廊下墙上，还镶嵌着与经石大小相同的石刻一方，这样算来，金刚殿内、外墙上共镶嵌经石 61 方。

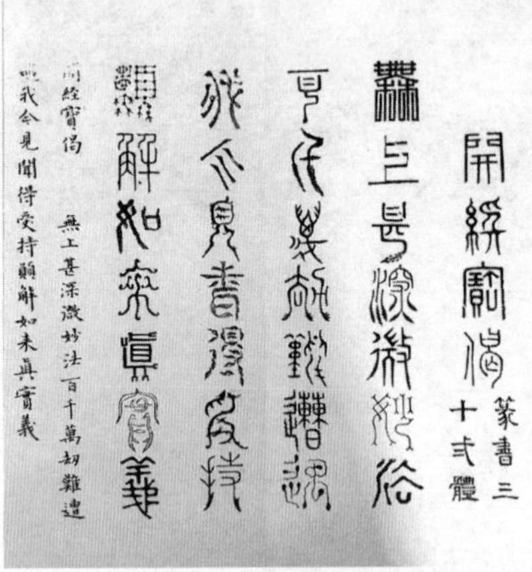

明代万历三十九年（1611）汪可受本《集篆三十二体金刚般若波罗蜜经》1

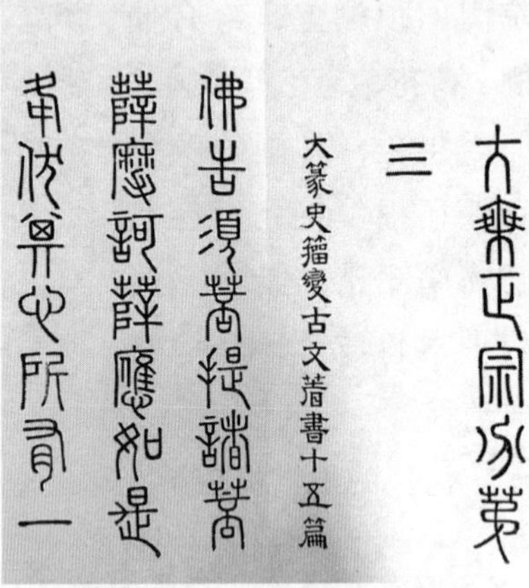

明代万历三十九年（1611）汪可受本《集篆三十二体金刚般若波罗蜜经》2

镌刻的金刚经采用的是书法条石的排列方式，在镌刻经文时，将原来的每页 6 行，每行 7 个字的原经文排列方式，改为了每页 18 行，每行 7 个字，这样安排版面，既节省了石料，又使版面更加紧凑，既美观，又便于阅读。经文后，还镌刻有陈万言及王崇简撰写的跋文。

明代万历三十九年（1611）汪可受本《集篆三十二体金刚般若波罗蜜经》3

明代万历三十九年（1611）汪可受本《集篆三十二体金刚般若波罗蜜经》4

根据以下史料中的记述，可以对《金刚经》及《集篆三十二体金刚般若经》的由来，有一个大概地了解。

金刚殿内墙壁上镶嵌的明代万历三十九年（1611）汪可受本《集篆三十二体金刚般若波罗蜜经》刻石

明代人孙承泽在所著的《天府广记》中，记述了这组《集篆三十二体金刚经》刻石的由来：“都人王崇简记曰：予少时猎西郊，偶过摩诃庵，见石工勒金刚经集篆于石。呼僧问之，廓上人曰：此汪中丞所得之古集篆也。其始青衣鼓棹于黄莲洲垝垣间，一篋浮水上触舟，视之故经没火耳。夜则鬼物恍惚呵护。惊告中丞，于日

摩诃庵明代万历三十九年（1611）汪可受本《集篆三十二体金刚般若波罗蜜经》刻石 1

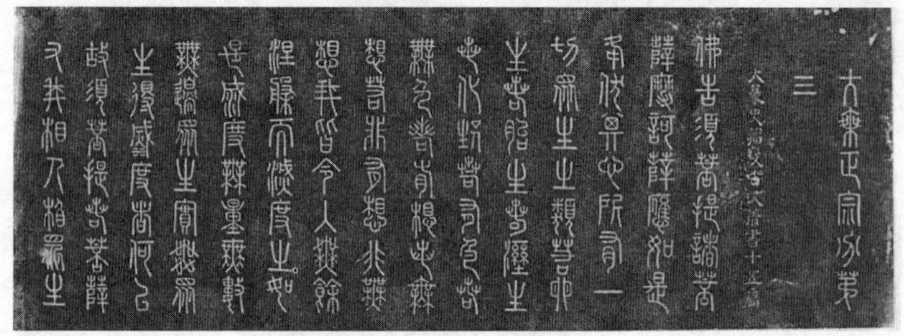

摩诃庵明代万历三十九年（1611）汪可受本《集篆三十二体金刚般若波罗蜜经》刻石 2

中辨之，为古集篆金刚经。中丞欲刻之金陵，旋以抚军云中未果。其门人洪度刻木相贻，且告之故，感此奇因，愿勒之石以示久远，并募士大夫楷书于后。予为之叹异。常闻金刚经之有集篆，始于五代僧梦英，集十八体，宋僧道肯增成三十二体，此或是也。亡何，籀文法书，焜耀壁上，时万历戊午，己未之际也。予频年读书庵中。夕灯晨磬，瞻瞩独久。甲申避寇，窜伏庵中，流连而去。迨归来，村墟半落，风景非殊，石经之室巍然，而上人已九十老人矣。三十年来，予初见刻石于承平之时，游览于闲暇之日。以至丧乱余生，人物灰散，犹得见此经石，俛仰今昔，不知涕泣之无从也。一日，上人命诸孙元长、闻因，谓予知刻石因缘，属为著其意。求汪中丞序不可得，长椿寺僧性柔出以相质，为掇其大略而识之，亦以见余之瞻依此经久久也。汪中丞中可受，号静峰，黄梅人。廓上人名性宏，元长名寂善，闻因名寂惠。”

明代人陈万言，受摩诃庵僧人性宏的委托，聘请京城的书法高手摹刻经石。为此而撰写了《金刚经集篆跋》，其文曰：“金刚经之有集篆也，宋僧道肯因五代僧梦英所集十八体而广为三十二者也。篆经之有刻本也，汪中丞静峰获之黄莲洲，命其门人洪度临摹寿木者也。木本之翻而为石也，徐中丞雅池及其长公公穆为摩诃庵作一大事因缘，而予适观成者也。会篆后将释以正书，庵僧性宏出黄太史缜轩所书金字经一卷，予拟为手书诸石。一时临池名手争愿以笔墨缘皈依法宝，而予偕同馆诸君子圆满胜因，亦一快也。工竣，性宏谋续构石经室而藏之，因为识其先后刻经大略。时天启初元闰春十有一日。”（《日下旧闻考》）

陈万言，字居一，浙江嘉兴人。工诗文、书法，善篆刻，为明末著名篆刻家。自明代中叶，何震、苏宣等人倡导学习汉印以后，晚明刻印人或多或少都在作品中流露出汲取汉印精神的痕迹，陈万言则是在这方面比较突出的一位。在他的作品中，字型均取方正之势，章法也力求匀称饱满，一望而知是得益于汉法。更重要的是，陈万言治印时，在刀法上比较蕴藉含蓄，下刀准确、稳健，而不粗野，因此，与后来某些流派相比，虽在面目上不是特别强烈，但气息上则更为文静典雅。著有《妍园集》。

他在篆刻上创造了多种艺术形式，被誉为“法古而不泥古”的集大成者，对后世治印者影响很大。在《明史·列传一白八十八·外戚》中有传。

在《日下旧闻考》中，也记载了这组《集篆三十二体金刚经》刻石的来历："金刚经集篆三十二体石刻，每经一章为一体，每体标以分书，而附以释文。明陈万言跋。又国朝王崇简跋，谓宋僧道肯因五代时僧梦英所集十八体而广之，明黄梅汪可受得浮篋中旧本于黄莲洲，门人黄梅洪度，重临付梓。万历间庶吉士雷城、侯恪、朱继祚、姚希孟、何吾騶、施兆昂、陈万言，行人司行人周锵，河南提学副使吕邦耀，吏部给事中姚宗文，学使黄汝亨，掌河南道事监察御史房壮丽等为书释文于后，而勒诸石。摩诃庵僧性宏嵌之金刚殿壁。迄今字画完好。"

《金刚经》全称《金刚般若波罗蜜经》，又名《金刚能断般若波罗蜜经》或《能断金刚般若波罗蜜多经》。出自《大般若经》六百卷中的第五百七十七卷，是佛教大乘般若类的重要经典。早期大乘佛教提倡般若学说。"般若"意为"智慧"，指用以成佛的特殊认识。佛教徒认为，掌握了这种智慧就能达到涅槃的彼岸。它也是大乘佛教所主张的"六度"（即六种过渡到涅槃的道路或方法）之一。般若学通常由两个部分组成：把世界上的各种事物或现象都看作实体，称为"诸法实相"；把世界上的一切事物都认为由因缘和合而生，而且没有固定不变的自性，名为"缘起性空"。由此，佛教徒断言，人们的世俗认识及认识对象都是虚幻不实的，只有否定或摆脱了这种世俗认识，从而把握了性空之理，才能证悟真实的境界。般若思想是大乘思想的理论基础。

《金刚经》在卷帙浩繁的众多佛教经卷中，是其中影响较大的一部。它大约产生于公元一世纪。在其产生后的三四百年间，《金刚经》的传播主要在古代印度的范围之内。由于该经言简意赅地阐述了大乘佛教般若思想的核心内容，而这种思想正好顺应了当时的社会，体现了佛教理论体系的逻辑发展，并构成整个大乘佛教的理论基础，所以自其登上佛学舞台后便迅速流传，影响日益扩大。

《金刚经》是般若类中的一部重要佛典。“金刚”在梵语中指锐利、摧毁一切之意。“般若”如同金刚，可以横扫一切虚妄之法，牢固树立佛的真谛。顾名思义，《金刚经》就是阐述摧毁一切不实之法，得到般若智慧的典籍。

《金刚经》全文5000余字，约与我国传统的道家和道教尊奉的根本经典《道德经》的字数相当。但其内容却十分丰富，基本上囊括了般若经典的主要思想。它的27个主题不外说明诸法“性空幻有”的理论，可以说它是一本般若思想的纲要性著述，自问世以后就受到了大乘佛教徒的重视和推崇。

《金刚经》传入中国最早是在新疆地区。公元402年，中国佛教的著名翻译家鸠摩罗什在后秦姚兴的支持下，首次将其译成汉文。以后，北魏菩提流支、南朝陈真谛，隋达磨笈多、唐玄奘、义净等人也先后翻译此经。罗什译本翻译最早，文字流畅，简明扼要，流传最广，是人们常用的译本。

《金刚经》传入中国后，先后出现有六个译本：《金刚般若波罗蜜经》，后秦姚兴弘始四年（402）鸠摩罗什译；《金刚般若波罗蜜经》，东魏孝静帝天平二年（535）菩提流支译；《金刚般若波罗蜜经》，陈文帝天康元年（566）真谛译；《金刚能断般若波罗蜜经》，隋文帝开皇十年（590）达摩笈多译；《能断金刚般若波罗蜜经》，唐太宗贞观年间玄奘译；《能断金刚般若波罗蜜经》，武则天圣历二年（699）义净译。这六个译本都被收入《大藏经》中。

鸠摩罗什（343–413）祖籍印度。先代出身于婆罗门族，在印度世袭高位。父亲是一位婆罗门，为传播佛教来到西域龟兹，娶龟兹王妹生下罗什。罗什幼时聪明异常，记忆超群，7岁出家，遍学经乘，饮誉西域。前秦王苻坚慕其名，嘱将领吕光灭龟兹掳什。后秦姚兴，深崇佛法，礼什于长安逍遥园，收徒译经，名震关中。他对于中土民情非常熟悉，语言文字运用自如，又加上他原本博学多闻，兼具文学素养，因此，翻译经典自然生动而契合妙义。罗什一生译经35部294卷，对佛教发展做出了很大贡献，是我国佛教的四大译经家之一。此外，在藏传大藏经甘珠儿里也有《金刚经》的藏文译本。梵文本《金刚经》经英籍德国学者麦克斯·缪勒等人搜集整理得三种不同版本。《金刚经》还被译成日、英、法、德、泰等多种文字。

《金刚经》自出现以后，立即广为流传，产生了重要的影响。《金刚经》传入中国后，深受佛教界的欢迎，历代研习不衰，流通甚盛，其影响远远地超过印度，围绕其疏解的人不计其数，仅唐初时就有800家注的说法，后续的大德高僧也都有论及，流传到现在还有数十种之多。

佛教经典卷帙浩繁，达2万余卷。在众多的经卷中，《金刚经》是其中影响较大的一部。《金刚经》采用对话体的形式，阐说一切世间事物空幻不实，主张以般若智慧契证空性，从而达到不执着于任何一物而体认诸法实相的境地。其空灵的思想，自古至今使许多的高僧儒士为之倾倒。

《金刚经》一直受到中国封建统治阶级的推崇。唐开元二十四年（736）唐玄宗在全国颁布了他的《御注金刚般若波罗蜜经》，把它和儒家的《孝经》、道教的《道德经》相提并论，认为此三经是释、儒、道三家最具有代表性的经典。明成祖、太祖也编纂了《金刚经集注》，敕令天下读诵奉行。中国佛教各宗派竞相习诵此经，并按照本宗的需要做了不同的阐发。例如天台宗用佛性说来解释经文；华严宗则附入了他们的“真如缘起论”；

禅宗把它直接视为心印和宗经之一。

在民间《金刚经》的影响极广，寺庙日常课诵，僧人讲经传法都以此经为本，甚至连目不识丁的妇孺，也能背出该经的部分或全文，其影响是显著和长远的。与此同时，社会上的善男信女们大肆宣传《金刚经》的神奇作用，《金刚经持验记》《金刚经灵感录》《金刚果报》等一些册子大量出现。人们相信，一些久治不愈的痼疾因受持《金刚经》而解除；贫贱之人因受持《金刚经》而升官发财；甚至因为诵经还可以死里逃生，还阳复活，猛兽不伤，罡风不能坏，大水不能没，山崩不能伤，久饿不得死，百矢不得击；甚至还可使哑者复音，盲者复明，求寿得寿，求子得子，迷途还家，怨恨消失，这些灵验故事大多为增福增寿，排忧解难，往生荐亡等各人福慧内容，同时也有表现降敌防盗、为官清廉、和善爱人等社会生活方面良好愿望的故事。

北宋著名文学家苏东坡，在勾信道书写的金刚经上题字说："乙巳至今二十八年。写经的三十二人，有三分之一的人已去世了。但一种好的行为，永远为人们纪念，是不会随人一起消亡的。"

《金刚经》除在宗教中占有重要地位，对古代文化的发展也起到一定的推动作用。伴随着《金刚经》的传播，古代印刷、雕刻、绘画、文学、书法等都不同程度地受其影响。现存世界上最早的雕版印刷品是唐咸通九年（868）的《金刚经》本刻印本；现存世界最早的木刻版画是《金刚经》扉页的佛教绘画；规模最大、时间最早之一的石刻经文是山东泰山经石峪的石刻《金刚经》。与《金刚经》有关的文学作品，历代名家书写的《金刚经》珍贵手迹也保存了不少。《金刚经》还从我国流传到朝鲜、日本、越南等国，对那里的宗教文化也产生过一定影响。一部 5000 余字的经文能够产生如此重要影响，可以说这在世界宗教文化史上也是罕见的。

南朝梁时，昭明太子萧统（501–531）将《金刚经》分为三十二分。

中国的汉字从商代的甲骨文至今，至少已有三千年的历史。秦始皇统一文字之前，各国的字体异彩纷呈。秦统一后，也陆续有许多的文人及书法家对字形进行创造，产生了许多新的字体。篆书字体在中国的文化历史上，曾经大放异彩，但目前，除了少数金石碑帖外，大都归于湮灭。五代、北宋间，金石学兴起。

僧人书法家梦英，应用北宋初年金石学的成果，并搜集古来流传的篆书，撰《十八体篆书碑》。他自称："考三代之文，穷六书之法。"

梦英（948–？），法号宣义，北宋衡阳郡（今衡阳市南岳区）人。娴通《华严》，专事弘扬，周流讲化，不辞辛劳。工书法，时人称其正书第一，篆次之，分、隶又次之。识者谓"智永以后有阳冰，阳冰以后而梦英作"，释梦英书法继承了李阳冰篆书的传统，多以瘦硬著称。效十八体书，尤工玉箸。或谓其十八体书，多出臆度，与古不合。宋乾德五年（967），尝至大梁，太祖赵匡胤召之帘前，赐紫服。往游终南山，当时名士如郭恕先、陈希夷、宋白、贾黄中之俦，皆以诗称述之。其后庐山僧颢彬学王，关右僧梦正学柳，浙东僧宛基学颜，亦为时人所称。与六朝陈僧智永、隋僧智果、唐僧怀素齐名，号为"潇湘四僧"。

明陶宗仪《书史会要》云："梦英与郭忠恕同时习篆，皆宗李阳冰。"明杨士奇云："梦英楷法一本柳诚悬，然骨气意度皆习弱，不能及也。"明王世贞云："英篆笔亦自整劲，正书出信本《皇甫君碑》，骨稍露耳。"明赵涵《石墨镌华》谓："英公正书第一，篆次之，分隶又次之。然其十八体书(指梦所集十八体篆书《惠林诗》)多出臆测，与古有合。"书迹有《篆书千字文》《篆书梦英十八体诗刻》(在长安文庙)、《说文偏旁字源并序》及《论十八体书》一篇。刻立的《篆书目录偏旁部首碑》把东汉许慎《说文解字》中的540个偏旁部首分别篆出，并用楷书注释，自作序文说明，对研究汉字的渊源、演进以及篆体书法都大有裨益。

《集篆三十二体金刚般若经》也称为《三十二体金刚般若波罗蜜经》。宋代杭州景德灵隐禅寺僧道肯，将五代高僧梦英法师所集的十八种篆体扩展为三十二体，并对应《金刚经》的三十二分，分别用三十二种篆体抄写《金刚经》中的一分。每章作一种字体，并注出各体的源流，后面附有释文，成为篆书史上影响最大、流传最广的一部集篆体作品。

这部《集篆三十二体金刚般若经》的原本，因年代久远，早已不知所踪。但在明代万历初年，却偶然地被黄梅人汪中丞(可受)得到。原来这里面还有一段有趣的传奇故事。

明代万历初年的一天，汪中丞（可受）的婢女划船经过黄莲洲时，在一堵坍塌的墙边，她所划的船触到了浮在水面上的一个小箱子。她便将箱子从水中捞出，打开箱子一看，原来是一部经书，便将箱子带回到家里。当天夜里，箱中经文的四周似有“鬼物恍惚呵护”，婢女对此现象感到十分惊讶，她赶紧将装有经文的箱子交给了汪可受。第二天白天，汪可受打开箱子一看，原来是一部早已失传的《集篆金刚般若波罗蜜经》，这部经书也被称为《古集篆三十二体金刚经》。汪可受原来准备将此经在金陵（现南京）翻刻，但因调任云中（今山西大同）巡抚、兵部左侍郎，没有来得及实施，便命其门人洪度将《集篆三十二体金刚般若经》摹刻在梓木板上，于万历三十九年（1611）刊印成册，汪可受还为此书作序。后来，洪度将刊印的《集篆金刚般若波罗蜜经》赠送给廓上人性宏。万历四十六年（1618），性宏为了使此经得以长久保存，遂计划将经文翻成石刻，并请士大夫在每一章经文的后面书写正楷释文，并由陈万言及王崇简撰写跋文。书写释文的士大夫都是万历年间海内的著名书法家，其中有黄慎轩、焦弱侯、董思白、米友石、邢子愿等。为了保存这部经文，性宏还在寺院的东跨院中，建起了这座金刚殿。天启元年（1621），六十方经石镌刻完成后，被镶嵌在摩诃庵金刚殿中的墙壁上，供人鉴赏。

汪可受（中丞）（1559–1620），字以虚，号静峰。湖北黄梅县独山汪革人。万历七年（1579）举人，第二年中进士。初任浙江金华县令。旋提升礼部主事。历任员外郎、郎中，补任江西吉安府知府。升按察使，转陕西右布政使。擢顺天府尹，巡抚大同，升兵部左侍郎。适值父丧，守服期满，仍授前职。总督蓟、辽宁、保定等处，部署抵御倭寇侵略。万历四十七年（1619）因病重辞官，蒙准回籍休养。万历四十八年（1620）在紫云山挪步园病逝，享年六十一岁，葬于张林镇茅栗山。诏赠兵部尚书，旌表为“天下清廉第一”。

汪可受在仕途四十年，政绩著显，很有声誉。以守操自律称闻。万历二十年（1592），出守吉州，创建白鹭书院，著《道心亭说》《下车草》，和邹元标等共谈性命之学（唯心主义哲学）。督学山西时，学界风气大变。任霸州兵备道时，皇上命他与总河李化龙共同协作，历时四年，生活艰苦，手头无半点积蓄。万历三十七年（1609），在陕西任职时，为修建关中书院捐献俸禄，置办学田，与冯从吾等互相鞭策，为百姓做了很多有益的事。万历三十八年（1610），祭拜恩师李贽，立《卓吾老子碑》，并作墓碑记。汪可受幼时，曾读书黄连咀，号黄连居士。晚年建挪步园于紫云峰，以供憩息。

这部由汪可受意外地得到并委托门生弟子洪度重新摹写，于明代万历三十九年刻版印刷的《集篆金刚般若经》传世极少。在这部经文的前面，附有一篇由汪可受亲笔撰写的《金刚般若经集篆序》。现录序文如下：

金刚般若经集篆序

余往自河上，病归。取人所弃地，于黄莲之洲堤而耕之。创丈室以比涧槃，因自号黄莲居士。戊申夏五月十六日，洪水溃堤而入，田庐没焉。余仅以身，免入城居。又十日余，当知非之辰，以长斋谢客，独掩一室，礼佛求忏悔。二十七日午，出一苍头，进曰：顷鼓棹颓垣之下，有箧浮来触舟。取视，之中藏故纸，似已浥烂。夜若有鬼物守此者，大惊，梦寐不知其何物也。余命男道春，展暴日中。点画如新，始知为《古刻集篆金刚经》。盖宋僧道肯，因五代僧梦英所集十八体，增成三十二体者也。计得经在余求忏之时，又素经行观息处，余以是因缘。大惊喜。报家大人逸斋翁，集亲朋同观，咸惊喜！以为得未曾有，往徒闻水螺护经之异，而今身亲见之矣。客有能以符咒致鬼神者，问之，得绝句诗二。其一曰：

何处经文翻贝叶，洪涛千丈拥豪光。

龙宫泻出非凡手，海藏输来献法王。

其二曰：

维摩丈室已随波，护法诸天几度过。

为示源头真脉络，金刚一部本无多。

其然，岂其然乎。余遍访缁流，罕有见是全本者。会诏起田间，疏辞不获，奉与俱行。偶过白下，出示多人。段谏议，谏议谓：宜择善手摹之，梓以流布。余欣然付焉。谏议久求善手，不得。而会世相，方炽，人我封事，互为干戈。以庚戌之夏，发愤归里。余亦以归秩，相值于白莲峰下，故是本，复归于余，得奉之，以入云中。余有门人洪度，相从不舍。向但知其焉志禅理，不知其善诸体篆也。一日，洪度披是诵经，再拜请，曰：是有白下不了之缘，缘或在兹，惟愿，示我般若实义则可。余曰：是本乘洪涛而来，莫知来处。置之白下，亦无去处。是经义也，理事不思议之境，余安能言，今强为子言之。须菩提首赞如来，二善固已，该一经大旨矣。此直指如来无我相也。夫如来智慧德相，不以生生，不以灭灭，实蠢动含灵之所皆有也。七识妄执我相于性，为依他于类，为非实胎、卵、湿化之所，本无也。凡见有佛，有众生者，皆属我相。故世尊成道之日，一成即见，一切皆成。夫是之谓，令入无余涅槃。夫是之谓，善护念付嘱，空生已见，而犹别求住心。降伏心法者，为众生设问耳。佛言：更无别法与尔，即如尔所说，善护念付嘱者，为汝说之。夫宁独如来为然，诸菩萨摩诃萨，皆如是矣。乃至，重申问答，谓：宁独菩萨为然，即善男子、善女子，初发菩提心者，皆应如是也。何谓发心，心即如二也，发即般若也。非如外有智也。而如体发光，还自照，如乃所谓，作如是观也。观则大智与大悲，无二法。自度与度众，为一时也。洪生曰：是心飘动如野马，故应求住。住之则躁急，若羁猿，故应求降伏。宁无渐次方便，而顿以初心等如来呼。余曰：试观，心之轮转不住，躁难降伏者，其相非我耶？三相者，我之粗执，伏而微执见也，莫非我也故凡心之苦于不住者。非以不住，故不住，以住故不住也。住即蕴结之暗相，无住即普照之慧光，故经以般若为名。而义以无住为实。无住之住，则不降伏之降伏也。彼与生灭心为敌者，降鲜不叛矣。是故菩萨发心，正在初发时，发期不生、不灭，无我，无人之心，如来谓之发大乘者，谓之发最上乘者，岂其发后以度生。自降而曰：无能度所度乎。是以攀缘心为因，以涅槃心为果。则蒸砂之饭，旷劫所不能熟也。夫大觉如海，想聚成沫，沫性本空，我见为病，病在蕴结，故药之，以通达无我。而病幻药，亦幻故，即度生之。谓无我，别无所为。无我即无我之，谓度生。别无所为，度生即无我、无人之。谓般若终不立般若，以破相，但以破相显般若耳，或者以度生对执我之症，而驰求生功德之想，是药我者转业，增长我也。如来深有悯焉。故以有施破外执之相，以有得破内执之相。不觉其再三言之，何也。以宝施满三千大千世界，又至施满恒河沙数三千大千世界，又至施满无量阿僧祇世界。见谓，功德愈多愈长，皆我所也，是烦恼之根也。以命施如恒河沙，又至施满初终浚日，又至施及无量百千万亿劫。见谓，功德愈多愈长，其舍我也，其取亦我也，是烦恼之根也。清静慧发，烦恼相除，识阴未空，所知成障。人知知之者，得之而不知，得知者失之。盖闻，有未得、谓得，未闻有实得。谓得者，惟未得，故谓得，惟谓得，故未得也。是故，须陀含不谓我得须陀含果；斯陀含不谓我得斯陀含果；阿那含不谓我得阿那含果；阿罗汉不谓我得阿罗汉道；如来不谓我得阿耨多罗三藐三菩提。无我故无得也。若见第一波罗蜜是第一波罗蜜，则第一波罗蜜为我相矣；若见忍辱波罗蜜是忍辱波罗蜜，则忍辱波罗蜜为我相矣。若我相是我相，我见是我见。则如来安得无其所本，有而强伏成漂流彼岸，总茫茫矣。故曰：如来说有我者，则非有我。而凡夫之人，以为有我。以为有我者，亦是名我相之谓也，此可例凡言。即非与是名者，非对是非，而分遮表之谓也。诸法如义，有说即非凡。我相与波罗蜜之说，但是名耳。名依我有，我以名炽相见。名说互相为缘，缘起性空。惟一真我，故随语生解禅宗所斥，以真我无少法，可得也，心相不可得。是谓：以众生为心，而心心悉知，眼相不可得。是谓：以众生为眼，而眼眼皆有护念。付嘱以此称善。盖心自护心，心自付心而已。识大悲之本体者，自他总摄于一心。孰是自而孰是，他识同体之大悲者，福慧双修。于一念，孰非慧而孰非福。诸相之非相，不可以意言执也。非相之实相，不可以意言穷也。故曰：菩萨于法，应无所住。行于布施，此般若之理，不碍事也，虚空之色相也。又曰：菩萨应如是，布施不住于相。此般若之事，不碍理也，色相之虚空也。般若即以本空为法身，故随愿起报化，而化无不入报，终不坏也。般若即以本空为解脱，故能入一切烦恼所知，而一切烦恼所知，不能为之缠缚也。般若即以本空为涅槃，故能入一切生死，而一切生死不能怖也。般若即以本空为六凡，故能入一切天人、修罗、鬼、畜、狱道。而一切苦、乐诸境，不能为之损坏也。般若即以本空为四圣，故能入一切佛界、菩萨界。而一切圣界，不能为之增益也。般若即以本空为三千大千世界，以本空为百千万亿阿僧恒劫。故能偏入一切时、一切处。而一切时、处，不能为之移易也。般若即以一切本空为般若，故能入于四大、五蕴、六入、十二处、十八界，总发阿耨多罗三藐三菩提心。而种种形貌，种种情识不能为之间断、遮翳也。惟天下之至，虚至灵实；天下之至，坚至利也。故强而名之，曰：金刚般若最后不言般若，而言作观，何也？般若本无，应作而照用，切忌昏散。故体则无分别之分别。为妙智用则分别之。无分别为正观，观即般若也。亦非有般若，若但无昏散耳。有能观我之梦幻，泡影如露，亦如电者。即我即空，即我即假，即我即中，是观法也。洪生再拜，曰：如是，则请为释迦书之矣。乃观心蒲团，静游太古。挟彼作者，并归混沌。忽若兆几于结绳，渐似呈形于鸟迹。至点画形象，迫意而来。辄落笔成书，不做描摹凑合之态。日得一分或半分，或数字，而还蒲团，乘其所会而已。越九旬，而书成。余展示，大惊喜。曰：经为汝来乎。急问梓人于云中守。守曰：有白下三人者，在此久已。是可皆以不思议得之。

大明万历三十九年辛亥八月望日

赐进士第嘉议大夫奉敕巡抚 大同地方赞理军务都察院右副都御史黄梅汪可受书于云中公署

汪可受在洪度重新摹写的《金刚般若经集篆》前面的序言中，讲述了得到此经的经过，这与明代人王崇简所作的跋及陈万言在《金刚经集篆跋》中的记述相吻合。汪可受在序中，还谈到对《金刚经》经义的理解。这部经书在打开时发现里面已经被水浸湿了，部分字迹模糊不清。便委托弟子洪度重新摹写《古刻集篆金刚经》。洪度经过九个月的认真摹写，终于将全部经文摹写完成，并呈送给汪可受，汪可受看后极为惊喜，随即将经文委托给来自“白下“（今江苏省南京市）的刻版工周文训、周文洁、周大经三人进行刻印。

在全部经文的后面，附有汪可受的弟子洪度撰写的《金刚般若经集篆跋》：

度性嗜书，见夫子而嗜禅。当其有书之，嗜则不知禅；而当有禅之，嗜则不知书。一日，观于水浮篆经，而若有会焉，不知其是书也，禅也。夫子命以重书付梓，而度口斯应之，手斯从之，乃知曩之。嗜书者，其有习气所使，以为禅用耶。书成，自取曩书之最得意者，并置案头。乃知曩者，见笑于仓公多矣。则今之嗜禅，亦未始，不为书用。夫子谓是：可以报龙宫矣。于度南还，付一经函与祝词，而命投之江。度唯唯而已。亦安所置，吾思议哉。特记祝词于此，以识希有。云词曰：

惟此法轮，转自波中。问谁致者，神曰龙宫。
护念付嘱，相彼大雄。千载不溺，英公肯公。
受也不敏，夙慕宗风。有弟子度，手书斯工。
重书付梓，庶广流通。善缘聿就，敢昧所从。
敬具一缄，以报前功。金刚不坏，去与来同。
虚空有尽，我愿无穷。在处护持，普告天龙。

奉佛弟子洪度敬书

汪可受的弟子洪度，在撰写的《金刚般若经集篆跋》中，记述了他受汪可受之委托：待他回到南京后，将一部刻印好的《金刚般若经集篆》经书及一篇祝词装在木函里，并放入长江中，以此来作为对龙王送经的报答。

洪度

（明）湖北黄梅人。精书法， 一日洪涛浮敝箧，发之乃宋僧道肯集篆金刚经，字久膳灭，精思七昼夜，重临刻石。宗伯董其昌（1555–1636）释以小楷，藏京师摩诃庵。（《湖广通志》）

但在金刚殿中，汪可受所作的这篇《金刚般若经集篆序》及弟子洪度撰写的《金刚般若经集篆跋》，均未镌刻入经石中。

在《金刚经新异录》中，也记述了摩诃庵中《集篆三十二金刚般若经》经石的由来："京师摩诃庵，壁有各体篆书金刚经三十二分。每分之后各系正书一段，俱万历中海内名笔，如黄慎轩、焦弱侯、董思白、米友石、邢子愿诸公。妙楷精刻，妙极庄严。士绅敲拓无虚日，碑遂漫漶。庵主僧募赀构石，思乞名笔重刻之。泰昌九月季公湘洲以侍郎教习庶常，夜忽梦伽蓝神送一请启至，称摩诃庵有金刚经胜缘，从公乞及门弟子完成。翌日，命驾之庵，则见精石二十版已磨砻在禅室矣。时馆中三十二人，如侯梦泽、何象冈、刘蓬玄、陈居一、姚孟尝、顾九畴、孔玉璞、陈秋涛诸公，无不擅誉临池。湘洲特以梦语诸公。先后诣庵各就石朱书一分，又捐俸募善工精刻，移置壁间，遂焕然神明复还旧观，余客都门亲见。"

在《集篆三十二体金刚般若经》经石镌刻完成后，京城的士绅及文人墨客，得知在摩诃庵中镶有《集篆三十二体金刚般若经》经石，便纷纷地前来欣赏和捶拓，久而久之，遂将经石上的经文磨损，使得字迹逐渐模糊不清。于是，摩诃庵的主僧决定，重新摹刻《集篆三十二体金刚般若经》。庵里为了筹集资金，进行了募化，并购买了刻经用的石版，并邀请名书法家摹写经文，对经文进行重新镌刻。

明代泰昌年九月的一天夜里，礼部侍郎李腾芳在睡梦中，梦见伽蓝神给他送来一封邀请信，信中说摩诃庵中要将《集篆三十二体金刚般若经》进行重新刻石，请求他和门下弟子们去摹写经文。第二天，李腾芳来到摩诃庵中，见到二十块已磨光的经石摆放在禅室里，正在等待书丹。当时，在馆中的三十二人中，有侯梦泽、何象冈、刘蓬玄、陈居一、姚孟尝、顾九畴、孔玉璞、陈秋涛等诸位，都是颇有名望的书法家。李腾芳将梦中之事告诉他们，事也凑巧，三十二体金刚经正好由三十二位书法家来书丹，于是，他们每人各用朱红色书写一章。并且，捐资招募雕刻名手，对经文进行镌刻。《集篆三十二体金刚般若经》镌刻完成后，重新镶嵌在金刚殿中的墙壁上，使经石恢复旧观。

李腾芳，字子实，湖南湘潭人。生卒年均不详。万历二十年（1592）进士，改庶吉士。好学，负才名。著有《李湘洲集》十卷，补遗一卷。《明史·列传》中有传。

关于这部《集篆三十二体金刚般若经》的来历及摹刻经石过程，在分析了王崇简撰写的《跋文》和陈万言撰写的《金刚经集篆跋》，以及《日下旧闻考》中的记载后，再对比《金刚经新异录》中的记述，从中发现了一些疑问。

摩诃庵中的《集篆三十二体金刚般若经》，是否如《金刚经新异录》中所记述的，前后镌刻了两次？在《金刚经新异录》中记载了第一次镌刻的经石，经过多次捶拓，字迹模糊，寺僧又募捐将经文重刻。这在其他的几部古籍中均未记载。并且，第二次刻经的时间是在泰昌九月（1620），而在此时，第一次镌刻的经石还未刻完。在《日下旧闻考》中有这样一条记载："摩诃庵僧性宏嵌之金刚殿壁，迄今字画完好。" 不知《金刚经新异录》中的记载是否可信。

《集篆三十二体金刚般若经》经石中，所谓“集篆三十二体”，即玉箸篆、奇字、大篆、小篆、上方大篆、坟书、穗书、倒薤篆、柳叶篆、芝英篆、转宿篆、垂露篆、垂云书、碧落篆、龙爪篆、鸟迹篆、雕虫篆、蝌蚪书、鸟篆、鹄头书、麟书、鸾凤书、龟书、龙书、剪刀篆、缨络篆、悬针篆、飞白书、殳篆、金错书、刻符篆、钟鼎书，共计三十二种篆书字体。

南朝梁时，昭明太子萧统（501–531）将《金刚经》分为三十二分。

《集篆三十二体金刚般若经》对应《金刚经》的三十二分，分别用三十二种篆体各抄写《金刚经》中的一分。每章用一种字体。具体分列如下：

1. 法会因由分——玉箸篆
2. 善现起请分——奇字
3. 大乘正宗分——大篆
4. 妙行无住分——小篆
5. 如理实见分——上方大篆
6. 正信希有分——坟书
7. 无得无说分——穗书
8. 依法出生分——倒薤篆
9. 一相无相分——柳叶篆
10. 庄严净土分——芝英篆
11. 无为福胜分——转宿篆
12. 尊重正教分——垂露篆
13. 如法受持分——垂云篆
14. 离相寂灭分——碧落篆
15. 持经功德分——龙爪篆
16. 能净业障分——鸟迹篆

17. 究意无我分——雕虫篆
18. 一体同观分——蝌蚪书
19. 法界通化分——鸟篆
20. 离色离相分——鹄头篆
21. 非说所说分——麟书
22. 无法可得分——鸾凤书
23. 净心行善分——龟书
24. 福智无比分——龙书
25. 化无所化分——剪刀篆
26. 法身非相分——璎珞篆
27. 无断无灭分——悬针篆
28. 不受不贪分——飞帛书
29. 威仪寂静分——殳篆
30. 一合理相分——金错书
31. 知见不生分——刻符篆
32. 应化非真分——钟鼎篆

《集篆三十二体金刚般若经》其中的每种篆体造型各不相同，但都是根据篆隶古体或通行的楷、行、草体文字加以装饰变化而成，也有结合日、月、星、辰及草、木、鸟、兽的形象创造而成，这些书体在古籍中或有记录，而流传很少，除了今天的考古实物中偶尔能见到之外，多数均不为人所知。宋代金石学之风兴起，文人雅士收藏与注录古代文字成为风尚，当时僧人中热衷于此者也大有人在，释道肯就是其代表人物。他以古篆字书写《金刚经》，既有追慕古风之意，更是崇敬佛典，光大佛法之举。

由三十二种篆体书写的《集篆三十二体金刚般若经》，除了具有庄严祥瑞的象征意义之外，还展示了汉文象形文字华丽精妙的创造力，把文字造型之美以及书法艺术的抽象之美，融于佛学典籍之中，是为文人巧思炫学之大成者。此经中众体杂陈，笔走龙蛇，美轮美奂，充分地展现了中国书法的艺术魅力，对中国的书法及篆刻研究均有着重要价值。

《集篆三十二体金刚般若经》中的鸟篆是以赤雀、丹鸟二种鸟形的组合，每个字都加以鸟头及屈曲线条装饰，十分精美。龙书和柳叶篆，字形有飘舞翻飞之妙，另外，穗书、倒薤篆、柳叶篆、芝英篆、龙爪篆、鸟迹书、科斗篆、鸟篆、鹄头篆、龟书、龙书等，依其造型，虽有异趣之处，但在结构上均是以繁复大篆、奇诡古文和规范小篆三种篆书为构形基础。线条以大篆的浑厚苍劲，古文的中肥端尖，小篆的圆细婉转，并装饰以笔划线条的曲直、粗细变化以及添加草木、鸟、兽、虫、龟等饰符的变化。并配合佛经经义，除了具有庄严祥瑞的象征意义外，这种篆体佛经还展示了一个华丽精妙的文字美的世界。

在《集篆三十二体金刚般若经》每章的前面，均注有每一体篆书的缘起：

玉箸篆：阳冰善作此体，至今用。

奇字：甄丰定古文六体，此其一。

大篆：史籀变古文，著书十五篇。

小篆：胡母敬作，比籀篆颇改省。

上方大篆：乃程邈饰李斯之法。

坟书：周媒氏配合男女，书证文。

穗书：神农因上党生嘉禾而作。

倒薤篆：仙人务光见薤偃风作。

柳叶篆：卫瓘二世攻书，善众体。

芝英篆：陈遵因芝生汉武殿作。

转宿篆：荧惑退舍，司星子韦作。

垂露篆：曹喜作，点若浓露之垂。

垂云书：黄帝因庆云见，遂作此。

碧落篆：唐韩王元嘉子李撰作。

龙爪篆：羲之见飞字龙爪形作。

鸟迹篆：仓颉观鸟迹，始制文字。

雕虫篆：鲁秋胡妻春居浣蚕作。

蝌蚪书：源出古文，或云颛顼制。

鸟篆：史佚因赤雀、丹乌二祥作。

鹄头书：汉家尺一之简如鹄首。

麟书：获麟，弟子为素王纪瑞作。

鸾凤书：少皞以鸟纪官，遂作此。

龟书：尧因轩辕时龟负图而作。

龙书：太昊获景龙之瑞而作此。

剪刀篆：韦诞作，后史游造其极。

缨络篆：刘德升夜观星宿为此。

悬针篆：曹喜以此题五经篇目。

飞帛书：蔡邕见人以帚成字作。

殳篆：伯氏所职，故制此记笏殳。

金错书：韦诞作，古钱名，汉之铢两。

刻符篆：李斯、赵高并善用之。

钟鼎篆：二代以此体刻铭钟鼎。

在每一章篆体经文的后面，均刻有这一章的楷书经文，以便于在阅读中进行对照。

目前，明代刊刻流传的《集篆三十二体金刚般若经》，在世上已经发现有数个版本。分别是：明永乐十年（1412）刻本一部，收藏在山东省图书馆；明正统二年（1437）刻本一部，收藏在首都图书馆；明嘉靖十三年（1513）刻本一部，收藏在台北故宫博物院；明万历三十九年（1611）汪可受版，两部，其中一部存于美国哈佛燕京图书馆，一部为国内私人收藏；明万历四十一年（1613）倪锦版，七部，其中两部藏于美国国会图书馆，其余四部分别收藏在上海、南京、杭州、北京大学等图书馆，一部为国内私人收藏；明崇祯版，两部，一部收藏在天津图书馆，另一部则保存于洛阳图书馆。

在金刚殿西南角的廊头壁上，还镶嵌着与经石大小相同的石刻一方。刻石的前半部分内容为篆书，后半部分为楷书。其文为：

如来得阿耨多罗三藐三菩提须菩提实无有法佛得阿耨多罗三藐三菩提须菩提如来所得阿耨多罗三藐三菩提于是中无实无虚是故如（以上为经文十七分内雕虫篆体文字）

己亥春杪，余因公出阜成门。过摩诃庵，见观音大士殿，有石刻嵌列两壁，乃集篆三十二体金刚经，其原委具详。绣水陈居一、宛平王敬哉两先生跋内，考七修类稿，引震泽长语云：三十六般篆书金刚经，乃宋灵隐寺僧莫庵道闲集。与跋称：宋僧道肯，因五代僧梦英所集十八体，广为三十二体。异又考说：郛内所载，震泽长语称：僧道肯集篆书金刚经，备诸体，虽未言其数，其僧名道肯，无疑。类稿称为道闲，必传刻之讹。且金刚经仅三十二分，所云三十六般篆书，亦必有误。细玩兹刻，篆体古健，每分后释以正书，亦极端楷，悉出明季一时名手，洵为艺苑珍秘。况系金经，尤可宝也。归而觅诸厂肆，并访收藏家，均无此帖，想彼时拓印未广，人多不见。而石固未损，惟十七分内，第四十六行至五十二行，每行缺一、二字，究未为全壁。意欲补篆，惜无好手。今年春，适丹阳范子名榕，号野畇者来京，素精篆隶，因嘱于是，分内依经择字，模仿补成。另勒一石，藏之庵中。非敢据前人之善行为己有，要使金经古篆，不致残缺，云尔。

乾隆岁在辛丑四月朔光山胡季堂谨识

这方刻石中，记述了清代乾隆四十六年（1781），河南光山人胡季堂因公来京师办事，路过摩诃庵。在观音大士殿中，见到殿内墙壁上镶嵌的《集篆三十二体金刚经》石刻。他对此经的集篆者进行了考证，并发现石经中尚有缺字，便请来篆刻高手，将石经中的缺字补上。为记载此事，另外镌刻此石，将所补刻的经文内容镌刻在前面，以作为提示，随后记述了对《集篆三十二体金刚般若经》的考证及补刻经文的经过。

胡季堂（1729–1800），字升夫，号云坡，河南光山人。清朝大臣，系礼部侍郎胡煦之子。乾隆年间，被擢升为刑部侍郎，后担任刑部尚书。他一生谨慎勤奋，因秉公执法断案，得到乾隆帝的嘉奖。他在嘉庆帝亲政，扳倒乾隆宠臣和珅的过程中，发挥了重要作用。他在全国各省的督抚中第一个参劾和珅，并提供了大量的和珅贪腐的罪证，随后，又提出了对和珅的处置意见，最终他的奏章被嘉庆皇帝所采用。

通过这方刻石中的文字记载，可以了解到嵌有石经的金刚殿在清乾隆时曾被称为观音大士殿，当时，殿中应供奉有观音菩萨像。

在1934年左右，摩诃庵中的金刚殿已经大部分毁坏，亟待重修，时任北平市长的袁良，饬所司进行重修，并责成当地的管理机关，对《集篆三十二体金刚般若经》加以保管，不致遗失，可以说，他为保护这部经石立了一大功。

金刚殿中的《集篆三十二体金刚般若经》经石，在“文化大革命”中，险些遭遇到一场毁灭之灾。

据资料记载，1966年8月的一天，一群红卫兵闯入摩诃庵，在将庵内中路的佛教文物毁坏殆尽后，又要到金刚殿中去砸毁《集篆三十二体金刚般若经》石版。就在这危急时刻，学校的李文成老师闻讯赶到，他挡在去往东跨院的路口上，强装笑脸地对这些红卫兵说：“请小将们先到办公室休息会儿，喝点儿水。”一个红卫兵头头模样的人蛮横地问：“你是干什么的？”李老师镇定地回答：“我是这所学校的老师。”“你是什么出身？”李老师又答道：“贫农出身。”他们听了后，马上就拍着李老师的肩膀，嬉皮笑脸地说：“老哥们儿走，咱们一块儿砸金刚经去。”李老师听后，立即阻拦道：“何必劳累你们呢，明天你们来看，我保证把它们全部消灭掉。”这时，这群红卫兵看到已经把摩诃庵里的文物毁得差不多了，并且他们也已经累得够呛，于是，就回答说：“明天我们再来检查。”说完，就蜂拥而出，扬长而去。

当天晚上，李文成老师迅速地从八里庄房管段找来石灰膏，并在房管段值班的瓦工秦国璋师傅的协助下，连夜将金刚殿内镶嵌的六十一块金刚经石及跋文，全部用石灰膏抹好遮盖住，同时也把山门上的“摩诃庵”三个大字，用石灰膏涂抹覆盖上。及时地保护住这些珍贵的佛教文物。

李文成老师与秦国璋师傅，凭着对国家文物的热爱和保护的责任之心，使这场灾难得以化解，确实值得敬佩。

北京市海淀区文物局对李文成老师及秦国璋师傅冒险保护《集

篆三十二体金刚经》的果敢行为倍加赞扬，并于1983年2月正式聘请李文成老师为摩诃庵文物保管员，同时他还被选为海淀区文物保护协会理事会理事。

如今，金刚殿中《集篆三十二体金刚般若经》刻石上涂抹的石灰膏，早已被剔除掉。并于20世纪90年代，由海淀区文管所出资，将所有经石的外面装上了玻璃窗，对经石进行了有效的保护。

摩诃庵金刚殿壁上镶嵌的《集篆三十二体金刚般若经》经石是北京地区著名的佛教石刻，也是研究佛教经典及书法艺术的宝贵文物，从中可以欣赏到我国古代篆体书法之丰富多彩和无穷的艺术魅力，更可从中体会到中华民族传统文化的伟大和广博，非常珍贵。

西跨院

昔日的西跨院中，古柏与绿竹交荫，院枕回溪，别有洞天。碗口粗的爬山虎藤蔓，攀满石墙。春季到来，芍药、牡丹花竞相吐艳，鸟语花香，环境格外清幽而恬静。

清代文人王世祯在游览后，为了抒发自己的感受，特意吟诗一首：

西院枕回溪，青山满高阁。
祇园天气佳，苔砌余红药。
鸟如迦陵响，梵是鱼山作。
微雨忽来过，纷纷几花落。

在西跨院的墙外，曾有一条小溪，俗名为“泄水河”，雅名为“虎溪”或“回溪”，这条小溪由双槐树村东流经摩诃庵墙外，并流向钓鱼台前湖。在虎溪之上，原来建有一座小桥，跨过小桥，便可以进入法藏庵。

西跨院大门棚顶彩画

西跨院大门的棚顶上装饰着工笔彩画，图案有仙桃、荷花、菊花及吉祥菩提草等，虽然经过四百多年的风雨沧桑，但颜色依然鲜艳如故。

在西跨院的南、北方各建有一座磨砖对缝砖木结构的精致房舍。窗明几净，十分闲雅。室内设有硬木雕花隔扇，在隔扇的空隙中贴有许多的名人字画。院中还建有走廊连接其间。

清初大臣王崇简（卒谥“文贞”）及其子王熙（卒谥“文靖”），在青少年时期均住在这里隐读。父子二人功成名就后，每年都要携同亲朋好友到此寻旧一两次，在院中吟诗作画，并对后代讲述当年的寒窗之苦。

王崇简曾在寒冬之夜被冻醒之后，作诗一首，记述当时的苦读生活。

疏林残叶怯寒风，僻院回廊曲径通。
人静闲阶鹤梦稳，小窗深处一灯红。

文贞公和文靖公去世后，文靖公的儿子经常来到这里追念往昔，后来，他见到院中庭舍日渐颓旧，便出资委托寺僧，将西跨院修缮一新，并于清康熙五十六年（1717）在走廊的东墙壁上嵌石镌字来记述此事。现此碑石已被移到金刚殿东廊头墙壁上保存。

现录碑文如下：

出阜成门而西，至八里庄，有摩诃庵。名虽非古刹，而绀宇清严，名缁梵修之所也。余先世迁自任丘，卜居郊外，与斯庵邻比。其后有上人，曰元长闻因者，道风渊穆。禅诵之余，治蔬圃以自给。庵之旁葺精舍二楹，窗明几净，最为闲雅。先文贞公、文靖公未弟时，皆读书其中。登朝之后，不忘旧游，岁每一、二。至余幼时，初侍文贞公游览于此，文贞公指以示余曰：此吾曩者与尔父吟诵讲席之地也。因述其晦明、风雨、学问、勤苦之况，历历在目。相与徘徊者久之，余谨志之，不敢忘。迄今阅岁既久。先文贞公、文靖公相继谢世，而是室亦渐有倾圮剥漶之虞。余每至其处，追念畴昔，未尝不为之留连兴感焉。夫仁人孝子，睹栖□而思遗泽，每不胜珍惜保护之念。召公之棠，后世犹知重之，矧其为先人朝夕起居之地，而可漠然视厥兴废乎。因特捐金，付之寺僧。阐教力任修葺，俾堂构一新，丹雘炳焕。庶几遗徽不坠，而凡我后人之憩于斯者，以是为先泽之所托，而仰企之，余因共兴起，其读书好善之思，是亦先人之所大愿也。诗云：无念尔祖，聿修厥德。余益有厚望焉。于其工之成，为援笔而记其略。

康熙丁酉清和谷旦王克昌敬识

王崇简（文贞公，1602–1678），字敬哉，一作敬斋，宛平（今北京市）人。明崇祯十六年（1643）进士及第。李自成攻陷北京时出逃，1645年回京，入仕清廷，多尔衮任命他为国史院学士。1658年升礼部尚书。他一生喜好郊游，为人端谨、谦和，为政清廉，重朋友情谊，善于鼓励后辈学生。居官而不失以学，并熟悉历朝典故，著有《青箱堂文集》等。卒年七十六岁，谥文贞。

他还以其养育出一大群有出息的子孙而出名。他的六个儿子中，有五个官至高位。他家总共有四代人进入翰林院。他在北京南郊的怡园成为一处著名的文人活动中心。

他还善书画，山水追踪米芾，构局命笔不落窠臼。间作写意花卉。

王熙（文靖公，1628–1703），字子雍。顺天府宛平县人（今北京丰台）。他为礼部尚书王崇简之子。清顺治年间考中进士，选庶吉士。历官礼部侍郎兼翰林院掌院学士，工部、兵部尚书，保和殿大学士兼礼部尚书。

而今，北面的房舍还在，而南面的房舍及走廊早已无存。在北边的房舍前，长有一株高大的海棠树。春天到来，满树繁花似锦；夏秋时节，枝条果实累累，将庭院装点得分外美观而典雅。

墓园

在摩诃庵的后院中，建有赵政等宫中太监的墓地。

墓地的最前面，原树有一座汉白玉石牌坊，东西长 5 米，南北宽 1.7 米，高约 7 米。在牌坊的上面，雕刻有精美的图案。中间门道的两边各立有一尊雄狮，非常气派。

在石牌坊的后面是一个高大的石供案，上面摆有大型的石雕五供。其布设有致，雕镂精细，自成一景。

最后面是一座高大的土山，山顶上长有古松，所谓青松压顶。在土山前建有 7 座宝顶。“大跃进”期间将这些宝顶拆除，并将拆下的砖石用于修建水利工程。这座土山在 1964 年学校建操场时被五路煤建公司运走，用作摇煤球的原料。

墓园的建筑布局是上为神堂，下为地藏，其规模宏伟、庄严肃穆。在墓地正中，原长有五棵高大的白皮松，后来这五棵高大的白皮松仅余下一棵，最后这棵仅存的白皮松也被锯倒，据说在松树倒下时，因树干粗大，树身沉重，倒地后树干都被摔碎了。

在白皮松的北面，矗立着太监的坟茔。在每座坟茔的前面，各树有一通墓碑。民国时，周肇祥在摩诃庵中游览，看到墓园中“石鼎高过人。断碑卧地，乃御马监太监田公墓碑，万历十年周文鸣撰；御用监太监署西安门事张尧碑，嘉靖六年立。余累累者，莫可考古。栝五，大者三小者二。若拱若揖，若俯若仰，徘徊久之。其东西亦太监墓，皆有栝，隔寺墙未及访。”（《琉璃厂杂记》）从这段记载中可以看出，在这片墓园中，不仅埋葬着最初集资建庵的几位太监，其后也埋葬着其他的太监。后来，庵中墓园占地已满，就连庵墙外也布满了太监的坟茔。

20世纪70年代初，上级号召“备战备荒”。学校在操场上开挖防空洞时，意外地挖到了明代御马监太监魏伸的墓葬，其中还有一合墓志铭。在打开棺木后，发现里面用锦衣包裹的遗体已经腐烂。

在魏伸墓葬的北边又挖到了一层层的白灰、木炭和黄土，一共有十三层，发现下面有汉白玉雕刻的瓦垄，在瓦垄的下边发现了墓道和墓门。墓道上边覆盖着厚长的青石条。在墓穴的地宫门额上镌刻着“钦命提督五军三千营军务司设监太监赵公寿藏”，落款为“大明嘉靖孟秋吉日立”。证明这里是赵政的墓穴。

在用铁锤砸开墓穴的石门后，进入赵政的墓室。墓室的长、宽约有10平方米，墓室的墙壁皆用上等的汉白玉垒筑。在墓室的中间，置有一个雕花的石棺床。石棺床前面摆放的供具呈倾斜状。棺木的帮和盖均倒向石棺床的西侧，但棺底和赵政的尸体仍在石棺床上。大家开始都以为此墓已被盗，但在墓室的四周查看了一下，并无被盗的痕迹。估计为早年地震所造成的。在打开照明灯时，看到棺内金光耀眼。赵政身着紫色的绫罗袍，腰上围着玉带，身上的真丝被已掉落到石棺床下，最令人惊讶的是，赵政的尸体保存得很好，居然皮肉尚存，五官可辨。棺中的紫罗袍、玉带和丝绵被也完好无损。有人为了看看赵政的口中是否含有防腐的夜明珠，还将他的嘴唇掀开，发现嘴唇尚有弹性。

在墓室的西北角摆放着一个小龛。在龛中放有一支毛笔，但早已腐朽了，可能为赵政生前所用。另有完整的纯金水壶一件，还有一把青花色小茶壶，但可惜的是茶壶已被打碎。在龛中还发现了一块古墨，这块古墨据说还引起郭沫若先生的极大兴趣呢。郭老在欣赏完古墨后说：“出土明朝这样完整的古墨，至今还是第一块，应妥为保管。”

据说，赵政的棺木厚达二十多厘米，棺外涂有红漆。

在墓穴中，还发现赵政的墓志铭一合。盖上镌刻有篆书“明故前司设监掌惜薪司德斋赵公墓志铭”。其铭文为：

明故前司设监太监掌惜薪司事德斋赵公墓志铭

赐进士及第光禄大夫柱国少保兼太子太傅礼部尚书武英殿大学士知制诰华亭徐阶撰

赐进士荣禄大夫少保兼太子太保礼部尚书武英殿大学士知制诰国史会典总裁余姚李本书

赐会武第特进光禄大夫柱国太保兼太子太傅掌锦衣卫事食伯爵禄后军都督府左都督奉敕提督缉事侍经筵平湖陆鼎篆

予昔承乏礼部奉命待朝鲜陪臣宴数获，与司设太监德斋赵公同事。公为人凝重儒雅，动止语笑，任其履坦而矩度自存，予心敬之。其后得读少傅序，庵李公所为，公寿藏记乃知公之贤，其见重于缙绅，盖久方自幸敬公之非谬。顾未几公谪金陵，又五年疾卒，予于是深悼惜焉。会其名下御马监太监魏公伸等率公侄镗将奉公以葬，介太傅东湖陆公属予铭墓，予不得辞。按状，公讳政，字廷治，别号德斋，顺天府武清县人。而廷治者，上之所赐字，有宸翰存焉，盖殊恩也。父曰通，隐德不仕。母张氏，以弘治甲寅六月初四日生公。正德庚午入内廷。癸酉授尚冠，长随侍武宗于乾清宫。戊寅，迁内官监右监丞。己卯，晋右少监司钥库佥押管事。辛巳，例谪长随。今上登极，复简侍乾清。壬午，授奉御。癸未，迁御马右监丞，赐乘马。甲申，迁右少监，赐服斗牛，监督四卫营提督整容房，遂迁太监。丙戌，赐禄米月二石，命随朝请剑。己丑，加禄二十四石，改司设太监掌监事提督三千营及三千哨马营。辛卯，再加禄如甲申，赐服坐蟒，寻改供用库掌印，又加禄米二十四石，管五军营。乙未，命管乾清宫事，又加禄如前，赐服斗牛，是岁，再加禄积之，得百四十四石，赐玉带、金币。乙巳，命掌惜薪司印，提督上林苑监并管礼仪房。辛亥，谪戍孝陵。上将复召用之，而公以丙辰十二月九日卒，讣闻，特命归葬，盖上之念公于是可仰见，而公不及待此。予所以深悼惜而不能已也，然公始作寿藏，自拟于古乐丘之云，当其谪时，盖有怀思怅望不可得，遂之惧而卒。蒙上恩，以偿其始愿，公固当感且慰于九泉矣乎。公享年六十三，墓在香山乡八里庄之原，葬以丁巳四月初二日。

铭曰：

于维赵公，克著令德。其言温温，其仪抑抑。

遭际两朝，日侍乾清。玉带蟒袍，烨其显荣。
曰有殊恩，天子赐字。奎翰宸章，光昭百世。
生营菟裘，殁葬其中。圣恩优渥，洽于初终。
猗公一身，既贤且贵。我刻铭辞，九泉式慰。

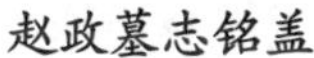

赵政墓志铭盖

赵政墓志铭

现在，赵政的墓志铭已被首都博物馆收存。

石角楼

摩诃庵的四周，为一圈儿虎皮石墙，墙基宽一米多，墙高五米多。在围墙的四角，各筑有一座角楼。楼台为虎皮石砌成，拔地而起，颇为壮观，这种建筑形式在全国的寺院中也不多见，只在北京市石景山区模式口的承恩寺里见到过这种角楼。

摩诃庵石角楼 1　　摩诃庵石角楼 2

石角楼中空，楼内分为三层。各层之间分别有石梯级及木梯连接。其中，木梯可以上楼顶。第三层内为一个大房间，角楼顶上原来建有屋顶，后因年久，屋顶已毁坏无存。楼顶上改为一个大平台，上面置有石桌。盛夏时节，在楼顶上可以搭上凉棚。坐在石桌前，眺望着广阔的田野及西山，品茗、对弈，无比的惬意。

登上西北角上的角楼，凭栏纵目，近望堤林塔影；远眺川原如绣，西山逼面而来，千峰螺黛，气象万千，苍翠爽秀之色令人心旷神怡。

民国时，周肇祥曾来到寺中游览："东北楼可眺远。蹑而登，有土几可坐，呼童子煮茶。窗外川原如绣，西山苍翠列画屏。"（《琉璃厂杂记》）

但早在明代天启年间，摩诃庵中的角楼，却遭受过一场意想不到的重大劫难。据《帝京景物略》中记载："天启中，魏珰过庵下，偶指楼曰：'去之'。即日毁，自是，人相戒不过，僧日畏不测，渐逃死，庵则渐废。"

魏忠贤（1568–1627）

明朝宦官。河间肃宁（今属河北）人。原是河间肃宁无赖，万历时，因赌博输光钱财而自阉，改名李进忠入宫。明光宗泰昌元年（1620）熹宗朱由校继位，他开始平步青云，皇上任他为司礼监秉笔太监，复魏姓，被赐名忠贤。天启三年（1623）十二月，魏忠贤受命提督东厂。他因善于钻营，深得明熹宗朱由校的宠信。他骄横跋扈，一手遮天。得势后，勾结熹宗乳母客氏专断朝政，拉开了中国历史上最昏暗的宦官专权的序幕。明天启五年（1625）兴大狱，酷刑囚杀东林党人杨涟、左光斗等朝臣及名将熊廷弼。他还命阉党顾秉谦等修《三朝要典》尽翻“梃击”“红丸”“移宫”三案。他自称“九千岁”，排斥异己，专断国政，自内阁，六部至地方督抚遍植私党，专擅威福，一批无耻之徒都先后依附于他，其中有“五虎”“五彪”“十狗”“十孩儿”“四十孙”等大小爪牙，更有人耗费民财数千万为他修建生祠，以至于民间“只知有忠贤，而不知有皇上”。

天启七年（1627）朱由检继位后，打击惩治阉党，治魏忠贤十大罪，命逮捕法办，并对其同党定为“逆案”。将他罢职安置安徽凤阳，接着又命人将其逮捕治罪，魏忠贤自知死罪难逃，在途中自缢身亡。在《明史》中有《宦官魏忠贤传》。

据说，有一天，魏忠贤在去往慈寿寺时经过摩诃庵。他看到庵中四隅楼台高耸，顿时蹙眉不悦，命人通知庵内僧人，急速毁之。魏忠贤硬说此庵形状如神龟，风水好，以后此地将要出大官。实际上，魏忠贤是出于迷信，他生怕摩诃庵里要出帝王将相，与他争雄，故引起他的嫉妒之心，决定破其“龟寿千年”的风水。当天夜里，摩诃庵里的僧人便将西南角上的角楼拆掉，以示砍掉乌龟的一只脚，令其不能前行，又将山门的青石门槛砸断，表示断了龟的头，还将山门内的幡旗杆锯掉一根，以示剜掉了龟的眼睛，经过这么一番折腾，使摩诃庵这只“神龟”彻底地瘫痪了。

此外，庵中的石雕赑屃也都被砍下了头，并且再用铁锔子锔上。庵中的千株杏树也被砍伐殆尽，一株也没有留下，从此，使摩诃庵中“杏林看花”这一景观彻底地消失了，其美景也只能留在人们的记忆之中。

在这次劫难之后，京城的达官贵人和文人墨客，生怕遭到不测，为免受牵连，从此不敢登门。寺僧更是忧心忡忡，吉凶难卜，都纷纷地逃走了。从此，摩诃庵开始走向衰落。现在，如果你来到摩诃庵的山门前，还可以看到青石条门槛果真断为三截。

参加撰写《日下旧闻考》一书的官员，在考察摩诃庵后，记述道：“摩诃庵石楼，东南北三面今尚存，独缺其西一面。庵僧云即魏忠贤所毁也。”

笔者曾听过居住在摩诃庵附近的老人说，摩诃庵里原来香火很盛，后来被一个老道将庵内的风水给破了。我想，这位老人所说的老道可能指的就是魏忠贤吧。如今，摩诃庵中的角楼只余下东南、东北和西北三座了。

在《中国古钟传说故事》一书中，记有一段关于“魏忠贤铸造古钟”的传说：魏忠贤是明朝末年的大太监，他勾结天启皇帝的乳母客氏专权擅政，猖獗横行于朝廷内外，号称“九千岁”。然而，当九千岁的魏忠贤却常常为自己无后而烦恼不断。一天，魏忠贤来到西山游玩，路过京西八里庄慈寿寺塔附近，忽闻绵绵悦心的钟声不绝于耳，于是抬头远望，见不远处郁郁葱葱的参天林木之中四隅楼台高耸，露出红墙碧瓦黄琉璃。魏忠贤先是一惊，这荒郊野地怎么还有一座皇家寺院？正在纳闷之中，只见路上行人匆匆，不少僧俗众人纷纷朝着钟声传来的地方奔去。魏忠贤立刻让四虎、四狗前去打探，原来前面有座摩诃庵。

这座摩诃庵乃是嘉靖年间曾任乾清宫惜薪司、掌印司设监的太监赵政生前依其墓地所建，为的是怕自己死后无子无女，墓地荒芜，所以在墓地建庵一座，铸巨钟一口，一来可保佑附近乡邻人丁兴旺；二来也好让自己墓前常有人焚香供奉，香火不断。这摩诃庵虽说只有二十几亩地大小，但庵内宽敞洁净，更有别于其他寺庙的是，修庵院用的砖木材料，都是来源于当年建造紫禁城的材料，加上建筑工人也是当年赵政从宫中请来的，因此，庵院不仅结实，且构造精美。更让人惊奇的是，赵政在庵内铸有一口大铜钟，这口大铜钟，却是一口祈儿盼女的求子钟。凡是前来烧香供奉的宰官居士，无不要来敲上三下，随着那洪亮悠长的钟声，从此方圆百里人丁兴旺，有儿有女的人家祈求健康长寿，福寿双全；无儿无女的人家祈求子孙满堂，子孝孙贤，为此，摩诃庵香火一天旺似一天。

魏忠贤一听，心里顿时一动，从打自己净身入宫以来，也学着皇上一样在宫外偷偷地置田买地建宅子，养着许多女人，但毕竟不能为魏忠贤自己生个一男半女。这无儿无女的心事，便成了埋藏在自己心中几十年的一件憾事。“咣 ———咣———”浑厚的钟声又起，魏忠贤从遐想中醒来：我何不也学赵政铸一口大铜钟，为自己的子孙 …… 说不定还能为自己 …… 想到此，魏忠贤兴奋起来，催着大伙儿回到紫禁城，他要造一口钟，造一口大钟。可宫内太监造钟总得要找个理由才是，于是，魏忠贤把内织染局掌印太监齐良找来，面授机宜，如此这般，这般如此。齐良接了魏忠贤的旨意，果然不久，便在天启丁卯年造出了一口大铜钟。为遮人耳目，他按魏忠贤的授意，在钟体上镌刻上“钦差总督厂官旗办事提督宝和等店兼惜薪司内府供用库印务司礼监秉笔太监魏忠贤虔铸当今皇帝万岁万万岁”。背地里却嘱咐铸钟的工匠，按那祈子祈福的大钟规制铸造，此外，还选了一个臂力巨大的壮年汉子，来作撞钟之人。这一切准备好了，这才让督饷尚书黄运泰运往东华门外新建的自己的生祠内悬挂，让生祠内的僧人每天早晚敲打。

自从铸此大钟后，魏忠贤每天都要竖起耳朵听听东华门外是否传来自己那口大钟的声音。可是，每次钟声传来之时，耳旁总是有摩诃庵的钟声将其掩盖，自己铸的那口大钟的声音，怎么也传不到自己的耳朵里。但凡自己的钟声响起，摩诃庵的钟声便也会响起，那摩诃庵的钟声，总比自己的钟声洪亮、悠远。魏忠贤于是找来钦天监的官员来一问，这才知道摩诃庵位在西北，是八卦中的生门，此庵地形如龟，四角楼台如龟的四只大爪，龟是长寿之物，又占着生门，这不仅与魏忠贤篡位窃国的心思在争雄夺霸，更让他不能容忍的是：这是祈求子孙绵延的大事！这生门的风水宝地被他人占有，自己的大钟怎能应验？想到这，魏忠贤当即让爪牙们将摩诃庵西南的角楼砸个稀烂。又将寺内的住持僧非幻、琴僧无弦捉了充军。

从此，人们惧怕魏忠贤的淫威，再也不敢来摩诃庵敲钟上香了。那口大钟也从此被僧众藏了起来，再也没有敲响过。多行不义必自毙，到了崇祯皇帝当政，鉴于魏忠贤作恶多端，崇祯皇帝将其赐死在流放的途中。那口大钟也从此被废弃在民间，再也没人敲响过。

现在，这两口钟都被收藏在大钟寺古钟博物馆内，供后人欣赏评说。

1964年，附近的一所学校为了在校内给学生开设游泳课，计划在学校内建造露天游泳池。当时，由于建造游泳池所用的石料不太好找，便与八里庄小学商量，将寺中三座石角楼上的虎皮石拆下，用作建筑游泳池的石料。原来计划用三个角楼的虎皮石，但只拆下东南角上半个角楼的石料，游泳池便建成了，所以，使得另外两座石角楼得以完整地保存下来。

寺中的“三绝”与“八景”

明代时，皇室成员与官员、太监捐资建寺之风盛极一时，极大地促进了寺庙园林的发展与风景区的开发。北京著名的有极乐寺之牡丹园，摩诃庵之叠石杏花，苍需庵之泉池八景，双林寺之池荷朱樱，兴盛庵之众芳亭与桃李林等。

据说明代时，摩诃庵中的建筑及景物有“三绝”和“八景”之称。

三 绝：

一绝：石筑角楼

二绝：蟠龙藻井

三绝：《集篆三十二体金刚般若经》经石

八 景：

1. 山门石匾
2. 石楼高筑
3. 门内上马
4. 旗杆独
5. 松柏成林
6. 杏林看花
7. 集篆经石
8. 墓园肃穆

经过 470 余年的风雨沧桑和时代变迁，摩诃庵中的这“三绝”中的一绝与“八景”中的一部分景物已经名存实亡了，有的只留下遗迹供后人凭吊。

《帝京景物略》的作者刘侗对摩诃庵是这样评价的：“近市焉，非庵所也，近名焉，非僧事也，远之而后可。有游者，为招寻计矣。庵近不欲市，远不欲山；僧高不至圣，卑不至伦。郊外庵，韵中僧，聊可娱耳。”

摩诃庵的建筑规模虽然不大，但在当时却名噪京城。明代万历年间，这里更加热闹。庵中花繁树茂，不失其园林风味。在院中种植着许多苍松翠柏，还种有杏树千余棵，“杏子肥时，累累压墙外”，院中还种有芍药、牡丹、桃花、丁香、海棠、腊梅、夹竹桃和翠竹，碗口粗的爬山虎爬满了虎皮石墙，“柳花、榆钱、松子飞落时，满院中”。（《帝京景物略》）可见，当年此庵中花草和树木之繁多。

明代万历年间，在摩诃庵中还住有两位名僧。“诗僧非幻，琴僧无弦，与客耦俱。万历中，宇内无事，士大夫朝参公座，优旷阔疏，为与非幻吟，为听无弦琴。浃日浃辰，盖不胜记。留诗庵中，久久成帙焉。”（《帝京景物略》）

这两位名僧，其中一位法号非幻，善于吟诗，其才华出众，令同吟者无不为之叫绝；另一位法号无弦，善抚琴，其技艺精湛，听琴者无不为之倾倒。万历年间，天下太平，京城里的许多达官贵人、文人墨客，专程来到摩诃庵中，同非幻吟诗，听无弦抚琴。许多来客还在庵中住下，有的一住就是十天半月，直到尽兴方归。当时，摩诃庵里诗稿成堆，还被整理成诗集来保存。吟诗者还在庵内壁间题诗作诵，使庵内景象热闹异常。

由于摩诃庵得到京城达官贵人的赏识和扶持，所以庵内年年香火极旺，并且还引起过附近寺院的妒忌呢。

每当春季到来，庵中杏花满树，春意盎然。牡丹、芍药花竞相吐艳之时，繁花似锦，春色满园，引得京城许多达官贵人、文人墨客和佛门弟子竞相前来焚香、赏花，吟诗作赋，畅叙旧情，使庵内一时热闹非凡。

清代初年的著名文人，如王渔洋、高江村等，往往携带着美酒来到摩诃庵中，在庵内饮酒吟诗，流连忘返。

清代康熙年间，摩诃庵属禅宗临济正派管理。在寺中曾立有一通石碑，上面镌刻着宗规：

本庵临济正派

派曰：

智慧清静，道德圆明。真如性海，牢照普通。

心源广续，本觉昌隆。能住圣果，常演宽宏。

惟传法印，证悟会融。坚持戒定，永继祖宗。

又续曰：

湛然法界，方广严宏。弥满本觉，了悟正宗。

惟云廓彻，体用周隆。闻思修学，止观常融。

传持妙理，继古贤公。信解行证，月朗天中。

岁次大清康熙辛巳菊月吉旦立

在摩诃庵门前，八里庄街道的东、西两端，原来各建有一座庄门。庄门的建筑形式仿照城门，并连接有一圈儿围墙，庄门及围墙均是用花岗岩石块儿砌筑的。庄门座儿正中开有一个拱券式门洞儿，门洞儿内设内嵌式对开木门，道路从门洞儿中间穿过。在庄门座的顶上建有门楼儿，为灰筒瓦硬山卷棚顶，三开间，进深一间。这两座庄门在20世纪50年代，因计划通行36路公共汽车，妨碍交通被拆除。

原八里庄东门外

原八里庄东门内

在摩诃庵前的街上，开有酒店，专卖产自良乡的好酒。震钧在《天咫偶闻》中写道：“自国初，诸老时往看花而名著。故渔洋、初白皆有《摩诃庵诗》。其地有酒肆，良乡酒为京师冠。大凡往者，皆与红友论交耳。然寒风乍紧，微霰出零。二三知己，策蹇行吟。黄娇半酣，紫丝徐引。望都门而竞入，望塔影而犹眄。此中风味，亦自不恶。正可与汉代新丰竞爽。”

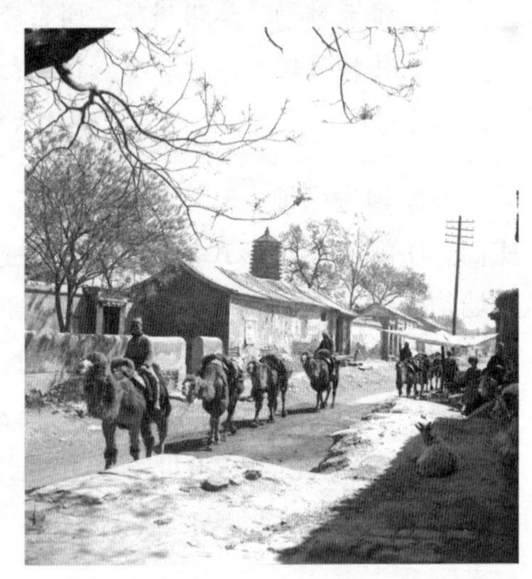
原八里庄街景

清代著名书画家郑板桥与状元曹鸿勋，也来到过摩诃庵。郑板桥还为庵中画过墨竹一幅，而曹鸿勋也为庵里书写了对联。这些字画及庵内保存的文人诗集，均在“文化大革命”中化为灰烬，十分可惜。

清代时，八里庄是通往南道去妙峰山进香的必经之路，在摩诃庵中设有茶棚。据说，清末时，慈禧太后于每年的四月初到妙峰山上香时，出阜成门后，八里一歇，还在摩诃庵里歇过脚儿呢。

据有关资料介绍，在摩诃庵的北面原来有一大片果园儿。后来，在这里逐渐建起了许多平房。民国元年（1912）以后，由于这里靠近玲珑塔，所以，便称这里为“玲珑巷”。在1932年颁布的《北平市自治区坊所属街巷村里名称录》中，正式称这里为“玲珑巷”。2012年玲珑巷居民房实施拆迁，由此，“玲珑巷”这一名称也成为历史。

大乘庵与法藏庵

大乘庵在摩诃庵的东侧，庵中为赵政的祖茔。现已无存。

法藏庵坐落在摩诃庵的西侧，据传，此庵为明僧无弦所创，是琴僧无弦的别院，后改名为永庆禅林，现已无存。

周肇祥在《琉璃厂杂记》中记述：法藏庵，僧无弦别院也。今易名永庆禅林，已颓废。佛腹番字经狼藉委地下。殿前有万历丙戌重置法藏庵记，刘效祖撰述建庵始末甚悉，乃太监张南溪等就马永成七圣观改建，以僧录司觉义如序守之，后因张事悉没入官，群珰乞于上，庄田没，庵得免，庄田为王守仁得出资买归。西有寿域记，亦刘撰。永庆无僧，仍隶于摩诃，摩诃益富矣。

在法藏庵中曾置有一通石碑。现录碑文如下：

寿域记

都城西八里，香山乡，有先太监马公永成茔地。在马地傍，有七圣观，为焚修所。今才五十年余耳，公之子若孙，渐溃荒沉，至不能护松杠观，亦委废无存。过者至唏嘘，下牛山之泪。幸有宋公，朝用同修若千人，以义起而重葺之。将推戴马公为灵丘，长以嗣、以续，传之于百世，毋俾如陵谷焉。且为计至深远矣。然非宋公实为之也，公之宗长古。原张公跻耄耋之年，以廉仅自修持，至感事触物，有义所当举者，则慷慨施予无隐约焉。先是公，自公之暇，偶过兹地。曰：马公为先朝达人，今墓木未拱，而无异若敖氏，千秋万祀，蹸林辈祀之，谓何斯有，足伤心者归。即与宋公辈谋举，是役复以。观之遗址，改创法藏庵。曰佛力护持甚大，今以往马公可永妥幽灵，而复有如序等相禅继，岁持香火，罔彻斯，岂独为一人、一时计哉。于是宋公辈，奉教唯唯，随卜吉草，图练虑材，佣凡从事。未半载，而葱郁嶕峣，视其肇起时，具十倍过之。今宋公虽逝，会内诣子，念古原公等，功德不置，而嘱记于余。谓：人生鼎昌百年，生死幻化，直须臾事耳。故生者不为后计，即知计者，又不欲同人斯谋之。不减有识者，盖垂□之矣。他毋论，即马公在当时，假使不惜左右地，与其寮友若门士共之，往者、过来者、才死者、栖神主者，奉觞享且公家之物，非一人所能主。即一草一木，谁敢有睥睨而毁折者，则何至中落。有今日，而复借古原公兴继之也。吁嗟！马公不幸，而不能自计。其亦幸而遇古原公也。诸子闻余言，曰：愚辈懵然，何知，今不得吾宗公为指南，即他日不幸，何殊马公。今借吾宗公是举，是余辈之幸也。余谓诸子曰：诸公言，不背本诚哉，是也。遂为述其颠末，以记岁月云。

万历丙戌仲冬吉日

赐进士第中宪大夫陕西等处提刑按察副使 奉敕整饬固原靖虏等处兵备兼理粮饷邑人刘效祖记

在碑文中，记述了法藏庵是在原有的七圣观的遗址上创建的。七圣观为明代太监马永成所建，马永成去世后，便葬在七圣观的旁边。大约过了五十年，太监张公偶然经过此地，发现七圣观已经毁废。并了解到马永成为明隆庆朝中出类拔萃的人物。为了不使马太监的香火中断，便与太监宋公商议，在七圣观的原址上创建一座新的寺院，定名为“法藏庵”。

在法藏庵中的佛殿前，原先立有一通石碑，碑额上刻有篆字“法藏庵新创记”。为刘效祖撰文，明代万历年间立。碑文中详细地记述着法藏庵的创建原因及过程。由于年久，这通石碑已无存。现将保存在中国国家图书馆中的碑文拓片录下，以供参阅。

重置法藏庵记

都城八里庄之西，有法藏庵，乃乾清宫管事、司设监等衙门，掌印提督太监等官，古原张公等重置也。先是诸公休沐时，数过摩诃庵。闻此地有故马公永成之兆，亦创七圣庵，后废为榛芜区，则慨然。南溪张公辈，诸同志，各捐己资，置为义会寿域，将宗马公而永嗣续焉，故建兹庵。择僧录司觉义如守之，以为世代焚修香火之也。至万历癸未，庄严坟庵以南溪张公事，悉没入官。时同会当事诸公，诣前陈情，哀过乞恩，奉有明旨。庄田没官，坟庵□□，此时义会□□□，归诸公也。然庄房地土，为王守仁所得。诸公相与协同共议，复各出俸资，□□□庵自甲申至乙酉，二载之间，陆续契买钓鱼台并庵北地共五顷四十五亩，庵东庄□□□□□□房共六十间，佳地二十亩，园地六十亩，墙后地十三亩，并□□四十亩，临街房□□□间。园、树林、墙垣、基址，弘广规模，壮丽。总付住持如，永为寿藏香火□□□庵也，肇创张公而□续为万年不朽之业者，实诸公之愿功也，因属为记，以为复□之，守庵□，乃为之记曰：

夫创业非，□而成业。实难治功，□易而成。功不易□，诸公□□。同会捐资，以创之□。

□先及其，遭变乱也，诸公复竭力周旋。又捐俸资以续之。

始□心事□□倍不可不勒之金石，以为永久之业也。是为记。

万历丙戌仲冬吉日

赐进士第中宪大夫陕西等处提刑按察副使 奉敕整饬固原靖虏等处兵备兼理粮饷邑人刘效祖记

撰写碑文的作者刘效祖（生卒年不详），字仲修，号念庵，明代散曲家。原籍滨州（今山东惠民），寓居北京，故又称宛平（今属北京）人，生卒年不详。嘉靖二十九年（1550）进士。历任卫辉府推官、户部主事，官至陕西按察副使。他早年志在经世致用，报效国家，因负才不遇，与时龃龉，因故罢官。于是退居林泉，寄情词曲，以抒其悒郁愤懑的愁思。后因不满于严嵩父子专权，愤而辞官，卒年仅40岁。

郑振在《中国俗文学史》中，称他的散曲是“做了破天荒的一种工作”。效祖的词曲小令在当时颇有名，曾流传宫中散曲有《都邑繁华》《中一笑》《混俗陶情》《裁冰剪雪》《良辰乐事》《空中语》《云林稿》《莲步新声》等8种，但当时就多已散佚。后由其从子孙在诸家选本中搜集残存，编为《词脔》，仅原作的极少部分。刘效祖的词曲小令知名当世。一曲甫出，街谈巷诵，以致朝廷内外皆知其名。“穆庙（明穆宗朱载垕）遣中官出索其诗，都人传其事，以为本朝所未有也。”

刘效祖是明代中后期较为重要的一位散曲家，他的散曲作品在内容上生动地反映了市井生活与民情民俗，在艺术风格上虽然有一定的文人化倾向，但仍然保持了元代散曲自然、朴实、真率、通俗、活泼的特色。从其现存的散曲作品来看，无论是作品的思想性还是艺术性，都具有一定的独特之处。

碑文中提到的马永成，是明代皇帝朱厚照的随侍太监，为当时最得势的太监“八虎”之一。这所谓“八虎”为：刘瑾、马永成、高凤、罗祥、魏彬、丘聚、谷大用、张永。

他们以刘瑾为首，为了巴结皇帝，每天都进一些奇特的玩具，还经常组织各式各样的演出，各种娱乐活动，当时的东宫被人们戏称为百戏场，在刘瑾的引导下，皇帝玩得越来越离谱。先是在宫中模仿街市的样子建了许多店铺，让太监扮做老板、百姓，武宗则扮做富商，在其中取乐。后来又觉得不过瘾，于是又模仿妓院，让许多宫女扮做粉头，武宗挨家进去听曲、淫乐，将后宫搞得乌烟瘴气。年幼的武宗无法抵御这些东西的诱惑，于是就沉溺于中，并且终其一生无法自拔，学业和政事当然也就因此而荒废。

由于明弘治时期政治清明，给朱厚照留下了一套非常刚正廉洁的大臣班子，这些人不顾身家性命，联名上书请求严惩“八虎”，朱厚照刚刚即位，还缺乏驾驭群臣的能力，见到如此声势浩大的进谏，有些支持不住，想与群臣妥协，除掉八虎。但就在这千钧一发之际，老谋深算的刘瑾，在皇帝面前声泪俱下地哭诉，使武宗心又软了下来。第二天他惩治了首先进谏的大臣，内阁成员谢迁，刘健申请告老还乡，被武宗欣然批准，群臣失去了领头人，只好作罢。就这样，一场反对八虎的运动，以八虎的最终胜利而告终。

八虎在战胜了群臣之后，气焰更加嚣张，刘瑾又建立了豹房，里面有许多乐户、美女供武宗享用，武宗玩得更加肆无忌惮，刘瑾也靠着武宗的宠幸权倾朝野。

正德五年八月二十九日，刘瑾在午门被凌迟处死。观刑者人山人海，欢声雷动。许多群众花高价买刘瑾之肉，设案祭奠亡灵，以解心头之恨。从此，以刘瑾为首的这八虎，随着刘瑾的被处死而彻底地消亡。

摩诃庵中的最后一代方丈，法号“正一”，其姓名不详。据说，他原是张宗昌部下的一位团长，在张宗昌被蒋介石、冯玉祥打败后，他挂甲出家，于20世纪20年代末来到摩诃庵。北平解放时，摩诃庵中只剩下三位僧人，后来其中的两位僧人还俗，只剩下方丈正一和尚，他于1965年去世。

1928年，北平市特别市政府对全市的寺庙进行了登记，在《1928年北平特别市寺庙登记》中记录着摩诃庵当时的情况：“摩诃庵，坐落平西八里庄街内路北六号第一分署第七段，建于明嘉靖二十七年，属私建。本庙面积十六亩三分，房屋六十一间；附属土地二十五亩，房屋四十间。管理及使用状况为自行管理。庙内法物有木质胎佛像四十四位，铜质胎佛像大小十三位，铜钟两口，小铁炉一个，铁磬三口，木鼓两面，明朝李娘娘影像一轴，铜点一面，铜香炉、烛扦、花瓶共五件，锡五供五件，铜孔雀一个，铜磬一口，磁香炉、烛扦、花瓶共五件，铁香炉大小三个，金漆床一架，石刊金刚经一部。另有大松树十九棵，小松树十棵，剑石三块。”

在这次登记中。记有摩诃庵里保存着“铜孔雀一个”。据史料记载，万历皇帝的生母李太后，在睡梦中，遇见一位长有九首，并骑着凤凰的菩萨来到她的面前，并向李太后传授《九莲菩萨经》。李太后梦醒后，竟然能将经文一字不落地诵出。后来，李太后命人铜铸了一尊《九莲菩萨像》，并供奉在慈寿寺里，毗卢阁西侧的观音阁中。后来，由于寺内建筑年久失修，逐渐地圮毁了。在守僧去世后，由于无人管理，便由附近的摩诃庵代为管理。而慈寿寺里的佛教物品也可能被全部运到摩诃庵里进行保存。在这些物品里还有一幅《九莲菩萨像》。

这尊铜铸孔雀像，极有可能就是原来供奉在慈寿寺里的那尊，铜铸骑一凤而九首的九莲菩萨像。其上面的九莲菩萨像可能已遗失，只余下菩萨像下的坐骑——凤凰。现如今，就连这尊铜铸的凤凰，也不知所踪。

1936 年，北平市政府对全市的寺庙进行了一次总登记，在《1936 年第一次寺庙总登记》中，也记录了摩诃庵的情况："摩诃庵（僧庙），坐落西郊八里庄六号，建于明嘉靖二十五年，属私建。不动产土地五十八亩八分二，房屋九十八间，山门三间。管理及使用状况为自行管理，所收入除供佛修补殿宇及僧人生活，余则办慈善事。庙内法物有佛偶像三十一尊，礼器二十七件，法器三十四件，经典六十一部，雕刻九件，其他一件，供桌八张，另庙内有松柏树二十九株，庙外松柏树五十八株，水井两眼。"

1934 年 9 月 28 日，由当时的北平市政府出面，将摩诃庵的方丈院、藏经楼、墓园和东跨院拨出，成立了北京西郊第一所公立学校——八里庄小学，校门开在东跨院。

在《北京市志稿》中记载："阜外八里庄小学，地址在阜外八里庄。民国三十三年（1944）十二月，校长纪曾绶，初级二个班，职员男 1、教员男 2、女 1、学生男 64、女 17，计 81 人。"

新中国成立后，从 1957 年开始，整座摩诃庵全归八里庄小学使用，并将学校的正门，改在了摩诃庵山门，由山门出入。并将校名改为：海淀区第六中心小学。

北京市海淀区八里庄小学大门

1958 年 4 月 29 日，北京市文化局调查研究组正式同意八里庄小学使用摩诃庵内的建筑办学，后将校名改名为：八里庄中心小学。

八里庄小学自 1934 年 9 月 28 日成立，到 2023 年 9 月 28 日，校龄整整 89 年。这八十多年里，在学校的辛勤培育下培养出许多优秀的学生，他们从这所学校中走上社会，有的学生成为各行、各业的骨干力量。

1995 年摩诃庵被北京市人民政府公布为北京市第五批文物保护单位。

2013年国务院核定公布第七批全国重点文物保护单位名单中，摩诃庵被列为全国重点文物保护单位。

为了进一步保护这座明代寺院，2002 年 9 月 16 日，摩诃庵修缮工程开标。该项目是“3.3 亿”文物抢险项目之一，主要修缮山门、大殿和东、西配殿，修缮资金 159 万元，由北京市万兴古建工程公司施工。

现在，摩诃庵山门、大雄宝殿、后殿及东、西配殿等建筑，已经修饰一新，使摩诃庵得到了更好的保护。

题诵摩诃庵诗

摩诃庵

明・童佩

入门幽事满，春殿说无生。
未下空王拜，先劳小郎迎。
阶前闲树色，花外落钟声。
却愧初来客，袈裟识姓名。

暮春游摩诃庵，听无弦上人弹琴，因饮南园

明・于慎行

暂过西郊寺，情知隐者贤。
百花春夜雨，一饭讲堂烟。
韶事乐酬酢，清时容醉眠。
琴诗听即好，为以静人传。

别有幽园胜，偶来人自幽。
僧茶陪客酒，籍坐节林游。
雨色先惊幌，钟声远过楼。
仆催归路晚，晚更一宵留。

再游摩诃庵，因赠静堂禅师

明・于慎行

又忆同游地，黄花时节过。
人行荒院怯，虫语竹房多。

一岁春秋色，前期晴雨讹。
闲难冗去易，候月照婆娑。

入都再游摩诃禅林

明·于慎行

别问归无恙，旋来叩法堂。
壁题存姓字，阶树阅行藏。
觉路人天迥，春辉香火长。
尔时京雒客，曾识雨花香。

无弦上人移住法藏庵，因听弹琴，赋赠

明·于慎行

东篱别时迳，卜筑又成林。
幡借西邻影，钟依前日琴。
何新非佛土，不定亦禅心。
一笑松阴里，琤琤客履深。

暮春同朱可大廷卫游摩诃庵听无弦上人弹琴因饮南园二首

明·于慎行

福地开真境，萧晨款梵筵。
百花春夜雨，一饭讲堂烟。
妙法旃檀喻，空音绿绮传。
云床容卧起，随意检诗篇。

别有祇园胜，春光象外幽。

人从莲社饮，地胜竹林游。
雨色阴萝幌，钟声度石楼。
不愁归路晚，乘月可淹留。

告中同可大再游摩诃庵因赠静堂禅师

明・于慎行

寺忆同游地，联镳许再过。
人行松院少，云闭竹房多。
岁月容高枕，乾坤足放歌。
逃禅吾不厌，病骨本维摩。

朱可大邀同冯太史摩诃庵南园步至钓鱼台夜眺还宿法藏精舍

明・于慎行

何必耽丘壑，居然鹿苑栖。
片云双树顶，孤月上方西。
罢酒闻清梵，探诗见旧题。
归依空品相，不省在招提。

可大游摩诃庵有诗见示赋答

明・于慎行

少壮欢娱地，怜君只自游。
一春全卧病，旧事几经秋。
听雨花间坐，飞觞石上流。
归心将别恨，忆此更悠悠。

春日同罗虞臣囧卿李本宁太史朱可大进士游摩诃庵得冬字

明·于慎行

春尽看春兴未穷，还陪仙侣叩禅宫。
香台路入烟云转，石窦泉从薜荔通。
花落诸天浑是雨，松临午日不闻风。
当歌一醉愁无赖，回首红尘绮陌东。

同于宫谕饮摩诃庵南园，步至钓鱼台夜眺，还宿法藏庵纪事

明·冯琦

如是招提境，殊无衢陌尘。
雨过林尚滴，香杂苑犹春。
水竹私歌鸟，凉风为洒人。
莫频移坐榻，深惜此花茵。

苍久望不断，小径亦何深。
未尽尘中务，难为郭外心。
如云千树色，有日半山阴。
渐与祇林远，钟边无声音。

共此鱼梁约，壶觞夜自携。
野云来坐冷，林月向人低。
烟带远山合，天将草树齐。
薄霜晞易得，有路更前溪。

游摩诃庵，赠静堂上人

明 · 冯琦

落日坐良久，庭看绿草滋。
静须琴人谱，饮待客成诗。
风乍松杉住，烟乃薜荔垂。
老僧心未歇，向我订前期。

摩诃庵

明 · 高攀龙

都城多所事，郊外意已豁。
西山岂不高，西堤岂不洁。
去去数十程，毋乃转烦热。
修林无尘风，端居见超越。
百营良有极，庶以善自悦。

游摩诃庵

明 · 何宇度

西山今且望，庵隐当山游。
食自中官供，旙从内苑留。
高松低拂殿，理石乱成丘。
车马迷尘鞅，穿林始觉秋。

摩诃庵赠无弦 · 非幻二上人

明 · 王衡

客到惊僧定，始知僧草深。
远山清榻梦，空塔过城阴。

坐对难酬韵，床横未语琴。
劝君还此住，门外正车音。

萝长春成幄，吾来信有年。
花前尝茗客，钟后乞斋缘。
风雨芭蕉纸，晨昏柏树禅。
幽居殊自好，长住磬声边。

摩诃庵闻僧诵经有作

明·王嘉谟

上国招提七十五，中间兰若真难数。
兹地经行名宿多，旃罽香幢光四庑。
闲看西郭尘悠悠，梵看凄凉高树秋。
月上僧寮钟度阁，尘中老未此中游。
一宿西庵便惆怅，梦后心头十年状。
生身婚嫁少水鱼，悲壮潜蛟泣春涨。

摩诃庵访罗玉简

明·雷思霈

春草西郊遍，幽栖静者心。
山烟旋佛顶，塔势耸云簪。
桃片纷成雨，松声鼓作琴。
远思莲社客，晴日几登临。

不为寻玄度，何缘入化城。
径迂祇树隐，畦隔石桥横。

老衲三春曝，荒亭一鸟鸣。
看花惟看绿，处处踏莎行。

午日过摩诃庵，访无弦上人

明·魏允中

都门儿女节，有客入祇林。
万物隆隆理，一城扰扰心。
水声行处是，山色望中深。
花事仍随俗，葵榴供素琴。

摩诃庵同廓然话旧

明·释如愚

别来三十载，俱老壮时人。
庭树欺檐短，阶禽畏客新。
榻留云卧迹，房扫旧题尘。
庵隐君昆季，孤游念我身。

摩诃庵

明·孟登

到来幽事满，春为韵人青。
诗有律非幻，琴无弦可听。
花期耽已阁，树影午方亭。
只此畿郊近，尘飞总不经。

再过摩诃庵

明·韩四维

自是当年旧石庵，云门又拜老瞿昙。
弥天佛法花千树，无字楞严语一函。
人立水光惊白首，亭穿山影亦青岚。
嗟余再过心空地，坐看钟声影自渐。

宿摩诃庵

明·冯尔葵

夜语梦回后，龛灯到晓堂。
衲夜僧共老，钟和鼓生忙。
阶药年深变，檜松定际香。
客怀惭鹿鹿，坐得数时忘。

早春游摩诃庵

明·薛冈

幽僧开小院，残雪在诸峰。
易老客中岁，难闲郊外踪。
行林看嫩草，绕屋肃高松。
此意惟君与，同听日暮钟。

摩诃庵

明·汪其俊

闻说摩诃胜，迢遥结驷过。
绿阴初昼永，黄鸟好音多。
到处流清梵，穿岩满碧萝。

我生无住著，因此证多罗。

法藏庵

明·郭正域

古刹城西寺，莲花处处开。

金轮平地转，香雨半天来。

清话逢玄度，论文有辨才。

真如非幻境，云雨两徘徊。

宿法藏庵听琴赠无弦上人

明·冯琦

妙谛闻龙藏，清谈过虎溪。

更从双树杪，借我一枝栖。

法界心常净，名琴手自携。

曲终人境寂，残月竹房西。

六月过摩诃庵四睡

明·黄汝亨

朝

何处山门急晓钟，红云一片坠青松。

逢松短鬓披高枕，惊起朝餐是午供。

午

萧萧野寺□云门，蝉噪高松月影轩。

一枕黑甜香午梦，风铃石磬共无言。

夕

何须明月出东方，才涉模糊即据床。
无眼禅门无别法，只将清梦到羲皇。

四

刘伶呼我醉为客，我唤希夷睡是乡。
为问英雄醒后意，侧身天地总茫茫。

春日同诸公憩法藏庵

明·李言恭

塔影青山断，钟声野寺藏。
未能超彼岸，聊此问西方。
芳草浮春色，桃花带夕阳。
入门诸念寂，况复对支郎。

游摩诃庵

明·何宇度

西山遥在望，萧寺近堪游。
食自中官供，幡从内苑留。
苍松高拂殿，文石叠成楼。
车马迷京洛，兹来始觉秋。

摩诃庵看杏花

明·朱养醇

摩诃庵外袖吟鞭，繁杏花开十里田。
曾与村翁旧相识，看花不费酒家钱。

宿摩诃庵

清·黄凤翔

飚风卷落照，倦鸟栖故林。
独坐招提中，悠悠惬我心。
徘徊不能归，借榻纡长吟。
小牖月华入，疏阑云气深。

中庭有孤松，清霄腾梵音。
人世日代谢，幽怀无古今。
缤纷逐尘者，羁绁空陆沉。
仆夫休戒晓，吾意欲投簪。

摩诃庵看杏花

清·高士奇

青郊路转见芳菲，日暖园林燕子飞。
别圃乍惊山杏落，僧厨新煮药苗肥。
繁花舞蝶迎人面，细草轻烟上客衣。
更向层台高处望，千峰螺黛送春晖。

游摩诃庵

清·王士祯

西院枕迴溪，青山满高阁。
祇园天气佳，苔砌余红药。
鸟如迦陵响，梵是鱼山作。
微雨忽来过，纷纷几花落。

东院更幽绝，苍苔引深处。
修篁蔽帘栊，风声在高树。
恍惚思旧游，缱绻未能去。
谁赋洞庭诗，清如抒山句。

摩诃庵

清·王士祯

钟声出林表，日上群鸟飞。
松际幻空色，花龛影微微。
幽人坐煮茗，山僧朝启扉。
欲问无生义，难同中上机。

宿摩诃庵

清·宋荔裳

不意能来此，高僧共默然，
灯传无尽劫，花有再生缘。
幻梦初弦月，微躯小劫年。
画廊松影处，呵壁问请天。

九日偕镜寰公玉少甫稚甫大儿二儿饮八里庄
酒家醉后登摩诃庵东南石楼题壁

清·宝廷

大海西风烽火收，佳辰与客上僧楼。
残年屈指犹余几，行乐无时况觅愁。

再游摩诃庵

清·陈泽州

暮景西郊僻，精蓝此地逢。
残花落清梵，深竹度烟钟。
春雨红楼暗，香林碧树浓。
近来幽意惬，巾拂对从容。

摩诃庵看丁香，因访慈寿寺，元福宫。钓鱼台诸胜

清·宋牧仲

古寺花成幄，霏霏过雨天。
穿林随老衲，扪葛上荒阡。
双阙晴云外，千峰夕照边。
幸同江左彦，觞咏足陶然。

欲访垂纶处，长歌薴坞来。
澄波飞野鸭，断岸失孤台。
正喜青藤共，宁愁画角催。
胜游应再续，计日牡丹开。

游摩诃庵归至圆觉寺

清·孙在丰

摩诃旧游寺，立马驻山门。
老栝凌云翠，秋花饮露繁。
有尘难可到，无佛但称尊。
翻忆兴亡事，摩碑独此存。
更入招提境，茶瓜兴可添。

山僧无俗韵，莲舌见锋敏。
飞阁阑低树，高林塔露尖。
天花满空际，含笑待谁拈。

摩诃庵

清·程晋芳

玉堂旧客题诗处，野刹离离放小红。
三十年来人事改，枣花香细月朦胧。

摩诃庵

清·高其倬

八字朱扉碧树间，偶缘客至暂开关。
松梢红上三竿日，楼角斜衔一崦山。
除麦人冲残雨去，坐禅僧共落花闲。
未能便入宗雷社，且约芳时数往还。

同吴六皆陈叔毅西宿摩诃庵

清·查慎行

禅榻吹灯睡不成，栖鸟枝上已三更。
纸窗一面朦胧月，只道秋声是雨声。

春暮张尔戌捕卿招同李书云余铨卢王北山三给谏摩诃庵看杏花

清·郭棻

破懒寻春远，招携石竺间。
兴高即暇日，地辟况禅关。

树里千声鸟，尊前一带山。
登楼凭眺远，不负此官闲。

野旷春逾媚，林烟绿一围。
远公容设酒，曾点未成衣。
坐树莺声老，蒸田水气肥。
闲云如有意，故故傍人飞。

暮秋过摩诃庵园林

清·王崇简

幽寻最好是僧庐，却喜偷闲半日余。
乔木疏篱皆旧识，满园烟雨冷秋蔬。

初冬夜梦中作

清·王崇简

疏林残叶怯寒风，僻院回廊曲径通。
人静闲阶鹤梦稳，小窗深处一灯红。

摩诃庵看夹竹桃及诸草花作

清·汪文伯

憩息摩诃庵，秋英何灿烂。
中多夹竹桃，花满全遮干。
迎风叶葳蕤，映旭光凌乱。
叶竹而花桃，绯翠交可玩。
住僧勤树植，适宜调水旱。
花草品类繁，开落无间断。

皆具一粒中，善艺荣其瓣。
去蠹畅所生，剪删戒勿曼。
得彼草木情，乃我精神贯。
治国养人材，胶庠设郡县。
奈何踞皋北，素餐縻廪膳。
敷教已失宜，衡文目无见。
豫章委岩阿，榆枢悻登荐。
抱璞不逢时，饭午思夜旦。
因观众卉芳，临风发三叹。

观金刚经石刻作并序

清·汪文伯

摩诃庵石刻金刚经一卷，乃前朝道肯上人集三十二体篆书，每分一体，每体有释文楷书，乃一时名人笔也。先中丞静峰公获而宝之，勒石嵌壁间，墁垩坚固，庄严供养，为世稀有，辛巳八月二日子同孙雪峰往观敬书于壁。

斯经自竺国，亦在白马驮。
般若大部中，翻译宗鸠摩。
昭明分卅二，妙谛如回波。
书体追古先，鸟迹与蝌蚪。
滕公庶可辩，岣嵝幸不磨。
及乎大小篆，变化体渐多。
肯师集此经，一分字一科。
钟彝石鼓属，苦力勤搜罗。
吾家中丞公，受持为切磋。
广兹般若缘，勒石藏摩诃。

经义扫诸相，如刀斩葛萝。
无住可为佛，著相便入摩。
今具种种体，背义将云何。
作此一则问，昧者徒媕婀。
我今仍自解，前言戏且讹。
譬彼庄严相，如露在青荷。
不以诸相观，立地证须陀。
慈仁大药王，说法起沉疴。
随立即随扫，不使坠臼窠。
是经乃宝筏，登岸必由他。
假此各体书，好奇得摩挲。
染指禅悦味，不啻鼠饮河。
稽首说颂言，非诗亦非歌。
但愿来观者，身心悉安和。

菩萨蛮·摩诃庵赏桃花

清·龚芝麓

蔚兰一片山初染，粉红花底看人面。玉笛怕花飞，花开人莫归。当时花下客，把酒斜阳立。今日对斜阳，与花同断肠。

主要参考文献

1.（明）蒋一葵著：《长安客话》，北京古籍出版社，1994 年出版。

2.（明）刘侗，于奕正：《帝京景物略》，北京古籍出版社，1983 年出版。

3.（明）缪荃孙抄：《顺天府志》，北京大学出版社，1983 年出版。

4.（清）于敏中等编纂：《日下旧闻考》，北京古籍出版社，1985 年出版。

5.（清）佚名编辑：《人海诗区》，北京古籍出版社，1994 年出版。

6.（清）孙承泽著：《天府广记》，北京古籍出版社，1984 年出版。

7.（清）董文涣著：《韩客诗存》，书目文献出版社，1996 年出版。

8. 罗哲文著：《中国古塔》，中国青年出版社，1985 年出版。

9. 阎崇年著：《燕史集》，北京燕山出版社，1998 年出版。

10. 王世仁著：《王世仁建筑历史理论文集》，中国建筑工业出版社，2001 年出版。

11. 黄春和著：《佛像鉴赏》，华文出版社，1997 年出版。

12. 白化文著：《汉化佛教寺院生活》，天津人民出版社，1992 年出版。

13. 梁从诫编：《林徽因文集·建筑卷》，百花文艺出版社，1999 年出版。

14. 马希桂主编：《首都博物馆丛刊》，地质出版社，1993 年出版。

15. 北京市档案馆编:《北京寺庙历史资料》, 中国档案出版社，1997 年出版。

16. 李文成：西郊古刹摩诃庵，《海淀文史选编》第五辑，中国人民政治协商会议、北京市海淀区委员会文史资料委员会，1992 年 6 月出版。

17. 胡乃光、张宝章、易海云主编：《北京风物散记》第 2 集，科学普及出版社，1985 年出版。

18. 马书田著：《全像中国三百神》，江西美术出版社，1995 年 12 月出版。

19. 王良范，张建建等注译：《华严经今译》，中国社会科学出版社，1994 年出版。

20. 丽岸注译：《白话金刚经》，三秦出版社，2003 年出版。

21. 北京市文物工作队编:《北京名胜古迹》, 北京旅游出版社，1988 年出版。

22. 许大龄、王天有主编：《明朝十二帝》，紫禁城出版社，1991 年出版。

23. 弘学著：《佛教图像说》，巴蜀书社，1999 年出版。

24. 佛教小百科:《佛菩萨的图像解说》, 中国社会科学出版社，2003 年出版。

25. 张德宝、徐有武绘图，业露华撰文：《从中国佛教图像解说》，上海书店，1992 年出版。

26. 王惕著：《佛教造像法》，天津人民出版社，1999 年出版。

27. 丛宏业、张宝章、易海云，胡乃光编：《北京风物散记》第一集，科学普及出版社，1981 年出版。

28. 车锡伦著：《泰山“九莲菩萨”和“智上菩萨”考》，泰安教育学院学报，1999 年第 2 期。

29. 张正宁：《泸山鱼篮观音图》，走进西昌，2004。

30.《关公故里网站》，山西运城市科委，2001。

31.《老北京网》。

32.《百度》网站。

后　记

自1995年承接“北京的古塔”课题至今，已经二十八年了。在此期间，通过对北京市现存的古塔，进行了实地考察，并在查阅了许多有关史籍资料的基础上，于2003年，由学苑出版社出版了《北京的古塔》一书。书中对北京市现存的一些比较著名的古塔进行了通俗而简略的介绍。

在古塔的考察过程中，笔者发现，其中的天宁寺塔及永安万寿塔，在北京众多的古塔建筑中，其建筑风格及艺术特色尤为突出，所以，在考察和研究过程中对它们也就格外地关注了一些。

笔者自童年起，便居住在永安万寿塔附近的北京师范学院（现为首都师范大学）。清晨，背着书包，迎着朝阳中的塔身来到八里庄中心小学（摩诃庵）上学；傍晚，则伴着暮色中的塔影踏上归途。每日，每时，不论你从哪个角度，都能够望到它那高大挺拔的身影，听到它那清脆悦耳的铃声。同时，对于矗立在广安门外的天宁寺塔的身影也是十分熟悉的，但每当我试图接近它时，都被无情地挡在门外，因为那里已经变成了一座工厂。出于对这两座古塔所怀有的亲切感，也是笔者撰写本书的原因之一。

2002年，由北京市政府出资，对天宁寺中的建筑进行大修，在大殿中重新塑造佛像，并恢复为佛教场所。与此同时，以永安万寿塔为中心的玲珑公园也已基本建成。修葺后的天宁寺和玲珑公园引得众多佛教信仰者及游人前来瞻仰、参拜和观光游览。

笔者在其中注意到，许多的游客对于天宁寺及慈寿寺永安万寿塔的历史、建筑风格及艺术特色知之甚少，更遗憾的是至今还没有发现过一本较为详细地介绍这两座寺院和古塔的文字书籍。对此，笔者萌生出一个想法，何不将我所了解的，有关天宁寺及慈寿寺永安万寿塔的研究资料整理一下，发表出来。或许，对信众及游人在瞻仰和游览时有些帮助。

既然这两座古塔曾被称之为“姊妹塔”，索性就将这两座古塔的介绍内容合并在一起，撰写出一本结合佛教知识，深入浅出、比较通俗易懂的小册子来，以供前来瞻仰、参拜和游览者参阅。

经过二十多年时间的实地考察，资料收集整理及文字撰写，这本简略地介绍天宁寺及慈寿寺永安万寿塔的小册子终于定稿，将由宗教文化出版社出版发行。

本书在撰写过程中，得到夫人杨丽女士的热心帮助和大力支持，在此表示衷心的感谢！

在本书的撰写过程中，笔者在进行多次考察所获得的第一手资料的基础上，并引用参考了一些其他史料及有关文章。

在撰写本书时，由于所参考的史籍资料比较零散，并限于笔者的水平，故在其内容上肯定存在着一些错误与不足，还望各位有识之士不吝赐教。

作者

2023.2.18